シリーズ・現代日本の選挙 2

# 二〇一三年参院選
# アベノミクス選挙

「衆参ねじれ」はいかに解消されたか

白鳥 浩［編著］

2013

ミネルヴァ書房

# はじめに――「衆参ねじれ解消選挙」としての二〇一三年参院選

二〇一三年七月二一日に第二三回参議院議員通常選挙が行われた。約半年前の二〇一二年一二月の衆院選、いわゆる後に政権奪還選挙と呼ばれるようになった選挙において、自公は衆議院で過半数以上の議席を獲得し、政権に再び就くこととはなったが、参議院においては過半数に足りない状況（衆参のねじれ）が続いたままであった。そこで政権奪還を完成させるべく、自公政権をリードする安倍晋三首相は、この二〇一三年参院選で、第二院である参議院においても、過半数を獲得すべく選挙に臨むこととなった。本書は、その「衆参ねじれ解消選挙」と呼ばれることになる二〇一三年参院選をテーマとするものである。

## 二〇一三年参院選の位相

二〇一三年参院選、いわゆる「衆参ねじれ解消選挙」は、どういった位相を持っていたのであろうか。今回の参院選を考える上で、以下においては、日本の選挙を分析する視点として、日本政治の中における参院選の位置、さらにはその現代的な意義を確認しておこう。

日本は統治機構として二院制を採っている。よく言われることであるが、衆院は「国民の代表」としての役割を、参院は「良識の府」としての役割を期待されているとされる。憲法の規定では、政権を決定するのは衆院であり、その意味で参院選は政権交代には直接繋がるものではない。そのため、政党によっては、参院不要論を示す党もある。

特に二〇一三年の参院選において、参院選に初めて臨むこととなった日本維新の会や、さらには参院選への挑戦をそれほど重ねていないみんなの党は、選挙の政策の中に、日本の統治システムの一院制への変容を志向していることを明確にしていた。維新は、「統治機構改革のための憲法改正」の目的として、「参議院廃止」を訴えていたのであった。また、みんなの党は、二〇一二年衆院選において、将来的には憲法改正を行い「衆参両院を統合して、一院制」の実現を目指すとする公約を発表していた。こうして、参院の廃止を政策の一つとして訴えていた日本維新の会やみんなの党が、参院選に候補者を擁立して選挙に臨むこと自体、一つのアイロニーなのかもしれない。このように、参議院は日本政治の中では、政策決定において必ずしも不可欠な存在と考えられているのではなく、近年では改革すべき対象と考えられてきた。そこで、その所属議員を選ぶ参院選は、必ずしも日本政治の中では、強く注目すべき対象としては考えられなかったのかもしれない。

しかしながら、参院は日本の憲政において重要な位置を示している。たしかに、かつての五五年体制下では、参院はその独立性を示してきたとは言い切れなかった。衆院で決定したことを、参院は追随的にほぼ同じ決定を行ってきたという印象を有権者に与えてきた。しばしば、日本政治で言われる「衆議院のカーボンコピー」という言説は、その状況を揶揄したものである。また、「国民の代表」として第一義的に民意を反映する衆院議員を「代議士」と呼ぶが、同じ国会議員である参院議員は、それと異なり代議士ではなく単に国会議員としか呼ばれないのも、参院に対するある一つの態度を表してきたのかもしれない。そこでは、有権者は、参院は衆院の補助的な役割、政権を決定する衆院に対して、「第二」の機関としての役割しか期待していない、という意味も含まれているのかもしれない。しかし近年では、参院のその独立性に注目が集まるようになってきた。特に、二〇〇七年以降、参院選において野党が躍進し、政権与党の勢力を少数派に転落させることによって、「ねじれ国会」状況を作り出し、与党の志向する政策をブロックすることにより、与野党間での政権転換のあしがかりをつくるという政権獲得のための戦略が実践されることによって、参院の重要性が強く認識されるようになってきた。

この二〇一三年参院選は、二〇一〇年以来続いていた、連立政権を主体とした九三年体制下での二度目の「ねじれ国会」を「継続」していくか、それとも政権与党である自公が、参院においても過半数を占め、「ねじれ国会」を「解消」することが出来るかの重要な日本政治の岐路となる選挙でもあった。二〇〇七年に首相として、九三年体制下で初の「ねじれ国会」の原因を作った当の本人である安倍が、再び首相として、二度目の「ねじれ国会」に終止符を打つか否かを有権者に問うという役回りを演じなければならないのは、歴史のアイロニーとも言えた。二〇一二年の衆院選で政権奪還を果たし、衆院においては多数派を占めることとなった自公政権ではあったが、必ずしも積極的に有権者に支持されていたかというと、そうとばかりは言えなかった。そのことは、有権者の記録的な低投票率にみられる、政治に対する有権者の失望に明瞭に表れていたということが出来る。

筆者が、選挙区を歩いていてよく耳にした「かつて、二〇〇九年に自民党に失望して民主党を選んだが、民主党にも失望したし、第三極は競合していて違いが分かりにくいので、投票しづらい」という有権者の声は、二〇一二年衆院選でも、二〇一三年参院選でも聞かれた。折しも、自公への政権奪還が二〇一二年に起こる中で、「また、自公なのか。自民党を中心とした政権の枠組み以外はないのか」という感想を有権者が持ったということも、当然の流れなのかもしれない。特に、圧倒的な自民党の勝利となった選挙結果を見て、有権者は少なからず違和感を抱いていたのではないだろうか。

二〇一二年の後に「政権奪還選挙」と呼ばれることになる衆院選は、自公連立政権による政権奪還を訴え、選挙戦の最中から後に「アベノミクス」の名前で呼ばれることになる安倍総裁の唱える経済政策に注目が集まるなど、景気回復への期待が高まっていたことは一面では事実である。後に安倍が実際に政権運営を首相として担当するようになり、アベノミクスの効果が一面では喧伝されるようになってきたが、その効果は政権を奪還してから半年ほどではいまだ限定的であった。有権者は、政権交代の幻想から目が覚め、現代における政策的な課題の厳しい現実に直面し、政治への希望を失っていたのではないだろうか。一言でいえば、政治への幻滅を感じ、安倍政権の政策的効果についてもいまだ懐疑的であったと言える。そういった意味では、この参院選は、失った希望を有権者が取り戻せるかということも焦点であった。

二〇一三年夏に公示され、投開票が予定されていた参院選は、七三の選挙区と四八の比例代表の議席が争われることとなっていた。この参院選においては、あまり議席に差がつかない比例区選挙よりも、選挙区選挙での勝敗が選挙の帰趨を左右するものと考えられていた。選挙区選挙においては改選数によって、議員定数の異なる選挙区の類型が考えられる。改選数によって呼称が異なり、改選数一議席の一人区は三一県、二人区は一〇の道府県、三人区であるのは愛知、千葉、埼玉の三県であり、四人区は大阪府と神奈川県、五人区は東京都といった形になっていた。特に選挙区選挙の中でも、一人区でどれだけの議席を獲得することが出来るかが、焦点となることが予想されていた。

**「第二次安倍政権」の成立――党三役、閣僚、政策に見る長期政権への布石**

さて、二〇一二年一二月二六日に第一八二特別国会が召集され、同日の衆参両院本会議の首相指名選挙において、自民党総裁である安倍が、第九六代内閣総理大臣に選出された。そして、二〇一三年夏に予定されていた次の国政選挙である参院選を、政権与党である自民党と公明党は、政権奪還から半年で、今度は「与党」として迎えることとなった。以下においては参院選を迎える「第二次安倍政権」の人事、政策を少し検討していこう。

### (1) 党役員——女性二名の登用

政権成立に先立つ一二月二五日に安倍は、自民党の執行部を決定していた。自民党の執行部は、実質的に来たる選挙を取り仕切る重要な役割を持っている。安倍は、ここにおいて女性登用を推進することを強調し「女性の力を生かしていく。自民党は変わったと理解していただける」と述べた[1]。女性を二名登用することの前置きで、自民党が「森政権のときから比例票が伸びていない」ことを挙げ、女性登用により新味を出すことが「自民党が変わった」という選挙対策に繋がる方策であることを「来年の参院選を勝ち抜く体制」という言葉で表した。これまで、自民党の党三役には二〇一〇年九月に総務会長に就任した小池百合子の例があるのみであった。しかしながら、安倍はこの政権奪還後初の自公政権を支えることになる、自民党の党三役に女性を二名起用することを決めた。自民党の党三役は、幹事長に二〇一二年の総裁選で安倍と激しい首位争いを演じた石破茂（いしばしげる）、総務会長に小泉純一郎政権の郵政民営化関連法案の折に反対票を投じ、公認を外されて「刺客候補」を立てられて自民党と戦った野田聖子（のだせいこ）、政調会長に外国人参政権や選択的夫婦別姓法案に対する強い発言でも知られる高市早苗（たかいちさなえ）が選ばれた。

この三名とも、一度は自民党に属していなかったり、離れていたりした経歴を持つ点でも共通している。石破と高市は新進党に所属していた経験があり、野田は郵政民営化法案に反対した後に離党勧告を受け離党していた。こうした人物を自民党三役に据えることは、単に地方に人気がある者や、女性を登用したという姿勢以上のものがあったと考えられる。安倍は、この人事を行うことによって、一つの時代の終わりと、新しい時代の始まりを宣言しようとしたのかもしれない。それは、小泉に始まる公共事業の削減による新自由主義の時代の終焉であったのかもしれないし、付言すれば、これまで政党の離合集散が続き、政治家があちこちの政党を渡り歩き、脱編成と再編成が進む、安定していなかった「九三年体制」の日本政治の時代との決別、そして「新たな五五年体制」、「第二次五五年体制」とも言うべき、自民党を中心とした「一強多弱」の時代の到来への意欲を宣言したものであったとも捉えられるのではないだろうか。しかし、自民党が望むような「第二次五五年体制」と呼ぶような時代が、はたして今後永続的に到来するかどうかは、いまだ不透明なものであったと言わざるを得ない。

そうした目で見れば、かつて自民党に籍を置かず、現在自民党に籍を置くという、彼らの持っているその経歴も、新たな時代を象徴する人事と捉えられなくもない。そして、一強多弱の時代に、「一強」の政権与党となる自民党の中で政策に明るく、それぞれに政策に対して一家言ある論客として知られる三名を迎えることで、「一強」の自民党の強い政策的な立場を表しているとの考え方もできた。さらに他にも、高村正彦副総裁、河村建夫選対委員長が決定された。また、この役員人事で安倍は、今後の総裁職について自分の潜在的な対立候補の最右翼にいる、石破を幹事長に据えることで取り込みを図り、「オール自民党」といった体制を構築することで、自分の党内での立場を磐石なものとしようとしたのではないだろうか。また、総裁選において地方で人気の高かった石破を選挙の責任者である幹事長に据えたことは、二〇一三年に予定されていた参院選への布石としては十全なものであったともいえる。

### ⑵閣僚――「オール自民党」の形成

こうした安倍の配慮は、二六日に発表された閣僚任命においても見受けられた。本来であれば、総裁として二〇一二年選挙を戦ってもおかしくなかった前総裁の谷垣禎一、安倍と総裁選を戦った石原伸晃、林芳正といった、将来の総裁選候補と目される人物を閣僚として起用し、「オール自民党」といった姿勢で政権運営に臨むこととなった。これにより、安倍の長期政権を狙う意図を感じ取ることができる。

二六日に発表された閣僚名簿は次の通りである。副総理、財務、金融相に麻生太郎、総務相に新藤義孝、法務相に谷垣禎一、外務相に岸田文雄、文部科学相に下村博文、厚生労働相に田村憲久、農林水産相に林芳正、産業経済相に茂木敏充、国土交通相に太田昭宏（公明党）、環境、原発相に石原伸晃、防衛相に小野寺五典、官房長官に菅義偉、復興相に根本匠、国家公安、国土強靭化相に古屋圭司、経済再生、一体改革相に甘利明、沖縄北方相に山本一太、行政改革相に稲田朋美、少子化相に森雅子を安倍はあてた。

かつて、安倍と二〇一二年の総裁選を戦った石破、石原、林、そして、二〇一二年の総裁選には不出馬であったが野党時代に自民党総裁を経験し、総裁への意欲がまったくないわけではない谷垣を、それぞれのポストに配したことには、多くの憶測が流れた。野党であった自民党を支えた人間に対する論功行賞であるという見方もあった一方で、あてがわれたポストはそれぞれが難題を抱えてもいるポストであったことにも注目されたい。

まずは、石破である。安倍にとって、当面、最大のライバルであると目されていた石破を、党内の重要ポストである幹事長に据えたことを考えてみよう。前記のように、幹事長は実質的に選挙を取り仕切ることになる。そこで、二〇一三年参院選が当面の焦点となっていくのは当然であった。しかしながら、二〇一三年参院選は、政権奪還した自公連立政権発足以降、半年という早い時期に行われることは決定されていたものであった。その絶対的な時間の足りない間に、幹事長は、選挙に対して政権与党として盤石の態勢を整えなければならず、また、選挙に敗北した場合には責任を取らねばならないという含意があった。さらに、将来の自公政権の安定的な政策実現のためには、衆参ねじれ状態を何とかして脱却しなければ、政権交代当時は高い支持率を誇ったものの、二〇一〇年参院選以降は、衆参のねじれの中で政策実践を阻まれて、結局政権の座から滑り落ちた民主党の二の舞を演じることとなってしまう。そこで、自民党の幹事長として「衆参ねじれの解消」に挑むという重い責務があり、そのため、この二〇一三年参院選は、石破にとって決して負けられないものであった。

また、石原は、もともとは総務相に内定していたことが伝えられていたが、急遽、環境相兼原発相に任命された。石原は、国の原子力政策をどうするか、原発の再稼動などを含め、大変難しい問題に直面することとなった。また、農林水産相に就任した林は、今後は、農林族の族議員、さらには自民党の強力な支持母体である農協からの強い反対が予想される環太平洋経済連携協定（ＴＰＰ）への交渉参加をにらみながら、関係各団体を納得させるとともに、どのようにして日本の農政を切り開いていくかという大きな課題を突きつけられてもいた。そして谷垣に与えられた法相という仕事は、安倍が二〇〇六年に組閣した第一次内閣時代から懸案としている、各種の法整備、最終的には憲法改正の可能性までも視野に入れる業務を担当するといった重要なものであった。そもそも閣僚に任命された議員は、首相がその責を取って辞職するときには、ともに辞職せざるを得ない。すなわち、首相の足を引っ張り、「ポスト安倍」に自分が踊り出るなどという行為は、到底行い得ないものであった。さらに、これらの閣僚の前記の課題についてそのいずれもが、前政権であった民主党が行い得なかった、大きな課題であると考えることができ、その内閣の業務に忙殺されていては、自民党内で、「ポスト安倍」を狙いながら、党内の影響力を増大させるということなど、到底難しいと予想されるものばかりであった。

そこで、安倍のこの人事は、党内に対してそれぞれが「ポスト安倍」として、影響力を伸ばす機会を与え、将来の総裁への布石を与えるというよりは、むしろ、与えられた仕事に一心不乱に取り組まねばならず、そして、場合によってはその仕事に失敗してしまうと、将来の総裁レースから脱落するリスクすらあるものであったという見方もできなくはない。つまりは、安倍の長期政権への一つの布石として、この人事を行っていたと見ることも、あながち不可能ではないであろう。

### (3) 政策——重点政策としての「アベノミクス」

いずれにしても、国民が政権を消極的に選択したにせよ、三年三カ月ぶりに政権に復帰した自民党と公明党の連立政権の、今後の政策運営に期待を寄せるとともに、安倍がどういった政策を打ち出してくるのかが注目された。

安倍は、自分の内閣として何を目指すつもりであったのであろうか。安倍は二六日午前に行われた自民党本部における両院議員総会において、「政権奪還は手段」であると語り、政策の実践への強い意志を明らかにした。そして、衆参のねじれが現在も続いていることを念頭に「民主党が作った政治の混乱と停滞に完全に終止符を打つ」のは二〇一三年の参院選であることを示した。安倍の政策の重点については、安倍の就任後初の記者会見にその方向性を示す鍵があったと考えられる。二六日夜の首相官邸での記者会見で、内閣について「危機突破内閣」と命名し、第一に経済再生、第二に東日本大震災からの復興、第三に危機管理という三点をその政策課題としていることが明らかになった。そしてそのなかでも「強い経済を取り戻す」ことが政権の使命であると述べられた。

ここで安倍は、アベノミクスと呼ばれることになる経済政策を、経済再生のために採ることを明らかにした。すなわち、主要な三つの戦略、第一に大胆な金融政策、第二に機動的な財政政策、第三に成長戦略という「三本の矢」で経済政策を進めることを示唆した。さて、第二次安倍内閣の最大の特徴とは何であったであろうか。端的にいえば、このアベノミクスを強力に推し進めるための、金融、財政の閣僚を重視して任命したということができる。

ここで特筆すべきは経済系の閣僚であろう。第二次安倍内閣では、副総理に麻生太郎元首相を任命し、さらに、また麻生は財務相と金融相を兼務した。首相経験者が入閣をするのは、戦後直後の幣原喜重郎、一九九〇年代の宮沢喜一、橋本龍太郎といった例があるが、かなり異例の事態であった。これには、経済危機脱却への安倍の並々ならぬ意気込みを感じさせるものであった。また、経済再生相には甘利明前政調会長、官房長官には菅義偉幹事長代行といった、これまで重要閣僚を経験してきた者を経済系閣僚にあてた。これらの三名は、非常に安倍とも関係が近く、安倍が最重要に考えている、次に述べるアベノミクスと言われる経済再生のシナリオに対して一致結束して力を発揮するものと考えられた。

また、公明党の太田を重要ポストである国土交通相に起用し、自民党と公明党との連立を安倍はアピールした。そしてこの国土交通相と協力して、復興・復旧とも関連し、減災・防災対策を指揮する国土強靭化担当大臣を新設し、そこに、安倍とも近い古屋をあてることで、公共投資による景気対策を後支えする姿勢を、内閣として明らかにしていた。

安倍のアベノミクスによる経済再生のシナリオは以下の通りであった。現在日本経済は不況である。なぜ不況かというと、海外で日本の製品が売れないからである。なぜ海外で物が売れないかというと、円高であるからである。そこで、円を市場にあふれさせることによって（実際、安倍は選挙期間中に紙幣の発行量を増やすことで円安に誘導する旨の政策を採る発言をしたことが広く伝えられていた）[2]、日本銀行と共同歩調をとりながら、市場における円の希少性を損なえば、円安にふれる（金融政策）。円安になれば、輸出産業の業績も好転する。輸出産業の業績が上がれば、それらの産業が主導して景気を底上げするとともに、内需を拡大すべくマニフェストでも訴えた国土強靭化の方針に従い[3]、震災復興と絡めて防災に対して公共投資を行う（財政政策）。それにより、内需を刺激し、さらに景気が上がれば、企業も無為な価格競争で無理に製品価格の減少分を賃金に反映することも収束し（デフレからの脱却）、労働者の賃金の上昇にも繋がる。労働者の賃金が上がれば、購買力も上昇し、さらなる成長へと繋がる（成長戦略）、というものであった。

実際、二〇一二年の選挙期間から、自民党が政権に復帰するという憶測のもと、為替市場は変動を始め、円高であった状況は、円安に急速にふれ始めた。すでに二〇一二年の選挙期間と前後してアベノミクスは始まっていたとみてよい。現実に、安倍が政権につき、アベノミクスが本格始動するようになれば、この流れは加速することが予想され、株式市場関係者の注目を浴びるものであった。そこで、安倍政権は当面の間、経済政策に注力することとなった。短期的には、次の半年の間に一定の経済的な効果を挙げ、二〇一三年夏の参院選に向けて、勝利できる状況を作り上げることが望まれた。

しかし、安倍政権が取り組むべき課題は、短期的な経済の回復のみではなかった。長期的に見るならば、民主党政権の間に問題が深刻化してきた外交、ならびに東アジアの安全保障の中での日本の防衛といった国家のあり方にまつわる問題は、大きな影を落とすものであった。そこで安倍は、国際関係の中では、日本の安全保障と日本経済の発展という課題に取り組む姿勢を示すこととなった。前者には、民主党連立政権期から問題となってきた尖閣諸島などをめぐる諸外国との問題や、日米同盟と沖縄の基地問題、後者には、TPP加盟交渉の是非などが挙げられるであろう。

本書は、よく言われる「人」か「党」かという側面に焦点を当てて、二〇一三年参院選の全体像を総合的に分析している。

序章においては、参院選への日本政治の展開を、時系列的に検討し、安倍政権の政権成立からの時系列的な展開を検討している。

第I部は、候補者を中心として分析を行う。第1章の石川の大物現職議員であっても落選する事例（岡田論文）や、第2章の香川の政党を離党した議員も落選するという事例（森・堤森論文）において、候補者と有権者の変化を示唆することに努めている。

さらに後半部は、参院選のひとつの特徴である比例代表選挙に焦点を当て、第3章の地方政治家の国政への挑戦（丹羽論文）、第4章の非労組系の「青い目」の参議院議員の選挙の事例（久保谷論文）など、選挙の候補者の「人」の側面に焦点を当てている。

第Ⅱ部は、政党を中心として分析を行う。第5章の岩手の「小沢王国」に対する無所属候補の選挙への取り組み（伊藤・河村論文）、第6章の東京・神奈川・静岡における政党を中心とする比較地方政治研究への試み（白鳥論文）、そして第7章の沖縄における基地問題を中心とした政治過程（照屋論文）などの特徴ある地域における政党の動きに焦点を当てている。

さらに、後半はこの参院選から導入され、そうした政党の動きに大きな影響を与えるネット選挙解禁についても、第8章のネット選挙の法的制度的な課題の提示（湯浅論文）、第9章のネット選挙の投票行動への影響の計量分析（岡本論文）といった、新たな制度変容とその政治過程への影響を「党」の側面から検討している。

二〇一三年参院選をテーマとした、これらの章に表れた日本政治の分析から、日本政治の多様な像を結び、読者の理解に資することを期待したい。

**注**

（1）安倍総理の一二月二五日の党役員発表会見における発言。
（2）『朝日新聞』一一月二〇日。
（3）『日本を取り戻す――重点政策二〇一二自民党』（自民党二〇一二年衆院選マニフェスト）、一八頁。
http://jimin.ncss.nifty.com/pdf/seisaku_ichiban24.pdf

# 二〇一三年参院選　アベノミクス選挙——「衆参ねじれ」はいかに解消されたか　目次

## 第2章 離党議員の参議院選挙

### ――香川県選挙区――

# 序章 「衆参ねじれ解消選挙」に至る展開

白鳥　浩

## 1　自民党の「政権奪還」と民主党の下野

### 自公政権の復活と海江田民主党代表

安倍政権の成立の契機は二〇一二年一二月一六日の第四六回衆院選、いわゆる政権奪還選挙にさかのぼる。この選挙の詳細については本シリーズ第一巻である前著『二〇一二年衆院選　政権奪還選挙』（ミネルヴァ書房、二〇一六年）に譲るが、この結果、自民党と公明党で過半数以上を獲得し、自民党は二九四議席、連立政権のパートナーである公明党は三一議席を獲得し、衆議院の定数の三分の二以上（三二〇議席）の議席を連立与党で占め、自民党総裁の安倍晋三が内閣を組閣することになった。

この衆院選での敗北を受けて、一二月二五日に、それまでの与党であった民主党も、党の代表であった野田佳彦首相が、選挙の敗北の責任をとって、党代表を辞することとなり、民主党代表選が行われた。代表選の結果、海江田万里（かいえだばんり）元経済産業相が、馬淵澄夫（まぶちすみお）政調会長代理を退けて当選を果たした。この民主党の代表選は、党所属の国会議員一四五名（衆院五七名、参院八八名）の投票により、海江田が九〇票、馬淵が五四票、無効一票という結果であった。二〇一三年の夏に予定されている参院選に向けて、選挙の顔とされる幹事長には細野豪志（ほそのごうし）政調会長を起用し、「海江田・細野」で、選挙を戦うこととなった。

代表代行には大畠章宏元国土交通相、政調会長には桜井充参院議員、国対委員長には高木義明元文部科学相がそれぞれ二六日の両院議員総会で決定した。また、海江田は代表戦を争った馬淵を幹事長代理に起用し、党内融和に配慮する執行部を作り上げた。この民主党の夏の参院選での課題は、政権を失った大きな痛手から早く立ち直り、反転攻勢するきっかけを国政選挙で示せるかどうかということであった。民主党の党勢回復への道筋はいまだ不透明なものであった。

さて、政権与党になることが決定した自民党も、同じ一二月二五日に自民党新役員を決定した。自民党では新役員として、高村正彦副総裁、石破茂幹事長、高市早苗政調会長、野田聖子総務会長といった布陣で、女性が二名も三役に入るのは異例であった。こうして安倍政権成立への時間は着々と進んでいった。そして一二月二六日午前の閣議で、野田佳彦内閣が総辞職した。同日に、第一八二特別国会が召集され、安倍晋三の首相指名を受け、安倍は第九六代首相に選出された。安倍の首相就任は二〇〇六年九月以来、二度目であり、首相の再登板は昭和二三年の吉田茂元首相以来六四年ぶりとなり、戦後二人目という異例の出来事であった。これにより三年三カ月ぶりの自公両党の政権が誕生することとなり、「政権奪還」は完成したのであった。これを受け首相は官邸入りすると、直前の二〇一二年選挙で選挙協力を行っていた公明党の山口那津男代表との会談で、政権に対する協力を要請、連立を確認した。そして、一八名の閣僚を任命すると同時に、同日夜の皇居での親任式、閣僚の認証式を行った。これにより「第二次安倍内閣」が発足した。

この政権の布陣としては、総理・安倍晋三、副総理・財務・金融相・麻生太郎、総務相・新藤義孝、法務相・谷垣禎一、外務相・岸田文雄、文部科学相・下村博文、厚生労働相・田村憲久、農林水産相・林芳正、経済産業相・茂木敏充、国土交通相・太田昭宏、環境・原子力防災相・石原伸晃、防衛相・小野寺五典、官房長官・菅義偉、復興・原発事故担当相・根本匠、国家公安・拉致・国土強靭化担当相・

古屋圭司、沖縄北方相・山本一太、少子化担当相・森雅子、経済再生・経済財政・一体改革担当相・甘利明、行政改革担当相・稲田朋美といった顔ぶれであった。組閣後の記者会見で安倍は、「危機突破内閣」を発足させたとした。この安倍内閣で、安倍は、経済再生、復興、危機管理の三つのテーマに全力で取り組むように指示したことを挙げ、政策を積極的に進めていく姿勢を見せた。同日深夜に行われた初閣議では、経済・金融の司令塔である「日本経済再生本部」の新設と経済財政諮問会議の復活を決定した。また民主党政権期の国家戦略会議と行政刷新会議の廃止も決定するなど、早速、政権奪還したことを印象づける、民主党連立政権との違いを際立たせていったのであった。こうして第二次安倍内閣が発足した。しかし国会は、自公の政権奪還が達成されたとしても、未だ参議院では、政権与党の自公で過半数を占めていない、いわゆる「衆参ねじれ」状態が続いていた。安倍政権の最大の課題は、政策実践の上で障害となる「衆参ねじれ」状態を、夏の参院選で解消することであった。一二月二八日には、首班指名の行われた第一八二特別国会が閉会した。

## 政権奪還と日本政治の変容

政権与党の座から滑り落ちた民主党は、一二月二八日に民主党「次の内閣」を復活させて、反転攻勢への糸口を見出そうとしていた。この「次の内閣」では、海江田万里代表（首相）、財務・金融担当に前原誠司、総務地域主権改革担当に原口一博（はらぐちかずひろ）、農水担当に郡司彰（ぐんじあきら）、外交担当に山口壮（やまぐちつよし）、復興担当に黄川田徹（きかわだとおる）など、民主連立政権時代の実務経験者を据え、政策発信を行っていくつもりであった。しかしながら、一度政権を失ってしまった民主党に、国民がどの程度期待を持つかどうかは、未知数であった。

年が明けて二〇一三年となった。二〇一三年は、夏に参院選が予定されていた。この参院選に向けて、各政党とも活動を開始した。まず一月七日に、衆参両院の会派であった「日本未来の党」は「生活の党」への会派名変更を衆参両院で届け出た。二〇一二年政権奪還選挙で、大きく議席を失ったのは、民主党だけではなかった。同様に日本未来の党も惨敗を喫しており、選挙後は主導権争いが激化し、分裂していたのであった。そこで、小沢一郎を中心として、党勢の立て直し、刷新を図るべく「生活の党」を結成するという方向へと舵を切ったのであった。しかし、その所属議員の多くは、民主党の離脱者であり、また、衆院七名、参院八名の小所帯となってしまった生活の党が、はたして夏の参院選でどれほどのパフォーマンスを見せることが出来るかは、今後の展開次第といったところであった。

安倍内閣は、一月八日に初閣議を行った。安倍は、閣議の冒頭の映像撮影を認めるなど「国民に開かれた内閣」をアピールし、支持率を向上させる努力を怠らなかった。こうした、国民に向けるイメージ戦略のみならず、安倍政権は、政策の実を挙げる試みも行っていた。同じ一月八日には、経済政策の司令塔となる「日本経済再生本部」の第一回会議を首相官邸で開いて、デフレ脱却を目指した経済政策策定に本格的に乗り出した。この再生本部に政策提言を行う産業競争力会議の設置を決めた。これは経済問題に力を入れて、問題解決を行うという安倍政権の強い姿勢を表したものと言えた。そして、一月九日には、経済財政諮問会議が再開された。これも、同様に経済問題に注力する政権の姿を明らかにしたものであった。安倍政権は、ここで経済政策に重点を置くことで、それ以前の民主党連立政権時代との違いを際立たせた。時代は、ほんの短い間で、そのムードを変えていきつつあった。

## 2 「アベノミクス」と政権を取り巻く状況

### アベノミクスと日本

一月二八日には、第一八三通常国会の召集が行われ、安倍は、午後の衆院本会議で所信表明演説を行った。このなかで安倍は「危機突破」をテーマに、安倍政権が力を入れる政策分野として、具体的には「経済再生」「震災復興」「危機管理」を挙げ、それらに政権として全力を挙げることを述べた。そのなかで、当面は経済再生の「大胆な金融政策、機動的な財政政策、そして民間投資を喚起する成長戦略という『三本の矢』」を中心として経済の再生に力を注ぐこととなった。いわゆる「アベノミクス」の第一弾が明示されたのである。安倍は、演説の最後に芦田均元首相の言葉を引いて「『どうなるだろうか』と他人に問いかけるのではなく、『われわれ自身の手によって運命を開拓するほかに道はない』」と述べ、その決意を表明した。そして、政権与党が変更され、予算編成をやり直していることもあるので施政方針演説は二月の国会で行われるものとなった。

安倍政権が直面している課題は、経済問題だけではなかった。二月二日に、安倍は第二次安倍内閣発足後、初の沖縄訪問を行い、仲井眞弘多(なかいまひろかず)知事と那覇市内のホテルで会談した。このなかで首相は名護市辺野古沖への普天間基地の移設に理解を求めたが、仲井眞は反対した。こうした沖縄をめぐる安全保障の動きは、尖閣諸島の問題を念頭に入れたものであったことは間違いがないであろう。これに関連して、中国艦から一月一九日に海自艦載ヘリ、一月三〇日には海自護衛艦に射撃レーダー照射を受けたと小野寺五典防衛相が、二月五日に発表した。これに対して外務省は中国に同日抗議するなどした。二〇一二年九月の尖閣諸島の国有化以来、中国との関係が悪化している中で、国内ではこの行為は、拍車をかける行動と捉えられた。二月七日に安倍首相はこれに関連し、どういった状態かを判断するために国家安全保障会議(日本版NSC)で分析することが必要とする見解を示し、早期の設置に言及した。こうした安全保障の問題は、安倍政権の政策に大きく影を落とすものであった。二月八日には、集団的自衛権に関する個別事例の研究のために「安全保障の法的基盤の再構築に関する懇談会(安保法制懇)」(座長・柳井俊二元駐米大使)を五年ぶりに再開し、さらに二月一五日には、外交・安保政策の司令塔である国家安全保障会議の新設に向け、安倍首相を座長とする「国家安全保障会議の創設に関する有識者会議」の初会合を首相官邸で開いた。さらに、安倍の行動は中国との尖閣問題だけではなく、広く日本の領土問題を視野に入れるものであった。二月二二日には、松江市の竹島の日式典に政務官を派遣し、領土問題に強く望む姿勢を明らかとした。島根県は首相や閣僚の出席を求めたが、これには二五日の韓国の朴槿恵次期大統領の就任式があるため政務官の出席にとどめたという経緯があった。周辺国にも配慮しながらの日本の安全保障、領土問題に関して国益を図るということは、今後の安倍政権の大きな課題であった。

国内の政治も展開していた。二月二四日には、民主党は定期党大会を東京都内で開催した。その党大会で、民主党は一九九八年結党以来初めての党綱領を決定した。政権与党であった政党が、これまで党綱領もなく政権を担当してきたこと自体は驚きであるが、そのこと自体がひょっとすると、民主党の政権喪失の遠因となった、「両論併記」、「決められない政治」の体質を表していたのかもしれない。いずれにしても、ここで、民主党は何をする政党であるかという「自己規定」が初めて行われるようになった。その内容は期待されたものの、その党綱領には政治的な立場として「『生活者』、『納税者』、『消費者』、『働く者』の立場に立つ」と述べられるのみで、政策的な方向性が必ずしも明確であったとは言い難いものであった。また、衆院選総括も行われたが「まとまりのなさ」が失敗の原因とされた。とりあえず党綱領を決定したものの、民主党が二〇一二年衆院選での敗北を乗り越えて、日本の「二大政党システム」の一翼を担うことが出来るかは、未だ道筋が見えないものであったとしか言えない。こうした野党第一党の求心力の低下が、自民党と公明党主導となった国会運営に大きく影響していたことだけは明らかである。二月二六日には、与党の緊急経済対策を盛り込んだ二〇一二年度補正予算が成立した。このことは、これは与党が過半数を有していない「ねじれ」状態にある参議院で、一票差で成立した。というのも参院では定数二四二、欠員与党の今後の政策運営に対して大きな意味を持つものであった。

六の状態で、自公両党だけでは一〇二議席しかなく、議長を除く過半数に一六議席足りない状態であった。予算案には自民公明両党と日本維新の会、国民新党、新党改革などが賛成。みどりの風も一名を除き賛成する結果となった。結果賛成一一七票対反対一一六票となった。こうした状況は野党陣営に求心力を発揮する存在がおらず、与党の切り崩しが功を奏した格好となっていた。首相は「『決められない政治』から『決める政治』への大きな第一歩だった」と記者団に語った。ねじれ国会の中、与党の政策実現の一つの潮目となる出来事であった。

　野党勢力の全体としての求心力の低下は、個々の野党にも大きな影響を及ぼすものであった。それは、かつての民主党連立政権時代の連立のパートナーであった国民新党に表れた。二月二七日に、国民新党の浜田和幸参院議員と野間健衆院議員が、自見庄三郎代表に離党届を提出し受理された（後に浜田は撤回）。これは、夏に改選を控えた自見代表が、自民党からの出馬を希望し、自民党の理解を求めるために、自民党を除名された浜田らの離党を自見が求めたものと言われていた。自見は二〇一二年一二月の衆院選後から解党を模索し、浜田、野間は解党に抵抗してきた経緯があり、自見が求める自民党への復党、並びに国民新党の吸収合併のための障害を取り除くという意味があったと考えられる。しかしながら、自民党が郵政造反を行った自見の復党を認めるかどうかは不透明であった。小泉純一郎政権の時の郵政民営化を批判し、自民党を飛び出して、前年までは民主連立政権の与党として、自民党と角逐を繰り広げた国民新党のこうした動きは、一つの時代、「政権交代」の時代の終わりを告げるものであったのかもしれない。自見は後に無所属となるのであった。こうした野党の無力感の中で、二月二八日午後の衆院本会議で、安倍首相は、就任後初の施政方針演説を行った。

### 国際社会と日本

国内における、こうした政治の変動を後目に、国際社会の動きはどうであっただろうか。まず、日本を取り巻くテロの脅威は見過ごすことのできないものであった。二月二八日に、アルジェリア人質事件検証委員会は、一月一六日に日本人一〇人が犠牲になった同事件の報告書をまとめた。海外での邦人がテロの対象になることを想定したマニュアル作りの必要性を提唱したものであった。日本は国際社会の中における「テロとの戦争」とは無縁ではないことを認識させたこの事件は、国際社会の中における日本の立場を認識させるものであった。日本は、国際的には「アメリカの同盟国」として、テロの標的になりうるという事実は、日米同盟の意義を再認識させるものであった。そうしたグローバルな問題だけではなく、民主党連立政権下でも課題となっていた近隣諸国の日本への圧力にまつわる問題についても、新たな動きがあった。尖閣諸島問題に関して、三月八日には、石原慎太郎前知事が提案した沖縄県の尖閣諸島の購入のために東京都が募った寄付金について、都が保管する基金条例案を可決した。これは年度をまたぐと用途の限定されない一般財源に組み込まれるための措置であった。結果として、この尖閣諸島は、野田政権のもとで国有化されることで決着をみたのであったが、このことはその問題が解決されてから、それほど日が経っていないことを想起させるものであった。こうした動きの中で、安倍政権は政権の舵取りを行っていったのであった。

## 3　「ネット解禁」と黒田日銀総裁の誕生

### 自公政権と政策

国会での自民党の動きは巧みであった。「ねじれ」国会のもとであっても、政権への求心力を背景として、政策的な案件は次々と国会審議を通過させていくものであった。特に、来る夏の参院選にまつわり、国会においては、三月一三日に、ネット選挙改正案である公職選挙法改正案を自公と日本維新の会の三党が衆院に共同提出し、夏の参院選からインターネットによる選挙活動を解禁とすることを目指したものであった。これは選挙期間中に政党や候補者、一般有権者がホームページやブログを使用して選挙活動を行うことを認めるが、電子メールの利用は政党と候補者に限るものとされた。この変化は政治に対する情報提供のあり方として歓迎される動きであった。さらに、政権の求心力を増加させていく展開が存在した。

この時点での安倍政権の政策の最大の課題は経済政策であり、安倍はその政策遂行にあたって、強力な後ろ盾を必要としていた。三月一五日に、参院が白川方明日銀総裁の後任に、黒田東彦アジア開発銀行総裁をあて、副総裁に岩田規久男学習院大学教授、中曽宏日銀理事をあてる国会同意人事案を可決した。すでに衆院は前日の一四日に同意しているものであり、これで国会の承認が取れ、三月二〇日から新体制になることが決定した。これにより、金融緩和が持論の黒田、デフレからの脱却を金融緩和による「リフレ」論者の岩田を中心とした体制で、安倍政権の経済政策を支えていくこととなる。菅官房長官は、「二％の物価安定目標」の早期達成に進んでほしいとする意見を表明した。「デフレ脱却」に向けて、安倍はその体制を人事の面からも、着実に固めていったのであった。

こうした政権の求心力のなかで、三月一七日に自民党の党大会が開催された。これは政権奪還して以来初のものであった。この大会は衆参の「ねじれ」解消に向けた決起大会とされた。ねじれの解消には、改選議席一二一のうちで六四議席以上を与党である自公で獲得しなければならない条件を伴うものであった。安倍は、その政策実現を着実にするために、夏の参院選で「ねじれ」状態からの脱却を図るものであった。こうした動きの中で、三月二一日、国民新党代表の自見庄三郎参院議員は党を解党すると表明。自見は自民党に国民新党を吸収合併し、自らの復党を望み、参院選に立候補することを目指したが、自民党に拒まれたことによる決断であった。これにより、民主連立政権の時代の連立与党の一角は姿を消すこととなった。これも自公政権の求心力のあおりを受けたものとみることが出来よう。

## 自公政権下の地方

これら安倍政権の成立のもとでの地方はどうだったのであろうか。三月二二日に、政府は、辺野古地区の公有水面の埋め立て承認を仲井眞知事に申請した。国の所有する海など公有水面を埋め立てるには、公有水面埋立法に基づき都道府県知事に申請し、承認を受けることが必要とされる。これはその手続きに基づくものであった。沖縄県宜野湾市にある米軍普天間飛行場の、名護市辺野古への移設に向けたものであり、名護市漁業協同組合の同意書も同時に提出された。普天間飛行場の県内の辺野古への移設は、多くの抵抗もあり難しいものとされた。そもそも、この基地問題こそ、民主党の鳩山由紀夫内閣崩壊の最大の原因であり、安倍政権としても注意を要する問題として認識されていたのであった。

また、地方での変動は続いていた。三月二五日には、大阪の橋下徹市長にまつわる展開もあった。大阪府労働委員会は、橋下市長が、二〇一一年の市長選で、労組や一部職員が前市長を支援した疑いがあるとして実施された、全職員に対する政治活動に関するアンケートを不当労働行為と認定した。橋下市長は組合側に謝罪することとなった。橋下は大阪維新の会を立ち上げ、国政政党化して日本維新の会へと発展させた。彼の行動は、人々の注目を集めるものであったが、その中で賛否は分かれるものと言えた。こうした彼の行動、発言を懸念する声もあり、政党の指導者として、参院選に向けて不安視する声もあった。

また、三月二七日には、都内で初の住民投票条例が小平市で成立した。これは東京都による都市計画道路をめぐる、計画の是非を問う住民投票条例案であった。この採決では、公明が退席する中、民主系・共産・生活者ネットなど一三名が賛成し、自民党とみんなの党の八名が反対した。こうして地方政治の独自性が国政と異なり示されてもいた。国政の変動に対して、地方の政治も、民意を反映すべく様々な試みがなされていたのであった。こうした民意の反映について、国政の方でも三月二八日に、「一票の格差」の是正に向けて重要な一歩が記されたのであった。一票の格差の是正のために、衆院選挙区画定審議会（会長・村松岐夫京大名誉教授）は、小選挙区の定数を「○増五減」する改革に伴う区割り見直し案をまとめたのであった。これにより、一七都県の四二選挙区を見直し、格差を最大一・九九八倍に収め、二倍未満とする提言をまとめた。二〇一二年一一月の選挙制度改革法を踏まえ、山梨、福井、徳島、高知、佐賀の五県を一議席減らして二議席とし、小選挙区の定数を三〇〇から二九五に減少させ、全体の衆院の定数も四七五となるものであった。これが実現すれば、次の衆院選から、全体の定数を五議席減少させた議員定数で選挙が行われることになる予定であった[1]。

政権への求心力はますます高まり、三月二九日には総額一三兆一八〇八億円の二〇一三年度暫定予算が参院で可決、成立した。これは新年度予算が一二月の衆院選で作成が遅れたための措置であった。政権与党は、こうして予算を通し、法案を通し、政策実現を着々と行っていく中で、求心力は高まっていった。

しかし、対する野党は、夏の参院選に向かってどういった動きを見せていたのであろうか。まず、第三極の動きをみてみよう。第三極の中で、日本維新の会とみんなの党は、もともと合流する話もあったほど関係は近いものがあった。しかしながら、日本維新の会が太陽の党と二〇一二年一一月一二日に合流したことで、みんなの党は態度を硬化させ、二〇一二年衆院選における選挙協力も結局は限定的なものであった。第三極のこの二党は、競合する選挙区ではお互いに票を奪い合い、当選ラインに到達しないことも多かった。そこで、この政権奪還選挙の反省から、夏の参院選に向かっては選挙協力を行うこととなっていた。二〇一三年三月二九日には、日本維新の会とみんなの党は、全ての複数区と一二の一人区とにおいて夏の参院選の選挙区調整を最終的に終えた。そして、三月三〇日に、日本維新の会は二〇一二年九月の結党後、初の党大会を開催した。そこでは、夏の参院選で、今後のキャスティングボートを握ることを視野に自公の過半数阻止と、改憲勢力として自民党とみんなの党を念頭に、三分の二以上の議席の獲得を目指すことも表明された。日本維新の会、みんなの党は改憲色を強め、これはそれ以外の野党にはなかなか受け入れがたいものであった。そこで、四月一日には、民主党が日本維新の会との選挙協力を夏の参院選で断念する方針を決定した。これにより、野党は必ずしも一枚岩で、与党である自公に対峙するという選挙の構図にはならないことが明らかとなった。

## 4 国際と地方

### 安倍政権と沖縄

四月になり、新年度になってからも安倍政権の政策の実践は続いた。四月三日には、菅官房長官が沖縄を訪問した。そこで政府として、辺野古移設に関して仲井眞知事に理解を求めたが、知事はこれを受け入れなかった。この沖縄の問題に関しては、五日に、日米両政府が、普天間基地移設を条件とし、沖縄米軍嘉手納基地以南の施設・区域の返還計画で合意したことが伝えられた。しかしながら、これは前記のように地元の理解を経ないものであった。こうした経緯を受けて、一〇日には、「主権回復の日」式典が四月二八日に開催されるのを受け、これには全国の都道府県知事に招待状が発送されたが、沖縄県知事が欠席する意向を表した。「主権回復の日」は、一九五二年四月二八日に占領下にあった本土が、サンフランシスコ講和条約の発効により、国際社会に復帰したことを祝うものであった。安倍政権になってから二〇一三年三月一二日に閣議決定されたものである。この欠席の理由について、「複雑な戦後史の理解を」と仲井眞は述べ、沖縄が返還されるまでの本土とは異なる歴史の存在を提起したのであった。日本は多様な政治を持っている。こうした地方の問題は、地方主権の時代に無視できない影響力を持っていた。四月五日には、全国知事会の会長に山田啓二京都府知事が再選された。

こうした地方の問題にも影響を与えることが予想されたのは、環太平洋経済連携協定（ＴＰＰ）である。政府は同じ四月五日に、ＴＰＰ対策本部の設置を決定した。これには甘利明ＴＰＰ担当大臣が本部長に就任することとなった。また、同じ五日には、黒田東彦日銀総裁の再任も決定された。これは政府の国会同意人事を衆参両院で可決したものであった。日本の景気の浮揚は安倍政権の最大の課題であり、それに対してどういった経済政策を採っていくかは重要な問題であった。そのなかでも、地方の経済問題は深刻なものであった。

## 日本維新の会と地方

地方政治の自律性を高めていくことは、現代日本の課題であった。安倍政権下でも二〇一三年四月にはいわゆる「ミニ統一地方選」が行われた。このミニ統一地方選とは、平成の大合併の中で、二〇〇五年四月前後に合併を果たした市町村の首長選挙、市町村議選と、千葉県と秋田県の知事選挙、さらに名古屋の市長選挙についての呼称であり、四年ごとに行われており、二〇一三年も行われた。このミニ統一地方選は、ある意味で、夏の選挙を占うものとされた。このミニ統一地方選で注目されたのは維新の会の動向である。二〇一二年政権奪還選挙の衆院選では、維新の会は、大阪以外に浸透していないことが結果から明らかであった。そこで、それ以外の地域にも浸透すべく、兵庫県の伊丹、宝塚の両市長選には、大阪府以外の首長選で初めて公認候補を擁立し、選挙に臨んだ。橋下は現地入りを行うなど積極的な選挙運動を行ったものの、一四日に行われた投開票の結果としてはいずれも現職に大差で敗れることとなった。

この選挙結果は、維新の会に夏の選挙に向けて大きな課題を残すものであった。もともとの政党としての性格が地域政党「大阪維新の会」を出発点とするものであり、大阪府では抜群の支持を集めるが、その自治体の境を越えると逆に「大阪」といった地域イメージに縛られるので、維新の会は支持が伸びない傾向があった。これは二一日に投開票の行われた名古屋市長選挙でも同様であった。河村たかし市長は抜群の強さを見せて三選を果たしたが、彼が代表を務める減税日本の支持も、名古屋市、ないし愛知県の行政区画を出ると低減する。自治体の境に縛られる「地域政党」から必ずしも脱却できないという特徴を、これらの政党は持っていた。いわば自治体の「境界」政党とでもいう性格から脱却できるかどうかが維新の会の今後の争点であった。こうした地方政治の新たな試みの中で、四月七日に初めて、定数削減が争点となった住民投票が、山口県山陽小野田市で行われた。これは市議会の定数を現在の二四から二〇以下に減少させることに関する賛否を問うものであったが、投票の成立要件として投票率が五〇％というハードルを課されていたものであった。結果、投票率は四五・五三％にとどまり、住民投票は不成立となった。

## 5　「一票の格差」と選挙制度

### 「〇増五減」とネット解禁

こうした、適切に民意を反映するための住民数と議員定数の問題提起は国政でも進展を見せた。いわゆる衆院の「一票の格差」をめぐる問題である。四月一〇日に、総務省が三月一日時点の推計人口をもとにして、小選挙区の定数を「〇増五減」するという区割り案で格差を試算した結果が明らかとなった。この試算の結果では、少なくとも六選挙区で格差が二倍を超えていたという。前述の衆院選挙区画定審議会の勧告の改正案は、二〇一〇年の国勢調査に基づくものであった。この試算では最小の福島四区の選挙区人口（二八万四〇九九人）を基準に試算したものである。これによれば、東京一区（二・〇六五倍）、一九区（二・〇五三倍）、二三区（二・〇一九倍）、二四区（二・〇四三倍）、兵庫六区（二・〇四九倍）、七区（二・〇四一倍）も違憲の目安となっていた二倍を超えるものとなっていたことが明らかとなった。二〇一二年衆院選において、格差は最大で二・四三倍もあり、これに関する訴訟では、全国の高裁や支部で違憲判決が相次いでいたのであった。政府としては二倍以内に抑えるという姿勢を示し、格差是正に取り組むことを印象づけようとしていた。このように二〇一三年三月一日現在の推計人口の試算でも、二倍を超える可能性のある選挙区が存在することに対して批判はあるものの、四月一二日に、政府が一票の格差是正で「〇増五減」法案を閣議決定したのであった。二〇一〇年国勢調査人口ベースの、この時点での試算では格差は最大で一・九九八倍であったが、二〇一三年三月時点での推計人口ベースでは、二倍を超過するものであった。四月一七日には、政権奪還後初の党首討論が行われた。安倍首相と海江田民主代表との間で討論が繰り広げられた。この中で安倍首相は、「〇増五減」を海江田代表に協力要請した。結局この衆院の定数是正にまつわる公職選挙法改正案は、二三日に衆議院を通過した。「〇増五減」法案が衆院を通過したことで、衆院で三分の二以上を占める与党である自公は、「ねじれ」状態にある参院でこの法案が否決されたとしても、これを衆院で再可決して成立させる可能性もあった。

選挙制度を変更することによって、民意をより反映しやすくする試みはそれ以降も続いていた。たとえば、その年の夏に予定されている参院選に関しても、制度的な改革の試みは行われていたのである。

四月一九日には、インターネットを使用した選挙運動を解禁する公職選挙法改正案が、参院本会議において全会一致で可決、成立をみたのであった。これによりネット選挙が「全面」解禁されることとなる。この改正公職選挙法は、この夏の参院選から適用され、それ以降の選挙ではネットの使用を認めたものとなる。ネット選挙の「全面」解禁とはいうものの、おのずとそこには制限も存在したのであった。ここで認められているのは、ホームページ、ツイッター（Twitter）、フェイスブック（Facebook）などを通じたメッセージの掲載、投票の呼びかけや、特定の候補に投票しないように呼びかける落選運動などである。その一方で、そうしたネットの情報を印刷したり、ファックスや葉書で送ることは、文書図画にあたるため公選法上の規制に抵触し、認められないものであった。また、メールの使用にも制限があるなど、すべての面で規制が撤廃されているわけではないことには注意が必要であった。

こうした制度変容を受け二〇一三年参院選で問われる政権の政策とは何であろうか。アベノミクスの焦点である成長戦略であろう。安倍は、アベノミクスの第三の矢の三番目の矢である成長戦略の具体的な内容を一九日に日本記者クラブでの記者会見で述べた。後にこれは「成長戦略の第一弾」と呼ばれるようになるが、その中で、再生医療の実用化、女性活用などを挙げていた[2]。

## 安倍政権の外交

日本を取り巻く外交関係はどうだったであろうか。四月二一日に、麻生副首相が靖国神社を参拝し、安倍首相は真榊を奉納した。この動きに対し、韓国外相が訪日を見送る事態に発展した。これは首相の靖国奉納に抗議したものであった。靖国神社をめぐる動きは続いた。二三日には、超党派の国会議員連盟一六八議員が靖国神社を参拝した。これに呼応するかのように同日、尖閣周辺海域に中国の海洋監視船八隻が侵入した。近隣諸国は、靖国神社の問題には敏感であった。政府は、こうした状況を抱えながら、近隣諸国との関係を良好に保つ必要があった。さらに、二六日に、北京で日中両政府が防衛当局の局長級協議を開催した。ホットラインなど「海上連絡メカニズム」構築を協議するなどの試みを行ったのであった。しかしながら、東アジア全体の安全保障の枠組みを実効化するためにはいまだ、遠い道のりが予想された。そうしたなかで、二八日に、政府主催の「主権回復・国際社会復帰記念をする式典」が開催された。これは、サンフランシスコ講和条約が発効し、日本が主権を回復した一九五二年四月二八日から六一年を迎えて開かれたものであった。会議以来の日本の歩みを考えると、今後も様々な外交上の困難が予想されるものであった。また同日、沖縄県では、一九七二年まで日本の施政権から切り離されていたことをふまえ、式典に抗議する大会が宜野湾市で開かれた。また、仲井眞知事は政府主催の式典に欠席、高良倉吉（たからくらよし）副知事を出席させるなど、日本の多様性を浮き彫りにした。

こうした外交政策を決定していくのは政府である。強力に外交政策を展開していくためには、政府の求心力が必要であった。その間の四月二八日に行われた、参院山口補選で自民党の江島潔（えじまきよし）が勝利した。これは圧倒的な勝利であった。これによって、参院において自民が事実上の最大会派となり、政府与党の求心力の強さを改めて確認することとなった。しかし、最大会派となったとはいえ、いまだ参院は「ねじれ」国会のままであった。政府はこの選挙の結果により、参院選に向かって、大きな弾みを得たこととなる。同じ二八日に、稲田朋美行革相が靖国神社に参拝を行った。これは、第二次安倍内閣の閣僚で四人目となった。さらに安倍は、首相就任後、積極的に外交を展開する姿勢を見せた。二九日には、安倍はロシアを訪問した。そこで安倍はロシアのプーチン大統領と首脳会談を行い、日ロ首脳が領土交渉再開について合意することとなった。この安倍の積極的な外交は、月をまたいでも行われ、五月三日には、安倍はトルコを訪問してエルドアン首相と会談し、日本の原発輸出を可能とする原子力協定に調印を行った。これは政権奪還以降、半年も経たないうちに、外交にまつわる多くの試みを積極的に行っていったことを有権者に強く印象づけるものであった。

## 6 日本政治の保守化と橋下「慰安婦」発言

### 参院選への各党の動き

こうして、与党が多くの試みを行っている中で、野党勢力も黙っていたわけではない。五月九日には、参院が自民党の川口順子（かわぐちよりこ）環境委員長の解任決議を野党賛成多数によって可決した。これは参院の同意なく中国での滞在期間を延長したことによるものであった。この国会における委員長の解任は、現行憲法下では、衆院、参院でもこれまでに前例のないものであった。こうして一定の存在感を示したものの、安倍政権への求心力に対しては、野党は押されていた感が強い。そのことは、憲法に関する議論にも表れていた。同日の九日には、衆院憲法審査会が九六条改正で初の議論を行った。それで発議要件を過半数とする、憲法改正に関する要件緩和の改正が議題となったのであった。これは安倍の年来の主張である、改憲に向けての素地固めとみる向きもないわけではなかった。こうした安倍の改憲への意欲を、右翼的と反発するものもいた。この展開は、全体として日本が保守化しているのではないかという印象を諸外国に与えるものであった。さらに「日本の保守化」を印象づける出来事が、野党の中からも起こった。一三日の維新の会共同代表である橋下大阪市長による、「慰安婦」問題に関する発言である。橋下はこのなかで持論を展開し、当時は「慰安婦は必要だった」という旨の発言を行っていた。この発言は、維新の会の支持に様々な波紋をもたらすものであった。こうした日本の戦前、戦後をどう捉えるかという一つの問いに関して安倍は、一四日に参院予算委員会の答弁の中で、「戦後七〇年談話」を二〇一五年に発表するという考えを明らかとした。一五日には、一三年度予算が成立するという重要な展開があったのだが、日本の戦前、戦後をどう考えるかという問題は、改憲の議論とも絡まり、一つの争点となるものであった。また、そうした問題は、日本の政治の現実に大きく影響を与えてもいたのである。一五日には、沖縄県が復帰四一周年を迎えた。しかしながら、沖縄県には、復帰後も在日米軍基地の四分の三にあたる七四％が存在しており、米軍基地のいまだに減らぬ負担が問題となっていた。

夏の参院選の足音は徐々に大きくなりつつあった。一六日には、総務省が一三年分の政党交付金の配分額を決定した。この政党交付金の総額は三一七億六八〇〇万円であった。こうした政党に対する助成の決定は、それぞれの選挙に向けた活動を後押ししていくものであった。一七日には、安倍は東京都内で講演し、安倍政権の「成長戦略第二弾」を発表した。内容としては、インフラ輸出、農業の強化などを柱とするものであった[3]。自民党としては、この成長戦略を軸に、参院選を戦うこととなることが予想された。対する野党はどうであったろうか。いまだに、二〇一二年政権奪還選挙において、民主が政権を失い、第三極も変動していった動揺から抜け出せないでいたというのが、実状であったであろう。一七日には、阿部知子日本未来の党代表が、みどりの風に入党した。阿部は、社民党から離脱し、二〇一二年衆院選時には未来の党に所属したが、その後の主導権争いの中で、動向が注目されていた。さらには、同日の一七日には、新党大地の石川知裕（いしかわともひろ）衆院議員が辞職願を提出した。石川は、「陸山会」事件で上告していたが、有罪判決を受けていたことを重く見たものであった。さらに二〇日には、日本維新の会が西村眞悟（にしむらしんご）衆院議員を除名した。これは西村の「売春婦」にまつわる発言を問題視したものであった。こうした野党の動揺は、野党間の選挙戦略の見直しすら要請するものであった。続く二一日に、みんなの党は日本維新の会との参院選における選挙協力の解消を決定した。これは橋下代表の「慰安婦」発言を受けたものであった。再び、二〇一三年参院選においても、第三極は、それぞれ独自に選挙を戦うこととなった。

## 国と地方の民意

さて、民意の反映にはどういった政治制度が要求されるであろうか。直接民主制であろうか、間接民主制であろうか。間接民主制とするなら、二院制であろうか、それとも一院制であろうか。二〇〇六年以来、日本の政治においては衆参ねじれ国会が現出し、それを契機として、統治機構の議論がなされるようになってきた。完全なデモクラシーの形態は存在しない。そのため、日本でも統治機構をめぐり、多様な議論が交わされるようになった。その中で、五月二二日には、参院の憲法審査会が、国会の二院制について議論を行ったのであった。そのなかで国政政党のうち、みんなの党と維新の会を除く八党は、二院制の堅持を強調したものであった。みんなの党や維新の会は、参院の廃止を視野に入れた一院制を提起する政策を持っていた。

さらに、民意のより望ましい反映への試みは地方でも行われるようになった。五月二六日に、東京都小平市の都道計画をめぐる住民投票が不成立となった。この住民投票は、市内に都道を通すという同計画の見直しの是非を問うものであったが、投票率五〇％未満であれば成立しないとの要件を持つものであった。結果として、投票率が三五％となり、規定を満たすことがないために開票されることはなかった。こうした動きの他にも、民意の望ましい反映への試みは続いて行われていたのであった。二六日には千葉市長選が行われ、現職の熊谷俊人（くまがいとしひと）が再選された。熊谷は前回選挙にあたっては、全国最年少市長として初当選したことで知られていた。さらに、二七日には、夏の参院選から適用される改正公選法が成立した。この改正によって、成年後見人が付いた人に選挙権を付与することとなった。こうしてより望ましいデモクラシーへの試行錯誤はずっと続いていったのであった。

さて、安倍政権の政策への挑戦は続いた。安倍は、国民の「安心・安全」を二〇一二年政権奪還選挙では訴えていた。まず、国際的な側面では、五月二八日に、日本版ＮＳＣについて、政府がその概要を決定した。内閣官房に国家安全保障局を設置するという概要となった。国際社会の中における国家の危機管理を強く意識したものとなっていた。また、地方においても、こうした国の能力は、技術職員が足りない地方に成り代わるパフォーマンスを要求されてもいた。二九日には、改正道路法が成立した。この改正は、国による地方道路の改修を可能としたものであった。国土の「安心・安全」の確保を目的として、老朽化した地方道の橋、トンネルを改修することを可能としたものであった。これは、二〇一二年の中央自動車道の笹子トンネルの天井板崩落事故を受けたものであった。

こうした国の動きの中で、地方も動きを続けていた。五月三〇日に、大阪市議会が橋下市長の問責決議案を否決した。当初は、問責の可決によって、出直し選が行われる可能性が取り沙汰されたが、公明が出直し選の回避を狙って反対することによって否決されるという結果となった。また、三一日には、全国市長会会長選で、長岡市長の森民夫（もりたみお）が三選を果たした。月もあらたまった六月二日には、岐阜県美濃加茂市長選で藤井浩人（ふじいひろと）が当選。二八歳、現職の市長で全国最年少の市長の誕生ということとなった。こうした地方の動きが次の参院選にどのように影響していくかは予断を許さなかった。与党自民党は、地方に対する配慮も怠らず、四日に、自民党の全国幹事長会議を東京の党本部で開催したのであった。

しかしながら、日本の地方・地域における政治は多様であり、そこにおける全国政党としての自民党の全国一律のマニフェストに対して、地域公約を提起する要望が述べられた。たとえば、福島県連の平出（ひらいで）孝朗（たかお）幹事長は、福島県内原発一〇基の廃炉を、政府の安全性の確認を条件とした原発の再稼働を求める方針と異なる政策を地域公約に要望し、沖縄県連の照屋守之（てるやもりゆき）幹事長は、沖縄県宜野湾市の米軍の普天間基地の県外移設を求める地域公約の可能性など地域ごとの公約に対する考えが明らかとなった。都市部を中心とした全国マニフェストと、地方におけるそれぞれの地域ごとの政策の乖離について問題を提起したものであった。

政策に関する政府の発信は、選挙が近づくにつれて強まっていった。こうした中で、安倍は、六月五日に、成長戦略第三弾を発表した。安倍はここに、国家戦略特区の創設、電力システムの改革による小売りの全面自由化と、発送電の分離などを盛り込んでいる。成長戦略が目指すものとして「女性の活躍」、「世界で勝つ」そして「民間活力の爆発」とし、これで成長戦略の「三本柱」とするものであった[4]。それにより「停滞の二〇年」から「再生の二〇年」を目指すものとされた[5]。これらの政策は、二〇一三年夏の参院選を意識して作られているものであることは疑いがない。そのことは首相の政権継続への意欲を表した「急ぐものは、この秋にも、政府として決めていきます。『行動』なくして『成長』なし」という表現や、「政策を力強く実行していくために必要なもの。それは『政治の安定』です」という表現に端的に見られたといってよい[6]。さらに野党も、政策的な新たな試みを発信していた。六日には、維新の会の橋下共同代表が、安倍首相に沖縄の負担軽減のために「オスプレイの訓練の一部を大阪で」という提案を行った。しかし、この提案にはどれほどの現実感があったかどうかに関しては、懐疑的な見方もあった。こうして、様々に、与野党とも各政党は、来月に迫った選挙を視野に入れながら、次々に政策を発信していくこととなった。

## 7 野党の選挙公約の発表

### 共産党・社民党の選挙への政策

国政政党の中で、いち早く参院選の政策、選挙公約を発表したのは共産党であった。六月六日に、共産党は選挙政策を発表した。共産党においては公約にあたるものを「選挙政策」としていた[7]。このなかで、共産党は護憲、脱原発などを強く訴えた。特に、政策として、現在の憲法の全条項を維持することを強調した。正式な参院選の公約について政党要件を満たす政党の中でいち早く提起することで、参院選の政策的な議論を活発にさせる狙いがあったと考えられる。前日に提起された政府の成長戦略を視野に入れながら、原発の国内の再稼働と海外輸出の中止、さらには国内原発の即時ゼロを実現することを目指し、ただちに廃炉手続きを進めるとした。また、TPPに関しては、農業も、地域経済も壊すものとし、交渉撤回を要求した。さらに、消費税増税に関しては、暮らしと景気を壊し、貧困と格差の拡大を進めるとして中止を掲げていた。また、外交に関しては、沖縄の普天間基地の名護市辺野古への移転の中止、在日米軍基地をなくし、日米安保条約の廃棄を訴えるなど、安倍政権のほとんどの政策に対して、反対する政策を示した。この共産党の立場は、比較政治学の中で言われている「反体制政党（anti-system party）」といった性格を示しているのかもしれない[8]。

同じ六月六日に、社民党も公約素案を発表した[9]。この参院選に向けた公約の素案は護憲の立場を前面に押し出したものであった。第一に、改憲を阻止、第二に暮らしと雇用の再建で景気回復、第三に原発再稼働に反対、脱原発社会を実現、第四にTPP参加に反対し、農水産業で地域再生といったものが、主なポイントとなっている。これは、有権者からの意見を受けたうえで、二〇日の常任幹事会で最終案をまとめる予定となっていた。これらの政党の政策は、どれほど有権者に浸透するかは不明であったが、参院選の政策論争をリードするものとなる可能性を秘めていた。

政府の政策発信はさらに続いた。六月七日には、これまで日本版NSCと呼ばれていた「国家安全保障会議」を政府は、内閣に新設する法案を決定した。さらに、国家のあり方だけではなく、地方のあり方にも配慮を行い、同日には、地方分権を進めるための改正分権一括法が成立した。これは、地方独立法人の合併を可能とするなど、地方の自律性をこれまでよりも高めるものであった。さらに、日本を取り巻く国際関係の中で、日本の国家としての安全保障を強化するために、一〇日には、陸海空の三自衛隊が米軍と合同で離島奪還のための訓練を開始した。この訓練は、尖閣を念頭に置いて、米本土で初めて行われたものであった。そして安倍政権が最も力を入れている経済政策についても、一二日には、設備投資減税を明記した「日本再興戦略」を産業競争力会議が決定した。これは一四日に閣議決定されることとなった[10]。

## 各政党の選挙対策

こうして政権が求心力を強めている中で、小党は難しい決断を強いられた。前年の二〇一二年に衆院選で一議席も獲得できなかった新党改革は、六月一二日に独自の候補者擁立を断念した。これは新党改革の舛添要一代表によって二〇一三年参院選には候補者の擁立を見送ると発表された。そして新党改革としては、また、他党との選挙協力も必ずしも視野になく、他党候補も推薦しないことが明らかとされた。舛添はすでに代表を辞任する意向を示していたが、参院選後も党を存続し、新しい代表のもとで党の立て直しを図り、その次の選挙は新体制で臨むという方針であったことが伝えられた。これは、政権与党の求心力が強まる中で、小党としての立ち位置が難しく、方向性を決めかねていたという解釈も成り立つであろう。しかし、与党の自民党にも政権としてまったく不安がなかったわけではなかった。特に、二〇〇七年参院選前の第一次安倍政権時代には、閣僚らの不適切な発言に苦しめられた苦い経験を持っていた。そのため、第二次安倍政権においては、その点に細心の注意が払われていた。一三日に、菅義偉官房長官は記者会見で、東日本大震災の復興をめぐる、復興庁幹部のツイッターにおける暴言問題で、事実確認の上で処分を行うとの見解を発表した。これは、そうした「舌禍」の芽を早めに摘み取り、政権への影響を最小限にするという動きと見られた。

さらに、各政党の参院選に向けての政策発表は続いた。六月一三日には、第三極で先駆けて、みんなの党が、アジェンダ（公約）の骨子を明らかとした。そこにおいては「改革三銃士」というキャッチフレーズのもと、「規制改革」、「公務員制度改革」、そして「選挙・政党改革」の三点を柱とする公約を明らかとしていた。「規制改革」は電力の発電・送電の分離を提起し、農協の農家支援と保険・銀行を分離することなどを挙げている。そして結党以来の政策である「公務員制度改革」では、国家公務員の一〇万人削減、総人件費の二割削減を訴える。さらに「選挙・政党改革」では、衆院の選挙制度に、完全比例代表制を導入することを目指していた。浅尾慶一郎政調会長は、自民党の政策を「骨抜きの改革」と批判し、みんなの党が目指すものは「徹底した改革」であると述べ、対立していることを明らかとしていた。

こうした野党の動きに対して、政権の側も、六月一三日の諮問会議において「骨太の方針」を決定した。[11] 与党は、これらの安倍政権の政策を視野に入れながら、最終的な政策を決定することとなった。同日には、自民党の公約の最終案が明らかとなったことが報じられた。このなかで、原案では沖縄県連に配慮して、普天間飛行場に関する移設の、具体的な移設先に言及がなかったが、名護市辺野古への移設を推進することが明記された。これまで党中央は、全国の公約に「辺野古移設」を明記しない代わり、県連の地方公約の沖縄「県外移設」を記載しないように要請してきた。こうした国と地方のねじれが決定的となったことが報道されたのであった。また、憲法改正に関しても、改憲に関する条項である憲法九六条の国会の発議要件を、「三分の二」から「過半数」にする緩和策を打ち出し、その目的を「国民が憲法判断に実質的に参加する機会」を与えるためとしていた。この最終案をもとに、二一日までに公約と総合政策集（Jファイル）を最終的に決定し、発表する予定であった。しかしながら、この公約の最終案も、未だ多少なりとも見直される可能性を含むものであった。

六月一三日に、みどりの風が参院選の公約を発表した。このなかで、みどりの風は環境に配慮する政党としての立場から、一〇年以内にすべての原発について廃炉に着手することを明らかとしていた。また「アベノミクス」についても批判し、適切な再分配と、内需主導による経済の確立を訴えた。さらに、社会保障と税の一体改革に関しても「社会保障改革」を先行させるべきとして、増税の凍結を訴えていた。TPPについては、農業のみならず国民生活のすべてに影響を与えるために、断固反対する立場であった。環境・暮らしを優先させるというみどりの党の政策は、安倍政権が進めている政策とは異なる政策的な志向を持ったものであったが、いかんせん所属議員が少なく、そうした小勢力の政治家の政策議論に対するインパクトは未知数であった。

政策面においても、政府は求心力を高めつつあったが、必ずしも政府の要求が地方に受け入れられるばかりではない。六月一四日に、地方公務員の給与減額についての国からの要請を、自治体の大半が受け入れる方針であることが明らかとなったが、東京都などの要請を拒否する自治体も存在した。こうした多様性を持った日本をどう舵取りしていくか、その見取り図を示すことが政府には要求されていた。ともあれ日本の舵取りを行う安倍政権の主要な課題は経済政策であった。同じ一四日に、安倍政権は、「成長戦略」「骨太の方針」「規制改革実施計画」を閣議決定し、今後の日本の経済政策の方針を示すこととなった。これらは、政権奪還以降、これまで安倍政権が行ってきた、「アベノミクス」と言われる経済政策の方針の延長上に存在するものであり、「アベノミクス」を支える政策であった。

## 8　地方と国政

### 参院選と地方

こうして、参院選に向かって、徐々に各政党が政策を発表する中、六月一六日に、静岡県知事選が行われた。この静岡県知事選で、現職の川勝平太知事が再選された。川勝が民主党系の候補として挑んだ前回の選挙は、二〇〇九年の政権交代への大きな原動力となった選挙であった。今回は現職知事の強さを生かし、川勝は一〇〇万票以上を獲得して大差で勝利した選挙であった。この県知事選での争点は、独断で政策を決定している印象を与える「川勝流」の政治手法が問われたものであった。川勝は、中部電力浜岡原発の再稼働の是非に関する県民投票の実施を公約として掲げて選挙戦を戦ったが、その公約の実施時期については必ずしも明示的ではなく、はたして県民投票が実施されるかどうかも不明瞭なまま県知事選は行われた。この県知事選で特徴的であったのは投票率であろう。前回、政権交代の跳ね板になったとも言われた静岡県知事選は、投票率が六一・〇六％であったのに対し、今回の投票率は四九・四九％と一〇ポイント以上も低くなっていた。これは有権者の政治への期待の減少を表しているとみることが出来る。有権者は積極的に政治に期待して選択を行っているのではなく、消極的にしか政治における選択を行えないという状況を示していたのではないだろうか。こうした直近の地方における選挙結果は、はたして今回の参院選にはどれほどの影響を与えるか不透明ではあるが、それぞれの地方、地域の選挙の帰結には十分な影響を与えるものであったと考えられる。

さて、そうした地方の変動は、東日本大震災で影響を受けた地域にも起こっていた。六月一七日に、福島県双葉町役場が、いわき市へ移転した。震災の発生により町役場の他県への移転を余儀なくされていたが、二年三カ月ぶりに福島県内へと帰ることとなった。東日本大震災からの復興は、二年余りが経過したわけであるが、実感として未だにはるかに遠いものであった。安倍政権の政策的な試みは、海外でも展開された。同じ一七日にG8が開催され、首相は積極的に首脳会談を行った。このG8では、日英、日ロ、日加、日伊の首脳会談が開催された。こうした外交は、再び自民党が政権与党に返り咲いたことを国際的に強く印象づけるものであったと考えることが出来る。こうした国際的な政策だけではなく、国内の地方にも政策の可能性は存在する。再び述べるが、日本の地方は多様である。地方の実情に合わせて、一七日に、市町村の住民サービスを都道府県が代行できる制度の創設を、地方制度調査会が答申したのであった。

さて、六月一七日に、みんなの党は一三日の骨子に基づき、参院選公約「アジェンダ二〇一三」を発表したのであった。基本的には、先日の骨子を踏襲したものである。新しい点としては、そのなかで、前記の政策のほか、憲法改正に関しては、改憲手続きの簡略化を進め、発議要件を緩和する方向を打ち出していた。また、衆参両院の統合による一院制への改正、首相公選制導入などを憲法に盛り込むことを訴えている。さらに原発に関しては、新設を禁止、四〇年廃炉の原則を徹底し、二〇二〇年代の原発ゼロを実現することを述べた。また原発の輸出も行わないことを述べた。ＴＰＰなどの広域自由貿易協定（ＦＴＡ）を推進すること、さらに二〇一四年四月に予定されている消費税八％への増税の凍結を訴え、財政の健全化は埋蔵金の活用、経済成長による税収拡大によることを訴えていた。規制改革の点では混合診療の解禁、薬の対面販売規制の撤廃などが挙げられていた。非常に分かりやすい政策を唱え、他党との差異化を試みていたみんなの党であったが、第三極が、選挙協力も十分行えない中で、どれほどのパフォーマンスが出来るかは、今後の有権者への浸透具合にかかっていた。

### 安倍政権の政策運営

安倍政権の積極的な政策実践のために使用される費用が、内閣官房機密費であった。六月一八日には、安倍政権発足半年で内閣官房機密費が、六億三〇〇〇万円を超えることとなった。

政権与党は、多くの政策を進めていこうとしていた。そのなかで特徴的であったのは、原発政策であった。しかし、これについては連立のパートナーにも影響を与えるものであった。同じ六月一八日に、公明党の政調幹部の会合で示された公約原案において、公明党の参院選公約において、「原発の新規着工を認めない」とする文言を明記しないこととなった。前年の二〇一二年衆院選では、原発政策については公約に「新規着工を認めず、原発ゼロの日本へ」、「四〇年運転制限制を厳格に適用し、可能な限り速やかに原発ゼロを目指す」と明記していた。しかしながら、今回明記しないことで、原発維持、輸出を視野に入れている自民党に配慮したものと考えられた。原発の問題は、二〇一一年の東日本大震災後の福島の事故以来、日本の政治に重くのしかかった課題であった。一九日に、この原発の運用等に関して、原子力規制委員会が原発新基準を決定したのであった。しかしながら、原発の問題は、政策の争点から、ともすると忘れられつつあるという印象を有権者が持ったとしてもゆえなきことではない。安倍政権の成長戦略には、原発プラントの輸出を行うことなどが記載され、徐々に原発の積極活用へと、舵を切ってきていたからであった。

さらに、政府に影を落としていたのは、ＴＰＰ加盟にまつわる農業政策であった。六月一九日に農協の政治運動組織である「全国農業者農政運動組織連盟（全国農政連）」らによれば、六月一九日現在で全国二六県で二九名の選挙区候補の推薦が決まっていたことが報道された。しかしながら、日本の農業に大きな影響を与えるであろうことが予想されるＴＰＰ加盟という自民党の方針に対して、農協として対応が分かれていることが明らかとなっていた。農協、ＪＡグループであるからといって、従来のように必ずしも自民党支持という一枚岩ではないことを如実に表していた。これには、政権交代により、民主党を中心とした勢力が直前まで政権与党であったという影響もあるだろうが、むしろ将来のＴＰＰが日本の農政に及ぼす影響に対して、否定的な意見を持つ農協関係者が多いという現状を背景としていると考えられる。これは、二〇一二年の衆院選とは大きく異なる点であった。二〇一二年の衆院選においては、自民党はＴＰＰ交渉の参加には反対する姿勢を少なからず示していた。

しかしながら、政権奪還が成立して以降、ＴＰＰ交渉への賛成方針を示したという自民党の立ち位置の変容があった。そこで、比例代表では、自民党の山田俊夫を推薦することを決定したが、選挙区選挙においては、各都道府県での対応が分かれる結果となっていた。特に顕著であったのは、山形県である。山形は野党みどりの風の舟山康江を推薦し、自民党候補は推薦しなかった。また、自民党候補を推薦せず、自主投票を決めたのは北海道、岩手、群馬である。さらに、自民党と野党候補の両方を推薦したのは宮城（民主党岡崎トミ子）、長野（民主党羽田雄一郎）、広島（生活の党佐藤公治）である。こうした農協、ＪＡグループの動きは、前年の衆院選で政権奪還に向けて自民を支援した全国農政連の立ち位置の変化を表していた。政権与党として、政策を進める上で、自民党は全ての勢力、地域に必ずしも満足がいく政策ばかりを提供できたわけではないのである。

そしてついに、六月二〇日に自民党が参院選の公約を発表した。自民党は、参院選の公約の中で、「憲法改正に積極的に取り組む」ことを明らかとし、改憲への決意を強調していた。そのために改憲の発議要件にまつわる九六条を、衆参両院の三分の二以上の賛成から、過半数の賛成へと緩和することを述べていた。また、原発では「国が責任」を持って、再稼働を進める姿勢を明確とし、地元自治体の理解が得られるよう最大限の努力をすることを表明し、原発の維持を明らかとしていた。ＴＰＰに関しては、「守るべきものは守り、攻めるべきものは攻める」とし、「国益にかなう最善の道を追求する」とし、二〇一二年衆院選の公約の「ＴＰＰ反対」からの転換による安倍首相の交渉参加を是認する姿勢を見せた。消費税に関しては、一四年四月の税率引き上げについては触れずに、「全額、社会保障に使う」と説明するのみの記載であった。普天間基地の移設問題では、「名護市辺野古への移設を推進」と明記し、沖縄県連の要望と齟齬をきたしたままであった。自民党は選挙において、いくつかの不安材料もあったが、安倍首相の「アベノミクス」を推進している与党であるという自信をのぞかせていた。それは、特に、経済成長の政策に表れている。そこではアベノミクスの「三本の矢」を一体として進める中で、今後一〇年間の平均でGDP成長率に関して、名目で三％、実質で二％程度の実現を目指すものとされた。そこで自民党は、この選挙をアベノミクスを進める選挙と位置づけて、衆参の「ねじれ国会」解消を訴えることとなった。

この同じ六月二〇日に、社民党も「参院選公約二〇一三」を発表した。ここにおいて社民党は六月六日の公約素案を受けて、「五つの約束」として「改憲阻止」「暮らしと雇用の再建」「被災地再生」「脱原発」、そして「環太平洋連携協定（TPP）参加反対」という点を強調していた。九六条改憲は、「立憲主義の本質を破壊する」として反対、原発再稼働は一切認めず、新規の増設は白紙撤回とし「脱原発基本法」の制定を目指すとした。TPPは、国民生活に悪影響を及ぼすとして反対した。消費税率引き上げは、弱者に厳しいので撤回する。東日本大震災からの復興では杜撰な予算執行を見直すこと、さらには被災者の生活支援を進めることが訴えられていた。社民党は、党勢の縮小をこの選挙で止めることが出来るか、あるいはさらに縮小して解党を余儀なくされるのか、党の存亡をかけて参院選に臨むこととなった。五五年体制から九三年体制への変容の中で、保革の対立軸がそのレリバンシーを失うなか、社民党がどのようなパフォーマンスを選挙において見せられるかが焦点と言えた。

さて、前回の選挙で大躍進を遂げた、第三極の一つであった維新の会は、選挙を前に、激震が続いていた。六月二一日までには、維新候補の出馬辞退が相次いでいたことが明らかとなった。橋下共同代表の「従軍慰安婦」をめぐる発言は、有権者に大きな影響を与え、立候補者の出馬辞退を招いたと見られる。たとえば、三月末に日本維新の会から参院選第一次公認を受け、奈良県選挙区候補に決まっていた奈良県議の山本進章（やまもとのぶあき）が、六月二一日、立候補を辞退する意向を表明した。出馬辞退の理由として、「選挙を戦える状況ではないと判断した」と語っていたが、これは「従軍慰安婦」発言をめぐる影響とまったく無縁ではないことは明らかであった。山本は、昨年の衆院選の前より日本維新の会の協力団体として「奈良維新の会」を設立し、選挙に向けて出馬準備を整えていた。こうした候補者の多くは、政党のイメージで当選を目指す戦略をとっていたが、橋下共同代表の発言による政党イメージの変化は、出馬の意欲を失わせるに十分な効果があったのであった。

## 9 東京都議選と沖縄「慰霊の日」

### 東京都議選

こうした国政の変動に、さらに影響を与える出来事が六月二三日に起こった。東京都議選の投開票である。結果としては、議席定数一二七のうち、自民党五九議席（現有三九議席）、公明党二三議席（二三議席）、民主党一五議席（四三議席）、維新の会二議席（三議席）、みんなの党七議席（一議席）、共産党一七議席（八議席）、東京・生活者ネットワーク三議席（二議席）、無所属一議席（六議席）という結果になった（現有議席は欠員二議席の一二五議席）。この都議選においては、自公が圧勝することとなった。実に自民党は候補者五九名全員が当選し、都議会でともに与党である公明党も二三名の候補全員が当選した。これにより、四年ぶりに自民党は都議会第一党に返り咲き、国政から遅れること約半年で、都議会においても自公で過半数である六四議席を超え、結果として、八二議席を確保し、都政を「奪還」することになった。民主党は二〇一二年の国政選挙と同様に第一党から陥落し、四三議席から一五議席へと後退した。しかしながら、この都議選では、勢力を伸ばしたのは自公だけではない。都議選においては共産党も八議席から一七議席へと躍進したのであった。共産党は議案提出権を得る一一議席以上となり、都議会での存在感を増すこととなった。これにより共産党は都議会で第三党の位置を占め、民主党は共産党より議席が少ない第四党となった。自民党がこれほどの議席を都議選で占めたのは、一九六三年に六九議席を獲得して以来ということとなる。

安倍首相は都議選について「半年間の政権の実績に一定の評価をいただいた」とコメントしたが、はたしてそうであろうか。この都議選の投票率は、四三・五〇％であり、投票率自体は前回都議選を一〇・九九％下回ることとなり、過去二番目に低い結果となった。これは、有権者が必ずしも政治に期待して、積極的に行った選択とばかりは言えないのではないだろうか。むしろ、投票率からは、有権者は消極的にしか現在選択できない、といった姿勢が理解できるとは言えないだろうか。この都議選の結果が直接、国政選挙に反映されるとは必ずしも言えないが、少なくとも東京都選挙区においては、影響を与えるものとなるものであろうことが予想された。

都議選と同じ六月二三日は、沖縄「慰霊の日」であった。糸満市摩文仁の平和祈念公園で県主催の「沖縄全戦没者追悼式」が開催され、安倍首相、岸田外相、小野寺防衛相、仲井眞知事、ルース駐日大使らが出席した。外相と防衛相、駐日大使がともに追悼式に出席するのは初めてであり、これは、沖縄に対する日本政府、米国政府の配慮を感じさせるものであった。しかしながら普天間基地の問題も進展を見せない中で、県民にその意図が伝わったかどうかは不明であった。

こうした地方の問題と関連し、人口の都市への集中と、地方の流出によって生じた「一票の格差」の是正のため、衆院小選挙区の山梨、福井、徳島、高知、佐賀の五県の定数をそれぞれ三から二議席に削減する「〇増五減」を中心として、区割りを改定する公職選挙法改正案が、衆院で審議されていた。最終的に、二四日に、衆院小選挙区区割り制度の変更による「〇増五減」法案が成立した。これにより、前記五県の変更を含む、一七都県四二選挙区で新たな区割りが確定することとなった。こうして、衆院全体の定数は改正され小選挙区二九五議席、比例代表一八〇議席の四七五の定数となることが決定された。これにより、小選挙区比例代表並立制が導入されて以来初めて、一票の格差が二倍を切ることが実現されたのであった。しかしながらこれは小手先のものであり、すでに二〇一三年三月一日現在の推計人口での試算では、格差は二倍を超えていることも報道されていたのであるが、抜本的改革は先送りされたのであった。特に、民主党政権下の二〇一二年一一月に、民主党、自民党、公明党の三党で今国会中に行うことで合意した、定数削減や抜本的な選挙制度改革は、先送りされることとなった。この公職選挙法改正案は、衆院本会議における自民党、公明党、維新の会の三党を中心とした三分の二以上の賛成で再可決するという展開になった。これは参院が改正案の送付から六〇日以内に採決をせず、参院の「みなし否決」となったことを受けてのものであった。「みなし否決」は、現行憲法下では三例目であり、同様に「衆参ねじれ国会」下にあった福田政権下の二〇〇八年四月以来の出来事であり、衆院の再可決も「衆参ねじれ国会」下にあった麻生政権下の二〇〇九年六月以来の異例な出来事であった。この再可決の事例自体、安倍政権に「衆参ねじれ国会」状態からの二〇一三年参院選における早期の脱却を強く意識させるに十分なものであった。こうして、政策を進めていく安倍政権ではあるが、選挙の前には、二四日に、原子力規制委員会が大飯原発の運転継続を大筋で了承した。日本において、全面的に原発の再稼働への動きを後押ししていくものとなった。しかし、これらを進めていく安倍政権の原発政策には、批判も存在したのであった。

### 野党の選挙公約

野党に関しても、選挙への動きは続いていた。しかしながら、それらは必ずしも、野党の意図した通りのものではないこともあった。たとえば、橋下の「従軍慰安婦」発言は尾を引くものであった。六月二四日に、「従軍慰安婦」発言をめぐって堺市議会が、維新の会の橋下、石原両氏の公職辞任要求を決議した。こうした政治の動きは、維新の会の選挙結果に、当然大きな影響を与えるものと考えられた。また、同日の二四日に、生活の党が「参院選公約二〇一三」を発表した。生活の党はこの中で、憲法について触れ、「四大原則」として、「国民主権」「基本的人権の尊重」「平和主義」、そして「国際協調」を掲げ、九条を堅持して、国連平和維持活動（ＰＫＯ）に自衛隊が参加するとする新たな規定を設けるということを訴えた。さらに、改憲手続きを規定する九六条は堅持することを明らかとしていた。そして、原発政策では「再稼働、新増設は一切容認しない。遅くとも二〇二二年までに最終的な廃止を確定する」方針を示し、原発ゼロの社会を実現する。ＴＰＰに関しては断固反対だが、ＦＴＡ、ＥＰＡに関しては積極的に推進するとしていた。特に安倍政権と対照的な政策としては、消費税増税であろう。消費税増税に関しては「景気回復の妨げになり、生活を直撃する」ために消費税増税法をただちに廃止、それにより増税を凍結するというものであった。これは、もともと小沢代表が率いた二〇〇九年政権交代選挙の民主党の公約、それを堅持することを訴えた「国民の生活が第一」、続く二〇一二年衆院選の「日本未来の党」以降、一貫して増税に反対してきたことを受けたものと言えた。さらには、子ども手当、最低保障年金等の給付、高校無償化などを適切な規模で実施するなど、もともとの民主党政権での政策実践の成果についても、一定の配慮を見せていた点が特徴的であった。二〇一二年政権奪還選挙では、多くは日本未来の党に所属し、惨敗を喫していた議員たちからなる生活の党は、ここで党として初めて臨む参院選でどういった結果を残せるかは注目されるところであった。

こうした野党の政策発表が続く中、六月二五日に、野党第一党の民主党が、参院選マニフェストを発表した[12]。この民主党のマニフェスト「暮らしを守る力になる」では、政策実現のための工程表や、数値目標は示されることがなかった。ここにおいて民主党は、⑴震災復興、⑵くらし、⑶いのち、⑷みらい、⑸憲法、⑹外交防衛、⑺改革といった、七つの主要政策項目を挙げた。そこで、民主党は生活者、働く人の立場を強調、子育て支援などを盛り込んだ政策を提起していた。まず、憲法では、九六条の先行改正には反対し、「衆参各議院の総議員の三分の二」とする規定には合理性があるとしていた。また原発に関しては、「四〇年運転制限制を厳格に適用」「原子力規制委員会の安全確認を得たもののみ、再稼働」「原発新設・増設は行わない」という三つの原則を守ったうえで、二〇一二年衆院選のマニフェストを踏襲し、「二〇三〇年代に原発稼働ゼロ」を可能とする政策の実現を目指すとした。TPPに関しては、農林水産物重要五分野等の除外、食の安全の確保、国民皆保険制度の堅持を求め、「国益を確保」するために「脱退も辞さない」として、交渉参加に積極的な安倍政権の姿勢を批判していた。さらに、政権与党時代に、民主党が音頭を取って、野田政権のもとで民自公の三党合意で決定した消費税増税に関しては、自公を批判、「以前の自公政権のように一律に社会保障費をカットしない」で、民主党は「引き上げによる増収分は全て社会保障の財源に充てる」ことを明らかとした。こうした国民に対して負担を強いる中で、国会議員の側も選挙制度改革などで、定数を削減し、衆院は八〇議席、参院は四〇議席程度を削減するという提案となっていた。また、政権与党であった時の政策も継続して提起しており、地域主権改革として地方自治体への権限、財源の移譲、一括交付金の復活、国の出先機関の原則廃止を訴え、さらには子供、子育て支援の予算の増額、所得制限のない高校無償化制度を継続などの文字が躍る。さらに連合に支援されている政党として、雇用に関しても「労働者派遣法の緩和」などの労働規制緩和を認めることなく、雇用の安定を図ることを目指すとするものであった。こうしてみるならば、民主党の政策は、歴史的な敗北を喫した二〇一二年衆院選の公約から、それほど前進してきたとは言えず、アベノミクスに対する対抗軸としての経済政策が、必ずしも明瞭ではないと言えなくもなかった。しかし、このことは党の代表が経済評論家である海江田万里であることを考えてみれば、非常にアイロニカルにしか映らないものであった。

## 10　「ねじれ国会」の終焉

### 安倍首相問責と国会閉幕

さて、この第一八三通常国会は、六月二六日に会期末を迎えた。この日、参院本会議では、午後に、生活、社民、みどりの風の三党が共同で提出した安倍首相の問責決議が、民主党などの野党の賛成多数により可決された。参院において首相問責決議が可決されたのは、二〇〇八年六月一一日の福田康夫、二〇〇九年七月一四日の麻生太郎、二〇一二年八月二九日の野田佳彦に続き、四人目となる。これには法的拘束力はないものであった。これに先立つ午前には、与党の自民、公明両党が提出した平田健二（ひらたけんじ）参院議長の不信任決議案が、野党の反対多数で否決となった。これらは「衆参ねじれ国会」の特徴を示したことになる。こうして二六日に、第一八三通常国会が一五〇日の会期を延長せずに閉幕した。これにより、日本政治は、一気に事実上の参院選の選挙戦に突入したのであった。政府は、「七月四日公示、二一日投開票」という日程を近日決定し、公表する予定となっていた。これは、政権奪還により、自公が政権に返り咲いて以降、初の全国の国政選挙であり、安倍首相にとっては、ねじれ国会を招来した二〇〇七年衆院選以来、二度目の選挙に臨むものであった。

第一にこの選挙において焦点となるのは、アベノミクスの継続を志向する与党の政権運営上、大きな影響を及ぼす衆参の「ねじれ国会」を解消することが出来るかどうかであった。そこで、自公の与党は参院での過半数の議席の確保という結果を求めて選挙戦に臨むことになる。非改選議席は与党が五九議席を保持しており、今回の選挙で過半数を確保するためには、参議院の議員定数二四二議席のうちの半数である一二一議席改選の結果、六三議席以上の議席を獲得することが要求されている。また、第二に政策上の争点について、各党の公約を検討していくと明らかとなる。それは一つにはアベノミクスに対する評価の是非であり、もう一つには九六条を中心とした改憲の方向に関する是非であったといえよう。実際、衆院ではすでに、自民党を中心とした、みんなの党、日本維新の会などの改憲勢力だけで憲法改正の発議の要件を確保しているので、この参院の選挙の結果で改憲勢力が大幅に躍進すれば、改憲への大きな布石を安倍首相は得ることになる。そこで、非改選議席と合わせて、参院の発議に必要な三分の二にあたる一六二議席を改憲勢力が超えるかどうかがもう一つの焦点となっていた。

国会閉幕の翌日の六月二七日には、日本維新の会が参院選公約を発表した。日本維新の会はその公約の中で、改正要件を定めた九六条の緩和を先行改憲させ、道州制、首相公選制、一院制の導入の是非を問うことで、日本の統治機構改革を目指すとしていた。さらに二〇一二年衆院選の公約を踏襲し、政策の継続性を訴えている。たとえば原発に関しては、既存の原発については「二〇三〇年代までにフェードアウト（次第に消えさせる）」としている。ところがTPPに関しては「攻めの交渉で国益を勝ち取る」という積極参加の方針を明らかとして、二〇一二年公約の「国益に反する場合は反対」とする消極姿勢を方向転換させている。もともと地域政党であった性格を反映し、消費増税に関しては、税率一一％ですべて地方税化することを明記し、地方分権を強く主張していた。この維新の公約の中で目を引くのは外交分野の政策、なかでも橋下共同代表の「従軍慰安婦」に関する発言であろう。特に他の政党が踏み込んでいないこのトピックをわざわざ「歴史的事実を明らかにし、日本と日本国民の尊厳と名誉を守る」と明記することは、その評価が分かれるものであったであろう。実際、もう一人の共同代表である石原は、橋下の「慰安婦」発言が維新の支持を低迷させたという考えを持っていたようであるが、その発言を想起させる項目を公約の中にあえて入れるのは、一つの賭けであったのかもしれない。また、この記述は橋下の強い意向で盛り込まれたとされるものであった。これも、橋下という強いカリスマ性を持つ政党リーダーの、イメージに依拠して選挙を勝利するという戦略を立てていた日本維新の会の一つの性格が見て取れると考えるのも、あながち間違いではないであろう。

同じ六月二七日には、公明党が参院選の公約を発表した。公明党は、公約に盛り込む「当面する重要政治課題」を発表した。この中において、公明党は、連立を組むパートナーである自民党の政策と鋭い対照を見せた。まず、改憲を志向する自民党に対して、三原則を堅持しながら、環境権や地方自治拡充など新たな理念を書き加える「加憲」を「最も現実的」としている。さらに九条の一項と二項は堅持し、どのように自衛隊の存在を明記するか、さらには国際貢献をどのように行うかに関しては、「加憲の対象」として検討することが明らかとされた。さらに、憲法の改正規定である九六条は改正の内容とともに議論するべきとされ、九六条の先行改憲には否定的であり、改憲の難しい硬性憲法の性格を存置する方針が明らかとされた。原発政策に対しては、最後のこの段階で、支持者の意見を受け中間段階で削ってあった「新規着工を認めない」を復活させ、「原発に依存しない社会・原発ゼロ」を目指すとなり、原発の維持を志向する自民党とは政策の違いを際立たせた結果となった。TPPに関しては、農林水産物の重要品目を関税撤廃の対象から除外、国民皆保険制度を堅持、食の安全を確保することを求めており、TPPに積極的な自民党とは多少の乖離を見せている。さらに、二〇一五年に予定されていた消費税率一〇％への引き上げに合わせて、食料品などへの「軽減税率」導入を目指すことが述べられ、暮らしへの配慮を際立たせていた。こうした配慮は、子育て政策においても発揮され、待機児童を五年以内に解消するという政策にも反映されている。連立を組んでいる自民党を強く意識しながら、福祉と平和という、公明党のもともと持っていた持ち味を生かそうという配慮が見られる政策となっていた。しかしながら、このことは突き詰めていけば、政策的に連立政権内で齟齬が出ていく要素を抱えたものであることは明らかであった。これは選挙においては協力を見せているものの、選挙後の実際の政権運営で、連立を組む政党間で政策的に対立する可能性をはらむものではまったくないと、言い切れないものであったのかもしれない。

さて、いよいよ選挙の日程は決定されることになり、六月二八日午前の閣議で、参院選の日程が決定された。公選法の、国会閉会日から「二四日以降三〇日以内」の投票日という規定にのっとり、「七月四日公示、二一日投開票」という予定が発表された。こうして、初の「ネット解禁」となった国政選挙である参院選挙の日程が決定された。こうして日程も決まり、具体的となった参院選であるが、各党とも選挙においては不安がなかったわけではない。比較的関係が良好である連立与党の中ですら、ともすれば政策的な齟齬ととられかねない動きも存在したのであった。二八日に、公明党山口代表は、インタビューにおいて原発の輸出は慎重にすべきだと述べた。もちろんその一方で、国際貢献の意味があるようであれば拒否も出来ないという考えも明かしてはいたが、代表の発言は、こうした原発問題に関しては、自民党と公明党との温度差を感じさせるものであった。さらに、参院選の争点については、自公連立政権の運営の是非と、与党で過半数としたが改憲はまだ議論が成熟していないとしていた。選挙に向けては、二八日に、インターネット動画サイトである「ニコニコ動画」で、参院選で候補者を擁立する政党のうちの八党の党首が討論を行った。参加したのは自民党、公明党、民主党、共産党、社民党、みんなの党、生活の党、みどりの風の八党の党首であり、日本維新の会の共同代表は公務のために欠席であった。経済政策、外交、視聴者からの質問といった設問の中で、与野党の党首がネットの動画サイトで討論を行うのも、「ネット解禁」元年となった二〇一三年参院選の一つの特徴を象徴的に表していたと考えることも出来たのではないだろうか。

さて、この二〇一三年参院選については、東京都議選が直近の大きな地方選挙であったということが出来る。その直近の東京都議選において躍進を遂げた共産党は、六月二九日に、共産党の志位和夫委員長が、続く参院選についても、参院選では選挙区もいくつか議席を獲得できる状況となりつつあるとの見通しを示した。そこでは、二〇〇一年東京選挙区以来の選挙区における議席の獲得に意欲を示したのであった。改憲や原発の問題も争点の一つに挙がる中、それらに対して強く反対の姿勢を一貫して示していた共産党は、一定の支持者を持ち、強い組織力を背景に低投票率となった時にはその存在感を強めていく可能性も予想されるところであった。

## 「ネット解禁」と選挙

月が改まり七月になり、月内に行われる参院選への政党、候補者の動きは活発化することとなったが、有権者の動きは必ずしも積極的ではなかったように思われた。第一には、半年ほど前に、国政選挙を行っており、選挙が続く印象を与えていたことと、第二には、民主党の選挙戦略が必ずしも積極的ではなく、政権喪失の状態から必ずしも立ち直れてはいない印象を与えていたこと、さらに第三には、第三極同士が再び必ずしも選挙協力を成功裏に進めているわけではなく、選挙で何を選べばよいか、その違いは何かが不明瞭であったこと、その結果として第四には、与党以外には明確な選択肢がないように思われ、有権者にとって、選択の幅が狭まってしまっていたような印象を与えていたこともあるのかもしれない。もちろん、参院は政権選択の選挙ではなく、また、衆院ですでに三分の二を超える議席を与党で確保しているので、参院の結果がどうであれ、政権や政策にはおそらく変化がないという無力感すらも聞かれたものであった。

こうした中で「ネット解禁」が国政選挙で初めて行われる参院選を前に、共同通信が七月一日現在で集計した結果として新たな情報が明らかとなった。この集計によると、与野党党首のツイッターのなりすましが、少なくとも二九件確認されたことが明らかとなった。これに対して運営会社の日本法人ツイッタージャパンは、認証マークを本人のツイッターにつけることをしていたのであった。こうした、顔の見えないネット社会において、確認のとれない情報によって、その情報を善意の第三者が信用してしまう可能性は、以前から指摘されていたことであるが、それが実際の問題となった。こうしたネット上でのなりすましは改正公職選挙法では禁じられていることである。また選挙の始まる公示後に、なりすましでツイッターを利用すると法に抵触する恐れがあった。このように、全国的な国政選挙で、ネットが解禁されるのは初めてであり、そういった意味でも有権者は、情報の真贋を自らが判断する能力を要求されるという、新しい状況に適応する必要に迫られていたのではなかっただろうか。

七月二日に、みどりの風が公約を発表した。このみどりの風の公約では、九六条の改憲に反対し、改憲するとしても「国民の自主的」な改憲を主張していた。また、原発問題に関しては、環境政党らしく二〇二三年までにすべての原発の完全廃炉に着手することを示した。TPPに関しては、国民生活に影響を与えるので断固反対であり、さらに消費増税に関しては「社会保障を置き去り」にしたものであるとし、凍結することを主張した。谷岡郁子代表は記者会見において「格差が小さい共生社会」を目指すことを標榜したのであった。こうして選挙における構図は整いつつあった。

政治は選挙へと向かいながらも、政策は展開されていく。七月二日には、政府の有識者懇談会が日本の領土・主権をめぐる情報発信のあり方で、報告書を作成した。そのなかで、尖閣・竹島を領有する正当性の英語発信力の強化を訴えていた。さらに、震災問題に関しても、同じ二日に、復興庁と財務省が復興予算流用問題を受けて、未執行であった一〇一七億円の返還を要請した。これは復興予算の一部が地方自治体の「基金」を通じて被災地以外に流用されていたものであった。多様な地方、地域の現実を抱えた中で、どのような国と地方のあり方がよいかを考えさせられるものであった。

選挙に関して、七月三日には、日本記者クラブによる主要九党の党首討論会が開催された。経済、憲法で各党がそれぞれの立場を主張した。安倍首相は一五年続いたデフレからの脱却を訴え、「次元の違う」政策として金融緩和、財政出動などの経済政策を訴えた。これに対して、野党は金融緩和による物価の上昇や、消費増税を批判するなど、政権の政策の問題点についての持論を展開するものであった。こうしてみるならば、安倍政権の経済政策に対して、批判こそすれ、明確な対抗軸はどの政党も提示しえなかったという見方も出来るかもしれない。

## 11　公示そして投開票へ

**参院選公示**

そしてついに七月四日に、第二三回参院選が公示された。これにまつわり、総務省が三日現在の選挙人名簿登録者数を一億四七八万六六〇人と発表した。これは前回二〇一〇年参院選の時よりも、二六万六五五七人増えた。共同通信の試算によれば、二〇一三年参院選の一票の格差の最大は、北海道選挙区と鳥取選挙区との間であり、四・七七倍であった。これは議員一人当たりの有権者数を、選挙区によって比較したものである。この格差が四倍以上である選挙区は、北海道だけではなく、兵庫県、東京都、福岡県、愛知県、埼玉県の六自治体を数えるものであった。この選挙区の定数は、一票の格差を是正するために二〇一二年に選挙区選挙の選挙区について、人口の多い神奈川県と大阪府のそれぞれに改選議席を一議席（個々の選挙区全体としては二議席）増やし、人口の少ない福島県と岐阜県からそれぞれ改選議席を一議席（同様に個々の選挙区全体としては二議席）減らすことにより、神奈川と大阪を足して四議席増、福島、岐阜を足して四議席減という、いわゆる「四増四減」をこの二〇一三年参院選から、適用した議席数となっている[13]。

この参院選は、自公による政権奪還以降初の全国規模の国政選挙であり、参院の定数二四二議席のうちの半数の一二一議席の改選となる。参院議員の任期は六年と長く、解散もないために、ここで当選する議員は、二〇一三年から二〇一九年までの任期を務める。おそらくこの任期の間には、改憲、原発、増税、ＴＰＰなどの政策的な課題は、決着するか、一定の方向性を見せるものと考えられた。そこで、この選挙には改選数七三議席の選挙区選挙に二七一名、改選数四八議席の比例代表選挙に一六二名の計四三三名の候補者が立候補を届け出て、決選の火ぶたは切られたのであった。第一に、この選挙の焦点は、政権の安定的な運営のために必要な「ねじれ国会」の解消であったということが出来よう。そのために、非改選議席を除くと、今回の選挙において自公で六三議席以上の議席が確保できるかどうかが一つの分水嶺ということが出来た。

午前中に各党の党首は全国の街頭で第一声を上げ、一七日間の夏の選挙が開始されたのであった。自民党総裁の安倍首相は福島県福島市、民主党の海江田代表は岩手県盛岡市とそれぞれ被災地で第一声を上げ、公明党の山口代表は埼玉県さいたま市、みんなの党の渡辺代表、そして共産党の志位委員長も東京都内と大票田である首都圏から選挙戦を出発した。日本維新の会の共同代表である石原は東京、橋下は大阪とそれぞれの本拠地で第一声を上げた。午後には、千葉県市原市の田園地帯で生活の党の小沢代表も第一声を上げ、遊説を開始した。また、政党の幹部クラスも、全国に散らばり、日本維新の会の松野頼久（まつのよりひさ）幹事長は鹿児島県鹿児島市内、生活の党の鈴木克昌（すずきかつまさ）幹事長は名古屋市内で第一声の熱弁をふるったのであった。

この第一声を上げる場所には象徴的な意味、そしてそれぞれの政党の選挙戦における戦略が見え隠れしている。政権与党の自民安倍は、当時の復興庁幹部の六月のツイッターにおける暴言問題や、高市早苗政調会長の原発事故で死者は出ていないとする発言などに対して、政府の姿勢として被災地の復興を重視する姿勢を印象づける狙いがあったであろうし、野党第一党の民主海江田は、むろん被災地の復興もあるが、民主党から分裂した生活の党の小沢一郎代表の出身県の岩手県を、重点選挙区としていたこともある。公明党は、自民党の連立パートナーとして埋没しがちな存在感を、独自の候補者である矢倉（やくら）克夫（かつお）を擁立する埼玉でアピールする狙いがあったし、都市部の浮動票に狙いを定めていた第三極のみんなの党は、橋下共同代表の「慰安婦」発言を契機として、党勢に陰りがみえていた他の第三極である維新の会の票も、場合によっては取り込むことを意図し、維新の支持層が、大阪に比べて比較的少ないと考えられる東京をターゲットとしていた。また、共産党は、ひと月ほど前の東京都議選による党勢の伸長を、参院選にも繋げたいという思いが込められていた。同様に必ずしも強固な組織的な支持を持っているわけではない小政党は、首都圏の大票田の浮動票に訴えるしかなく、みどりの風の谷岡郁子代表も東京都内、社民党の福島瑞穂党首は神奈川県横浜市といった都市部から選挙を始めていた。

この選挙において、自民党と公明党は「ねじれ国会」の終焉を目指し、民主党は下野して以降の党勢の後退をいかに食い止めるか、第三極のみんなの党や日本維新の会は、参院において勢力を伸ばすことはもちろんであるが、自公の大勝を阻止し、それによって今後の政策運営のキャスティングボートを握る糸口を摑む、そのための足がかりを作れるかということも焦点であった。こうした与党の自公、そして下野した民主党、第三極だけが、今回の参院選の争点ではなかった。かつての五五年体制下の革新政党の動きも見逃せない要素であった。まず、九三年体制以降、衰退の続く社民党は、直近の地方選挙であった首都における東京都議選では一名も当選者を出すことが出来ない結果に終わっており、その意味で「党の存亡をかけた選挙」ということが出来た。また、こうした社民党と対照的に、都議会選挙において、議席を倍増する躍進ぶりを見せた共産党も、参院選という国政選挙でどれほどの力を発揮するかは、未知数であった。さらに、今回参院選に初めて臨むことになった生活の党やみどりの風も、小党であるというデメリットを積極的にかわし、当選者を出すほどの力があるかどうかを、有権者に試されているということが出来たのではないだろうか。

さて、こうした現実の現場における第一声が、有権者に向かって発せられる前に、今回の選挙では、大きな変化が起こっていた。「ネット解禁」に合わせて、動画サイト「ニコニコ動画」に、各党首の動画が配信されたのである。そのためネット上では七月四日の午前零時に、インターネット上で「第一声」の動画が公開され、有権者にはその政策内容が明らかにされたのであった。こうして、新たな選挙にまつわるメディアとしてインターネットを手に入れた政党、候補者は、新しい環境の中で、それに適応すべく多くの努力を強いられた。こうしたITは、政治の一つの新しい側面を表しているものかもしれない。参院選に向かって、これに関連して新たな動きも存在した。五日に、新経済連盟の楽天、三木谷浩史代表理事が、参院選の推薦候補を発表した。この内訳は自民党が五名、民主党とみんなの党、無所属が各一名の、計八名であった。

### 政策と投開票

こうした参院選の中でも、政府は政策的な展開を行っていた。七月八日には、「国家安全保障戦略」策定の方針を安倍首相が固めたことが発表された。さらに、九日には政府は「二〇一三年防衛白書」を発表した。こうした安全保障面だけではなく、エネルギーの安全保障の面からも、原発の問題は選挙に影響するものであった。一二日に、九州電力は玄海原発三、四号機の再稼働を申請した。これはプルサーマル発電を前提としたものであった。資源小国としての日本にとって、エネルギーを含めて国民の安心・安全をどう確保するかは安倍首相の最大の関心事であったといってよい。日本の安全保障の最前線である、沖縄にも首相はしっかりと目配せをしていた。一六日に、辺野古を念頭に「早期に普天間移設」を訴える街頭演説を那覇市で安倍首相が行った。しかし、具体的な政策は必ずしも明確ではなかった。この沖縄の基地問題に関しては、一八日に、普天間から名護市辺野古への移設に関する防衛相の埋め立て申請書の「告示・縦覧」手続きが終了した。これにまつわる市民団体などからの意見提出が二〇〇〇件以上になった。

さて、この参院選において安倍政権が考えていた最大の政策的な課題は経済であった。七月一七日には、元総務大臣の増田寛也を政府の郵政民営化委員会の委員長に選出した。これは西室泰三前委員長の後任であった。郵政民営化は展開してきたものの、TPP交渉との関係で、新規事業としてのかんぽ生命保険とゆうちょ銀行に関して政府の認可が得られておらず、今後の政策課題の一つとして郵政民営化の行く末も考えられるものとなっていた。選挙期間中であるが、一九日には、今年二回目の政党交付金を、総務省が交付した。これは総額七九億四二〇八万円を、自民党、民主党、日本維新の会、公明党、みんなの党、生活の党、社民党、みどりの風、新党改革の合計九党に交付するものであった。翌二〇日は、選挙戦最終日であった。ここにもネット選挙の影響が見られた。通常であれば、候補者、党首は公職選挙法の規定によって午後八時以降はマイクを使用して街頭活動することが出来ないものであった。しかしながら、ネットでは活動することが可能であった。そこで、街頭での選挙運動が終了した後にも、投開票日の二一日午前零時の直前まで、インターネット番組を通じて選挙活動を継続したのであった。そこでは、党首、党幹部などの地方遊説の動画や、党首、候補者などが生で出演するなど、候補者や政党への支持をぎりぎりまで訴えていたのであった。

そしてついに、七月二一日に第二三回衆院選が投開票されたのであった。この選挙戦において、自民党は、景気回復をその中心に据え、雇用環境の改善を訴えていた。自民党と連立政権を組む公明党は、自民党に対する「バランス」としての公明党のあり方を有権者にアピールしていた。

対する野党勢力は、多くの選挙区で野党同士が競合する状況となり、そのなかで、与党とも、他の野党とも差異化を図る戦略をとっていた。民主党は、代表が経済評論家であるということもあり、自民党の経済政策を批判した。しかし、他の野党は、自民党とも民主党とも異なることを有権者に印象づける方策をとっていた。みんなの党は増税に反対する立場を強く打ち出し、維新の会はしがらみのない政党であることを訴えていた。共産党は反原発を強く打ち出し、みどりの風も環境色を強くアピールしていた。生活の党は増税に強く反対し、民主党政権時代の民自公の三党合意を批判し、社民党は護憲の立場から、九条を守ることを訴えるなど、それぞれの政党の独自性をいかにして打ち出すかを考えていたものであった。その有権者への訴えの審判はどのようなものであったのだろうか。

**注**

(1) 実際、これは反映され、二〇一四年の選挙の定数は四七五議席となったのであった。
(2) http://www.kantei.go.jp/jp/headline/seicho_senryaku2013.html
(3) http://www.kantei.go.jp/jp/96_abe/statement/2013/0517speech.html
(4) http://www.kantei.go.jp/jp/96_abe/statement/2013/0605speech.html
(5) Ibid.
(6) Ibid.
(7) http://www.jcp.or.jp/web_policy/html/2013sanin-seisaku.html
(8) Giovanni Sartori, *Parties and Party Systems: A Framework for Analysis*, Cambridge: Cambridge University Press, 1976, Colchester: ECPR Press, 2005, pp.108–109, 117–119.
(9) http://www5.sdp.or.jp/policy/policy/election/images/130606.pdf
(10) https://www.kantei.go.jp/jp/singi/keizaisaisei/pdf/saikou_jpn.pdf

(11) http://www.kantei.go.jp/jp/kakugikettei/2013/__icsFiles/afieldfile/2013/06/20/20130614-05.pdf
(12) https://www.dpj.or.jp/policies/manifesto2013
(13) 参議院の選挙制度の変遷については以下のホームページを参照。http://www.sangiin.go.jp/japanese/san60/s60_shiryou/senkyo.htm

# 第Ⅰ部　候補者の変容

仮設住宅の被災者と対話する海江田万里・民主党代表
（2013年7月4日，福島市にて）（時事）

# 第1章　大物現職はなぜ大敗したか
## ――石川県選挙区――

岡田　浩

### 1　問題の所在

二〇一三年の参院選において、一人区の石川県選挙区では[1]、農水省の元官僚で自民党公認・公明党推薦の新人の山田修路（やまだしゅうじ）、現職で二期目を目指す民主党公認の一川保夫（いちかわやすお）、共産党公認で新人の亀田良典（かめだりょうすけ）、無所属で新人の浜崎茂（はまさきしげる）、幸福実現党公認で新人の宮元智（みやもとさとし）の五名が立候補していたが、山田が六四・八％の票を獲得して二三・〇％を獲得した現職の一川を四一・八ポイントの大差で破った（表1－1参照）。

この参院選で自民党は改選三四議席を六五に大幅に伸ばして大勝した一方、民主党は改選四四議席を一七に減らして大敗していることに表れているような、安倍晋三首相の経済政策「アベノミクス」への期待などから来る自民党への追い風や、過去の民主党政権への失望などからくる民主党への逆風、といった全国的な「風」の影響は当然あったであろう。しかし、一人区の候補者の得票率の平均は、自民党五八・〇％、民主党二四・七％で、その差は三三・三ポイントであったのに比べて（表1－2参照）、石川県選挙区の得票率の差四一・八ポイントは大きい。

一川は、旧農林省退官後の一九九一年に石川県議会議員に初当選して以来、県議会議員を二期、衆議院議員を三期、参議院議員を一期と、石川県で長く議員を務めており、また、参議院議員の任期中には

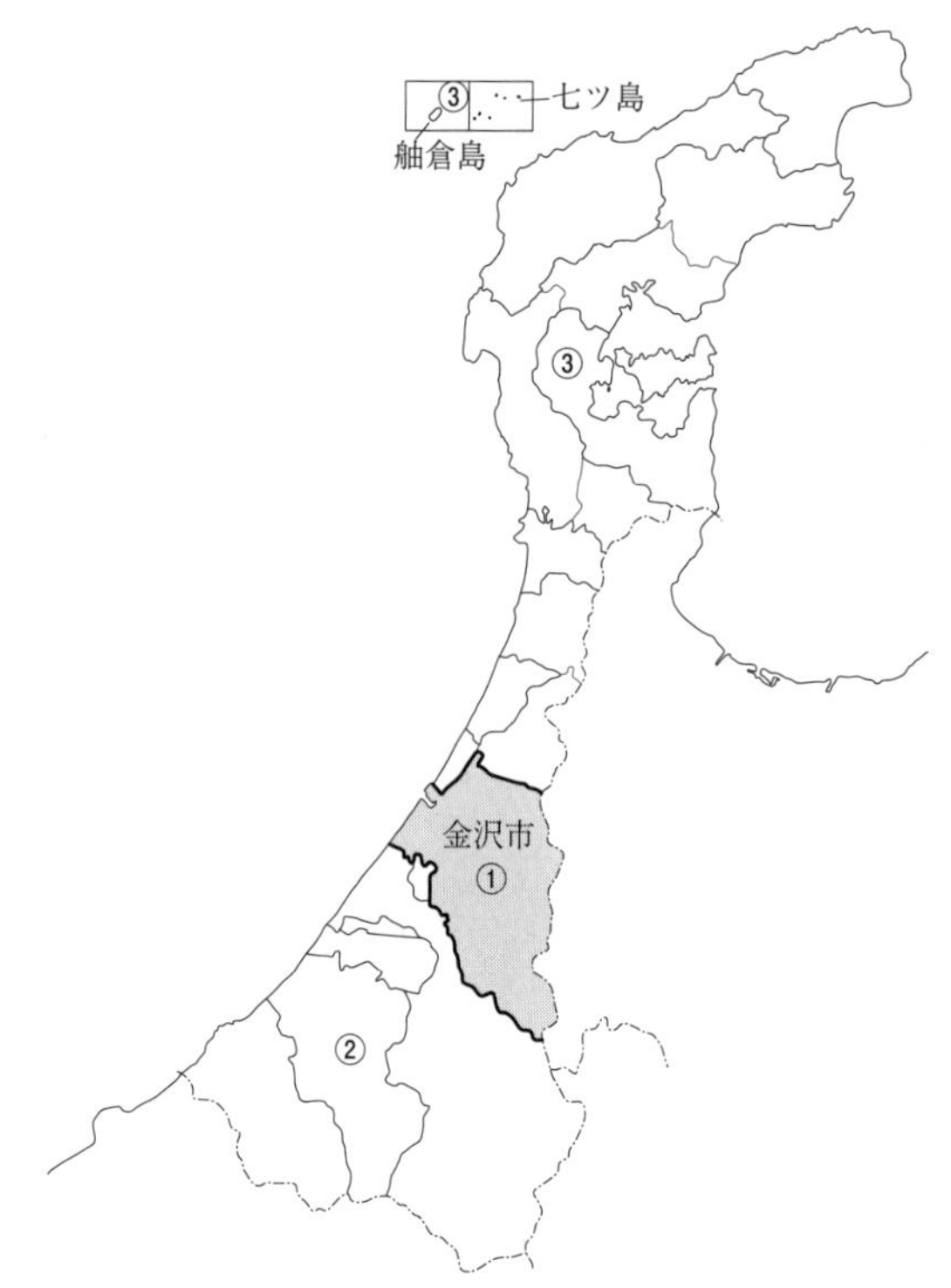


**図1－1**　衆議院選挙区（石川県）

注：参院選挙区は全県一区だが，本書では参考までに衆院選選挙区割を掲げる。

**表1－1**　参院選石川県選挙区の選挙結果（2007～13年）

| | 得票数 | 得票率(%) | 氏名 | 党派 | 推薦 |
|---|---|---|---|---|---|
| 2007年 | | | | | |
| 当選 | 272, 366 | 46. 9 | 一川保夫 | 民主党 | 国民新党 |
| | 268, 185 | 46. 2 | 矢田富郎 | 自民党 | 公明党 |
| | 28, 604 | 4. 9 | 近松　美喜子 | 共産党 | |
| | 11, 477 | 2. 0 | 浜崎　茂 | 無所属 | |
| 2010年 | | | | | |
| 当選 | 304, 511 | 55. 5 | 岡田　直樹 | 自民党 | |
| | 211, 373 | 38. 5 | 西原　啓 | 民主党 | 国民新党 |
| | 32, 780 | 6. 0 | 近松　美喜子 | 共産党 | |
| 2013年 | | | | | |
| 当選 | 321, 286 | 64. 8 | 山田修路 | 自民党 | 公明党 |
| | 113, 817 | 23. 0 | 一川保夫 | 民主党 | |
| | 40, 295 | 8. 1 | 亀田良典 | 共産党 | |
| | 10, 114 | 2. 0 | 浜崎　茂 | 無所属 | |
| | 9, 935 | 2. 0 | 宮元　智 | 幸福実現党 | |

出所：総務省自治行政局選挙部『参議院議員通常選挙結果調』などをもとに作成。

**表1－2**　2013年参院選の１人区の選挙結果（党派，新人／現職別）

| | 候補者数 | 得票率平均（%） | 標準偏差 |
|---|---|---|---|
| 自民党 | 31 | 58. 0 | 11. 6 |
| 民主党 | 19 | 24. 7 | 7. 4 |
| 新　人 | 115 | 18. 7 | 21. 4 |
| 現　職 | 24 | 39. 4 | 18. 5 |
| 自民党・新人 | 25 | 56. 2 | 11. 0 |
| 自民党・現職 | 6 | 65. 7 | 12. 1 |
| 民主党・新人 | 8 | 18. 9 | 5. 1 |
| 民主党・現職 | 11 | 28. 9 | 5. 9 |

出所：総務省自治行政局選挙部『参議院議員通常選挙結果調』をもとに作成。

防衛大臣や民主党参議院幹事長などの要職も務めており、知名度は高かったはずである。それにもかかわらず、なぜこれほどの大敗を喫したのであろうか。

本章は、大物現職である一川がなぜ大敗したのかについて、投票する側である有権者の動向と、選挙運動を展開する側である候補者や政党の動向と、両者を繋ぐメディアや団体の動向、の三つの視点から検討する。そして、現職であることや、政府や党の役職につくことが選挙結果に対して持つ効果について考察する。

## 2　候補者のイメージ・好感度・知名度

本節では、大物現職の一川がなぜ大敗したのかを、筆者が代表を務める「北陸政治行政研究会」が二〇一三年七月の参院選後の八月に行ったアンケート調査[2]の結果から考察したい。

本調査では、「今回の参議院選挙の石川県選挙区の立候補者について、どのような印象を持ちましたか。それぞれの候補者について当てはまる番号をすべて選んで下さい」という質問文の後に、五名の立候補者の名前と、「政策や主張がよい」「実行力がある」「人柄がよい」「以上のいずれの印象もない」の四つの選択肢を並べて複数回答可で答えてもらった。その集計結果が表1－3である。

まず、「いずれの印象もない」の多さに注目すると、新人の山田が五二・五％で最も少なく、何らかの良いイメージを持つ人が多かったことが分かる。現職の一川は石川県で長く議員を務めてきており、防衛大臣などの要職も務めたにもかかわらず、「いずれの印象もない」が六八・六％で山田より多い。

山田に公認を出していた自民党の支持者が多いために山田のイメージが高く出ている可能性もあるが、支持政党を持たない人について見ても（表は省略）、山田に良いイメージを持つ人のパーセンテージが、

**表1-3 各候補者についての有権者のイメージ**[3]

| | 山田候補 | | 一川候補 | | 亀田候補 | | 浜崎候補 | | 宮元候補 | |
|---|---|---|---|---|---|---|---|---|---|---|
| | 回答数 | % | 回答数 | % | 回答数 | % | 回答数 | % | 回答数 | % |
| 政策や主張がよい | 101 | 17.6 | 28 | 4.9 | 28 | 4.9 | 2 | 0.3 | 6 | 1.0 |
| 実行力がある | 59 | 10.3 | 32 | 5.6 | 10 | 1.7 | 2 | 0.3 | 3 | 0.5 |
| 人柄がよい | 100 | 17.5 | 48 | 8.4 | 23 | 4.0 | 7 | 1.2 | 10 | 1.7 |
| いずれの印象もない | 301 | 52.5 | 393 | 68.6 | 426 | 74.3 | 461 | 80.5 | 454 | 79.2 |
| 無回答 | 65 | 11.3 | 89 | 15.5 | 98 | 17.1 | 102 | 17.8 | 104 | 18.2 |
| 合　計 | 626 | 109.2 | 590 | 103.0 | 585 | 102.1 | 574 | 100.2 | 577 | 100.7 |

政策（山田八・八％＞一川三・三％）、実行力（山田七・四％＞一川五・一％）、人柄（山田一〇・二％＞一川八・八％）のいずれの点についても一川を上回っており、山田に良いイメージを持つ人が多いのは、山田に好意的である自民党支持者が多いから、という理由だけではないことが分かる。

本調査では、「あなたは、次に挙げる政党や候補者に対し、好意的な気持ちを持っていますか、それとも反感を持っていますか。好意も反感も持たないときは五〇度としてください。好意的な気持ちがあれば、その強さに応じて五一度から一〇〇度、また、反感を感じていれば、四九度から〇度のどこかの数字で答えてください」という質問文で候補者への好感度（感情温度）も尋ねているが、その回答の平均値は、山田五一・一度、一川三四・八度、亀田三四・七度、浜崎二八・八度、宮元二九・〇度であり、一川よりも山田の好感度の方が高かった。山田に公認を出していた自民党の支持者が多いために山田の好感度が高く出ている可能性もあるが、支持政党を持たない人のみについて平均値を計算してみても、山田四六・一度、一川三七・三度、亀田三六・六度、浜崎三一・七度、宮元三一・四度であり、山田と他の候補者の差は縮まるものの、山田の好感度がやはり最も高かった。

一川は、防衛大臣在職時に地元で自衛隊の戦闘機の部品が落下する事件があった際に対応が遅れたと批判されたり[4]、「私は安全保障の素人」等の発言などが問題視されて参議院で問責決議が可決され在任四カ月の短期で大臣を退任したことなどから、現職で知名度は高くても、良いイメージや感情はあまり持たれていなかったのであろうか。

知名度に関して、先の候補者への好感度を尋ねた設問への回答率（アンケート回答者のうち何％が好感度を答えたか）を一つの指標として見てみると、[5]山田七九・八％、一川七七・〇％、亀田七四・〇％、浜崎七二・一％、宮元七二・六％となっており、好きか嫌いかはさておいても、現職の一川の回答率は新人の山田に及ばない。山田に公認を出していた自民党の支持者が多いために山田の回答率が高くなっている可能性も考えられるが、支持政党を持たない人だけについて見ても、山田は八四・七％、一川八二・八％、亀田八一・九％、浜崎八〇・五％、宮元八〇・五％で、一川の回答率はやはり山田に及ばない。

以上のことから、一川は現職ではあるものの、イメージの良さや好感度のみならず知名度の点でも新人の山田に及んでいなかったと推測できる。意外な結果であるが、県議会議員を二期、衆議院議員を三期、参議院議員を一期務めたとはいえ、県議会議員（県南部の小松市選挙区）と衆議院議員（県南部の石川二区）の時期は、本調査の対象である金沢市は選挙区に入っていなかったことが影響しているのだろうか。

しかし、衆院の小選挙区別に今回の参院選の結果を見ると（表1－4）、たしかに一川は、石川二区の区域、特に小松市において比較的得票率が高いことが確認できるが、石川二区と一区の得票率差は二・三ポイントで、それほど大きな差があるわけではない。

ブルース・ケイン（Bruce Cain）らは、アメリカとイギリスの有権者を対象とする意識調査の結果から、現職は新人に対して知名度において全体的に優位に立っているが、在職年数や役職などの議員の属性はあまり重要ではなく、有権者との対話などの選挙区における活動の量が知名度に大きく影響していると

**表1－4**　衆院の小選挙区別の選挙結果

| | 山田修路 | | 一川保夫 | | 亀田良典 | | 浜崎　茂 | | 宮元　智 | |
|---|---|---|---|---|---|---|---|---|---|---|
| | 得票数 | 得票率 | 得票数 | 得票率 | 得票数 | 得票率 | 得票数 | 得票率 | 得票数 | 得票率 |
| 金沢市（石川一区） | 106813 | 62.4% | 39024 | 22.8% | 18668 | 10.9% | 3786 | 2.2% | 2895 | 1.7% |
| 県南部（石川二区） | 114071 | 63.9% | 44875 | 25.1% | 11721 | 6.6% | 3838 | 2.2% | 3962 | 2.2% |
| ※小松市 | 28623 | 57.5% | 16468 | 33.1% | 2615 | 5.3% | 1138 | 2.3% | 913 | 1.8% |
| 県北部（石川三区） | 100402 | 68.9% | 29918 | 20.5% | 9906 | 6.8% | 2490 | 1.7% | 3078 | 2.1% |

指摘している⑥。一川は、その活動量について不足があったのであろうか。次節では、候補者の活動量など、候補者や政党の動向について検討する。

## 3　候補者や政党の動向

### 現職であることのメリットとデメリット

山田については、新人候補であるがゆえの知名度不足が陣営でも心配されていたようで、選挙時の自民党県連の幹事長は「ハンディは知名度だが、現職でないので時間が十分あり、朝から晩まで歩いている」と公示前に述べており⑦、山田本人も「投票用紙に一川と書いた人は（六年前の参院選で）二七万人いるが山田はいない。知名度はまだまだ」と述べていた⑧。山田は、自民党の候補者公募選考の結果、参院選前年の二〇一二年一〇月には石川県選挙区の候補者として内定しており、県議や市町議、各種団体、企業へのあいさつ回りやミニ集会を続けたり⑨、二〇一二年一二月の衆院選時には自民党候補の出陣式や街頭演説でマイクを握るなど、早い時期から有権者に浸透を図ってきた⑩。これらの活動が、前節でみたような、知名度の点で現職の一川をむしろ上回るという結果に繋がったのであろうか。

さらに、山田は公務員としての経験や人脈を活用できるとして「即戦力」を選挙公報などでアピールしていた。また、農水省職員であった時に「能登の里山里海」の世界農業遺産認定に関わったとして県北部の能登地域にその実績をアピールしていた。これらのアピールが、新人であるゆえに現職の一川に比べて劣る実行力の面での評価を補い、前節でみたように、実行力の評価でも現職の一川をむしろ上回るという結果に繋がったのであろうか。

逆に現職の一川陣営では、当然ながら知名度が強みであるとみており、選挙時の民主党県連の幹事長は「一川さんは地元回りで課題があった。一方で現職のキャリア、知名度という強みがある。参院選は選挙区も広く、候補が直接話せる有権者は限られる。自民候補は新人。彼を知っていて投票するということはないと思う」と述べていた[11]。しかし結果的には、知名度の点で必ずしも山田を上回っていたわけではないことは先述の通りである。「地元回り」について、この幹事長は「二区の衆院議員の時は良かったけど、参院議員になった後に一区、三区への働きかけはどうだったのか。（中略）今後は本人が一、三区もしっかり回ってもらわないと」と述べていた。一川自身も公示前に、党役員会、参院会派の役員会、党常任委員会などの会合が頻繁にあるなど、党務や国会で「なかなか地元入りができない」ともらしていたという[12]。

現職であることのメリットとしては、知名度のほかに、自らの選挙の際に大物弁士を中央から招くことが出来るということも挙げられるかもしれない。北陸三県で民主党の唯一の国会議員の議席を守るという大義もあったが、公示前に野田佳彦元首相や枝野幸男元官房長官が一川の集会に参加したり[13]、選挙戦終盤に民主党の海江田万里代表が一川の総決起集会のためだけに東京から日帰りで県入りしたり[14]、ということがあった。一般的に党首は激戦区に入ると言われているが、一川が直接、党幹部に連絡を入れて県入りをお願いしたとも言われる[15]。しかし、自民党では安倍晋三首相や人気のある小泉進次郎青年局長が来県して繁華街で街頭演説を行い、それぞれ四〇〇〇人が集まった（陣営発表）とされるのと対照的に[16]、民主党の弁士は、民主党への逆風が吹く中、いずれも街頭演説はせず支援者による集会への参加にとどまり、一般の有権者へのアピールには活用できなかった。

## 石川県選挙区の特殊要因

以上の現職であることからくるメリットとデメリットの他に、一川については、六年前の参院選で支援を受けた「旧奥田系」の地方議員の結束が瓦解した影響が大きいと言われる。

中選挙区制の下での衆院旧石川一区（定数三）では奥田敬和（おくだけいわ）と森喜朗の自民党候補同士が競っていたが、奥田敬和の自民党離脱と新生党加入を機に奥田系列の県議を中心に県議会の会派「新生石川」が一九九三年に結成された。その後、奥田敬和の新進党加入により「新進石川」と会派名称を変えた旧奥田系は、奥田敬和逝去に伴う一九九八年の衆議院議員補欠選挙で長男の奥田建が初当選した後の一九九九年には旧社会党勢力と手を結び、奥田建が民主党県連の代表代行に就任して旧奥田系と民主党との連携が進んだ。その後も旧奥田系は労組色が強かった民主党及び連合石川とは一定の距離を置いてきたが、二〇〇九年八月の衆院選での民主党への政権交代後の一一月には「新進石川」所属の県議八名が民主党に入党した。

政権交代があった二〇〇九年八月の衆院選後の一〇月には、以前には奥田敬和が社長を務め、奥田建が役員を務めていた総合建設会社の治山社が経営破綻した。奥田敬和の実弟で治山社の社長だった外世雄（とよお）は長く金沢建設業協会の会長も務めており、選挙のたびに旧奥田系の集票で最前線に立ってきたと言われるが、治山社の破綻は旧奥田系の選挙にも少なからぬ影響を与えたと言われる[17]。

県議会（定数四三）で六割超の議席（二六名）を占める自民党系会派に対して、二割にも満たない議席（八名）ながら存在感を発揮してきた「新進石川」は、奥田建が惨敗した二〇一二年衆院選の直後、一部の県議が十分に選挙運動をしなかったとの反発などから分裂し、その一部によって新会派「県政石川議員会」が結成された。この「新進石川」の分裂により、六年前の参院選では一川を支えた県議八氏のうち二名が今回の参院選では山田支持に回り、一名が中立の立場に転換した。また、山田支持に転換した県議の手引きにより金沢市の建設業界も山田支持に転換した。金沢市議会でも、旧奥田系の会派に所属する市議のうち一部が山田支持に回った[18]。このように、一川の支持基盤のなかで労組系とならんで大きな柱であった保守系の結束は瓦解しており、このことが一川の選挙に大きなダメージとなったと考えられる。

さらに一川にダメージを与えた要因として、社民党とのしこりも指摘される。社民党は今回の参院選では一川と政策協定を結び、県連の代表が一川の選対副本部長に就くなどして支援したが、前年末の衆院選で、民主県連の代表だった一川が自らの地盤の石川二区で不戦敗を避けるため社民候補に対抗馬を立てて共倒れしたことのしこりの影響もあったという指摘もある[19]。

## 4　メディアや団体の動向

### メディアの動向

日本ABC協会によると石川県の朝刊（約四五万二〇〇〇部）のうち全国紙はわずか一割で、残りの九割を『北國新聞』（約三〇万部）と『北陸中日新聞』（約九万部）の地元二紙で占めるという[20]。地元二紙は一川の防衛大臣就任（二〇一一年九月二日）については、社会面で「『うれしい』地元歓迎[21]」や「喜ぶ地元[22]」というタイトルで、後援会関係者や地元首長の歓迎のコメントを大きく報道していた。一方で、この折の就任会見で「私は安全保障に関しては素人だが、これが本当のシビリアンコントロール（文民統制）だ」という発言があり、元防衛大臣である自民党の石破茂政調会長が「閣僚辞任に値する」と批判をしたことが全国紙でも地元紙でも取り上げられた[23]。

先述の自衛隊の戦闘機の部品落下（二〇一一年一〇月七日）については地元二紙がそれぞれ一面トップで報道し、「地域の方に迷惑や心配をかけて申し訳ない」という一川の記者会見での陳謝の発言を報道した[24]。この事故に関しては、衆院石川二区で一川と四回議席を争った森喜朗元首相が事故の翌日に現場を訪れ、「対応が遅い」と自衛隊の幹部を叱責したり、再発防止策が不十分だとして事故後の訓練再開に反対したりということが報道され、現場入りが遅れ、また、防衛大臣という立場上、訓練再開への理解を求める一川との対応の差が際だった[25]。

二〇一一年一一月一七日には、参議院予算委員会における自民党議員の質問をきっかけに、ブータン国王夫妻歓迎の宮中晩餐会を欠席して民主党議員の政治資金パーティーに出席していたことが明らかになり陳謝した。そのパーティーにおいて「宮中で催し物があるが、私はこちらの方が大事だ」とあいさつしていたことも批判的に報道された[26]。

また、二〇一一年一二月一日の参議院東日本大震災復興特別委員会では、一九九五年の米兵による沖縄少女暴行事件について、自民党議員からの「中身の詳細を知っているか」との質問に対して「詳細には知らない」と答弁したことについて、自民党の茂木敏充政調会長が同日の記者会見で「事件を知らないのはあり得ない」と批判し[27]、公明党の山口那津男代表も「事件を一政治家が知らないと述べることは信じがたい」と批判したことが報道されて波紋を広げた[28]。

以上の経緯をみると、大臣であるがゆえに注目を集める一川の言動が野党の批判の対象になり、それがマスメディアで報道されることによって問題が大きくなっていったことが分かる。

## 団体の動向

次に、団体の動向については、ＪＡについては、県中央会会長が山田の連合後援会長に就いていた。中央会としては特定候補を支持せず、県内一七ＪＡに個別の対応を任せる形をとったが、元農水審議官としての経歴もあってか、結果的にはほとんどが山田単独の推薦を決め、山田とともに一川にも推薦を出したのは地元のＪＡ小松市など三つにとどまったという[29]。

民主党政権下の二〇一〇年参院選でも民主党支持に傾く上部団体の方針とは異なり自民党候補を単独推薦していた県医師連盟や県歯科医師連盟は、今回も自民党の山田の推薦を決めた。

建設業界については、県建設業協会は山田、一川両候補から推薦の要請があったとして、両候補を推薦していたが、過去の国政選挙で旧奥田系の集票マシンとして機能してきたと言われる金沢市の建設業界は、旧奥田系の分裂を経て山田候補の支援に回った県議の手引きもあって、有志による山田支援の後援会をつくり旗色を明確にした[30]。「奥田系の分裂で自由になった。公共事業に目配りをしてくれる自民に協力するのは当然だ」との声もあったという[31]。

労働組合の連合石川は従来通り一川を支援していたが、一川は自らの後援会を中心に一定の支持基盤を持つ二区以外では労組依存が顕著で、組合回りを精力的にこなしていたという[32]。

全国郵便局長会は二〇〇五年に当時の小泉純一郎首相の郵政民営化方針に反発して自民党支持を離れたが、郵政民営化に反対した議員が結集した国民新党の二〇一三年の解党を経て、今回の参院選の比例代表では組織内候補が八年ぶりに自民党公認で出馬した。石川県選挙区でも、六年前の選挙では国民新党が一川に推薦を出していたが、今回は郵政関係の票の一部は自民党に戻ったと言われ、このことも一川にはダメージとなったと思われる[33]。

## 5　大物現職はなぜ大敗したか

本章は、大物現職である一川がなぜ大敗したのかについて、投票する側である有権者の動向と、選挙運動を展開する側である候補者や政党の動向と、両者を繋ぐメディアや団体の動向、の三つの視点から検討してきた。

まず大きいのは一川の支持基盤のうち、保守系（旧奥田系）の結束の瓦解があったことである。また、県連代表を務めていた当時のいきさつから社民党との関係がぎくしゃくしていたこともあった。

以上は石川県選挙区の特殊要因であるが、一川の敗因から、現職であることや、政府や党の役職につくことが選挙結果に対して持つ効果も見えてくる。

現職であることや役職についているメリットとしては、新人候補に比べて知名度があることや実行力についての評価が高い、ということが一般的に考えられるが、先に述べたように、現職であることや役職についているだけでは知名度向上に限界があり、むしろ、公務や党務の制約が無く地元活動を活発に展開できる新人候補に劣ることもあり得ることが分かる。また、実行力についての評価でも、官僚出身の候補者などの場合は、たとえ新人でも実行力をアピールできることもあることが分かる。

現職であることや役職についているメリットとしては、その人脈を駆使して自らの選挙の際に中央から大物弁士を呼べる、ということも挙げられるかもしれないが、それが必ずしも一般有権者へのアピールに活用できるとは限らないことも分かる。

また、現職であることや役職についていることは、諸団体からの推薦を取り付ける上でも有利とも考えられるが、選挙区レベルの関係だけでなく党中央と上部団体の関係も重要であり、また、自民党が野党であった時期でもそれまでの関係から自民党の候補者にのみ推薦を出していた団体の例もあり、必ずしも現職であったり役職に就いているから推薦を得やすいというわけではないようである。

一方、現職であることや役職についていることのデメリットとしては、注目を集める言動が他党の批判の対象となりやすく、それがマスメディアで報道されることによって問題が大きくなり有権者に否定的な評価を受けるリスクも高いことが挙げられる。また、公務や党務のため地元活動が十分に出来ないというデメリットも確実に存在し、選挙の足枷となる。

以上のように、現職であることや役職についているだけでは必ずしも選挙に有利ではなく、状況によってはむしろ不利にはたらくことを、今回の一川の大敗の例は示しているといえよう。

**注**

(1)　二〇一三年参院選の石川県選挙区の候補者の概要は以下の通りである（年齢は投票日の時点）。
山田修路　新人　五九歳　県南部の加賀市生まれ。主な経歴・肩書：農水省、水産庁長官、農林水産審議官。
一川保夫　現職　七一歳　県南部の小松市生まれ。主な経歴・肩書：旧農林省、県議、衆院議員、防衛大臣、党参議院幹事長。
亀田良典　新人　六四歳　県北部の珠洲市生まれ。主な経歴・肩書：県健康友の会連絡会事務局長、党県くらし・福祉対策委員長。
浜崎茂　新人　四五歳。主な経歴・肩書：飲食店経営。
宮元智　新人　五三歳。県南部の白山市生まれ。主な経歴・肩書：党県本部副代表。

(2)　二〇一三年七月二一日に投票が行われた第二三回参議院選挙後の八月八日に、金沢市選挙人名簿に登録されている約三六万人の中から無作為で抽出した一五〇〇人の方を対象に、調査票を返送用封筒とともに郵送した。発送後、約三週間の間に五七三人の方からご回答を頂いた。郵送した数に対する回収率は三八・二％である。調査結果の詳細については以下の報告書を参照されたい。岡田浩「金沢市における「選挙に関する意識調査」報告書——二〇一三年参院選における候補者イメージを中心に」『金沢法学』第五六巻第二号、二〇一四年。

(3) 複数回答可の設問であるので、各候補者のイメージについての％の合計は一〇〇を超える。

(4) 『朝日新聞』二〇一一年一二月一〇日（石川県版）。

(5) ブルース・ケイン（Bruce Cain）らは、候補者の認知度（visibility）を測る指標として、アンケート調査の選挙区の立候補者名を聞く質問で名前を挙げられる比率（name recall）と、好感度（感情温度）を聞く質問に対する回答率（name recognition）の二つがあると指摘しているが、本章の「知名度」は後者に相当する。Bruce Cain, John Ferejohn and Morris Fiorina, *The Personal Vote : Constituency Service and Electoral Independence*, Harvard University Press, 1987, pp.28–29.

(6) Ibid., pp.28–33.

(7) 『北陸中日新聞』二〇一三年六月五日。

(8) 『北陸中日新聞』二〇一三年六月一九日。

(9) 『北國新聞』二〇一三年五月三日。

(10) 『北國新聞』二〇一二年一二月一一日。

(11) 『北陸中日新聞』二〇一三年六月四日。

(12) 『北國新聞』二〇一三年六月一八日。

(13) 『朝日新聞』二〇一三年六月三〇日（石川県版）。

(14) 『北陸中日新聞』二〇一三年七月二二日。

(15) 『北國新聞』二〇一三年七月二二日。

(16) 『北國新聞』二〇一三年七月八日及び一一日。

(17) 『北國新聞』二〇〇九年一〇月一五日。

(18)『北國新聞』二〇一三年六月十四日。
(19)『朝日新聞』二〇一三年六月三〇日（石川県版）。
(20)『朝日新聞』二〇一二年九月一五日（石川県版）。
(21)『北國新聞』二〇一一年九月二日。
(22)『北陸中日新聞』二〇一一年九月三日。
(23)『朝日新聞』二〇一一年九月三日及び『北國新聞』二〇一一年九月三日。
(24)『北國新聞』二〇一一年一二月七日（夕刊）及び『北陸中日新聞』二〇一一年一〇月七日（夕刊）。
(25)『朝日新聞』二〇一一年一二月二七日（石川県版）。
(26)『朝日新聞』二〇一一年一一月一八日。
(27)『毎日新聞』二〇一一年一二月二日。
(28)『日本経済新聞』二〇一一年一二月二日。
(29)『北國新聞』二〇一三年五月一四日。
(30)『北國新聞』二〇一三年五月一四日。
(31)『朝日新聞』二〇一三年七月一日（石川県版）。
(32)『北國新聞』二〇一三年五月一八日。
(33)『北國新聞』二〇一三年四月一九日。

### 参考文献

岡田浩「金沢市における「選挙に関する意識調査」報告書——二〇一三年参院選における候補者イメージを中心に」『金沢法学』第五六巻第二号、二〇一四年。
Bruce Cain, John Ferejohn and Morris Fiorina, *The Personal Vote : Constituency Service and Electoral Independence*, Harvard University Press, 1987.

# 第2章　離党議員の参議院選挙
## ——香川県選挙区——

堤　英敬
森　道哉

### 1　問題の所在

二〇〇九年に政権を獲得した民主党は激しい党内対立に苛まれ、消費税率引き上げを契機として大量の離党者を出すことになった。また、二〇一二年一一月の衆議院解散前後には、来る総選挙を見据えた離党と日本維新の会などの第三極への移籍が相次いだ。こうした流れは二〇一二年衆院選の結果を受けて民主党が政権を失った後も止まらず、二〇一三年参院選までに四名が党を離れるという選択をしている。本章が対象とする、香川県選挙区に無所属で立候補した植松恵美子（うえまつえみこ）もそのうちの一人である。

民主党から大量の離党者が出たことには大きな注目が集まったが、離党議員がいた選挙区で何が起こったのかについては、民主党が大敗を喫したこともあって、あまり関心が払われていないように思われる。しかしながら、離党した議員が再選を目指して立候補した場合、それ以前の選挙から様々な変化が生じると考えられる。離党議員は、それまでの選挙で利用することができた政党ラベルや政党の持つ資源を使わずに選挙を戦う必要に迫られる。また、離党された政党も何らかのリアクションをとるであろう。それは党中央や地方組織、活動家、そして一般党員で異なるかもしれない。さらに、有権者も政

**図2－1**　衆議院小選挙区（香川県）

**表2－1**　香川県選挙区選挙結果（改選：1）

| | 得票数 | 氏名 | 年齢 | 党派 | 推・支 | 新旧 | 当回 | 肩書・経歴 |
|---|---|---|---|---|---|---|---|---|
| 当 | 233,270 | 三宅　伸吾 | 51 | 自 | 公 | 新 | 1 | （元）日経新聞記者 |
| | 142,407 | 植松　恵美子 | 45 | 無 | | 現 | | （元）参予算委理事 |
| | 34,602 | 田辺　健一 | 32 | 共 | | 新 | | 党県常任委員 |
| | 5,932 | 中西　利恵 | 50 | 諸 | | 新 | | 幸福実現党員 |

党ラベルが変わったり外れたりした議員を、それまでの選挙と同じようには評価しないだろう。では、離党行動は実際に、選挙に関わるアクターたちにどのような影響を及ぼすのであろうか。こうした問いを検討することは、議員はなぜ離党するのかという問いを再検討することにも繋がる。離党はその後の帰結を予測した上でなされると考えられ、動機があればいつでも離党できるわけではないからである。では、どのような条件が満たされたとき、議員は離党を選択するのであろうか。これらの問いに対する解答を探ることは、今日の政党政治において議員や様々なレベルにおける政党のメンバー、さらに有権者にとって、政党がどのような位置づけにあるのかを浮き彫りにするであろう。

もっとも、離党に至る経緯や離党に対するアクターたちの反応は様々な文脈によって異なるし、相互に関連すると想定される。したがって、こうした問題設定を行った場合、事例に沿ってミクロな視点から離党議員の選挙を一連の過程として捉えることが必要となろう。本章ではこうした観点から、二〇一三年参院選を約五カ月後に控えて民主党を離党し、無所属で香川県選挙区から立候補した植松恵美子の事例を検討していく。

本章は以下のように構成される。まず第2節では、議員の政党所属や離党行動について一般的に検討した後、植松が初めて議席を得るまでの過程を確認する。次いで第3節で、植松が離党に至るまでの経過を辿り、離党行動の要因を探る。続く第4節では、植松の離党に対する民主党中央、同香川県総支部連合会（以下、県連）、そして、香川県において民主党と共闘関係にあった社民党や連合の地方組織の反応を記述する。その上で、第5節で植松の選挙キャンペーンについて検討し、第6節で有権者の反応の分析を行う。最後に植松の離党の帰結についてまとめ、今日の政党政治に対する含意を導出する。

## 2　分析の焦点——離党行動とその選挙への影響

### 離党の要因

どのようなとき、議員は所属する政党を離脱するのだろうか。一般に、議員が政党に所属するのは選挙での再選や重要なポストへの昇進、望ましい政策の実現といった議員自身の目標を達成する上で、政党が有益だからだとされる[1]。もし政党に所属して党の意思決定をリーダーや執行部に委任し、自身の自律性を放棄することがこれらの目標の実現を妨げることになるのであれば、議員は党からの離脱を選択する動機を持つことになる。そのため、議員の離党を扱った先行研究では再選、昇進、政策といった議員の目標のうち、離党の要因としてどれがどの程度重要であるのかに関心が払われてきた[2]。また、これらの要因を前提として、離党して他の勢力と勝利連合を形成できるとき、離党のインセンティヴが存在するとされる[3]。

民主党議員の離党行動については、前田・森やナイブレイドがこれらの三要因に着目して分析を行っている[4]。前田・森によれば、民主党内におけるグループ間対立を背景に、昇進要因が政策要因と連動して多数の議員の離党に繋がったという。すなわち、反主流派に追いやられた小沢グループのメンバーが（当選回数の少ない者が多かったこともあって）役職配分において冷遇され、政策決定過程から排除されたことで離党に至ったとしている[5]。他方で、前田・森の分析では（他の要因を制御した場合）選挙要因からの影響は見られないとされる。これに対して、ナイブレイドは昇進要因や政策要因とともに、選挙要因から弱であった議員ほど離党しやすいという選挙要因を重視している。民主党の評判が著しく悪く、民主党に残っても当選の見通しがまったく立たないなかでは、明らかにギャンブルではあっても、離党することには相応の理由があったとされる[6]。

### 離党行動と選挙

では、離党は選挙においてどのような効果を持つであろうか。一般に選挙における政党所属のメリットは、有権者に対して効率的に候補者に関する情報を提供し、選挙運動のコストを低減させられる点にあるとされる[7]。もし、党に所属していることが議員の評価を下げてしまったり、かえって選挙運動のコストを高めてしまうのであれば、離党は議員にとってプラスに働くであろう。

ただし、離党行動は議員の決断によって完結するわけではない。まず、離党された政党が何らかのリアクションをとることが想定される。自発的な離党ではないが、周知のように二〇〇五年の郵政選挙において自民党執行部は、郵政民営化法案に反対した「造反」議員に対して「刺客」候補を送り込んだ。また民主党も二〇一二年衆院選において、候補者不足に苦慮しつつも離党した議員の選挙区の多くに民主党公認候補を擁立している。このように離党は、単純に政党のラベルや資源を選挙で使えなくなる（使わずに済む）というだけではなく、支持者が重複する候補者と議席を争うという事態を引き起こす可能性がある。また、郵政選挙が象徴するように、政党投票を行う有権者が増加し、選挙の全国化が進んだ近年の日本では、政党ラベルの持つ力はきわめて大きいと言われる[8]。そのため、無所属となって政党ラベルを失うことが選挙で不利に働く可能性は否めない。しかしながら、不人気な政党のラベルを使わずに済むのであれば、少なくともマイナスの影響は避けることはできるかもしれないし、有権者にとってより魅力的な別の政党ラベルを使えるのであれば、議員にとって望ましい結果をもたらすことが考えられる。さらに、議員の知名度が高い場合など、有権者が候補者要因を重視するときには、政党からの制約を受けないことがプラスに働くことも考えられよう。

このように、所属政党からの離脱が議員にとってプラスの効果を持つか否かは、所属政党のリアクションに左右されるし、他に使用可能な政党ラベルや高い知名度があるかにもよるであろう。また、有権者が投票において政党ラベルをどのように利用するかによっても、その効果は異なってくると考えられる。離党という選択は（選挙要因による離党でなくても）こうした帰結を予測した上でなされるものであり、その動機があれば離党できるわけではない。他の政党ラベルの利用可能性については、ナイブレイドが二〇〇九年衆院選を前に大敗が予想されていた自民党の議員と対比しながら、二〇一二年衆院選の際には日本維新の会やみんなの党、日本未来の党といった元民主党議員の「受け皿」があったことが、民主党からの離党を容易にしたとしている[9]。また、郵政民営化法案の採決で「造反」した議員には、選挙基盤が盤石な者（平沼赳夫や亀井静香など）や前回の選挙では無所属で立候補して当選していた者（城内実など）が少なくなかったように、「自力」で議席を獲得できる、つまり政党ラベルの力が相対的に弱いと認識されているとき、議員は離党や造反という選択をとりやすいと考えられる。二〇カ国二三九政党における離党行動を分析したオブライエンとショマーの研究においても、選挙競争が候補者中心である場合、離党が起こりやすいことが指摘されている[10]。

## 分析の焦点と事例の概要

ここまでで見たように、離党行動そのものについては一定の研究の蓄積があるが、離党に際して議員が考慮するであろう選挙に対する離党行動の影響については、十分には議論されてこなかったように思われる。そこで本章では、議員の離党行動が選挙に及ぼす他のアクターへの影響や、その予測を踏まえた上での離党行動について検討していく。こうした課題に取り組む場合、事例に沿ったミクロな観点からの分析が有効である。離党議員の選挙には多数のアクターが関わるし、アクター間の相互作用も存在する。また、様々な条件によって、離党を選択しようとする議員の「計算」は変わってくると考えられるからである。むろん、一事例から一般的な知見を引き出すことは困難だが、ミクロな視点から一事例を見ることで、これら離党と選挙にまつわる様々な要素の連関を確認することができるであろう。こうした問題関心を背景として、以下では二〇一三年参院選を前に民主党を離党し、無所属で香川県選挙区から立候補した植松恵美子の事例を検討していく。

あらかじめ、植松恵美子に関する基礎的な情報を確認しておこう[11]。植松は二〇〇七年参院選で民主党から立候補して当選し、二〇一三年に再選を目指していた参議院議員である。植松が初めて国政選挙に立候補したのは二〇〇四年参院選であったが、その選挙では相対得票率で一・六ポイント差という僅差で自民党候補に敗れていた。しかし、捲土重来を期して臨んだ二〇〇七年参院選では、自民党への逆風と民主党への追い風を背景に自民党候補に大差をつけて当選を果たしている。

植松は二〇〇四年参院選に立候補するまで、とりたてて政治との関わりを有していたわけではなかった。植松が政治の世界へ足を踏み入れるきっかけは、その前年に実施された衆院選に香川一区から民主党公認で立候補して落選し、浪人中であった小川淳也からの要請を受けたことにある。植松は、弟が小川の中学校時代の同級生であった縁で小川の選挙運動を手伝っていたが、その活動ぶりを高く評価した小川が植松に翌年の参院選への立候補を促したという。このとき、植松は三六歳であった。植松の経歴を簡単に振り返ると、大学卒業後、大手電機メーカーに就職するが、半年で退職して父親が経営するクレーン・リース会社に入社している。また、二〇〇一年には同社の敷地内で温泉を掘削して温泉施設を開業し、社長としてその経営にあたっていた。

次に、植松が前回二〇〇七年の参院選をどのように戦ったのかを確認しておこう。植松の選挙キャンペーンは、基本的に候補者を軸として展開されていた点に特徴を見出すことができる。民主党香川県連が全面的にサポートしつつも、基本的には植松自身の意向を優先した選挙キャンペーンが遂行され、必ずしも民主党の支持者ではない植松の個人的な支援者の関与も小さくなかった。また、選挙戦で植松が有権者に対して発したメッセージも、植松の中小企業経営者、母親、若さ、行動的なキャラクターをアピールするものが中心で、政策的な主張に関しても、民主党のマニフェストから自身のパーソナリティや信条に合致するものが選択されていた。このように植松の基本的な選挙戦略は、民主党への追い風を全面的に活かすというより、候補者個人への支持を集めることを重視したものであった。

こうした戦略の採用が、香川県の政治環境からの影響を受けていたことは明らかと思われる[12]。香川県では自民党の支持基盤が固く、いわゆる政界再編以降の国政選挙において非自民系の候補者が選挙区で当選したのは、二〇〇七年参院選の植松が初めてであった。また、地方議会においても保守系の議員が大半を占めている。さらに、香川県で民主党の地方組織が結成された際の経緯から、今日でも社民党が県内政治において一定のプレゼンスを維持しており、民主党の組織的基盤は脆弱であった。このように、選挙において党組織を全面的に頼ることができない一方で保守系の票を獲得する必要があったなか、中小企業経営者という潜在的な自民党投票者に（イメージ的にも、直接的な接触においても）受け入れられやすい経歴を有していた植松が候補者中心の選挙キャンペーンを展開したことは、自然な選択であったと考えられる。二〇〇七年参院選において民主党は当時の安倍内閣の「敵失」によって追い風を受け、全国的に大勝を収めたとも評されたが、候補者を軸とした選挙キャンペーンを展開していた植松にとって、自身の勝利は決して「風のおかげ」とは認識されていなかったであろう。

## 3 民主党からの離党

### 離党までの過程

本節では、植松が民主党を離党するに至った経緯について検討していく。植松に民主党からの離党という行動を選択させた要因を、改選となる二〇一三年参院選との関連も含めて明確にすることが本節の目的である。

植松は参院選を約五カ月後に控えた二〇一三年二月に離党を表明するが、その直接のきっかけとなったのは、政権に復帰した自民・公明連立による第二次安倍晋三内閣が国会に提出した補正予算案への対応であった。この補正予算案は、アベノミクスの「三本の矢」の第二の矢である機動的な財政政策に対応したものであったが、衆院予算委員会での採決を前に、民主党はこれに反対することを決定する。民主党執行部内には景気対策を否定することになるとの慎重論もあったが、「公共工事に偏り、財政規律の点から賛成できない」、「予算を厳しくチェックするのが野党」という見解が多数を占めたという[13]。二月一五日に衆議院を通過した補正予算案は参議院での審議に移されたが、これが参議院でも可決されるか否かは安倍政権の行方を占う意味で注目されていた。二〇一二年末の政権交代後も自民、公明両党の参議院における議席は過半数を大きく下回っていたが、参議院第一党の民主党の議席も八八にまで減っていた。こうした状況において、野党内には維新の会をはじめとして補正予算案、さらには安倍内閣を好意的に捉える向きも少なくなかったためである。

そうしたなか、二二日になって植松は、反対という党の方針に反して補正予算案に賛成することを理由に、細野豪志幹事長に離党届を提出する。地元紙の取材に対して植松は「香川の景気が上向くためには補正予算案に反対の必要はないと思った」[14]と述べている。また、同日中に高松で開かれた記者会見では、消費税やＴＰＰ、原発問題、景気回復へのあり方などで党と自分の考え方が違うとした上で、党の枠にとらわれず、大局的な観点から日本の将来を考えたいという信念を貫きたい、残りの任期で有権者に率直に話せる環境を作りたかったと離党の理由を説明した。[15]他方で、「党には恩もあるし、愛着もある。嫌で離れたというのは全くない」、「党とはできる限り協力したい」、（これまで共闘してきた連合や社民党と）「一緒に戦えれば幸せだ」とも述べ、[16]他党への移籍の可能性を否定するとともに、国会での活動や選挙の枠組みなどにおける基本的なスタンスは維持する意向を示した。結局、植松は補正予算案の採決において、賛成ではなく欠席を選択する。

**離党の背景**

植松は補正予算案の採決というタイミングで離党を表明したが、補正予算案に対する党との考え方の相違が離党の決定的要因というわけではなかった。既に二〇一二年一二月の総選挙の公示後には、周囲に「総選挙は最後のご奉公」と漏らしていたとされており、離党表明の数カ月前にはその意思を固めていたと考えられる。[17]民主党の政権運営や下野後の自民党政権に対する民主党のスタンスへの不満の蓄積が、このタイミングでの離党に繋がったと考えるのが自然であろう。植松が党の方針に反した行動をとるのはこれが初めてではなく、二〇一二年八月の消費税率引き上げ法案の採決に際して、反対票を投じていた。有権者に対して消費税率引き上げは約束していないというのが、この「造反」の理由であった。ただし、植松は「処分は粛々と受ける」とも述べており、この「造反」は離党を念頭に置いたものではなかった。[18]また、ＴＰＰへの参加に対しても植松は懐疑的であり、二〇一一年一〇月に全国農業協同組合中央会（ＪＡ全中）が衆参両院の議長に提出したＴＰＰの交渉参加に反対する請願書の紹介議員に名を連ねていた。

様々な政策における立場が党のそれと異なっていたこともさることながら、植松は民主党の政権運営や党運営全般に対しても不満を抱いていたと考えられる。植松は鳩山グループに所属しており、この時期における植松の党内におけるポジションは非主流派であった。代表選における投票行動を見ても、二〇一〇年九月に菅直人と小沢一郎が争った際には小沢に、野田佳彦が選出された二〇一一年八月の代表選では海江田万里に投票していたほか、野田が再選された二〇一二年九月の代表選においては、白票を投じている[19]。

さらに、参院選を半年後に控えた時期における離党届の提出であったから、来る参院選を睨んでの判断という側面があったことは否めないだろう[20]。小沢グループの大量離党後も、二〇一二年衆院選までに多数の衆院議員が民主党を離れ、植松の離党前後から参院議員にも離党者が相次いだ。その背景には、有権者の民主党への失望感が強く、「民主党では選挙を戦えない」一方で、維新の会やみんなの党などの第三勢力が伸張していたことから、これらの勢力と連携しようとの思惑があったと考えられる。実際、植松は離党後に維新の会の関係者と接触していたと報じられている[21]。

このように、植松の民主党離党は基本的に（広い意味での）政策要因によるものであったと理解できる。主流派ではなかった植松にとって、消費税やＴＰＰなどにおける民主党との政策路線の違いは看過できなかったのであろう。また、改選を控え、選挙要因も無視できないと思われる。民主党というラベルの価値が著しく落ちていたなかでは、自身と党の政策的な差異を受け入れることは難しかったと考えられる。植松は離党直後、残りの任期で有権者に率直に話せる環境を作りたかったと述べているが、ここからは、来る参院選において有権者と向き合う際、所属政党からの制約を排除したかったとの意向を読み取ることができる。ただし、植松の離党は民主党との決別を意図したものではなかった。あくまで、自民党対非自民勢力という構図が前提で、植松が非自民勢力を代表する候補者となることが念頭に置かれていた。こうした離党の意味づけ方は、香川県選挙区の定数が一であることに鑑みればきわめて合理的であったといえよう。

## 4　政党・支持団体の離党への反応

### 中央レベルの民主党の対応

植松の離党に対して、離党された側の党や、党に関係するアクターはどのようなリアクションをとったのであろうか。ここでは、民主党中央、地方組織である同党香川県連、そして、香川県において民主党と共闘関係にあった社民党や連合の地方組織の順に、その反応と対応を検討していく。

まず中央レベルの民主党だが、三月四日の役員会で植松の離党届を受理する方針を決定する。植松と同じ日に離党届を提出して補正予算案に賛成した川崎稔については離党届を受理せず、除名処分とする方針が決定されており、植松が補正予算案に賛成せず、欠席にとどまったことが考慮された結果であった。この方針は翌五日の常任幹事会で承認される見込みであったが、常任幹事会ではいったん、保留されることになった。党内の規律が乱れることへの危惧に加え、植松が離党届を提出する直前の二月一七日に、香川県連が開催した党員・サポーター対話集会で海江田万里代表が民主党公認候補であった植松の応援を行っており、こうしたタイミングで離党の意思を示したことが問題視されたためである[22]。しかし、結局、三月二〇日になって植松の離党届は受理されることとなる。

民主党からの離党が正式に決まった植松であったが、国会内では引き続き民主党の会派に残ることになった。当時、参議院における民主党の議席は自民党に肉薄されており、植松や川崎、さらに四月一六日に除名されていた平野達男(ひらのたつお)の三名が会派を離脱すると、自民党との議席差が一にまで縮まるという状況にあった。そのため、海江田代表や池口修次参院国対委員長は、会派と党の所属議員が一致しなくても構わないという姿勢を見せていた。しかし、自民党などからの強い批判もあり、結局、民主党を除名された川崎と平野は会派から離脱させることが決まる。[23] これに対して植松は、日本銀行の正副総裁人事案の採決に際して民主党の方針に同調するなど、参院の民主党会派と同じ投票行動が多かったということで、今後も会派と同じ行動をとることを条件に残留することとなった。[24]

川崎や平野が民主党から「除名」されたのに対し、植松の離党が認められた背景には、来る参院選に対する民主党執行部の思惑もあった。植松は離党届の提出後、無所属で参院選に立候補する意向を示していたが、無所属であればみんなの党や維新の会からの支援を受けやすくなるということで、民主党内部には植松を「野党共闘の象徴」としようとの議論があった。[25] 伝統的に自民党が強い香川県では、植松に替わる候補者を民主党が独自に擁立しても、民主党への逆風下では勝算は低かった。現職で選挙区での知名度が高い植松が他の野党から支援を得られれば当選の可能性は高まることになるが、処分を行うことで植松との関係を断ち切ってしまえば、こうした目論見は外れることになる。このような思惑もあって植松の離党届の扱いはしばらく宙に浮いていたが、みんなの党と維新の会が民主党とともに無所属候補を支援することは期待薄であった。両党は定数一～三の選挙区では選挙協力を行って候補者を一本化することを決めており、香川においては維新の党が候補者の擁立を目指すことになっていた。[26]

### 民主党香川県連の反応

次に、植松の地元である香川県における民主党の反応を見てみよう。植松の離党表明は周囲への事前の相談や調整がないままになされたようで、香川県の民主党関係者は戸惑いを隠せなかった。当時、県連代表を務めていた衆院議員（香川二区選出）の玉木雄一郎は、「ともに活動してきた仲間で残念だ」と述べている[27]。また、植松は二〇一二年一〇月末に香川県選挙区の民主党公認候補に内定していたことから、県連は半年後に迫っていた参院選への対応を練り直す必要に迫られる。植松の離党届が受理され、離党が決まった直後の二〇一三年三月三一日に民主党香川県連の定期大会が開催されたが、県連はこのときまでに参院選での対応を決定することはできなかった。「自民党候補に勝て、他の野党と協力できる候補を選ぶ」という方針を確認したのみで、野党共闘を前提に様々な選択肢を検討しつつ、ゴールデン・ウィークまでには対応を決めるとされた[28]。大会に出席した党員やサポーターの植松離党を受けた参院選への対応についてのスタンスは一様ではなく、引き続き植松を応援すべきだとする意見が出る一方で、独自の対立候補を擁立すべきだとする意見も出されたという[29]。

約三週間後の四月二一日になって玉木は、植松を推薦しない一方で、独自候補の擁立は断念するという方針を示す[30]。こうした方針は五月一二日の県連常任幹事会に諮られ、(1)独自の公認候補は擁立しない、(2)植松を各議員や組織が支援することは妨げない、(3)今後の野党共闘については党本部の指示に従うことが決定される[31]。玉木によれば、離党したとはいえ植松は民主党と同一の会派で活動しており、反自民勢力の結集を図る必要性も含めて総合的に判断したという[32]。長年、候補者リクルートメントに悩まされてきた香川県の民主党が短期間で独自候補の擁立に漕ぎ着けることは容易ではなかったし、現実的に香川県選挙区において、現職で知名度も高い植松以外の候補者が自民党候補に対抗することは困難であった。また、香川県の民主党内には植松の離党に対する批判も強かったが、他方で応援したいとの声も根強く存在した。推薦はしないが、独自候補は擁立せず、自主的な支援は妨げないという方針は、まさに「総合的な判断」の結果であった。

いた[33]。ただ、玉木は、独自候補擁立の断念は「決して『自主投票』という意味ではない」ことを強調して
民主党が独自候補を擁立しない以上、自民党に対抗するためには植松を支援するしかなかった。
特に二〇〇三年に植松を国政へとリクルートした小川は、五月の常任幹事会終了後に開催された民主党
衆院香川一区総支部の定期大会で、早々に植松を支援する意向を表明している[34]。

## 連合香川、社民党香川県連合の反応

植松の離党は、民主党の最大の支持団体である連合香川や、近年の国政選挙で選挙協力を行ってきた社民党香川県連合にも衝撃を与えた。第2節でも述べたように、近年の国政選挙の結果が示すほど民主党の支持基盤は盤石ではなく、自民党に対抗する上では民主党と社民党との協調、共闘が不可欠であった。香川県においては民主党結党以来、民主党と社民党の間に一定の緊張関係が存在していたが、連合香川による非自民勢力の結集という立場からの仲立ちによって、二〇〇七年以降、両党の協調が図られてきていた[35]。二〇一三年参院選に向けても連合香川が二〇一二年一一月に、社民党も年が明けた二月に植松の推薦を決定している[36]。

しかし、植松が民主党からの離党を表明したことで、連合香川も社民党香川県連合も参院選における「共闘」をいったん白紙に戻すことになる。連合香川の小川俊会長は、「推薦したのは『民主の植松』。本人から離党の理由や選挙に臨む姿勢を聞き、あらためて推薦できるかどうか協議したい」と述べた。また、社民党県連合の砂川保代表は「民主、連合香川との三者で『自民に議席は譲らない』ということは一致している」としたものの、「無所属か、他党に行くのか。今後の動きをみて対応したい」と対応を留保した[37]。

民主党と社民党との共闘は二〇〇七年参院選以降、実質化していたが、両党の関係は決して安定的な

ものではなかった。前回の二〇一〇年参院選においても、両党は候補者の選定をめぐって対立を深めていた。[38] こうした背景もあって、事前に植松から離党についての説明がなかったことや、民主党県連が植松への自主的な支援の容認を独自に決定したことに社民党は強く反発していた。この参院選における対応を協議するための民主党県連、社民党県連合、連合香川の三者協議は六月二日になってようやく開催されたが、民主党に対する社民党の反発から調整がつかず、最終的に、三者で対応を一本化することはしないという結論に至る。[39] 社民党県連合は独自候補の擁立も模索していたが断念し、六月四日に自主投票とする方針を決定した。そもそも、社民党が推薦を白紙撤回した後に植松側から政策協定の申し入れがない以上、党として応援することはできないというのが社民党の立場であった。[40]

ただし、社民党としては、しかるべき手続きを踏めば、植松を支援することにやぶさかではなかったようである。五月上旬に推薦の取り消しを伝えるために社民党幹部が植松と面会した際、植松から要請があれば、憲法観などを確認した上で政策協定を結び直し、何らかの支援を行う用意があったという。実際、このときの面会にあたって社民党は新たな政策協定書を準備していたとされるが、植松側が要請したのは社民党が独自候補を擁立しないことだけであった。[41] 全般的に、植松からの社民党に対するアプローチは消極的であり、そのことが社民党の反発を招き、自主投票という結論に至ったといえよう。

一方、連合香川は六月の三者協議の後、植松を「支援」することを決定する。「推薦」ではなく「支援」としたのは、「民主党の推薦議員」という連合の基準に合致しないためであり、「生活者、働く者の立場で活動していくという政治姿勢を確認した」として、実質的には従前の立場を維持することになった。香川選挙区で自民党に対抗できるのは事実上、植松だけであり、自民党の過半数確保阻止という目標のためには、植松を支えることが連合の最善手であった。[42] こうして、民主党は自主的な支援、社民党は自主投票、連合香川は（組織としての）支援と対応が別れ、三者の共闘態勢は崩れることになった。

ここまで見たように、植松の離党に対する民主党の対応は中央レベルでも地方レベルでも「弱腰」であった。また、社民党香川県連合こそ自主投票という結論に至ったものの、連合香川は「民主党の植松」とほぼ同等の対応をとることになった。中央レベルの場合、参議院での第一党という立場を守るために植松の議席が必要とされ、野党共闘の象徴としようとの思惑もあった。また、地方レベルにおいては、自民党に対抗しうる候補者として植松以外の選択肢はないに等しかった。これらの要素が植松の党に対する（相対的な）優位をもたらしたと言えよう。日本の政党組織において指導部の集権性が高まっているとの指摘は少なくないが[43]、政党にとって価値のある議員であるならば、議員は自律的に振る舞うことができるのである。

## 5　参院選における選挙運動

### 選挙戦の構図

民主党を離党したことで、植松は中央、地方レベルの民主党から組織的な支援を受けることができなくなったが、地方レベルの民主党メンバーからの「自主的な支援」、ならびに連合香川からの支援は確保した。こうしたなか、植松はどのような選挙キャンペーンを展開したのだろうか。まずは、選挙戦の構図を確認しておこう。香川県選挙区には現職で無所属の植松のほか、議席奪還を目指す自民党から元日本経済新聞編集委員の三宅伸吾が立候補していた。また、共産党から党の県常任委員で三一歳の田辺健一が立候補したほか、幸福実現党は中西利恵を擁立していた。先述したように社民党や維新の会も候補者擁立を模索していたが、社民党は結局、自主投票に落ち着き、維新の会も公示直前で候補者擁立を断念する[44]。こうして四名の候補者によって議席が争われることになったが、実質的には植松と三宅の一騎打ちであった。社民党は自主投票としたものの、社民党の支持者たちが自民党へ流れることは考えにくいことから、最終的には、自民党候補対非自民候補の対決という二〇〇四年以降定着した構図が再現されることになった。

二〇一三年参院選は、二〇一二年末に政権を奪還していた自民党がねじれ国会を解消できるかに焦点が当たったが、政策的には経済政策、具体的にはアベノミクスへの評価が争点となった。[45]香川県選挙区は、その経済政策に関して様々な意味で対照的な候補者による競争となった。そこで、植松の選挙キャンペーンの検討に先立ち、自民党の三宅について、擁立過程も含めて簡単に紹介するとともに、その選挙キャンペーンを概観しておこう。

## 自民党の選挙キャンペーン

三宅は、自民党香川県連が公募を通じて選定した候補者であった。同県連は二〇一二年六月に（二〇一二年衆院選の香川二区の候補者とともに）参院選の候補者の公募を開始したが、これには元衆院議員や香川県議、会社役員など三宅も含めて五名の応募があった。そして、八月二五日に開かれた選考委員会において委員による投票が行われ、三宅が候補者に選ばれている。[46]三宅は東讃のさぬき市（旧志度町）の出身で、このとき五〇歳であった。高松高校から早稲田大学に進学し、大学卒業後は日本経済新聞に入社して、二〇〇三年からは同紙の編集委員を務めていた。

三宅は「希望と成長の政治」をスローガンとし、経済成長の実現を中心的に訴えた。日経新聞の編集委員として経済政策や企業経営について論じてきた経験を前面に打ち出し、経済政策の企画立案に貢献できる即戦力であることをアピールした。そして、アベノミクスの効果によって出てきた経済成長の兆しを、地域経済に波及させるための政策の必要性を訴えた。三宅は、アベノミクスの本質は民間の「稼ぐ力」を取り戻すことにあるとし、地元香川においても、地域の特性を生かした新規産業の創出や既存の地場産業の支援などが必要だとした。また、アベノミクスで民間が「稼ぐ力」を取り戻せば、皆が豊かになるとともに、税収も増えて政府の「稼ぐ力」も高まると主張していた[47]。三宅の選挙運動においては、「『稼ぐ力』を取り戻す」がキャッチフレーズであった。そして、成長を実感できる社会をつくることで「誇り高い、強い日本の回復」を訴えた[48]。

自民党香川県連も全面的に三宅をバックアップした。香川県出身であるとはいえ、高校卒業後は香川を離れていた三宅の知名度不足は否めなかったし、資金や人的ネットワークといった選挙を戦うために必要な資源を三宅自身が十分に有していたわけではなかった。そこで自民党香川県連は、「伝統的な組織力」を活かして、八一ある党の地域支部や職域支部をすべて回って三宅との意見交換を行うとともに、県内の企業や協力団体に三宅を紹介して回った。その結果、三宅は最終的に一〇〇〇を超える企業・団体からの推薦を受けることとなった[49]。こうした全面的な組織戦を展開した背景には、（自民党に追い風が吹いていたとはいえ）知名度の高い現職である植松に「無名」の三宅が対抗するためには、自民党の武器を最大限に活用する必要があるとの認識があったと考えられる。さらに、自民党本部も三宅への支援を惜しまなかった。自民党は香川選挙区を重点区の一つとしていたこともあり、公示後は連日、閣僚や有名議員が応援に駆けつけた。選挙戦序盤の七月五日には、安倍首相が高松市と坂出市で応援演説を行い、一〇日には石破茂幹事長が高松市や観音寺市を訪れている。このほか、林芳正農相や甘利明経済再生担当相、谷垣禎一法相、石原伸晃環境相、さらには小泉進次郎青年局長らが来県し、三宅への支持を訴えた[50]。

このように、三宅は地域における自民党の伝統的な組織に支えられ、党本部の全面的なバックアップを受けつつ、元日経新聞編集委員という経歴を看板にしてアベノミクスの効果を地方に波及させることを訴えたが、植松はこれにどのように対峙しようとしたのだろうか。まず、植松がどのような体制で、どのような戦略の下に選挙を戦ったのかを見ていこう。

## 植松の選挙戦略と組織

前節で確認したように、民主党を離党した結果、植松は民主党からの組織的な支援を受けることができなくなった。自民党の三宅とは対照的に、民主党の公認も推薦も受けていない植松のもとに著名な国会議員が応援に駆けつけることはなかった。また、前回二〇〇七年には共闘した社民党も、自主投票としたことで組織立った支援は行われなかった。[51] 植松の選挙運動を支えたのは、「自主的な支援」を行った県内の民主党関係者や組織としての支援を決定していた連合香川、そしてボランティア組織の「オレンジパワー隊」[52]などであった。

参院選が近づいても、香川県における民主党内には植松への批判は根強く残っていた。そうしたなか、香川県連所属の二名の衆院議員のうち積極的に植松の支援を行ったのは、香川一区の小川淳也であった。小川は植松の離党について、当時の民主党の惨憺たる状況を考えれば、離党という選択をとったのもやむをえないと理解を示していた。[53] また、前述したように、小川は植松を国政にリクルートした人物であり、植松の資質を高く買っていた。同時に、ある種の責任感もあったものと推測される。そして、非自民体制の確立のためには非自民勢力を糾合する必要があるとの認識から、植松を自身の集会に招いたり、支援者に支持を呼びかけたりするなどの支援にあたった。これに対して、香川二区選出の衆院議員・玉木雄一郎も個人的な支援を行ったが、小川に比べると小規模なものにとどまったようである。当時、県連代表という立場にあった玉木にとって、香川における民主党内の植松に対する感情が二分されているなかでは、積極的な動きをとることは難しかった。

党を離れたことで、基本的には植松自身が選挙戦をマネージメントしなくてはならなくなった。しかし、選挙を戦うための組織体制を十分に整備することはできていなかったようである。植松の秘書や支援者、民主党関係者、連合香川などによる選挙対策本部が設けられたが、公示を間近に控えた六月下旬になっても選対本部長は空席の状態であった[54]。また、これまでの国政選挙で後方支援に当たってきた民主党地方議員たちを、植松の選挙運動遂行のために組織的に組み込むこともできていなかった[55]。民主党県連関係者には「党を見限った人の応援に、党員の身が入るかどうか。戦う場を奪われた感がある」と話す者もいたという[56]。こうしたなかで、支持の呼びかけなどの活動を行ったのは、植松を支援するボランティア組織の「オレンジパワー隊」であった。オレンジパワー隊は植松を支援する約五〇〇人で構成されていたが、(以前から組織されていた後援会というわけではなく)参院選に向けて結成された組織で、必ずしも系統立った組織化はされてはいなかったように見受けられる。また、ポスター貼りや個人演説会への動員といった作業は、組織として植松を支援していた連合香川に負うところも大きかった。もっとも、連合香川は組織として支援を決めていたといっても、個別の組合レベルでは参院選の半年前になって民主党を離党した植松への風当たりは弱くはなく、活動が活発であったとは言い難かったようである[57]。

政党や組織に頼れなかった植松が有権者からの支持獲得のために重視したのが、街頭演説や集会などでの有権者との直接的な接触であった。植松は四月下旬から六月末までに、県内五〇カ所で対話集会を開催していた。次項では、そうした場で植松が有権者に対してどのようなアピールを行ったのかを確認していく。

**有権者に対する植松のアピール**

政策的に植松が訴えたのは三宅と同様、地方の景気回復であった。しかし、三宅とは逆に、植松はアベノミクスに批判的なスタンスをとっていた。[58]植松は、輸出産業、製造業に重きを置いたアベノミクスに対して、特に地方の立場から（アベノミクスが成功しても）「四国に工場が進出することはない」と疑問を呈した。そもそも高齢化が進む今日、国内市場の拡大が見込めない製造業を重視したアベノミクスの成長戦略は有効性が低いとして、高齢化時代に即した新しい仕組みや産業が必要であることを訴えた。植松が高齢化時代に相応しい地域の産業政策、雇用創出策として挙げたのは、規制緩和によって医療品や医療機器等の新成長産業を地方で育成することや、介護産業の海外展開支援などであった。植松は、厳しい規制によって医薬品の研究や開発が制限されていることが優秀な研究者の海外流出を招くとともに、日本のビジネス・チャンスを潰しており、規制緩和や科学技術に対する政府の支援の拡充によって医薬品、医療品を日本の次の産業として育成すべきだとした。今後、日本の高齢化がいっそう進むなかでは医療品等への国内需要が拡大することは明らかであり、こうした産業を育成することで地方にも雇用を生み出せる、また、将来、他の国々の高齢化が進めば輸出の拡大も見込めると、その有効性を主張した。そして、世界から本当に尊敬される国は（安倍首相が目指すような軍事力や経済力の高い国ではなく）世界の人々の命を守れる国なのだと訴えた。

また、植松はアベノミクスの視野に入るのは大企業だけだとして、中小企業経営者としての自身の経験も交えながら中小企業に対する支援の必要性を唱えた。その中心は、二〇一四年四月に予定されていた消費税率引き上げの延期であった。およそ三分の二の中小企業は消費税率引き上げ分を価格に転嫁できないと回答しているとの調査結果や、一九九七年に消費税が三％から五％に引き上げられた際のデータから、消費税率引き上げは価格転嫁ができない中小企業を苦境に陥らせることになると主張した。また、雇用の促進という観点から、中小企業の租税負担や社会保険料の事業主負担の軽減にも言及している。社会保険料負担の大きさから、中小企業は正規雇用を増やすことに慎重にならざるをえないというわけである。

中小企業経営者という植松の立場は、選挙戦を通じて強調されていた。植松は国会議員に中小企業出身者はほとんどいないとした上で、自分は中小企業経営者であるからこそ一般の人々の生活実態や地域経済の実情を知っていること、厳しい経営環境にあるからこそシビアな経営感覚を身につけていることをアピールした。また、政治的なマイノリティという意味では、四国でただ一人の女性国会議員であることも、集会などで言及されたり、選挙公報に記載されたりしていた。植松は民主党を離党したことで「県民党」という表現をしばしば用いたが、そこには、自分が政治的に過少代表されている多くの人々の代表なのだというニュアンスが込められていたように思われる。

消費税引き上げ延期の主張に代表されるように、植松は選挙戦において党からの制約を受けることなく自身の主張を展開することができた。しかしながら、かつての所属政党や友好関係にあった団体のメンバーと物理的、心理的な距離が生じていたことは否めない。植松個人として選挙運動を遂行する組織は決して盤石とは言い難かったが、民主党本部からの応援や県連、連合などからの後方支援を、これまでのように受けることもできなかった。自民党と比較すれば香川県における非自民陣営の組織的な活動量は（フルに稼働したとしても）小さいが、選挙を戦うためには最低限の組織が必要であり、その点で植松が苦慮したことは否めないだろう。

## 6　有権者の反応――選挙結果の分析

香川県選挙区は、中小企業経営者の立場から地方の景気回復を訴える無所属の現職と、アベノミクスの地方への波及を目指す元日経新聞編集委員の自民党の新人が争う構図となった。このように政策的には経済政策をめぐるスタンスの違いが軸となっていたが、現職で知名度が高く、民主党を離党していた無所属候補と、公募で選ばれ、無名ではあるものの、アベノミクスで追い風を受け、さらに党の組織的なバックアップを受けていた与党・自民党の候補という対決であったから、「候補者」対「政党」という構図で捉えることも可能であろう。こうしたなか、有権者はどのような投票行動をとったのだろうか。また、植松の離党は有権者の投票行動に対して「効果」があったのであろうか。

**都市部における得票の変動**

七月二一日の投票の結果、三宅が植松を約九万票上回る約二三万三〇〇〇票（同五六・〇％）を獲得して当選を果たした（表2－1参照）。事前の情勢報道でも一貫して三宅の優位が伝えられていたが、この結果は事前の予想を上回る三宅の圧勝と評された[59]。前回二〇〇七年参院選で、植松は二五万七〇〇〇票余り（同五三・六％）を獲得していたから、一一万票以上票を減らしたことになる。また、植松が初めて立候補して惜敗していた二〇〇四年の得票（約一九万七〇〇〇票、相対得票率四五・〇％）と比較しても、五万票以上の得票減であった。

こうした植松の大幅な得票の減少と自民党・三宅の大勝は、どのようにして生じたのだろうか。まず、香川県内の各地域における得票の変動を確認してみよう。二〇〇四年以降の参院選における各党の候補者の絶対得票率を、高松市、高松市以外の市部、郡部に分けて時系列で示したのが図2－2である[60]。ここからは、特に高松市で植松への投票が著しく減少していることが目を引く。植松の高松市での絶対得票率は、当選を果たした二〇〇七年参院選が三〇・九％であったのに対し、二〇一三年は一五・九％にとどまっていたから、実質的に得票は半減したことになる。近年の参院選香川県選挙区において高松市

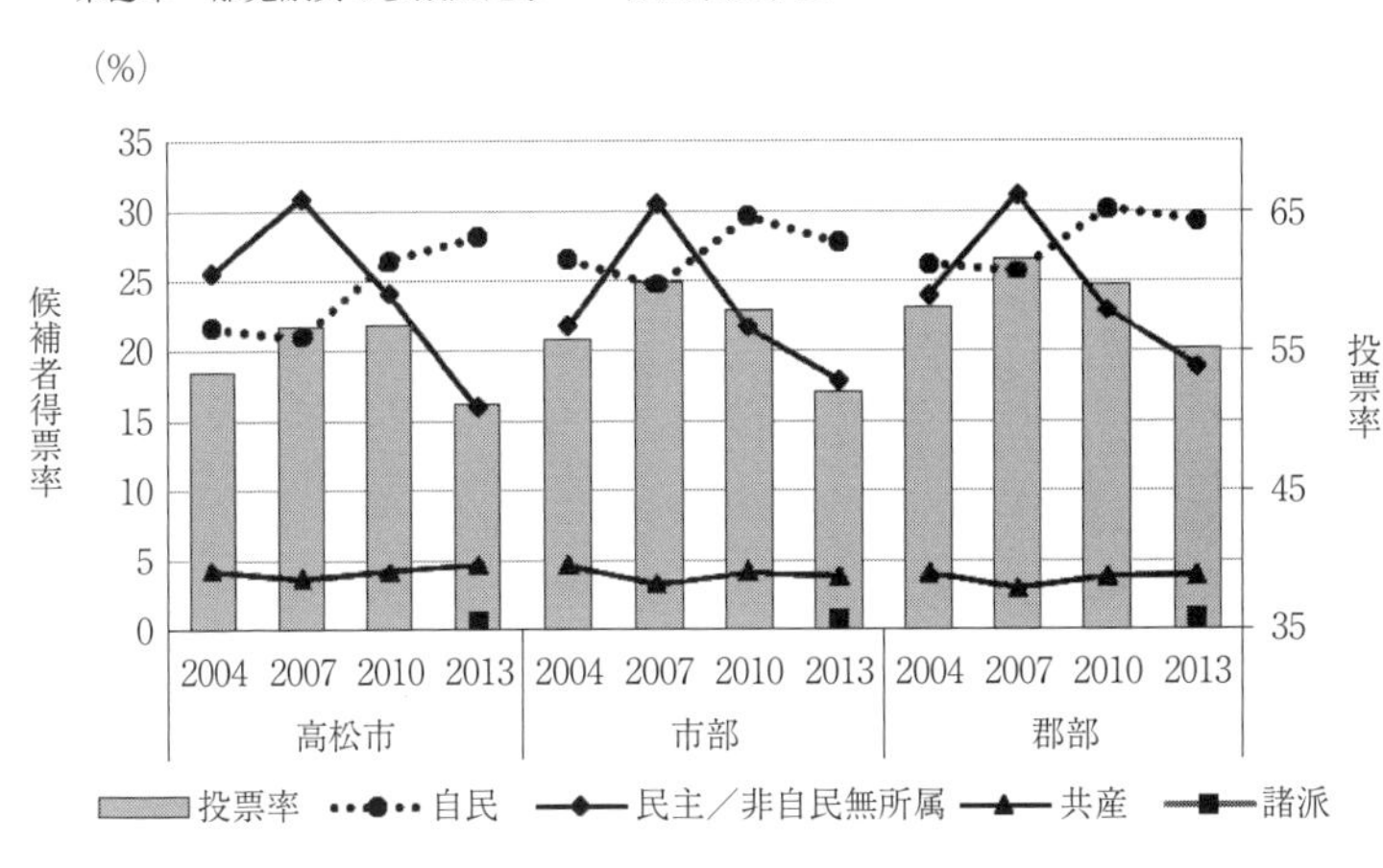


**図2－2**　高松市・市部・郡部における各党候補者の絶対得票率の推移

は非自民勢力の票田であり、植松が初めて立候補して落選していた二〇〇四年でも、高松市での得票は自民党候補を三・九ポイント（相対得票率では七・六ポイント）も上回っていた。また、二〇一〇年参院選においても、民主党と社民党が推薦した無所属の岡内須美子は高松市以外の地域で自民党候補に約一〇ポイントの大差をつけられていたのに対し、高松市では二・四ポイント差と健闘していた。これが二〇一三年の場合、高松市における植松の絶対得票率は、これまでとは逆に高松市以外の地域を二～三ポイント下回っている。かつては実質的な支持基盤であったはずの高松市で支持を失ったことが、植松の予想以上の大敗という結果に繋がったといえよう。

自民党候補の得票の変動についても、高松市とそれ以外の地域とでやや異なる様相となっていたことが確認できる。改めて図2－2を見ると、高松市以外の市部や郡部での自民党候補の絶対得票率は二〇一〇年と同水準か、むしろ低下していることが分かる。また、これらの地域における二〇一〇年や二〇一三年の自民党候補の得票は、二〇〇四年の得票と比較しても三～四ポイント程度の増加であり、それほど大きな上積みがあるわけではない。

二〇〇七年から一三年にかけて非自民系候補の得票が次第に減少し、さらに投票率も同じように低下していることを考え合わせると、これらの地域では自民党が潜在的な自民党投票者の票をおおむね押さえた一方、非自民系候補に投票する傾向にある有権者が棄権に回ったことで、相対的に三宅と植松の差が広がったと理解できる。

これに対して高松市においては、二〇一〇年と比較した場合、投票率が大幅に低下（五・七ポイント）しているにもかかわらず、自民党の得票は一・七ポイント増加している。つまり、二〇一〇年に非自民系候補に投票した人が（棄権に回った人の方が多いのではあるが）一定程度、自民党候補へスウィングしたと考えられる。高松市は県内の他地域に比べて浮動層が多いと推測されるが、こうした人々の一部は自民党への追い風そのままに自民党へと投票先を変更したと考えられる。

### 離党の効果――党か人か

次に、植松の離党の効果を検証してみよう。再選動機から離党した議員の狙いを具体的に言えば、政党を基準に投票していればライバル候補に投票していた（つまり、かつて所属していた政党のラベルがついた候補者には投票しない）はずの有権者の票を取り込むことにある。では、実際にそうした狙いは当たったのだろうか。香川県選挙区の場合、比例区で民主党以外の野党、とりわけ維新の会やみんなの党に投票したような有権者の票を植松が取り込むことができたのか、さらには自民党候補に投票するはずの有権者の票を獲得できたのかが焦点となる。

ここでは、単純な方法ではあるが、有権者が選挙区と比例区で分割投票は行わないことを前提として、基本的に政党投票が行われると考えられる比例区での各党への投票と、選挙区における各候補者の投票を比較することで離党の効果を検証する。図２－３は、植松が立候補した三回の選挙における自民党候

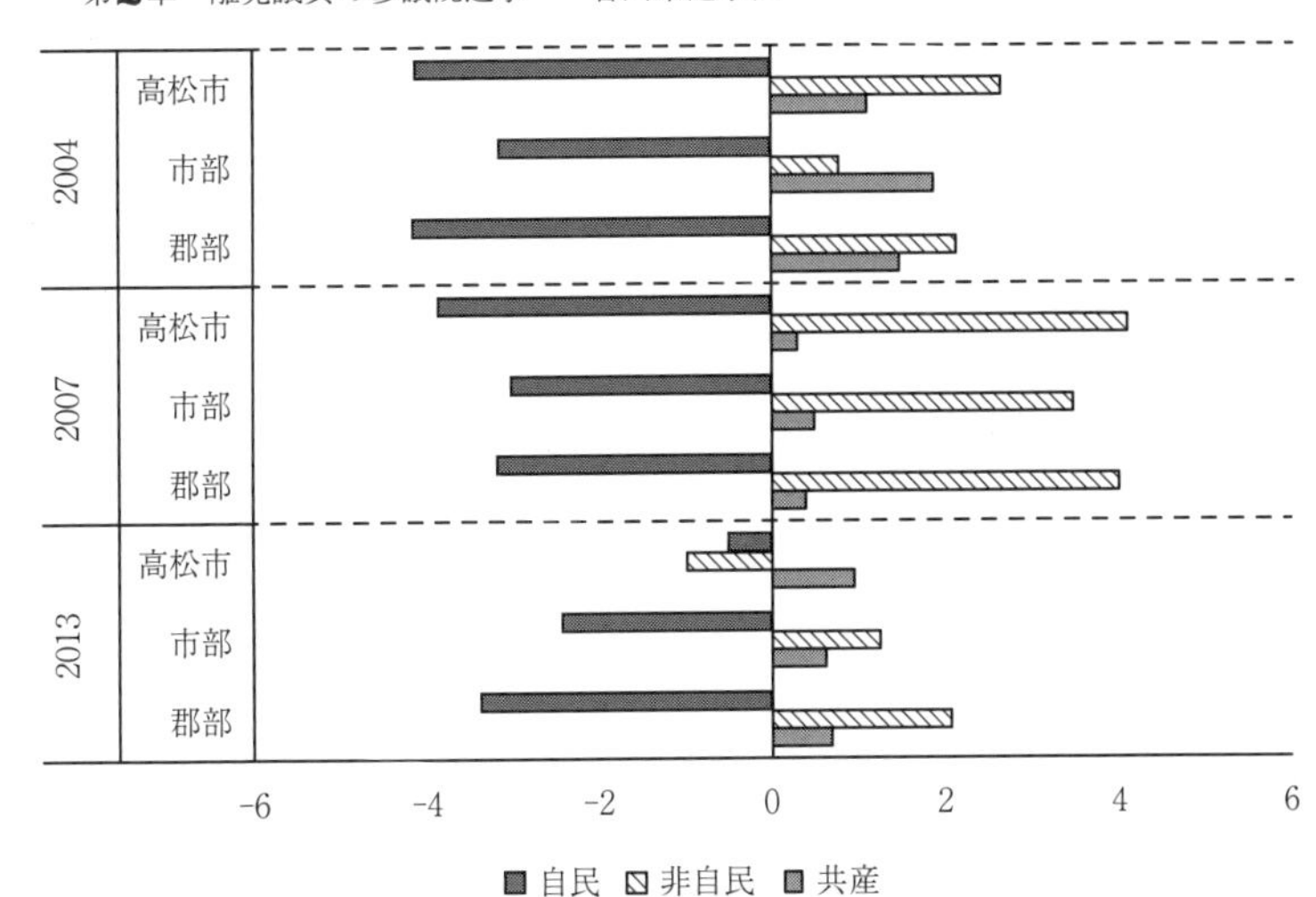


**図2－3**　高松市・市部・郡部における選挙区と比例区の絶対得票率の差

注：「自民」については，選挙区における自民候補の得票率と，比例区における自民党および公明党の合計得票率との差を示している。また，「非自民」については，比例区における自民・公明・共産・幸福実現党（2013年のみ）以外の政党の得票率を合算し，それと候補者の得票率との差をとった。「共産」は，選挙区と比例区における共産党の得票率の差を示している。

補、非自民候補（植松）、共産党候補の絶対得票率と、各候補者に投票することが想定される比例区投票者の割合との差を示している。具体的には、比例区で自民党や公明党に投票した有権者の割合と選挙区の自民党候補の得票率の差、並びに比例区での共産党の得票率と選挙区における共産党候補の得票率の差をとった。また、非自民候補については植松の得票率と、自民党、公明党、共産党以外の政党（二〇一三年については幸福実現党も除いた）の比例区での得票率を合計した値との差をとっている。

図2－3からは、二〇〇七年の植松には地域を問わず、比例区での投票行動から予想される得票率に四ポイント近くの上積みがあったことが分かる。また、二〇〇四年においても、高松市では約三ポイントの上積みがあった。

これに対し二〇一三年には（郡部では二〇〇四年と同程度の上積みがあったものの）高松市ではこうした上積みが消滅し、逆に若干ではあるが、「政党票」（自民党、公明党、共産党、幸福実現党以外の政党への投票）を下回っていたことが読み取れる。当時、維新の会やみんなの党といった政党は第三極と位置づけられ、必ずしも民主党と近い関係にはなかったから、一面ではこれらの政党の比例票が植松からそれほど逃げなかったと見ることはできるだろう。報道各社の出口調査でも、維新の会の支持者は三宅よりも植松に投票したとする者の方が多くなっており[61]、その点では、離党には一定の効果があったと理解できるかもしれない。しかし、二〇一三年の場合、二〇〇七年のような（正味での）比例区自民党投票者の取り込みまではできていない。その点では、離党の効果には限界があったと言わざるをえない。出口調査でも、自民党支持層の八割から九割が三宅に投票したと回答しており[62]、自民党に近い有権者層からの植松への票の「流入」はほとんどなかったと考えられる。二〇〇七年の場合、出口調査に従えば自民党支持層の三分の一以上が植松に投票しており[63]、潜在的な自民党投票者を取り込むことができていたこととは対照的である。

ここまでの分析結果をまとめて考えると、植松の得票に対する離党のプラスの効果はほとんどなかったと考えられる。維新の会やみんなの党への票を逃がさなかったことは離党の効果と言いうるかもしれないが、かつてのような自民党支持層の取り込みはできなかった。何より、かつては民主党を中心とした非自民勢力の票田であった地域で自民党に票を奪われ、むしろ他地域より劣る水準の票しか獲得できなかったことは、全国的な要因に投票行動が規定される近年の選挙の特徴を象徴的に示しているように思われる。つまり、自民党への追い風がそのまま投票結果に反映されたのである。言い換えれば、候補者要因の重要性が低下し、候補者の自助努力によって選挙結果を左右できる余地は大きく低下したと言えるだろう。

## 7　離党の理想と現実

本章では植松恵美子の事例における離党行動と、選挙に対するその影響について検討してきた。植松の離党から選挙結果が確定するまでの過程は、以下のようにまとめられる。まず、植松の離党は、消費税率引き上げ問題をはじめとした政策要因に、改選を睨んで所属政党からの制約を嫌った選挙要因が絡み合ってとられた行動であったと理解できる。この決断の背景には、植松という候補者を軸とした選挙キャンペーンによって二〇〇七年参院選を勝ち抜いた実績があったと考えられる。この植松の離党に対して民主党は、中央レベルでは参議院第一党の立場を守る必要性や野党共闘への思惑から、地方レベルでは現実的に植松に代わる候補者が不在であったことから、対抗的な対応をとることはなかった。加えて、選挙戦において消費税率引き上げ延期といった主張を展開するなど、離党という選択は議員と政党との関係において、全般的には植松に主導性を与えることになった。他方で、党を離れたことは現場レベルでの反発や遠慮を招き、選挙戦を遂行するための体制を整備することを難しくした。また、有権者の反応も厳しかった。従来、非自民系候補に投票してきた人々の多くが棄権に回り、票田としていた地域では自民党に票を奪われ、政党票に個人票を上積みすることもできなかった。このように、選挙を睨んだ離党の狙いが当たったとは言い難い。

二〇一三年参院選香川県選挙区の事例を一般的な観点から捉え直してみた場合、どのような示唆があるだろうか。ここでは、三点を挙げておきたい。第一に、植松の事例は、政党ラベルの価値が低下しているときに、客観的にそうであるかは別として候補者個人への投票が期待でき、候補者自身によって選挙戦が遂行できる（あるいは、他の政党ラベルが利用できる）と認識されている場合、議員は離党に踏み切りやすいことを示している。当然のことだが、離党によって政党に残ったときより状況が改善されると期待できるのでなければ、再選動機から離党する誘因はない。第二に、政党が所属議員の離党に直面したとき、どのようなリアクションをとるかは、議員が政党にとって代替可能であるのか、政党が議員・候補者にどのような便益をどの程度提供できるのかに左右されると考えられる。相体的に政党の価値が低く、議員の価値が高いのであれば、政党が規律を維持することは難しい。第三に、近年の有権者は投票に際して政党ラベルを重視しており、候補者要因の重要性は一層低下していると考えられる。こうした傾向は、衆院選に比べて選挙区が広く有権者も多い参院選においてより顕著だと言えよう。これは前述の二点と相反するようであるが、候補者が自助努力で議席を獲得することは難しく、得票を増やすためには政党に頼らざるを得ないことを意味する。

こうした二〇一三年参院選香川県選挙区における離党議員の分析からは、議員レベルと有権者レベルとの間に存在する、政党の価値についてのある種のギャップが浮かび上がる。社会の多様化や、様々な政治的勢力に糾合を迫る小選挙区比例代表並立制という衆議院の選挙制度の特質を背景として、今日の日本の政党は多様なメンバーを包含せざるを得ない[64]。そのため、凝集性の高い政党を、一定以上の規模で維持していくことは難しくなっていると考えられる。議員の立場からすれば、（特に政権党であることの利益に与れない野党の場合）特定の政党に所属し続けることの意味は低くなっていると考えられる。他方で、かつてのように候補者を基準として投票を行う有権者は減少し、政党を手がかりとして投票する有権者が多数を占めるようになっている。その意味では、少なくとも選挙という場面においては、有権者にとって政党の重要性は高まっているのである。民主党を離党した比較的知名度の高い現職候補が、無名の与党自民党の候補者に大敗を喫した二〇一三年参院選香川県選挙区の選挙結果は、こうしたギャップを如実に表しているように思われる。

## 注

（1）John H. Aldrich, *Why Parties?: The Origin and Transformation of Political Parties in America*, University of Chicago Press, 1995; Marjorie R. Hershey , "Political Party as Mechanisms of Social Choice," in Richard S. Katz and William Crotty（eds.）, *Handbook of Party Politics*, Sage Publications, 2006, pp.75–88.

（2）代表的な研究として、William Heller, and Carol Mershon（eds.）, *Political Parties and Legislative Party Switching*, Palgrave Macmillan, 2009; Scott W. Desposato, "Parties for Rent? Ambition, Ideology, and Party Switching in Brazil's Chamber of Deputies," *American Journal of Political Science* 50（1）, 2006, pp.62–80. なお、以下では再選動機を背景とした離党の要因を選挙要因と呼ぶ。

（3）山本健太郎『政党間移動と政党システム——日本における「政界再編」の研究』木鐸社、二〇一〇年。

（4）前田幸男・森正「民主党政権における立法と議員行動——造反・離党の研究」前田幸男・堤英敬編著『統治の条件——民主党政権に見る政権運営と党内統治』千倉書房、二〇一五年、二四五〜二八五頁、Benjamin Nyblade, "Keeping It Together: Party Unity and the 2012 Election," in Robert Pekkanen, Steven R. Reed and Ethan Scheiner（eds.）, *Japan Decides 2012: The Japanese General Election*, Palgrave Macmillan, 2013, pp. 20-33.

（5）ただし、前田・森は、小沢グループ所属議員でも政府の役職を経験していた者には民主党にとどまった者も多かったことを指摘している（前田・森、前掲論文、二七九〜二八〇頁）。

（6）両者の分析結果の違いは、選挙要因と昇進要因（役職への就任経験）を同時に分析に投入するか否かというモデルの違いによると考えられる。なお、一九九〇年代における自民党議員の離党行動の研究においても、選挙要因からの影響が（政策要因などとともに）指摘されていた。Gary W. Cox and Frances Rosenbluth,

"Anatomy of a Split: The Liberal Democrats of Japan," *Electoral Studies* 14（4）, 1995, pp.355–376; Steven R. Reed and Ethan Scheiner, "Electoral Incentives and Policy Preferences: Mixed Motives behind Party Defections in Japan," *British Journal of Political Science* 33（3）, 2003, pp.469–490 などを参照。

（7） Aldrich, op. cit., ch. 2.

（8） 平野浩「選挙・投票行動――政策本位に変われるか」佐々木毅・清水真人編著『ゼミナール現代日本政治』日本経済新聞社、二〇一一年、四二一～四六九頁。

（9） さらに二〇一二年衆院選の場合、民主党を離党した議員は（第三極に現職が少なかったため）比例名簿の順位が高くなり、当選のチャンスが高まったという（Nyblade, op. cit.）。

（10） Diana Z. O'Brien and Yael Shomer, "A Cross-National Analysis of Party Switching," *Legislative Studies Quarterly* 38（1）, 2013, pp.111–141.

（11） 植松のプロフィールや二〇〇七年参院選における選挙キャンペーンについては、堤英敬・森道哉「民主党候補者の集票システム――二〇〇七年参院選香川県選挙区を事例として」『選挙研究』二八巻二号、二〇〇八年、四八～六八頁を参照。

（12） 堤英敬・森道哉「民主党地方組織の形成過程――香川県の場合」上神貴佳・堤英敬編著『民主党の組織と政策――結党から政権交代まで』東洋経済新報社、二〇一一年、九九～一三四頁。

（13）『朝日新聞』（全国版）二〇一三年二月一三日。なお、全国紙からの引用は断りのない限り、地方面による。

（14）『四国新聞』二〇一三年二月二二日。

（15）『四国新聞』二〇一三年二月二三日、『朝日新聞』二〇一三年二月二三日。

（16）『朝日新聞』二〇一三年二月二三日。

（17）『朝日新聞』二〇一三年六月二七日。

（18）『四国新聞』二〇一二年八月一一日。なお、植松ら参院で「造反」した六名はしばらく処分保留の状態にあったが、約二カ月後の一〇月になって常任幹事会名で厳重注意処分が下されている。こうした処分の遅れの背景には、九月に予定されていた代表選の前に資格停止などの処分を行うと、対象者は代表選での投票権を失うことになり、その不満から離党へと繋がることを民主党執行部が警戒していたことがある（『四国新聞』二〇一二年八月一二日）。

(19) 前田・森は、グループ所属とは別に、繰り返される代表選を通じて主流派、反主流派の溝が深まっていったことも離党を促す背景にあったと指摘している（前田・森、前掲論文、二七八頁）。

(20) マーションとシュヴェツォヴァは議会のサイクルによって議員の関心は異なり、どのタイミングで離党するかによってその理由は異なるとしている。選挙を前にした時期は再選への関心が高まっており、その時期における離党は選挙要因によるものと推論される（Carol Mershon and Olga Shvetsova, "Parliamentary Cycles and Party Switching in Legislatures," *Comparative Political Studies* 41 (1), 2008, pp.99–127.）

(21) 『四国新聞』二〇一三年七月二四日。

(22) 『朝日新聞』（全国版）二〇一三年三月六日。

(23) 『朝日新聞』（全国版）二〇一三年四月五日、一〇日。

(24) 『朝日新聞』（全国版）二〇一三年三月二〇日、四月一〇日。

(25) 『朝日新聞』（全国版）二〇一三年三月七日。

(26) 『四国新聞』二〇一三年三月三〇日。

(27) 『毎日新聞』二〇一三年二月二三日。なお、植松から県連幹事長の村上豊県議に離党についての連絡があったのは、前日の二月二二日であったという（『毎日新聞』二〇一三年二月二二日）。

(28) 『朝日新聞』二〇一三年四月一日。

(29) 『朝日新聞』二〇一三年四月一日。

(30) 『朝日新聞』二〇一三年四月二二日、『読売新聞』二〇一三年四月二二日。

(31) 『読売新聞』二〇一三年五月一三日。

(32) 『四国新聞』二〇一三年五月一三日。

(33) 『四国新聞』二〇一三年五月一三日。

(34) 『読売新聞』二〇一三年五月一三日。

(35) 連合香川が香川県の国政選挙で果たしてきた役割については、堤・森、前掲「民主党地方組織の形成過程」を参照。
(36) 『四国新聞』二〇一二年一一月一五日。
(37) 『四国新聞』二〇一三年二月二三日。
(38) 堤英敬・森道哉「政権交代と選挙過程における政党地方組織――香川県選挙区」白鳥浩編著『衆参ねじれ選挙の政治学』ミネルヴァ書房、二〇一一年、七九～一〇九頁を参照されたい。
(39) 『毎日新聞』二〇一三年六月三日。
(40) 『四国新聞』二〇一三年六月五日。
(41) 『読売新聞』二〇一三年六月二九日、『四国新聞』二〇一三年六月二四日。
(42) 『読売新聞』二〇一三年六月六日。
(43) こうした議論については、竹中治堅『首相支配――日本政治の変貌』中公新書、二〇〇六年、待鳥聡史『首相政治の制度分析――現代日本政治の権力基盤形成』千倉書房、二〇一二年を参照。
(44) 『四国新聞』二〇一三年六月二〇日。
(45) 読売、朝日、毎日の各紙はいずれも、公示日（七月四日）の夕刊における一面の見出しで「アベノミクス」という用語を用いていた。
(46) 『読売新聞』二〇一二年六月二六日、『四国新聞』二〇一二年八月二六日。ただし、必ずしもすんなりと三宅に決まったわけではなかった。五名を対象とした投票では誰も過半数に達しなかったことから、上位二名である元衆院議員の木村義雄と三宅による決選投票が行われ、三宅が有効投票二〇九票中一二〇票を獲得したことで、三宅が候補者に選定された。
(47) 『四国新聞』二〇一三年七月七日、『朝日新聞』二〇一三年七月二二日。
(48) 三宅の選挙公報における記述。
(49) 『四国新聞』二〇一三年六月二七日、七月三日。
(50) 『毎日新聞』二〇一三年七月六日、『四国新聞』二〇一三年七月一一日、一七日、二四日。

(51)　ただし、社民党所属の県議が植松の個人演説会に出席して応援演説を行うなど、まったく支援がなされなかったわけではない。
(52)　植松は国会など公の場では常にオレンジ色の服を着用しており、オレンジ色は植松のトレード・カラーとなっていた。
(53)　小川へのインタビュー（二〇一五年一二月一三日）。
(54)　『読売新聞』二〇一三年六月二九日。
(55)　もっとも、民主党地方議員らへの植松からのアプローチは少なかったという（民主党所属の県議へのインタビューによる（二〇一五年一二月一三日））。
(56)　『読売新聞』二〇一三年六月二九日。
(57)　民主党所属の県議へのインタビューによる（二〇一五年一二月一三日）。
(58)　本項の記述は、特に断りのない限り、筆者が視察した二〇一三年三月および六月に開催された集会ならびに公示後の総決起大会における植松の発言や選挙公報の記述に基づいている。
(59)　『四国新聞』二〇一三年七月二四日。
(60)　市や町の間には分散があるが、二〇一〇年までは高松市以外の市町における自民党候補の得票が高松市のそれを上回ったり、高松市における非自民系候補の得票がそれ以外の市町を下回ったりすることは、一部の例外を除いて存在しない。なお、それぞれの地域が県全体の有権者人口に占める割合は、二〇一三年の場合、高松市が四一・九％、高松市以外の市部が四二・〇％、郡部が一六・一％である。
(61)　『朝日新聞』二〇一三年七月二三日、『毎日新聞』二〇一三年七月二三日。
(62)　『朝日新聞』二〇一三年七月二三日。
(63)　『朝日新聞』二〇〇七年七月三一日。
(64)　こうした政党が抱える困難については、上神・堤編、前掲書や堤英敬・森道哉「政党組織と政権交代――民主党政権の『失敗』論を超えて」前田・堤編、前掲書、三二九〜三五二頁を参照されたい。また、二〇〇〇年代以降の政党の政策的な凝集性については、蒲島郁夫・竹中佳彦『イデオロギー』東京大学出版会、二〇一二年や谷口将紀「日本における左右対立（二〇〇三～二〇一四年）」『レヴァイアサン』五七号、九～二四頁などを参照。

# 第3章　地方政治家の国政への挑戦
## ――比例代表区――

丹羽　功

比例代表区の選挙において、二〇〇〇年代後半から「ご当地候補」と呼ばれる候補者がみられるようになった。彼らは首長・地方議員といった地方政治家から国政に進出を目指す候補者であるが、全国を一つの選挙区とする比例代表区で、特定の地域にしか基盤を持たない候補者がなぜ登場するようになったのか。本書をはじめとする一連の選挙研究では、主として特定の地域に焦点を合わせて選挙区レベルの選挙過程を描写・分析してきた。本章はそれらの研究とはやや異なる観点から、これまで十分に注目されてこなかった比例代表区を対象として、地方政治家出身候補が増加した理由を考察し、またそれらの候補者の属性や選挙結果についても検討する。

## 1　比例代表と地方政治家

### 非拘束名簿式比例代表制の導入

二四二名の参議院議員のうち、比例代表区から選出されるのは九六名である。毎回の選挙では半数ごとの改選となるので、各回の選挙では四八名が選出される。参議院の選挙制度として比例代表制が採用されたのは一九八三年の参院選からであるが、その時には拘束名簿式比例代表制が採用されて有権者は政党名で投票し、議席の配分はドント式によって計算するものとされた。それ以前には全国一区の大選挙区から、各回の選挙で五〇名ずつを選出する全国区が採用されていた。

現行の制度である非拘束名簿式比例代表制は、二〇〇〇年一〇月二六日に公職選挙法が改正された際に導入され、二〇〇一年の第一九回参議院選挙から使用されている。この制度では、有権者は政党名で投票するか、あるいは政党の候補者名簿に記載された候補者名で投票する。政党への投票と各政党の候補者への投票の合計がそれぞれの政党の得票となり、その得票比率に基づいて各党に議席が配分される。政党ごとの名簿の順位は候補者個人の得票数によって決定され、各党の獲得議席数までの順位の候補者が当選となる。

この制度が採用される際には、制度を支持する意見よりも批判する意見の方が多く見受けられた。もともと非拘束名簿式を採用する発端となったのは自民党内の比例順位をめぐる不祥事であったが、政党内の名簿作成ルールに起因する問題を選挙制度の変更によって解決することへの批判が強く、法案審議の過程では野党の審議拒否、参議院議長の辞任などが起きた(1)。また、候補者ごとの得票数が明らかになることで比例代表区に候補者を出している業界団体の集票活動を督励する、あるいは無党派層の政党離れを個人投票で補うといった意図が制度の背後にあったことも批判の原因となった(2)。

制度導入の経緯についての批判に加えて、個人名での投票を認めることが衆議院に並立制を導入した際に主張された政党本位・政策本位の選挙という考え方に逆行する、候補者個人を支持する意図での投票が票の集計時点で政党への支持にすりかえられてしまう、ある候補者に投じられた票が政党単位で集計されて他の候補者の当選のために使用される、といった点も非拘束名簿の問題として指摘された(3)。また選挙制度の研究において、中選挙区制が個別利益志向の議員を生み出し、政党の凝集性を低下させたことが指摘されてきたことを考えると、候補者名で投票する制度は同様の問題を生みだすと考えられた。

その一方で、拘束名簿式の場合にある政党を支持するがその名簿に上位で記載された候補者を支持できない有権者は自らの意思を実現する投票が難しいといった問題が非拘束名簿式では緩和されること、また拘束名簿式よりも非拘束名簿式の方が民意に近い候補者が選出されることも指摘されている[4]。このような賛否の声は制度導入前後にあったものの、制度の導入後にはその是非について言及されることも少なくなり、非拘束名簿式は参議院比例代表区の選挙制度として定着している。

**「ご当地候補」の登場**

非拘束名簿式が比例代表区に導入された直後の二〇〇一年参院選では、自民党・民主党がともに候補者個人への投票を獲得するために、全国的な知名度の高い新人タレント候補を擁立したことが注目された。このような候補者選択は、候補者個人を選出していた全国区の時代の選挙結果を参考にしたものと思われる。実際にこの選挙では、舛添要一・大橋巨泉・田嶋陽子など、テレビに登場して知名度の高い候補者が各政党の候補者中で最も多くの得票を記録し、初当選している。

だが二〇〇七年以降、全国的な知名度を持つ候補者や、従来からみられた利益団体の組織内候補に加えて、「ご当地候補」と呼ばれる地方的な基盤を持った候補者が比例代表区でも注目されるようになる。「ご当地候補」という語が新聞記事に登場するのは二〇〇七年からであり、朝日・読売・毎日三紙の記事にこの語が登場した回数は、二〇〇七年には一〇件、二〇一〇年は三六件、二〇一三年は二六件であった。

「ご当地候補」という語が使用されるのは、比例代表区の候補者で、特定の地域に基盤を持つ元首長などの地方政治家出身者を指す場合がまず考えられる。新聞報道などで言及される場合にはもう少し用語の使い方は緩やかであり、衆議院からの鞍替え候補者を含む場合や、団体の組織内候補の場合にもその出身地ではご当地候補として扱われる場合がある。参議院の地方区もしくは衆議院選挙の場合には、地理的範囲を持つ選挙区における候補者が地域的な基盤を持つことは自明であるために、こうした用語は用いられない。

本章ではこの「ご当地候補」という現象に注目し、地方政治家の比例代表区への進出について考察する。本章での検討対象となるのは、地方政治家出身で国政を経験していない参議院比例代表区の新人候補者である。このような候補者を「地方政治家出身者」「地方政治家出身候補者」という語で表す。また、先行研究に言及する際に「地方的な基盤を持つ候補者」という表現を使う場合があるが、この語は衆議院議員からの転身者なども含めて特定の地域ないし選挙区から選出された経験のある候補者を意味している。

**非拘束名簿式の制度上の特徴**

参議院の選挙制度として全国区や拘束名簿式比例代表制が用いられていた時期にも、衆議院議員や地方政治家から参議院の比例代表区に鞍替えした候補者は存在したが、こうした候補者は特定の地域に基盤を持っていてもご当地候補と呼ばれることはなかった。比例代表区の候補者が地域的な基盤という点で注目されるのは、非拘束名簿式という制度と関連していると思われる。

シュガートを中心とした選挙制度の比較研究に従って、非拘束名簿式の特徴とその影響を整理すると次のようになる。まず、非拘束名簿式比例代表制が他の選挙制度と区別される点は、候補者に投じられた票を政党がプールすることが可能であることと、有権者による選好投票が可能であるという二つの特徴を持つことである(5)。

票のプールとは、落選した候補者に投じられた票も含めて、候補者名簿に掲載されているすべての候補者への投票が政党への投票として計算されることをいう。有権者の投じた票は、候補者の名簿内での順位と当落を決めると同時に、政党の獲得議席を決めるためにも使用される。この制度では中選挙区制などの場合と異なり、政党は候補者の同士討ち・共倒れによる票の損失を考慮する必要がない。

選好投票とは、有権者は同一政党の中で投票する候補者を選択できることをいう。つまり有権者は投票政党を選択するだけでなく、どの候補者に投票するかを選択できる。選好投票が可能であることは有権者の投票に二種類の影響を与える。一つは有権者が政党の候補者名簿の中からどの候補者に投票するかを選択できるということである。もう一つは有権者が政党への支持に基づかずに、候補者個人への支持に基づいて（候補者名で）投票を行う場合があることである。政党への支持に基づく投票と候補者個人への支持に基づく投票の合計が、その政党の得票となる。

このような制度の下で政党が得票を最大化するためには、次のような戦略が妥当なものとなる。票のプールがあることからは、個人投票を獲得するために可能な限り多数の候補者を擁立することが望ましい。選好投票があることからは、政党への支持とは別に個人投票を獲得できるような候補者を擁立し、政党への投票に個人投票を上積みすることが望ましいであろう。

政党支持とは別個の個人投票を獲得できるような候補者には、大きく分けて三種類が存在する。一つ目は全国的な知名度を持った候補者であり、参院選の場合にはいわゆるタレント候補が該当する。この種の候補者は政治の世界以外での知名度によって個人投票を獲得する。二つ目の類型は利益団体の組織内候補であり、政党支持とは必ずしも一致していない団体所属に基づいて、団体のメンバーである有権者から集票する。三つ目の類型が個人的な集票基盤を持つ政治家であり、衆議院や参議院地方区からの鞍替え候補者や地方政治家が該当する。政治家たちは個人後援会などの自前の集票組織や、これまでの活動で得た知名度を生かして個人投票を獲得する。

## 非拘束名簿式と候補者の地方的基盤

個人投票で政党の得票を上積みしてくれるという点で、地方に基盤を持つ候補者は政党にとって有益な存在であることは以上の通りであるが、有権者にとっても地方に基盤を持った候補者は有益な存在である。

選好投票が可能な選挙制度の場合に、有権者は投票時の選択のために候補者個人についての情報を必要とする。自分が投票したい政党の候補者の中から、誰が自分に便益をもたらしてくれるかを判断する際に、出身や経歴などの属性は最も入手コストの低い候補者の情報である。有権者からみると、特定の地域を背景とした政治家は、地域の利益を政策として実現してくれることを期待できる存在であり、候補者名簿に記載された多数の候補者から投票する者を選ぶときに、地元出身の候補者であることは選択を容易にする有益な情報となる。国会議員としての実績のない新人候補の場合には、業績評価による投票が成立しない分、候補者の個人的な属性はより重要な判断材料となる[6]。

実際に比例代表制を採用する諸国の比較研究を行った場合に、非拘束名簿式を採用する国では、拘束名簿式を採用する国に比べて地方政治の経験を持った候補者の比率が高く、また選挙区定数が大きくなるほど地方政治家の経歴を持った候補者の比率が高くなることが判明している[7]。

日本の参議院についても、根元とシュガートは全国区・拘束名簿式比例代表制・非拘束名簿式比例代表制の三つの制度の下での自民党候補の属性の変化について分析を行っている。そこでは非拘束名簿式比例代表制の場合に、候補者が地方的な基盤を持つことは政党・候補者の両方にとって望ましいという仮説が示される。またデータ分析の部分では、地方レベルでの政治経験を持った候補者（および当選者）の比率は二〇〇一年以降に大きく上昇していること、候補者の得票が特定の地域に集中する程度も高まっていること、地方的な基盤を持つ候補者の得票は当選ラインの前後ないしそのすぐ下に集中していることが示されている[8]。

以上をまとめると、非拘束名簿式比例代表制という個人名での投票が可能な制度において、候補者の属性は、政党にとっては個人投票を獲得する材料として、有権者にとっては投票すべき対象を選択する判断材料として、それぞれ重要であることになる。候補者の属性として重要なものは地域性と業界であるので[9]、選挙制度の変更に伴って従来からのタレント候補や利益団体の組織内候補に加えて地方的な基盤を持った候補者が登場してきたと考えられる。

## 地方政治家を擁立するその他の理由

前記の分析に加えて、比例代表区において地方的な基盤を持った政治家が擁立される理由がいくつか存在する。選挙運動は複数のレベルで行われる活動から構成されているが、全国レベルの選挙運動が主として政党によってメディアを中心手段として行われるのに対して、地方レベルの活動は候補者による有権者との接触が中心になる[10]。地方レベルでの政党の選挙運動の前面に立つのは基本的にはそれぞれの選挙区の候補者であるが、比例代表の候補者が地方に基盤を持つ場合には、それらの候補者を地方レベルの選挙運動に利用することが可能になる。政党が選挙区で候補者を擁立していない場合には、その選挙区に基盤を持つ比例代表区の候補者がいれば、当該地域での選挙運動は容易となる。

比例代表区に衆議院選挙など他の国政選挙で落選した候補者が擁立される場合には、候補者本人の再選志向に応えるという理由に加えて、選挙区レベルでの組織の維持を図るという目的が考えられる。多くの政党において、個人後援会などの個人的な集票組織のみならず、政党の選挙区レベル組織自体が国会議員およびその候補者を中心とした構成になっており、組織の衰退を避けることも鞍替え立候補の一因であると考えられる。国会議員の鞍替えの場合には、地方区で擁立できなかった候補者を比例区に回している場合も考えられる。地方政治家が比例代表で擁立される理由としては、彼らが地方レベルとはいえ選挙で選出された経験を持ち、個人中心の選挙制度の下で固有の支持基盤を持っている即戦力の候補者であることがまず考えられる。それらの候補者が特定の地域において政党の得票を上積みしてくれることは、前記の部分で考察した通りである。

二〇〇〇年代以降に登場した新党の場合には、既存の利益団体との関係が弱いために比例代表区の候補者の供給源として団体に依存できず、結果的に地方政治家出身の候補者が増えるという事情も考えられる。また、地域的に知名度のある候補者は地域政党への防壁になるかもしれない。二〇一三年に自民党が比例区で太田房江元大阪府知事を擁立したことは、関西圏を主要な基盤とする日本維新の会に対抗して大阪府内において元知事個人への投票を獲得する意図があったと考えられる。

地方政治家を比例代表区の候補者とすることは、政党側には以上のような理由があるが、候補者の側にも選挙に出る動機がなければ立候補は増えないであろう。候補者の側からみた場合に、参議院の比例代表での候補者名投票はそれほど多くはなく、そのために当選ラインが高くないという理由がある。比例代表区で当選するために獲得しなければならない票数は、衆議院の小選挙区よりも少ない。落選者も多いが、当選者も出ているように、地方政治家の個人投票の規模でも当選が不可能というわけではない[11]。政党だけではなく、候補者にとってもチャンスがあるために、地方政治家の比例代表区への進出がみられるようになったと考えられる。

## 2　二〇一三年参院選における地方政治家の動向

以下の部分では、参議院の比例代表区における地方政治家出身の新人候補者を対象として、その推移をみていく。

**地方政治家出身候補の推移**

拘束名簿式が採用されていた一九八三年から一九九八年までの六回の参院選で、地方政治家から比例代表区の候補者となった者は合計で二六名であり、そのうち当選者は三名（一九九二年に二名、一九九五年に一名）であった。拘束名簿式の場合には名簿順位が固定されているので、当落ライン上の順位の候補者を当選させたいという動機による投票を除けば、候補者個人への支持が政党への投票を押し上げる効果はなく、そのために個人票を持つ地方政治家は候補者のリクルート源としては重要ではなかったということになる。

図3-1は二〇〇一年以降の比例代表区における地方政治家出身新人候補者の数と、当選者数の推移を示している。比例代表の制度が非拘束名簿式に変更されてから、地方政治家の立候補が大きく増加している。候補者数だけでなく、当選者も拘束名簿式の時期と比較して多く、前節で検討した制度変化の効果が明確にみられる。

次に全候補者・当選者に占める地方政治家出身者の推移であるが、図3-2は候補者をその経歴・背景によって分類し、それぞれの類型ごとの推移をみたものである。分類は現職、国会議員（比例区の元職及び衆議院・参議院地方区からの転入）、団体（利益団体の組織内候補または複数の団体・業界を支持基盤とする候補）、タレント・文化人（政治以外の分野で知名度のある候補）、地方政治家、その他、の六類型である。[12]

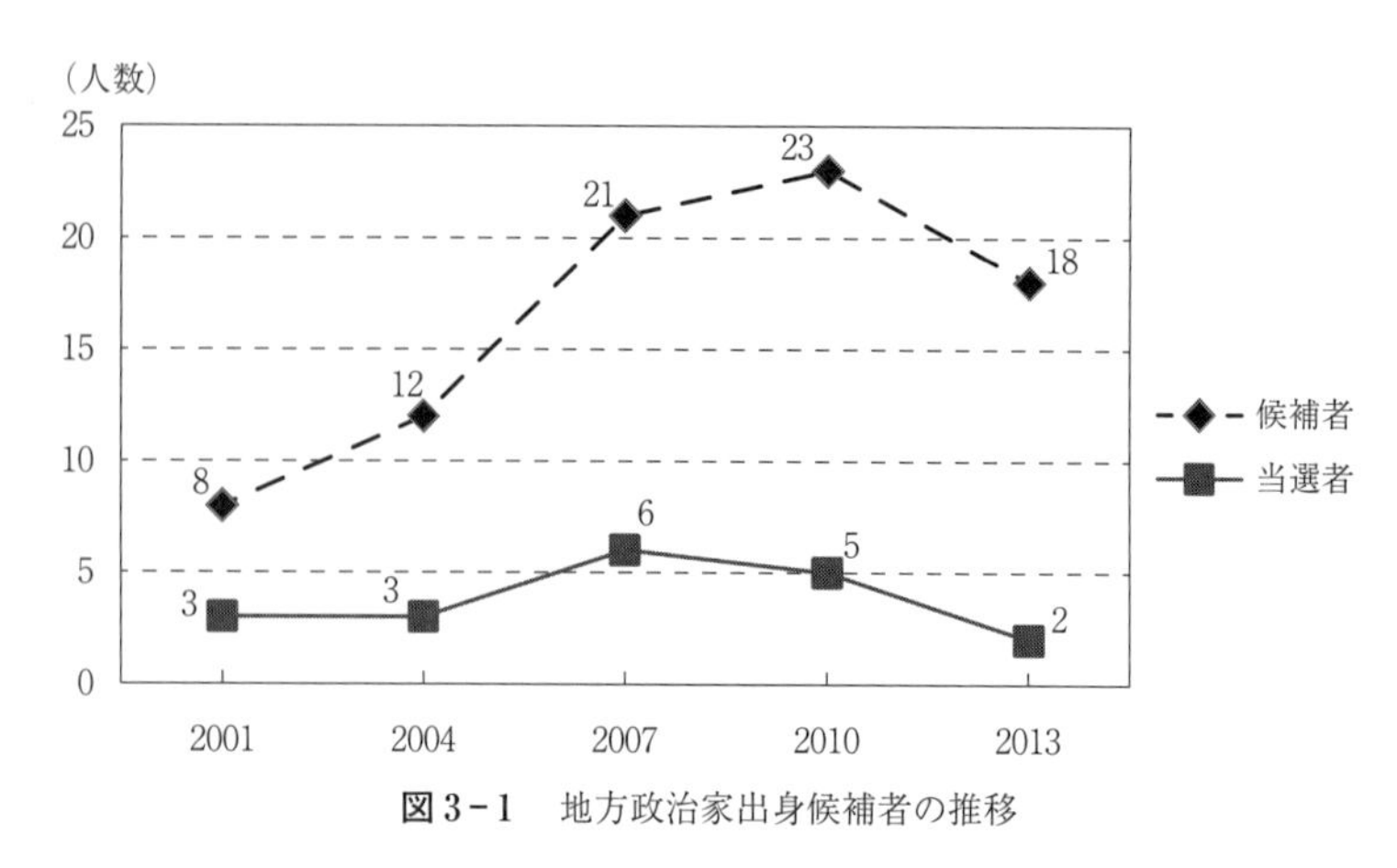


**図3－1**　地方政治家出身候補者の推移

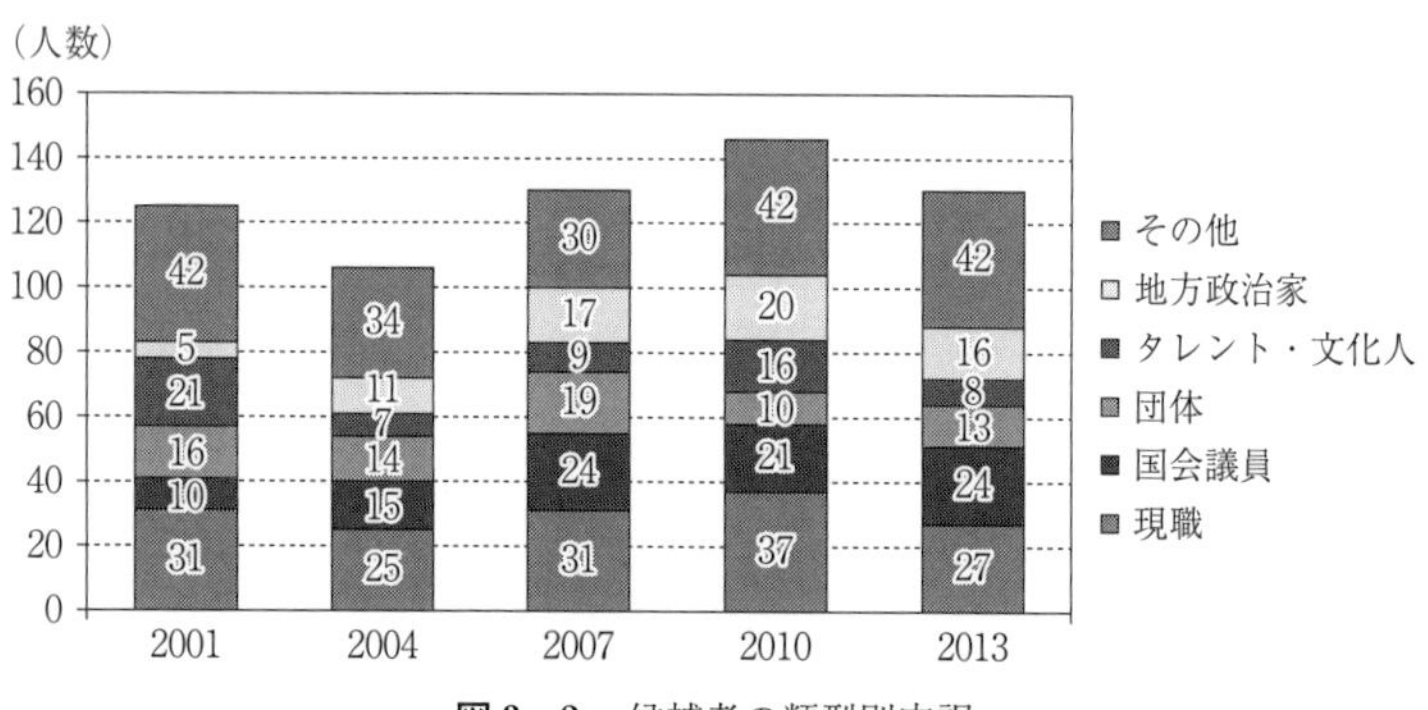


**図3－2**　候補者の類型別内訳

二〇〇一年参院選において、候補者の類型で最も多いのは「その他」を除くと現職であり、次いでタレント・文化人、団体の順で人数が多い。それ以前の全国区・拘束名簿式と似た候補者の構成であり、地方政治家は全ての類型の中で最も数が少ない。非拘束名簿式が採用された時点では、各政党は比例代表区が全国一区であることを考慮し、全国的に票を獲得できる候補者を擁立しようとしていたと言える。だがその後の選挙ではタレント・文化人や団体からの候補者が減少する一方で、衆議院からの鞍替えや地方政治家の参入は増加する傾向がみられる。二〇一三年には候補者に占める数が多いのは現職、国会議員、地方政治家の順であり、候補者の傾向の推移からは、全国的に集票できる候補者よりも地方に基盤を持つ候補者の方が政党から好まれるように変化していることがみてとれる。

地方政治家の中でどのような経歴を持つ者が候補者になっているかについては、二〇〇一年から二〇一三年までの期間で、知事経験者六名、市町村長経験者九名、府県議経験者三五名、市町村議経験者三二名となっている[13]。どちらかというと首長よりも地方議員からの参入が多いという傾向は二〇〇一年から二〇一三年まで一貫してみられるが、この傾向は知事が国政に参入する例が多い地方区とは対照的である。

各政党がどの程度地方政治家出身者を候補者として擁立するかは選挙ごとにかなり異なっている。一つの傾向として、それぞれの選挙で議席を増やした政党が地方政治家出身者を多く擁立しているという現象がみられる。公明党はほとんど地方政治家を候補者として擁立しないが、自民・民主・社民・共産各党の地方政治家出身の比例代表区候補の数は、選挙ごとのばらつきが大きい。

みんなの党、日本維新の会、日本創新党といった新党が地方政治家出身者を多く擁立する傾向があるのは、現職候補がいない、主要な利益団体との関係が乏しいなどの理由で候補者の供給源が限られていることや、直前の選挙で落選した候補者を擁立して選挙区組織の維持を図るといった理由が考えられる。

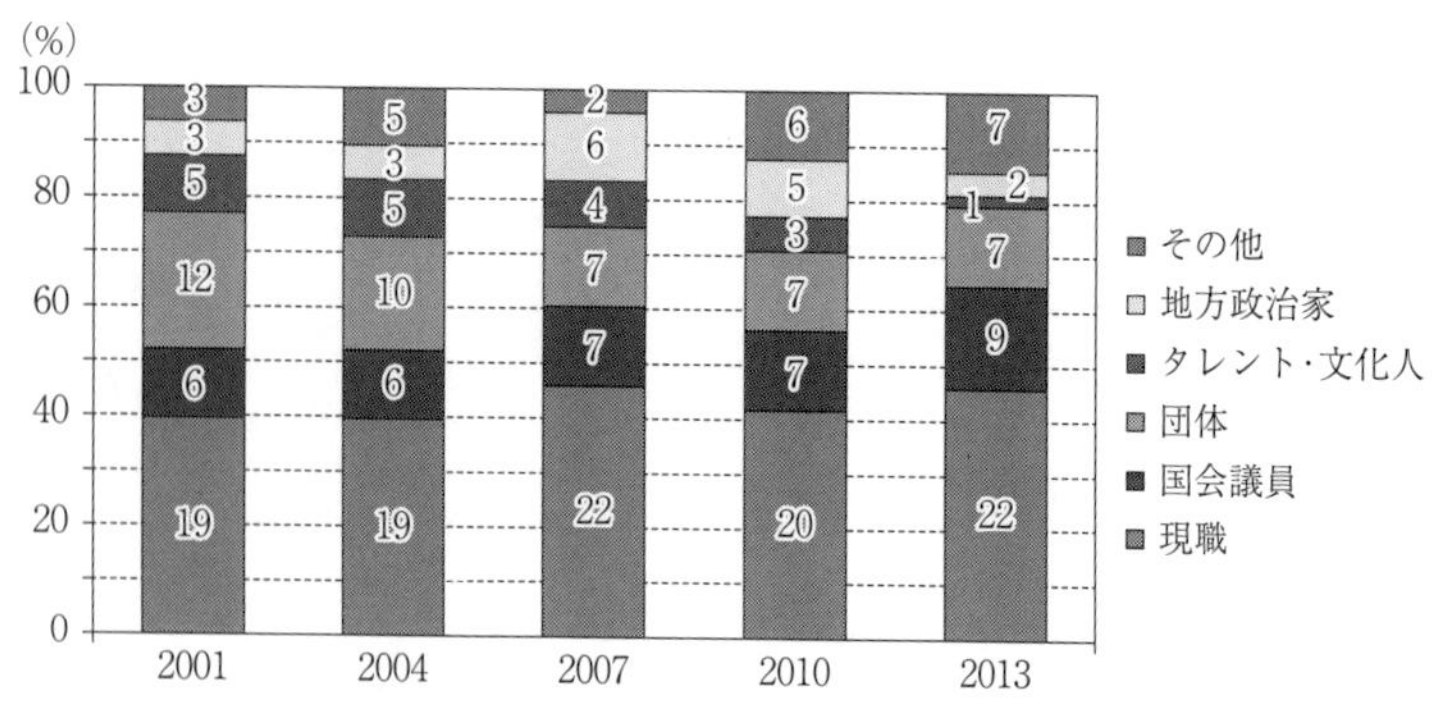


**図３－３**　候補者の各類型が当選者に占める内訳

各回の選挙で比例代表から選出される四八名の議員中で、地方政治家からの参入者がどの程度いるのかを示したのが図３－３である。拘束名簿式の時代に比べれば地方政治家が比例代表区で当選して参議院議員に転身する数は増えているが、当選者の増加の程度は候補者数ほどではない。また、二〇〇一年以降の五回の参院選で延べ一九名の地方政治家が比例代表区で当選しているが、二〇一三年参院選が終了した時点ではそのうち九名が参議院議員として在職している。

**二〇一三年参院選での地方政治家出身者**

二〇一三年参院選では、比例代表区で立候補した地方政治家出身の新人候補は一八名である。政党別の内訳は、自民党一名、みんなの党三名、日本維新の会一〇名、共産党二名、みどりの風一名、緑の党一名である。

政党ごとに候補者の状況を見た場合に、自民党の新人候補者は団体の組織内候補が七名と最も多く、地方政治家は一名のみとなっている。これは前年に行われた衆議院総選挙で地方政治家出身の新人候補が多数当選したことが、参院選での候補者の減少に繋がっていると考えられる。民主党は地方政治家出身の新人候補はゼロであるが、現職以外の候補者では衆議院からの鞍替えが最も多い。前年の総選挙での落選議員が参院選の地方区・比例代表区の両方で候補者となっていることで、地方政治家が参入する余地がなかったと言える。みんなの党の三名の候補者は、全員が前年の衆議院選挙で落選しており、選挙区組織の維持などの理由で参院選に参入していると思われる。

前節で検討した選挙制度の理論に最も近い行動がみられるのが日本維新の会である。日本維新の会は今回の参院選で、自民党の二九名を上回る三〇名の候補者を比例代表区で擁立した。候補者の中で最も多いのが地方政治家であり、それに次ぐ人数は現職・元職・衆議院からの鞍替え候補者となっている。またこれら公選職の経験がある候補者の地元は、維新の主要な基盤である関西地方以外である。このように維新の候補者の構成は、できるだけ多くの候補者を擁立し、個人投票によって政党の得票の総数を増加させるという、シュガートらが考える非拘束名簿式下での政党の戦略から導かれるものに最も近いものであった。

候補者が地方政治家として経験した役職は、知事が一名、市町村長が三名、府県議が八名、市区町村議が六名である。首長よりも地方議員の方が多数を占めているのはこれまでと同様の傾向である。これらの候補者の中で、太田房江（自民・元大阪府知事）、儀間光男（維新・元浦添市長）の二名が当選した。一八名のうち二名しか当選しておらず、当選者は首長経験者のみである。他の候補者類型と比較すると、国会議員の鞍替え候補者は二四名中九名当選、団体の組織内候補者は一三名中七名が当選しており、地方政治家出身者の当選率は低い。このことからは、地方政治家がそのまま参議院比例代表区に参入する際のハードルは、他の経歴を持つ候補者の場合に比べて相対的に高いということができる。

## 参院選での得票と個人投票の効果

表3－1は二〇一三年参院選に比例代表区で立候補した地方政治家出身候補者の選挙結果・経歴・得

**表3－1**　地方政治家出身候補の比例代表区選挙結果

| 氏名 | 政党 | 経歴 | 得票 | 順位 | 当落 | 選挙区内得票 | 比率 | 府県内得票 | 比率 | 地方選挙での得票 | 比率 |
|---|---|---|---|---|---|---|---|---|---|---|---|
| 太田房江 | 自民 | 大阪府知事 | 77,173 | 16/29 | ○ | 23,107 | 29.94 | 23,107 | 29.94 | 1,558,626 | 5.0 |
| 菅原直敏 | みんな | 神奈川県議 | 21,135 | 11/15 | × | 8,860 | 41.92 | 17,482 | 82.72 | 20,033 | 94.8 |
| 菊池文博 | みんな | 宮城県議 | 12,676 | 12/15 | × | 2,825 | 22.29 | 7,340 | 57.90 | 16,698 | 75.9 |
| 小斉太郎 | みんな | 港区議 | 10,527 | 14/15 | × | 1,149 | 10.91 | 4,199 | 39.89 | 1,893 | 556.1 |
| 儀間光男 | 維新 | 浦添市長 | 40,484 | 3/30 | ○ | 6,648 | 16.42 | 33,293 | 82.24 | 15,501 | 261.2 |
| 奥村慎太郎 | 維新 | 雲仙市長 | 27,954 | 8/30 | × | 7,586 | 27.14 | 22,315 | 79.83 | 16,525 | 169.2 |
| 桜井よう子 | 維新 | 茨城県議 | 27,757 | 9/30 | × | 4,098 | 14.76 | 10,594 | 38.17 | 16,864 | 164.6 |
| 浅田眞澄美 | 維新 | 長崎県議 | 22,406 | 11/30 | × | 9,893 | 44.15 | 12,902 | 57.58 | 12,612 | 177.7 |
| 山崎泰 | 維新 | 都議 | 18,130 | 15/30 | × | 825 | 4.55 | 3,742 | 20.64 | 10,657 | 170.1 |
| 瀬戸健一郎 | 維新 | 草加市議 | 12,768 | 20/30 | × | 5,544 | 43.42 | 7,815 | 61.21 | 2,560 | 498.8 |
| 石川輝久 | 維新 | 神奈川県議 | 10,147 | 23/30 | × | 571 | 5.62 | 2,061 | 20.31 | 16,433 | 61.7 |
| 伊賀保夫 | 維新 | 目黒区議 | 9,269 | 24/30 | × | 568 | 6.13 | 2,264 | 24.43 | 2,944 | 314.8 |
| 二瓶文隆 | 維新 | 中央区議 | 7,637 | 25/30 | × | 322 | 4.22 | 1,384 | 18.12 | 662 | 1153.6 |
| 竹内栄一 | 維新 | 神奈川県議 | 4,991 | 29/30 | × | 908 | 18.19 | 1,924 | 38.55 | 6,245 | 79.9 |
| 山本陽子 | 共産 | 大阪府議 | 36,580 | 6/17 | × | 941 | 2.57 | 4,867 | 13.31 | 14,140 | 258.7 |
| 江上博之 | 共産 | 名古屋市議 | 2,144 | 16/17 | × | 252 | 11.75 | 595 | 27.75 | 5,354 | 40.0 |
| 井戸川克隆 | みどりの風 | 双葉町長 | 15,444 | 3/3 | × | 773 | 5.01 | 4,333 | 28.06 | 3,131 | 493.3 |
| 須黒奈緒 | 緑の党 | 杉並区議 | 9,109 | 2/9 | × | 797 | 8.75 | 2,266 | 24.88 | 3,488 | 261.2 |

注：選挙区内得票とは，地方政治家として選挙に当選した選挙区に該当する市町村において，当該候補者が2013年参院選で獲得した得票数である。

府県内得票とは，地方政治家としての選挙区が含まれる府県の範囲内で，当該候補者が2013年参院選で獲得した票数である。

地方選挙での得票とは，2013年から最も近い時期の地方選挙において，当該候補者が獲得した票数である。

票の構造をまとめたものである。候補者の経歴と選挙結果については直前の部分で言及したので、ここでは得票数と得票の構造について考察する。

地方政治家出身候補が個人名投票で獲得した票数の合計は、比例代表区における投票総数の〇・六七％であり、政党名投票が大半を占める中で絶対数として少ない[14]。候補者別の得票数をみると、一八名中一〇名が一万票から二万票台の得票であり、獲得票数のばらつきは少ない。また、団体の組織内候補の大半が一〇万票以上を獲得していることに比べると少ない得票数でもある。

得票数に基づく政党名簿での順位をみると、維新の儀間光男を除いて順位は高くはない。順位で注目されるのは維新の候補者であり、比例代表区で獲得した議席は六に対して、当選ラインまで約五〇〇〇票の八位・九位に地方政治家出身者が位置している。この点は当落線上に地方政治家出身者が集中するというシュガートらの仮説に合致しており、候補者の擁立も含めて非拘束名簿式の制度的特徴から予想される仮説に最も適合しているのは維新である。

次に、各候補者の得票の構造について検討する。得票の地域的な集中度については、各候補者が地方政治家としての経歴を持った選挙区および府県での得票数と、得票全体に占める比率を表3－1に載せている。地方政治家時代の選挙区の範囲での得票が得票全体の半数をこえる候補者はおらず、府県の範囲内での得票の比率は候補者ごとのばらつきが大きい。四七都道府県のうち一つの都道府県、またはその一部の地域だけで得票のかなりの割合を獲得しているという意味では、地方政治家出身候補者の得票の地域的集中度は概して高い。だがその反面、全国的な知名度はほとんどないと思われる地方政治家が、他の地域でも数千票の規模で票を獲得していることをどう解釈するかという問題がある[15]。参院選における投票数全体からみた場合には、数千票は投票総数の〇・〇一％前後であることや、全国区時代の選挙結果をふまえて、候補者の基盤となる地域以外での得票には、説明できないもの（誤差の範囲ないし気まぐれな投票など）がかなりの程度含まれていると本章では判断する。[16]

地方選挙において獲得した票数と参院選で獲得した票数を比較すると、一八名中一二名が地方選挙での得票を上回る票を参院選で獲得しているが、その中にはこうした説明できない票も含まれている。地域的な得票については、多くの候補者は自らの基盤となる府県内でも、地方選挙で獲得した票よりも少ない票しか獲得していない。地方政治家時代の支持者層がそのまま参院選でも投票しているわけではないことになる。その一方で地方選挙と参院選の得票の比較で注目される点がある。比例代表区の地方政治家出身候補が基盤とする府県で、同一政党の候補者が地方区にいる場合には、当該府県内で候補者が獲得した票数は地方政治家時代の得票に達していない。逆に地方区に同一政党の候補者がいない府県では、地方政治家出身候補は緑の党の一名を除いて基盤とする府県で地方選挙での得票を上回る票数を獲得している。

事例が少ないので十分な考察はできないが、この事実は二つの検討すべき点を含んでいる。一つ目は地方政治家出身候補への個人投票の性質である。候補者の地方政治家時代の支持者の中でも参院選では候補者名で投票しない者がいる一方で、それ以外の有権者が候補者の地域性に基づいて投票している。つまり同一の候補者への個人投票の中身が、地方選挙と参院選では変化しているということになる。二つ目は地方区と比例代表区の投票行動の関係である。並立制についてのこれまでの研究では、小選挙区での候補者の存在が比例代表での政党の得票率を高め、参院選についても地方区に候補者がいる場合に比例代表区での政党の得票が増加することが観察されてきた。[17] だが二〇一三年の比例代表区の結果からは、地方区での候補者の存在は比例代表区での地方政治家出身候補への個人名投票にマイナスに作用しているようにみえる。この問題は小規模な政党でしか起きない周辺的な現象なので十分な検討の余地はないが、地方区での候補者の存在と、比例代表区での政党投票の連動関係は、個人名投票という要素を含めて考えるとより複雑なものとなるように思われる。

## 3 「ご当地候補」をどうとらえるか

本章では「ご当地候補」という現象に注目し、地方政治家が参議院比例代表区に参入し、議員として選出されるという現象について考察してきた。比例代表区に非拘束名簿式が採用され、またその制度が政党名投票と個人名投票の両方を認めたものであったことで、地方政治家の比例代表区への参入が生じた。そこには個人投票による政党の得票増への期待、候補者リクルートメントの必要性、低くなった当選ラインの下での地方政治家の国政進出への期待が介在している。

制度分析の観点からは、非拘束名簿式比例代表制は個人投票によって政党の得票を増加させる可能性を持つ制度であり、地方政治家への地域を基盤とした支持は個人投票を獲得する属性として望ましいものであるために、地方政治家出身候補者が増加してきたとされる。利益団体の集票力が以前に比べて低下している中で、地方政治家が候補者として台頭してきたことは確かであるが、本章での選挙結果の分析からは、地方政治家への個人投票が政党の得票増に寄与する程度は限定的であった。その意味で「ご当地候補」現象は、投票行動での変化ではなく候補者構成の変化として理解すべきものである。候補者構成の変化は当選する議員の構成の変化にも繋がるという点で、地方政治家出身候補の増加は注目に値する現象である。

本章では十分に検討できなかった問題として、個人投票の問題がある。地方政治家が参議院に進出する際に、獲得する個人投票の内容が地方選挙で獲得したものと変わっている可能性が選挙結果の検討から示唆された。同様の現象は、衆議院から参議院への鞍替えの場合にも起きている可能性がある。同一の候補者であっても選挙の種別によって個人投票の中身が異なりうるという問題からは、個人投票についてのより詳細な研究が必要であると思われる。

## 注

（1）拘束名簿式の時期に自民党は比例代表の名簿順位を決める目安として、党員獲得実績を使用していた。これに関連して比例代表選出の久世公堯が大京からの献金で獲得党員の党費を立て替えていたという事件が二〇〇〇年に発覚し、非拘束名簿式を導入する発端となっている。

（2）『朝日新聞』二〇〇〇年一〇月一二日紙面記事での青木幹雄の発言による。他に、河村直幸「最近の選挙キャンペーンの動向――各種選挙の事例分析から」『現代社会文化研究』第二七号、二〇〇三年、を参照した。また実際に二〇〇一年の参院選では、拘束名簿式の時期と比較して比例代表区での自民党の得票率が増加しており、個人名での投票が政党の得票のトータルを増加させたという制度の効果が観察された。川人貞史「二〇〇一年参議院選挙の分析――非拘束名簿式の導入と小泉人気」『ジュリスト』一二一三号、二〇〇一年、四四～四五頁。

（3）小林武「『非拘束名簿式』の導入――道理のないわが国選挙制度と議会のありよう」『法学セミナー』二〇〇一年二月号、五四～五五頁。

（4）肥前洋一「拘束名簿式比例代表制と非拘束名簿式比例代表制のゲーム理論的比較分析」『選挙研究』第一八号、二〇〇三年。

（5）Matthew E. Bergman, Matthew S. Shugart & Kevin A. Watt, "Patterns of Intraparty Competition in Open-list & SNTV Systems," *Electoral Studies*, Vol.32, No.2, 2013, pp.322-323.

（6）Matthew S. Shugart, Melody E. Valdini & Kati Suominen, "Looking for Locals: Voter Information Details and Personal Vote-Earning Attributes of Legislators under Proportional Representation," *American Journal of Political Science*, Vol.49, No.2, 2005, pp.439-441. ただし、日本の場合には政党名による投票も

可能な制度であるために、有権者が候補者の情報を必要とする程度は類似の制度をとる他国よりも低いと考えられる。

（7） Ibid., pp.442-443.

（8） Kuniaki Nemoto & Matthew S. Shugart, "Localism and Coordination under Three Different Electoral Systems: The National District of the Japanese House of Councillors," *Electoral Studies*, Vol.32, No.1, 2013, pp.1-10. なお、根元とシュガートの分析は、対象が自民党の候補者のみであること、現職と新人両方を対象に含むこと、地方政治家の経験を持つ候補者であれば衆議院などからの鞍替え組も対象に含めている。この点で本章が扱う地方政治家出身の新人候補とは分析対象の構成が異なっている。

（9） 個人投票の基礎は地域と業界であることについては、建林正彦『議員行動の政治経済学——自民党支配の制度分析』有斐閣、二〇〇四年、を参照。

（10） Thomas Zittel and Thomas Gschwend, "Individualised Constituency Campaigns in Mixed-Member Electoral Systems: Candidates in the 2005 German Elections," *West European Politics*, Vol.31, No.5, 2008, p.978.

（11） 『朝日新聞』二〇〇七年五月一四日。二〇一三年の比例代表区の当選者で最も得票が少なかったのは新妻秀規（公明党）の二万六〇四四票である。これは他の公明党の候補者が五〇万票以上を獲得していることからすると予定外の当選であると思われるが、日本維新の会や共産党にも三万票台での当選者がいる。この票数はたとえば、東京都議会選挙で人口の多い市区（練馬区・世田谷区・八王子市など）でのトップ当選者の得票数よりも少なく、地方政治家が獲得できないことはない数字である。

（12） 出身を分類する際に、現職を除いて複数の経歴を持つ候補者は、次のような経歴の優先順位に基づいて分類した。国会議員＞タレント・文化人＞地方政治家＞団体＞その他、である。候補者はこの優先順位に従い、団体の組織内地方議員という経歴を持つ場合には地方政治家、創価学会関係の芸能人の場合にはタレント・文化人、といったように分類されている。

（13） 首長と議員の両方を経験している候補者の場合には、首長の経歴を優先して首長経験者とみなしている。

(14) この点で現行の非拘束名簿式は、候補者名での投票しか認めていない諸国と比較すると制度の特徴が限定的にしか現れない。
(15) 今回の選挙の場合に、霊友会の支援を受けていた太田房江は大阪府以外での得票が大半を占めることを説明できる。新人ではなく現職も含めると、直方市議出身の大島九州男（民主）も立正佼成会の支援を受けているが、他の候補者にはこうした団体との関係は確認できない。
(16) かつての参議院全国区では得票数が最下位周辺の泡沫候補も三〇〇〇〜五〇〇〇票は獲得していた。一例として一九八〇年の場合には、候補者中の最小得票数は三六一五票である。このことから全国を一つの選挙区とする場合には、数千票前後の説明しようがない得票が生じうると判断した。
(17) 水崎節文・森裕城「得票データからみた並立制のメカニズム」『選挙研究』第一三号、一九九八年。西川美砂「二〇〇一年参院選における政党システムへの選挙制度の影響」『選挙研究』第一八号、二〇〇三年。

**参考文献**

平野浩『変容する日本の社会と投票行動』木鐸社、二〇〇七年。
Matthew Soberg Shugart and Martin P. Wattenberg (eds.), *Mixed-Member Electoral Systems: The Best of Both Worlds?*, Oxford: Oxford University Press, 2001.

# 第4章　比例区選挙・非労組系民主党候補の敗北
——ツルネンマルテイの事例——

久保谷政義

## 1　比例区における民主党の敗北

### 比例区における自民・民主両党の得票の推移

二〇〇三年に民主党と自由党とが合併して以降、二〇一二年に民主党が政権の座から転落するまでの間には衆参合わせて七回の国政選挙が実施されており、比例区選挙における自民・民主両党の戦いは、民主党の五勝二敗となっている。小沢一郎らのグループが離党後に選挙に突入することとなった二〇一二年衆院選を除けば、比例区において民主党が自民党よりも少ない得票となったのは、二〇〇五年の郵政選挙のみとなる。そして、その二〇〇五年衆院選においても、民主党の得票は自民党の得票の八割超となっているので、民主党は比例区で比較的に好成績を収めてきたといえる。

ところが、二〇一三年参院選において、民主党の比例区の得票は七一三万票と、一九九八年の結党以来の最低を記録し、自民党の一八四六万票の半分どころか四割にも満たなかった。政権から転落することとなった二〇一二年衆院選との比較においても、その得票数は二五〇万票以上低下し、得票率は一六・〇%から一三・四%へと低下した。

二〇一二年衆院選では、現与党に対抗する現野党の勢力がまとまらず、みんなの党や維新の会、日本未来の党の各党が競合し、民主党と共倒れしたことが、自民党に漁夫の利をもたらしたとされている。[1]しかし、二〇一二年衆院選から二〇一三年参院選の間に、民主党の「ライバル」である日本維新の会は一二二六万票から六三五万票へと得票数をほぼ半減させており、得票率においても二〇・四％から一一・九％へと八・五ポイントも低下させている。小沢らが参加した新党[2]については、三四二万票から九四万票へと得票数は三分の一以下となり、得票率も五・七％から一・八％へと低下している。つまり、こうした野党勢力内のライバルの不振の中でも、民主党は二〇一二年衆院選での敗北からの反転攻勢に失敗したのである。

このように、二〇一三年参院選における民主党の比例区における不振は、野党勢力のまとまりの無さだけでは説明しきれないと言える。したがって、その敗北の裏にある、民主党の支持層の浸食ということを直視すべきであろう。

## 明暗の分かれた労組候補と非労組候補

二〇一三年参院選では民主党の支持層の浸食が見られたが、支持層の中でも特にどのような層が民主党から離れていったのだろうか。

表4－1から表4－5は、比例区選挙が非拘束名簿式となった二〇〇一年参院選以降の、民主党の比例区候補者の得票状況である。紙幅の関係上、最下位当選者[3]の得票の半数以下の得票だった下位の候補者については合算して計上してある。

民主党の参院比例区の候補者の中で、主要な労組系候補者というのは、次の産別組織が後ろ盾となっている。すなわち、自治労、日教組、自動車総連、電力総連、電機連合、UIゼンセン同盟、情報労連、JP労組、全逓、JAM、基幹労連である。このうち、情報労連の候補者が擁立されているのは二〇〇四年以降、ＪＰ労組は二〇一〇年以降に擁立されている。逆に、全逓は二〇〇一年のみ候補者が擁立されている。また、ＪＡＭと基幹労連については、三年毎に交互に組織内候補を擁立しており、ＪＡＭの候補が擁立された選挙では基幹労連がその候補を推薦し、基幹労連の候補が擁立された選挙ではＪＡＭがその候補を推薦するという形をとっている。これら以外では、二〇一〇年参院選では、ＪＲ総連の候補者が擁立され、当選を果たしている。[4]

ちなみに、労組以外の民主党の強力な支援組織としては、立正佼成会が挙げられる。立正佼成会は、選挙によって二名の候補者を擁立して、主な集票地域を東日本・西日本といった形で分割したこともあれば、単一の候補者を擁立したこともある。また、二名の候補者を擁立した場合には、その二名共が同一政党に所属するとは限らず、それぞれが異なる政党から立候補した例もある。[5]

表4－1　2001年参院選　民主比例候補の得票

| 候補者名 | 得票数 | 当落 | 備考 |
|---|---|---|---|
| 大橋巨泉 | 412,087 | 当選 | |
| 藤原正司 | 259,576 | 当選 | 電力総連 |
| 池口修次 | 230,255 | 当選 | 自動車総連 |
| 朝日俊弘 | 216,911 | 当選 | 自治労 |
| 若林秀樹 | 202,839 | 当選 | 電機連合 |
| 伊藤基隆 | 195,237 | 当選 | 全逓 |
| 佐藤道夫 | 184,476 | 当選 | 立正佼成会 |
| 神本美恵子 | 173,705 | 当選 | 日教組 |
| ツルネンマルテイ | 159,653 | 落選 | |
| 柳澤光美 | 158,088 | 落選 | UIゼンセン |
| 高見裕一 | 151,563 | 落選 | 情報労連 |
| 幸田シャーミン | 138,858 | 落選 | |
| 前川忠夫 | 108,454 | 落選 | JAM |
| その他15名 | 316,118 | 落選 | |

労組と立正佼成会のほかには、大橋巨泉や横峯良郎のような著名人候補や、石井一や西岡武夫のような衆院議員、または選挙区選出の参院議員からの鞍替え候補などが見受けられる。もちろん、この他にも多様な経歴を持つ候補が存在するが、得票が上位となるような候補者は大体このようなところで占められている。

表４－５の二〇一三年参院選の結果を見ると、七名の当選者のうちの六名が労組系候補で占められていることが分かる。なお、残りの一名は立正佼成会

**表4－2**　2004年参院選　民主比例候補の得票

| 候補者名 | 得票数 | 当落 | 備考 |
|---|---|---|---|
| 小林正夫 | 301, 323 | 当選 | 電力総連 |
| 加藤敏幸 | 247, 917 | 当選 | 電機連合 |
| 内藤正光 | 220, 312 | 当選 | 情報労連 |
| 家西　悟 | 217, 095 | 当選 | |
| 柳澤光美 | 216, 760 | 当選 | UIゼンセン |
| 直嶋正行 | 211, 257 | 当選 | 自動車総連 |
| 大石正光 | 209, 382 | 当選 | |
| 白　眞勲 | 203, 052 | 当選 | 立正佼成会 |
| 那谷屋正義 | 202, 613 | 当選 | 日教組 |
| 藤末健三 | 182, 891 | 当選 | 立正佼成会 |
| 喜納昌吉 | 178, 815 | 当選 | |
| 高嶋良充 | 167, 818 | 当選 | 自治労 |
| 津田弥太郎 | 162, 509 | 当選 | JAM |
| 工藤堅太郎 | 142, 656 | 当選 | |
| 円より子 | 130, 249 | 当選 | |
| 下田敦子 | 120, 306 | 当選 | |
| 松岡　徹 | 114, 137 | 当選 | |
| 前田武志 | 110, 043 | 当選 | |
| 渡辺秀央 | 106, 141 | 当選 | |
| 信田邦雄 | 82, 072 | 落選 | |
| 吉田公一 | 76, 909 | 落選 | |
| 古賀敬章 | 72, 855 | 落選 | |
| その他４名 | 115, 310 | 落選 | |

推薦の候補である。落選はしたものの供託金没収は免れた七名の候補者については、そのうち労組系候補は三名、衆院議員または選挙区選出の参院議員からの鞍替え候補は三名であった。

この二〇一三年参院選の結果と、それ以前の結果とを比較すると、二〇一三年参院選では労組系候補の堅調ぶりが明らかである。民主党の比例区の総得票の七一三万票のうち、政党名の得票は四八二万票、人名の得票は二三〇万票であった。この二三〇万票のうち、労組系の九候補の得票は一六〇万票であった。残りの非労組系候補は、一一名で七〇万票を獲得した。

この数値を過去の参院選での実績と比較すると、労組系候補の得票は、二〇〇一年が一五四万票、二〇〇四年が一七三万票、二〇〇七年が一八二万票、二〇一〇年が一五一万票であった。民主党の比例区得票全体が二一一三万票を記録した二〇〇四年よりは一一三万票低く、同じく二三二五万票を記録した二〇〇七年よりは二三二万票低いものの、二〇一三年の一六〇万票という数字は、さほど低いものではない。

なお、立正佼成会については、二〇〇七年には二名の候補者を擁立していたが、二〇一三年には候補者を一名に絞った。二〇〇七年の得票数は二人合わせて三二万票だったが、二〇一三年には一九万票だった。

これに対し、衆院議員や選挙区選出の参院議員からの鞍替え候補は、苦しい戦いを強いられた。こうした候補者の中で最多の得票を得たのは石井であるが、二〇〇七年の二九万票から一二万票に得票を減らした。鹿野道彦は大臣経験者であるが、得票は八万票と最下位当選者の得票の約半数に止まった。か

**表4－3**　2007年参院選　民主比例候補の得票

| 候補者名 | 得票数 | 当落 | 備考 |
|---|---|---|---|
| 相原久美子 | 507,787 | 当選 | 自治労 |
| 吉川沙織 | 306,575 | 当選 | 情報労連 |
| 青木　愛 | 297,034 | 当選 | |
| 石井　一 | 292,272 | 当選 | |
| 池口修次 | 255,453 | 当選 | 自動車総連 |
| ツルネンマルテイ | 242,742 | 当選 | |
| 神本美恵子 | 224,999 | 当選 | 日教組 |
| 横峯良郎 | 211,828 | 当選 | |
| 藤原正司 | 194,074 | 当選 | 電力総連 |
| 川合孝典 | 171,084 | 当選 | UIゼンセン |
| 風間直樹 | 169,723 | 当選 | 立正佼成会 |
| 轟木利治 | 166,969 | 当選 | 基幹労連 |
| 大島九州男 | 153,779 | 当選 | 立正佼成会 |
| 西岡武夫 | 151,376 | 当選 | |
| 今野　東 | 111,453 | 当選 | |
| 藤原良信 | 110,126 | 当選 | |
| 藤谷光信 | 79,656 | 当選 | |
| 室井邦彦 | 72,544 | 当選 | |
| 大江康弘 | 68,973 | 当選 | |
| 山本孝史 | 67,612 | 当選 | |
| 大石尚子 | 59,719 | 落選 | |
| 広野允士 | 53,051 | 落選 | |
| 秦　知子 | 47,938 | 落選 | |
| 斎藤　勁 | 44,529 | 落選 | |
| 玉置一弥 | 43,291 | 落選 | |
| 樽井良和 | 39,928 | 落選 | |
| 木下　厚 | 39,046 | 落選 | |
| 三輪信昭 | 38,524 | 落選 | |
| 尾辻かな子 | 38,230 | 落選 | |
| 山村明嗣 | 34,396 | 落選 | |
| その他5名 | 132,195 | 落選 | |

**表4－4**　2010年参院選　民主比例候補の得票

| 候補者名 | 得票数 | 当落 | 備考 |
|---|---|---|---|
| 有田芳生 | 373, 834 | 当選 | |
| 谷　亮子 | 352, 594 | 当選 | |
| 直嶋正行 | 207, 821 | 当選 | 自動車総連 |
| 小林正夫 | 207, 227 | 当選 | 電力総連 |
| 柳澤光美 | 159, 325 | 当選 | UIゼンセン |
| 石橋通宏 | 150, 113 | 当選 | 情報労連 |
| 難波奨二 | 144, 782 | 当選 | JP 労組 |
| 津田弥太郎 | 143, 048 | 当選 | JAM |
| 那谷屋正義 | 139, 006 | 当選 | 日教組 |
| 江崎　孝 | 133, 248 | 当選 | 自治労 |
| 藤末健三 | 128, 511 | 当選 | 立正佼成会 |
| 加藤敏幸 | 120, 987 | 当選 | 電機連合 |
| 前田武志 | 118, 248 | 当選 | |
| 田城　郁 | 113, 468 | 当選 | JR 総連 |
| 白　眞勲 | 111, 376 | 当選 | 立正佼成会 |
| 西村正美 | 100, 932 | 当選 | |
| 八代英太 | 89, 740 | 落選 | |
| 安藤高夫 | 71, 346 | 落選 | |
| 喜納昌吉 | 70, 726 | 落選 | |
| 板倉一幸 | 70, 521 | 落選 | |
| 小寺弘之 | 68, 346 | 落選 | |
| 松岡　徹 | 68, 118 | 落選 | |
| 工藤堅太郎 | 66, 585 | 落選 | |
| 石井　茂 | 62, 905 | 落選 | |
| 田村耕太郎 | 60, 689 | 落選 | |
| 円より子 | 57, 009 | 落選 | |
| 池谷幸雄 | 54, 155 | 落選 | |
| 清水信次 | 52, 716 | 落選 | |
| 土田博和 | 52, 439 | 落選 | |
| その他16名 | 467, 141 | 落選 | |

つては衆院議員で栃木県選挙区選出の参院議員でもあった簗瀬進は五万票に止まり、得票は最下位当選者の三分の一程度であった。

二〇一三年参院選は民主党全体では比例区での得票を六年前の三分の一以下にまで減らす惨敗であったが、各候補者の得票を見ると、かなり堅調に得票をした労組系候補と、それ以外の非労組系候補とでは大きく明暗が分かれたと言える(6)。

**非労組系候補の敗北の背景を探る**

堅調だった労組系候補に比べ、惨敗を喫した非労組系候補であるが、その敗北の裏には、どのような事情があったのだろうか。もちろん、候補者によって事情は十人十色であろう。だが、非労組系候補者の得票状況や選挙運動の内実などを一名ずつ取り上げていくには膨大な作業を要するし、紙幅の都合からも不可能である。そこで、候補者それぞれに異なる事情を抱えていることを承知の上で、対象を一名に絞り、その対象について掘り下げた考察を行うこととしたい。

非労組系候補のうちで、過去に比例区に立候補した経験がある者は、大島九州男（おおしまくすお）、石井、ツルネンマルテイ、円より子（まどか）、樽井良和（たるいよしかず）であった。このうち立正佼成会推薦候補である大島と、供託金没収点に達しなかった候補を除くと、石井とツルネンの二名だけが残る。したがって、分析対象としては、この二名のうちのどちらかが妥当であろう。

**表4－5**　2013年参院選　民主比例候補の得票

| 候補者名 | 得票数 | 当落 | 備考 |
|---|---|---|---|
| 礒崎哲史 | 271,553 | 当選 | 自動車 |
| 浜野喜史 | 235,917 | 当選 | 電力総連 |
| 相原久美子 | 235,636 | 当選 | 自治労 |
| 大島九州男 | 191,167 | 当選 | 立正佼成会 |
| 神本美恵子 | 176,248 | 当選 | 日教組 |
| 吉川沙織 | 167,437 | 当選 | 情報労連 |
| 石上俊雄 | 152,121 | 当選 | 電機連合 |
| 川合孝典 | 138,830 | 落選 | UIゼンセン |
| 石井　一 | 123,355 | 落選 | |
| 定光克之 | 120,782 | 落選 | JP労組 |
| 轟木利治 | 103,996 | 落選 | 基幹労連 |
| ツルネンマルテイ | 82,858 | 落選 | |
| 鹿野道彦 | 82,404 | 落選 | |
| その他7名 | 224,748 | 落選 | |

両者を比較すると、二〇一三年参院選以前に比例区候補となった経験については、石井が民主党が大勝した二〇〇七年の一回のみであるのに対し、ツルネンは二〇〇一年と二〇〇七年の二回となっている。また、二〇〇七年の得票実績からの票の減り方ということで見ると、石井が二九万票から一二万票へと約四割強に減らしているのに対し、ツルネンは二四万票から八万票へと約三分の一に減らしている。減少した得票数としてはそれぞれ一七万票と一六万票ということで大差はない。前回からの変化の割合という点では、民主党全体の比例区得票の減り方により近いのは、ツルネンとなる。そこで、本章ではツ

ルネンを取り上げ、その敗北という結果の裏にどのような諸事情が存在していたのかを明らかにしていくこととする。

もちろん、ツルネンは西洋出身の帰化人としてわが国初の国会議員となった人物であり、異色の政治家である。しかし、いわゆるタレント議員がかつての参院全国区から出てきたことに象徴されるように[7]、全国を一区とする選挙区で自らの名前を投票用紙に書いてもらうべく選挙運動を展開する候補者は、何らかの意味で地方議員や衆院議員、あるいは都道府県単位の選挙区から選出される参院議員とは異なる性質を持つ者が多い。選挙区選挙と異なり、同一政党から数十人の候補者が立候補する参院比例区の選挙では、自分の存在を周知させることが重要となる。だからこそ、タレント候補など、自らの存在感を効果的に伝達できる候補がこれまで上位で当選してきた。二〇一三年参院選は民主党が敗北した選挙であり、七議席という限られた比例区の獲得議席をめぐって熾烈な争いが展開されたが、先に見たように労組系候補は堅調な得票を獲得した。もし非労組系候補で当選を目指すとすれば、普通ではない特別な属性や行動が必要となる。たとえば、石井は過去の大臣経験に加え、当時、参院予算委員長を務めており、国会中継やニュース番組で絶えず露出できるという特別な立場にあった。

このような観点から、本章では、元西洋人というツルネンの属性を特別視して分析対象から排除するのではなく、前に述べたように、第一に供託金没収点を上回る得票をしたこと、第二に二〇一三年参院選より前に二回にわたって比例区に出馬した経験があること、第三に前回の六年前の参院選での得票からの変化の仕方が民主党全体の比例区得票の変化の仕方と似ていることを理由に、ツルネンを主要な分析対象として取り上げる。

## 2　ツルネンの経歴と過去の得票構造

### ツルネンの経歴

ツルネンは、一九四〇年四月三〇日、フィンランド北カレリア地方の農家に生まれた。日本には宣教師として来日するが[8]、やがて宣教師を辞め、長野県安曇村に住んだ。そこで日本文学をフィンランド語に翻訳する仕事をしつつ、英会話塾を経営した[9]。一九七九年、帰化申請が認められ、「弦念丸呈」と名乗り、日本人として生きていくこととなった[10]。

その後、一九八一年には、神奈川県湯河原町に移り住んだ。奉仕活動としてカウンセリングをする傍らで、英語塾も経営した[11]。一九九一年、湯河原町に初の革新系町長が誕生するのを見たツルネンは、湯河原が変化を求めていると感じ、翌年三月に行われる湯河原町議選に立候補する決意をした。なお、このときは、まさか自分が元西洋人として政治家を目指す初めてのケースになると思っていなかったという[12]。

ツルネンは選挙運動中に町内の行く先々で多くの報道陣に囲まれた[13]。町議選のあともツルネンは元西洋人として初の政治家として全国各地で講演を行ったり、時折メディアに登場したりすることもあった。また、自らの体験談などを元にした著書も何冊か出版した。そのため、ツルネンは町議という地方政治家であると同時に、「準著名人」という存在となった。そんなツルネンが国政を目指すようになったのは、一地方議員では日本の政治や社会を変えるのに限界があると感じたからである。

### ツルネンの国政選挙への挑戦

ツルネンの国政選挙での挑戦は、一九九五年参院選に始まり、一九九八年参院選、二〇〇〇年衆院選を経て、繰上当選を果たした二〇〇一年参院選までで四回を数える。

最初の二回は無所属で神奈川県選挙区から立候補して四位となり、次点だった。一九九五年はさきがけの公認を得ようとしたが得られず、一九九八年は民主党から公認を得ようとして失敗した[14]。

二〇〇〇年衆院選では、民主党の公認を得て地元湯河原町のある神奈川一七区から立候補し、自民党現職の河野洋平と戦い、次点となった。ただし、次点とは言っても、河野が一四万票に対してツルネンは八万票で、新人として臨んだ四回の選挙の中では最も当選に遠い選挙であった。なお、神奈川一七区は小田原市、秦野市、南足柄市の三市と、足柄上郡と足柄下郡に属する八町から構成され、神奈川県の中では最も農村的で保守的と言われる選挙区であった。そのため、あえて自宅湯河原の属する一七区から立候補するのではなく、横浜などの都市部の選挙区から無党派層を狙って立候補することも検討されたが、都市部の選挙区では公認争いの激化が予想されたので、再び公認争いとなることを避けるという意味からも神奈川一七区からの立候補を決断した[15]。

四度目の国政挑戦となった二〇〇一年参院選では、二〇〇〇年衆院選での落選の数カ月後から本格的に立候補の準備が始まった。民主党の第一次公認としていち早く公認され[16]、活動を展開した。結果、一五万九六五三票を集めて民主党内で九位となるが、民主党の獲得議席が八議席に止まったために、またも次点となった。

### 参院比例区でのツルネンの得票状況

二〇〇一年参院選は惜敗となったが、約半年後に大橋が議員辞職したため、ツルネンは繰上当選となった。その後、二〇〇七年と二〇一三年には現職として参院選に臨み、民主党の比例区候補として立候補した。表4－6は、これら三回の参院選におけるツルネンの都道府県別の得票状況である。

神奈川県を除く四六都道府県で、得票のピークは二〇〇七年となっており、二〇〇七年から二〇一三年にかけては全ての都道府県で得票を減らした。全国的には二〇〇七年の得票の三四・一％まで低下しており、ツルネンにとっての最大の票田である神奈川県では二〇〇七年の二九・一％、次いで得票が多い東京都では二七・九％にまで低下した。このように、全国的に見ても、神奈川県や東京都のような票田としている地域においても、ツルネンの得票は激減した。

**表4－6**　参院比例区でのツルネンの得票状況

| 都道府県 | 2001 | 2007 | 2013 |
|---|---|---|---|
| 北海道 | 2,006 | 4,581 | 1,634 |
| 青森県 | 290 | 1,033 | 318 |
| 岩手県 | 271 | 954 | 357 |
| 宮城県 | 915 | 2,137 | 1,038 |
| 秋田県 | 248 | 735 | 218 |
| 山形県 | 300 | 1,017 | 312 |
| 福島県 | 547 | 2,354 | 938 |
| 茨城県 | 1,613 | 3,316 | 1,021 |
| 栃木県 | 1,065 | 1,851 | 473 |
| 群馬県 | 876 | 1,580 | 741 |
| 埼玉県 | 6,730 | 11,717 | 4,451 |
| 千葉県 | 6,643 | 10,808 | 4,335 |
| 東京都 | 25,370 | 43,395 | 12,118 |
| 神奈川県 | 86,403 | 82,981 | 24,119 |
| 新潟県 | 618 | 1,669 | 693 |
| 富山県 | 304 | 589 | 204 |
| 石川県 | 466 | 920 | 411 |
| 福井県 | 190 | 771 | 268 |
| 山梨県 | 538 | 1,060 | 505 |
| 長野県 | 997 | 1,604 | 846 |
| 岐阜県 | 1,014 | 5,218 | 2,441 |
| 静岡県 | 2,907 | 7,703 | 3,274 |
| 愛知県 | 4,364 | 14,013 | 8,769 |
| 三重県 | 784 | 2,537 | 1,108 |
| 滋賀県 | 467 | 1,229 | 341 |
| 京都府 | 1,154 | 2,130 | 1,003 |
| 大阪府 | 2,971 | 6,484 | 2,324 |
| 兵庫県 | 2,199 | 5,347 | 1,834 |
| 奈良県 | 526 | 1,267 | 307 |
| 和歌山県 | 174 | 438 | 152 |
| 鳥取県 | 113 | 500 | 439 |
| 島根県 | 135 | 502 | 134 |
| 岡山県 | 687 | 1,301 | 539 |
| 広島県 | 750 | 2,563 | 761 |
| 山口県 | 455 | 1,232 | 402 |
| 徳島県 | 268 | 1,078 | 192 |
| 香川県 | 277 | 1,453 | 306 |
| 愛媛県 | 406 | 1,525 | 305 |
| 高知県 | 159 | 704 | 167 |
| 福岡県 | 1,616 | 4,583 | 1,159 |
| 佐賀県 | 160 | 684 | 184 |
| 長崎県 | 280 | 955 | 286 |
| 熊本県 | 511 | 1,155 | 319 |
| 大分県 | 304 | 953 | 281 |
| 宮崎県 | 188 | 538 | 175 |
| 鹿児島県 | 266 | 948 | 337 |
| 沖縄県 | 128 | 628 | 319 |
| 合　計 | 159,653 | 242,740 | 82,858 |

前に述べたように、非労組系候補で二〇〇七年参院選と二〇一三年参院選の二回にわたって比例区に民主党から立候補している者としては石井がいるが、石井の場合は、全国的には二〇〇七年の得票の四二・二％まで低下し、地元の兵庫県では三五・九％にまで減らした。得票の減少率はツルネンのほうが少し大きいが、どちらの候補の場合でも、全国的にも、そして票田とする地元都道府県においても、得票を激減させたわけである。

ところで、二〇一三年参院選比例区における各候補の都道府県別の得票状況に関しては、全国が選挙区となる比例区候補であるにもかかわらず、六六名もの候補が特定の地域のみで集中的に選挙運動を展開する「ご当地候補」であったと評されている[17]。ひるがえって、ツルネンと石井の両候補の得票状況はと言えば、地元都道府県での得票の減少率のほうが全国的な得票の減少率よりもやや大きくなっている点で共通している。すなわち、「地元は固めたが、全国に浸透できなかった」というわけではなく、「地元が固められなかった」のである。それでは、ツルネンにとっての地元である神奈川県において、ツルネン陣営はどのような態勢で運動を展開し、前述のような得票数の激減という結果を招いたのであろうか。この点については、次節で見ていくこととする。

## 3　崩壊した票田——神奈川県の地域事情

### ツルネンと民主党神奈川県連の関係

ツルネンが所属した民主党神奈川県連には、労組系の議員が多数所属している。このことは、京浜工業地帯を抱える神奈川県の地理的環境を考えれば当然と言える[18]。二〇一一年の県議選では、連合神奈川は民主党公認候補の四分の三近くの候補を推薦した。組織内候補に限っても、連合神奈川は県議選と市町村議選を合わせると五〇人以上の推薦候補を抱えていた[19]。国政レベルでは、参院比例区選出で電機連合の支援を受けた若林秀樹と石上俊雄、同じく参院比例区選出で日教組の支援を受けた那谷屋正義が神奈川県連に属した[20]。

　このように、労組系の議員も多い神奈川県連であるが、ツルネンと県連との関係について、ここで概観しておくこととする。

　二〇〇一年参院選の際は、比例区選挙について、神奈川県連はツルネンに対する支援を組織的に行った。また、選挙区選挙においても、千葉景子と浅尾慶一郎の二名を擁立した一九九八年参院選とは異なり、小泉旋風の中で、民主党は候補者を斎藤勁に一本化し、確実に一議席を確保するという選挙が展開されていた。ツルネンの選挙事務所は県連事務所が入居するビルの上階に設置されたが、このことは、県連がツルネンの選挙を大々的に支援していることを示す象徴的な出来事であった[21]。後に神奈川県知事となる松沢成文が選対事務局長となり[22]、無所属でありながらも民主党系会派に属し、後に横浜市長となる中田宏がツルネン選対の中核に入るなど、県下選出の衆院議員による支援体制も充実していた。このような形で選挙に臨んだ二〇〇一年には、ツルネンは神奈川県で八万六四〇三票を獲得した。これは一五万九六五三票という得票全体の五割超を占めるものであった。

　二〇〇七年参院選においては、二〇〇一年参院選のような県連による大々的な支援はなかった。神奈川は二〇〇五年の郵政選挙では小泉首相のお膝元ということで民主党が小選挙区で全敗した県であるが、二〇〇七年参院選公示日の時点で、繰上当選も含めて比例復活を果たしていた衆院議員はわずか三名であった。多くの衆院総支部長は落選中で、参院選を戦う態勢として脆弱であるのにもかかわらず、神奈川県選挙区では牧山弘恵と水戸将史という二名の新人候補が擁立された。さらに、二〇〇五年の郵政選挙の際に参院議員を辞して神奈川一一区で小泉首相に挑んで敗れた斎藤、そして郵政選挙の際に衆院議員の地位を失った大石尚子（おおいしひさこ）が比例区から出馬することとなった。このため、神奈川県連は、選挙区で二名、比例区でツルネンを含めて三名の候補を抱えることになった。当然、県連は二〇〇一年の時のようにツルネンを支援する態勢を築くことはなく、ツルネン陣営は自前で選対を築いて選挙戦を戦うことになった。県連からの支援体制がないことと、斎藤や大石といった同じ神奈川県を地元とする候補者の登場で、当時のツルネン陣営は、神奈川への得票依存を弱めることを企図した。地元の神奈川で大量得票することは選挙戦略上の重要目標として維持しながらも、二〇〇一年と同じだけの得票はできないことを想定し、他県での得票を上積みする戦略を採用した。具体的には、隣接する東京都内での活動を強化したり、選挙戦の数日間を中国・四国地方での運動に割り当てたりした[23]。

二〇〇七年参院選では、第一次安部内閣の相次ぐ閣僚辞任問題や消えた年金問題で、自民党に逆風が吹き、民主党に大勝をもたらした。これに伴って、ツルネンも得票を一五万九六五三票から二四万二七四二票へと増大させた。先に見たように、都道府県別の内訳を見ると、神奈川県のみが得票減となっており、その他の四六都道府県の全てで増加となった。しかし、この二〇〇七年参院選における成功こそが、二〇一三年参院選における神奈川県内での予想以上の苦戦の原因の一つとなった側面もある。すなわち、大々的な県連の支援がないなどの悪条件の中でも、県内得票を八万六四〇三票から八万二九八一票へという微減に止めることができたことが、二〇一三年参院選における県内得票に関する甘い見通しを持つことに繋がったという部分があった[24]。

もちろん、こうした神奈川県連とツルネンをめぐる状況の変化は、単にツルネン選対の得票予測を誤らせただけではなかった。選挙予測の中には、民主党は比例区で五議席しか取れないとするものもあったため[25]、二〇一三年参院選は主要な労組系候補といえども当選を楽観視できない情勢であった。したがって、県連としても、石上候補は当選確実とみなし、ツルネンを当選圏内に浮揚させるために注力するという戦略を取ることはできない政治環境にあったと言える。実際、石上の当選順位は七位だったが、民主党の獲得議席は七に止まったので、石上も辛うじて当選を勝ち取ったのであった。また、選挙区選挙に目を転じても、二〇一三年の状況は二〇〇一年や二〇〇七年と比較して非常に厳しい状況であった。二〇一三年参院選より、神奈川県選挙区の定数は三から四に増加し、その意味では、自民党だけでなく公明党やみんなの党の後塵を拝することになっても、候補者を一名に絞れば確実に当選を勝ち取れるはずの選挙区である。しかし、現実の選挙結果は、自民党、公明党、みんなの党の後塵を拝しただけでなく、次点の共産党候補にわずか一万六〇〇〇票差にまで迫られるという大接戦であり、神奈川県連としても、選挙区の牧山候補を当選させることで精一杯という状況であったと言える。

## みんなの党の台頭

いうまでもなく、みんなの党の初代党首である渡辺喜美（わたなべよしみ）は栃木県の選出議員であるが、幹事長だった江田憲司（えだけんじ）と二〇一四年四月に第二代党首となった浅尾という二名の有力議員は、神奈川県の選出議員である。また、結党当初から参加している山内康一（やまうちこういち）も、みんなの党の結党以降は衆院比例北関東ブロックの選出となっているが、二〇〇五年の郵政選挙の際には神奈川九区で自民党から立候補し当選していた。

地方議員のレベルでは、二〇一一年統一地方選の際には全国一六の政令市で市議選が行われ、みんなの党は四〇名の当選者を出したが、そのうち横浜市議が一三名、川崎市議が六名、相模原市議が四名となっており、過半数が神奈川県内で占められている。また、二〇一一年統一地方選の際に行われた四一道府県議選では、みんなの党は四一名の当選者を出しているが、栃木県の一三名を上回って神奈川県では一五名の当選者を出している。ちなみに、千葉県で四名と複数の当選者が出ているが、その他は九府県で一名ずつ当選者が出ているのみである。このように、神奈川県はみんなの党の拠点と言える地域となっていた。

二〇一一年統一地方選における県内のみんなの党の当選者は、全てが新たに地方選挙に参入してきたわけではなく、かつては民主党に所属していた者たちもいる。二〇一一年県議選のみんなの党の当選者を見ると、一五名のうち三名が四年前には民主党から県議選に出馬していた。

神奈川県内におけるみんなの党の勢力の台頭は、ツルネンの選挙にも影響を及ぼすこととなった。二〇〇七年参院選の際、ツルネンの選対委員だった地方議員で、二〇一三年参院選の際にも現職の地方議員だった者は九名いた。このうち、二〇一三年参院選までの間に民主党を離れてみんなの党に所属政党を変更した議員が二名いたのである[26]。このように、神奈川県内の地方議員の一部が民主党からみんなの党へと所属を変えたことは、ツルネンが票田である神奈川県で活動を展開していく上で障害となっていた。

### 衆院選・地方選における候補者調整の不調

前節で述べた通り、一九九五年と一九九八年の参院選において、ツルネンは党内の公認争いに敗れて無所属で出馬することとなった。二〇〇一年参院選以降は、比例区からの出馬ということもあり、公認問題に悩まされることはなくなった。しかし、二〇一三年参院選におけるツルネン陣営の選挙は、ツルネン自身が政党本部ないし県連などの地方組織による候補者調整の動きに翻弄されることはなかったものの、民主党内で複数の政治家たちが公認を争うという動きは、ツルネンの選挙に深刻な影響を及ぼした。

ここでは二つの例を中心に、そのあたりの事情を描写する。一つは、衆院神奈川四区である。神奈川四区では二〇〇三年衆院選において大石が当選したが、二〇〇五年衆院選には落選。その後、落選中の大石が二〇〇七年参院選に比例区から立候補し、繰上当選したことは前に述べた通りである。大石の参院議員への転出によって神奈川四区の候補者は空白となったわけだが、ここでの出馬を希望していた者は二名いた。一名は、元逗子市長の長島一由（ながしまかずよし）であり、もう一名は一九九八年と二〇〇四年の参院選で神奈川県選挙区から当選した参院議員の浅尾である。[27] 結局は長島が二〇〇九年衆院選に民主党公認を得て出馬することとなったが、浅尾は不服だった。[28] そして、浅尾は参院議員を任期途中で辞し、民主党を離党してみんなの党に入党、神奈川四区から長島の対立候補として立候補した。政党本部や県連の裁定が不適切であったのか、浅尾の離党という行動が不適切であったのかという価値判断はともかく、結果的には、神奈川四区の候補者調整は不調に終わったわけである。だが、民主党にとって幸いだったのは、二〇〇九年衆院選が追い風の選挙であったということもあり、浅尾の出馬という事態に直面しても、長島が小選挙区で得票一位を獲得して当選を果たしたことであった。

他方、浅尾も比例復活を果たして衆院議員となり、みんなの党の幹部議員となった。この後、浅尾の系列下にいた民主党の地方議員がみんなの党へと所属を変更したが、それは神奈川県内で多数のみんなの党所属の地方議員を生み出す一つの契機となったと言える。

地方議会選のレベルで、民主党系の候補が、無所属またはその他の党に所属を変えて立候補したという例については、ここでは横浜市中区の例を挙げる。横浜市議選の中区選挙区の定数は四で、二〇〇七年と二〇一一年の市議選では、そのうち自民が二議席、公明が一議席を獲得している。残りの議席は、二〇〇七年については、民主党の新人武松昭男（たけまつあきお）とネットワーク横浜の新人串田久子（くしだひさこ）が争い、串田が勝利した。[29] 当選後、串田は民主党系会派に入ったが、次の二〇一一年市議選を前に離党した。その背景には、共倒れを恐れず積極的に複数の候補者を擁立しようという考えと、共倒れを避けようという考えとの間の隔たりがあったとされている。[30] 結局、民主党からは新人の坂田潤が出馬し、串田はみんなの党へ入党して二〇一一年市議選を戦うことになった。結果は串田が議席を守って民主党の坂田が議席獲得に失敗することとなった。

ちなみに、串田は、ツルネンの後援会「ツルの会」の理事で、ツルネンが無所属で神奈川県選挙区に出馬していた頃から長年の付き合いがあった[31]。すなわち、ツルネンの後援会組織内の身近なところでも、候補者調整の不調による民主党から他党への人材流出という問題が顕在化していたのである。

### 衆院選・地方選における敗北

衆院選では参院議員が応援に入り、参院選では衆院議員が応援に入る。国政選挙では常に見られる光景であるが、二〇一二年衆院選での民主党の政権転落は、二〇一三年参院選でのツルネンの選挙にも影響を及ぼした。ツルネンが二〇一三年参院選での公認内定を得たのは二〇一二年九月であったが、この時点で、神奈川県下一八選挙区のうち一七選挙区に現職の衆院議員が存在した。このうち、長島は政界引退、岡本英子、山崎誠、樋高剛の三名が二〇一二年衆院選の直前に結成された日本未来の党へ所属を変えた後に落選した。民主党に残って二〇一二年衆院選に出馬した一三名のうち、比例復活も含めて当選を果たしたのは、笠浩史と後藤祐一のわずか二名であった。

他方、地方選でも、神奈川県下の民主党は厳しい戦いを強いられていた。二〇一一年統一地方選では、四年前と比較して、県議会は三〇議席から二九議席へ、横浜市会は二八議席から一七議席へ、川崎市議会は一八議席から一四議席へと減少した。三つの政令市では唯一、相模原市議会が八議席から九議席へと増加した。現職にとってもけっして楽な戦いではなく、県議選に立候補した民主党現職二五名のうち九名が落選、横浜・川崎・相模原の三つの政令市議選に立候補した民主党現職四一名のうち一三名が落選した。

こうした落選議員の中には、二〇〇七年参院選においてツルネン陣営の選対委員だった者も含まれていた。まず、横浜市議については、二〇〇七年参院選時に三名だった選対委員のうち、一名が離党、一名が落選となり、二〇一三年参院選時にも現職として選対委員となったのは一名だけであった。川崎市議についても同様で、二〇〇七年に二名だった選対委員のうち、一名が落選となり、半減となった。相模原市議についても同様で、二名だった選対委員のうち一名が落選した。その他の市町村においては、三名のうち一名が離党した。なお、県議については、二〇〇七年参院選時に現職だった選対委員は四名であった。このうち、落選によって失われた議席はないが、一名がみんなの党に入党し、一名が離党して無所属となっていたので、二〇一三年参院選時にも現職として選対委員となったのは二名と半減した[32]。

このような形で、地元神奈川においてツルネン陣営を支える衆院議員・地方議員の数は減少し、選対の足腰は弱くなっていたのであった。

## 4　脱「地域」の試み――全国展開とネット選挙

### 全国展開への試み

前述のように、二〇〇一年から二〇〇七年にかけて、ツルネンは神奈川県を除く全ての都道府県で得票を増加させた。つまり、神奈川で集中的に得票する候補から全国展開できる候補への転換がある程度成功しつつあったと捉えることができる。ただし、それは単に民主党の比例区得票全体が増加したことを主因とするものであって、表面上の現象でしかないのかもしれない。しかし、少なくとも、選対内部でツルネンも全国展開型の候補になったのだという「自信」が醸成されてもおかしくないような事象は起こっていた。

二〇〇七年参院選におけるツルネンの神奈川県内での得票は、二〇〇一年の時と同様、他の民主党比例区候補を圧倒するものであった。ツルネンの得票が八万二九八一票に対して、二番目に多かった相原(あいはら)久美子(くみこ)の得票は二万二四九七票、三番目の大石の得票は二万一三〇五票であった。

他方、隣の東京都における二〇〇七年のツルネンの得票は四万三三九五票であったが、これは民主党の比例区候補者三五名中最多得票であった。もちろん、神奈川のように他候補を圧倒するほどの得票だったわけではなく、二番目の相原が四万二二二九票、三番目の青木愛(あおきあい)が二万八四八三票と、その差はさほど大きくはない。だが、地元神奈川以外で党内首位の得票を獲得し、その票数が神奈川での得票八万二九八一票の五割を超えるものであったこと、またそれが首都東京であったということは、当時のツルネン選対としては大いに注目すべきことであった(33)。人が集まる東京には、参院比例区の候補の街頭活動が集中しやすい傾向にある。それは、どう考えても一七日間の選挙戦では全国を隈なく回るということは不可能であり、それならば効率的に大勢の有権者に露出できる大都市で街頭活動を展開しようという考えが働くからである。また、山手線内のターミナル駅は東京都民のみならず神奈川・千葉・埼玉からの通勤客も多数利用しており、それは東京都選挙区の候補にとっては自分に投票してくれる可能性のない有権者も多数利用する駅というように映るが、比例区の候補にとっては、そうしたことを気にする必要はない。

過去には、各党で上位当選をした比例区候補者たちが、東京都内で大量の得票を得てきた。二〇〇一年参院選では、公明党の地域重点候補である遠山清彦(とおやまきよひこ)の五五万票に次ぐ得票を東京都内で得たのは、自民党の舛添要一（三一万票）であった。二〇〇四年は、最多得票が公明党の地域重点候補である浜四津(はまよつ)敏子(としこ)の五八万票で、二番目は自民党の竹中平蔵（一四万票）であった。そして、二〇〇七年は、公明党の地域重点候補の遠山の三六万票に次ぐ得票は自民党の舛添で九万票、三番目が新党日本の田中康夫で七万票、四番目が自民党の中山恭子で六万票だった。二〇〇七年のツルネンの東京都内での得票は全政党の中では八番目と上位一〇人の中に食い込み、民主党内では首位だった。このため、神奈川で集中的に得票する候補から全国展開できる候補への転換が成功しつつあるという認識が生じてもおかしくはない環境にあったのである[34]。

そうした中、前に述べたような神奈川県内におけるみんなの党の台頭や衆院議員・地方議員の減少という事態に直面したことで、ツルネン陣営は二〇〇七年以上に全国展開型の活動を強化していくこととなった。

ツルネンが二〇一三年参院選を意識して街頭活動を開始したのは二〇一二年九月からであるが、それから公示日前日までの間に二二一回の街頭活動が実施された。その回数を都道府県別に集計すると、神奈川県が一三六回、東京都が四七回、千葉県が一〇回、埼玉県が一一回、その他が一七回であった。二〇〇七年の街頭活動の実施状況は、公示前に行われた一六三回の街頭活動のうち、神奈川県が一二六回、東京都が三一回、千葉県が三回、埼玉県が三回で、その他の道府県では街頭活動を実施しなかった。このように、公示前の活動の時点から、ツルネン陣営は全国展開を意識した街頭活動を展開していた。選挙期間中については、さらに全国展開が加速した。二〇〇七年、ツルネンは選挙運動期間中のうち一〇日間を神奈川県、四日間を東京都、三日間を他県で費やした。二〇一三年、ツルネンは六日間を神奈川県、三日間を東京都、八日間を他府県で費やした。参院比例区候補者は二台の選挙運動用自動車を使用することができるが、その二台の自動車が選挙運動を展開した地域は、二〇〇七年の六都県から二〇一三年には二五都府県にまで広がっていた[35]。

## ネット選挙

二〇一三年参院選は、ネット選挙運動が初めて解禁された選挙として話題を呼んだ。頼りの票田・神奈川での活動の展開が困難に直面する中、ツルネン陣営にとっては、この話題となっているネット選挙の波に乗りたいという思いがあった。もちろん、ネット選挙解禁がマスメディアで話題になっているほどには有権者の投票行動を規定しない可能性については、ツルネン陣営としても認識していた。しかし、安倍内閣と自民党の支持率は高止まりで推移し、民主党への逆風も止まず、前年末の衆院選惨敗からの「振り子」現象が起きそうもないことが確信されるにつれて、逆転の可能性があるとしたら、投票日直前に有権者のネット選挙への関心が高まることを期待するくらいしかないという声がツルネン陣営の一部にあったという[36]。

選挙運動の方法論の観点から見た場合、参院比例区の選挙はネット重視となりやすい側面がある。公選はがきや法定ビラといった紙媒体は配布枚数や配布方法に制限があり、また選挙運動に使用可能な拡声器の台数にも規定があり、音声を通じて選挙運動をするという方法についても物理的制約が課せられている。いうまでもなく、インターネットはそうした制約を乗り越えるものであり、日本全国を選挙区とする参院比例区の候補者にとっては、その意味するところは大きいと言える。

それでは、ツルネン陣営のネット選挙は、どのように展開されたのであろうか。ここではその一端についてのみ言及するに止めるが、一つには、全国展開型の街頭活動との連動ということが配慮された。前に述べたように、二〇一三年参院選では、ツルネンの街頭活動は、過去に比べて神奈川県外での活動量が増加していた。神奈川県外でのツルネンの認知度は県内よりも低いと想定されたが、そうした認知度の低さを補強するため、街頭活動でツルネンを見かけた有権者がPCや携帯電話等で「ツルネン」という用語で検索してアクセスした際に、有権者の印象に残るようなウェブサイトを構築することが企図された[37]。

ただ、一方では、全国展開型の街頭活動の重視という選択肢は、ネット選挙解禁によって生じる状況変化を想定して消去法的に選択されたという側面も一部にはある。というのは、ネット選挙解禁によって、候補者の街頭活動が具体的にどこで展開されているのかをネットを通じて告知することが可能となったからである[38]。ネット選挙解禁を意識して、多くの陣営が「今どこで活動している」「明日はここで活動予定」といった情報を頻繁にアップロードすることが想定された[39]。すなわち、かつては地域集中型の候補が特定の地域のみで街頭活動を展開していたとしても、その当該地域外に居住する有権者たちはそのことを知る由がなかった。しかし、ネット選挙解禁で、当該地域外に居住する有権者がそうした活動状況をウェブサイト上の情報を通じて知ることができるようになった。ツルネンの場合、もし神奈川に街頭活動を集中させれば、「神奈川のご当地候補」と受け取られてしまうおそれがある。これを避けるためには、神奈川県以外のできるだけ多くの地域で活動を展開したという実績をウェブサイトに掲載していくことが一つの解決策となるという考えが陣営の一部にあったとのことである[40]。このような形で、前節の全国展開型の街頭活動へのシフトとネット選挙とは連動していた。

具体的にツルネンのネット選挙が成功したのか否かという点については、落選という現実、あるいは得票を三分の一に減らしたという選挙結果を考えれば、成功したとは言い難い。だが、民主党の他候補のネット選挙運動との相対的な比較という意味では、ツルネン陣営のネット選挙はある程度話題作りに貢献したと言える側面もある。選挙公示日、ツルネン陣営は、ツイッター（Twitter）を利用し、朝から夜までリアルタイムで文章および動画をアップし続けた。その結果、ツルネン陣営は公示日に三一回のアップロードを行い、ツイッターのアカウントの開設が確認された選挙区及び比例区の候補者二八二名のうちで最多のアップロード数となった[41]。七月一一日、ニコニコ生放送が主催する「ネット応援演説会

@ニコファーレ」が六本木で開催され、各党から一三名の候補者が選抜されて参加の招待を受けたが、民主党からは、東京都選挙区の鈴木寛候補と共にツルネンが招待され、出演した。[42] ネットに情報が流れるということを意識した街頭活動としては、浜岡原発のある静岡県御前崎市での菅直人との合同街頭活動[43]が挙げられる。人口密集地ではない御前崎市で街頭活動を行うというのは、選挙カーを肉眼で目撃する有権者の数は多くないということを意味するわけであるが、そうした活動をウェブサイトに掲載することによって生まれる副次的な効果が期待されたわけである。[44]

このように、民主党の候補の中では、比較的にネットを通して情報発信しようとしている候補であるということについては、一部のネットメディアの関係者にはある程度認知されていたようである。しかし、二〇一三年参院選では、基本的な状況として民主党に逆風があった。なお、全体として、ツイッターのフォロワーは同じ政党の複数の候補者をフォローする傾向が見られるが、参院選の公示が目前に迫る状況において、民主党の候補予定者のソーシャルメディアでの発信力は他党の候補予定者と比べて後れをとっていた。[45] したがって、他の民主党候補のフォロワーがツルネン陣営のフォロワーになるということは期待しづらい状況にあったと言える。実際、ウェブサイトのアクセス数やソーシャルメディアのフォロワー数などについては、ツルネン陣営の期待通りには増えなかったという。[46]

## 5　参院比例区候補者と政党の候補者擁立戦略

小選挙区制を採用する衆院では、当然ながら、同一政党で同一選挙区から立候補する者は一名に絞らなければならない。複数定員の参院選や地方選においては、必ずしも一名に絞る必要はないが、複数擁立によって共倒れが危惧される場合には一名に絞らなければならない。複数擁立をすることとなった場合には、各候補の票割りをどうするかという課題が生じるが、これに加えて、地方選の場合には、定数が大きい選挙区においては、複数擁立とは具体的に何人の擁立とするのかということを適切に判断しなければならない。

こうした候補者調整の必要が生じるのは、参院選の選挙区や地方選が、どちらも単記非移譲投票制(Single Non-Transferable Vote) を採用しているからである。単記投票とは、文字通り、複数ではなく単一の人名ないし政党名を記入するという投票方式である。非移譲とは、移譲式ではないという意味である。移譲式とは、簡単に言えば、たとえば定数一〇人のところに同一政党から四名の候補者が立候補していて、四名の得票を合算すると二名が当選できるだけの得票を得ているにもかかわらず、そのうち一名が大量に得票をし、他の三名の得票が極端に少なかったという場合、大量得票した候補の票の一部および当選の見込みのない得票の少ない候補の票を当落線上の候補に移譲させ、そうした候補も当選させるという制度である。非移譲式では、こうした票の移譲は行わない。

単記非移譲という投票方式は、日本の選挙ではあまりにも当たり前なこととなっているが、参院比例区の非拘束名簿式比例代表という制度は、単記移譲式投票制 (Single Transferable Vote) に他ならない。したがって、政党本部の立場からすれば、前に述べたような候補者調整をする必要性はなくなる。実際、二〇一〇年参院選では、民主党は定数いっぱいの四八名の候補者を擁立している。

このように、本来は候補者調整とは無縁であるはずの参院比例区の選挙である。けれども、二〇一三年参院選におけるツルネン陣営の選挙は、政党本部ないし県連などの地方組織による候補者調整が十分に機能しなかったことによる影響を受けることとなった。

全国を一区とする参院選においては、候補者が自前の後援会組織を動員するのみでは、選挙戦を展開することが困難である。このため労組の産別組織のような強力な支持団体を持たない候補にとっては、県連や党内の衆院議員・地方議員の協力を得ることが重要となる。これまで見てきたように、ツルネンの選挙は、衆院選や地方選における候補者調整の成否に影響を受けていた。すなわち、衆院選や地方選における民主党本部ないし神奈川県連による候補者調整の結果、自らの意向と相容れない行動を強いられた衆院選・地方選の候補者たちが離党などの行動に出ることによって、参院比例区候補者の支援態勢の弱体化が生じるということである。

ツルネン陣営は、地元神奈川におけるみんなの党の台頭や衆院選での惨敗という事態を受けて、運動の全国展開を模索した。衆院議員などから参院比例区に鞍替え立候補した候補者たちが「ご当地候補」と揶揄される中、全国の都道府県から得票を得ることを目指した活動を展開した。具体的には、過去の選挙で活動を展開していなかった府県での活動日数を増やし、物理的空間に縛られないネット選挙にも着手した。選挙結果としては、地元神奈川の得票の減少率と比較すると、だいぶ健闘をしたと言える府県もあった。しかし、全ての都道府県において得票は増やすどころか維持することもできず、こうした選挙戦略の採用がツルネンを勝利に導くことはなかった。一言でいえば、ツルネンは「地域」の「ご当地候補」から脱し、「全国」を対象とする比例区の候補者として選挙運動を広範囲にわたって展開しようと試みたものの、結果的には、地元の票田神奈川における前述のような地域事情の制約を大きく受けることとなった。すなわち、ツルネンの選挙は、比例区候補であったとしても、特定の地域における政治情勢によってその当落が大きく左右されるということを示す一つの例であると言える。

## 注

（1）『朝日新聞』二〇一二年一二月一七日夕刊。
（2）ここでは、具体的には、二〇一二年衆院選においては日本未来の党、二〇一三年参院選においては生活の党の得票を指す。
(3) 繰上当選は除く。
(4) 電機連合については、二〇〇七年参院選では候補者擁立を見送った。これは、二〇〇一年参院選で電機連合の候補者として当選した現職の若林秀樹が、選挙直前に出馬を辞退したためである。
(5) たとえば、二〇〇一年参院選では、民主党の佐藤道夫のほか、自由と希望の白川勝彦が立正佼成会の支援を受けた。
(6) 『朝日新聞』二〇一三年七月二二日夕刊。ここに挙げたように、主要メディアの中には、全体的に組織票をバックにした候補が有利な戦いをし、有名人候補はほぼ姿を消したと評するものもある。
(7) 最初のタレント議員は、一九六二年参院選全国区で一一六万票を獲得してトップ当選した藤原あきとされる。
(8) 弦念丸呈『日本人になりたい　青い目の私が政治家を志した理由』祥伝社、一九九三年、五二～六一頁。
(9) 同前、一三四～一三八頁。
(10) 同前、一四六～一四七頁。
(11) 同前、一五三～一六三頁。
(12) 同前、一一三～一一八頁。
(13) 同前、二九～三六頁。
(14) なお、一九九五年参院選と一九九八年参院選への挑戦については、選挙戦の模様は新聞で数多く取り上げられ、前述の通りツルネンの自伝にも記述があるが、ツルネンと元記者の支援者の共著によるジャーナリスト的観察に詳細な記述がある。ツルネンマルテイ・加藤隆『日本人ツルネンマルテイ』ミオシン出版、一九九九年。
(15) ツルネンマルテイ事務所関係者へのインタビュー。
(16) 『朝日新聞』二〇〇〇年一一月一五日。
(17) 『朝日新聞』二〇一三年七月一〇日。

(18)『朝日新聞』二〇一一年四月一二日（横浜）。
(19)『朝日新聞』二〇一一年二月二四日（横浜）。なお、特に横浜・川崎・相模原の政令市以外の地域においては、民主党候補のみならず無所属候補にも推薦が出されている。
(20) たとえば、神奈川県連から東京都連へと移籍した那谷屋正義のように、任期途中で所属する都道府県連を変える者もいる。
(21) ツルネンマルテイ事務所関係者へのインタビュー。
(22)『神奈川新聞』二〇〇〇年一〇月三日。
(23) ツルネンマルテイ事務所関係者へのインタビュー。
(24) 同前。
(25)『産経新聞』二〇一三年五月二九日。
(26) ツルネンマルテイ事務所関係者へのインタビュー。
(27)『毎日新聞』二〇〇八年八月五日（神奈川）。
(28)『朝日新聞』二〇〇八年九月二日（横浜）。
(29)『朝日新聞』二〇〇八年一月一一日（横浜）。
(30)『朝日新聞』二〇一〇年五月一三日（横浜）。
(31) ツルネンマルテイ事務所関係者へのインタビュー。
(32) 同前。
(33) 同前。
(34) 同前。
(35) 同前。
(36) 同前。
(37) 同前。
(38) ネット選挙運動解禁の流れや解禁によって何ができるようになったかについては、たとえば、清原聖子・

前嶋和弘『ネット選挙が変える政治と社会』慶應義塾大学出版会、二〇一三年、に概説がある。
(39)『朝日新聞』二〇一三年七月二二日。実際、選挙期間中のツイートに含まれる単語には「演説」「街頭」などが多く、ネットで配信される情報は選挙運動の告知に関するものが多かったことが指摘されている。
(40) ツルネンマルテイ事務所関係者へのインタビュー。
(41) ZAKZAK ウェブサイト。
http://www.zakzak.co.jp/smp/society/politics/news/20130705/plt1307051211001-s.htm（二〇一四年一〇月二九日閲覧）
(42) ニコニコ生放送ウェブサイト。http://live.nicovideo.jp/watch/lv144454035（二〇一四年一〇月二九日閲覧）
(43)『静岡新聞』二〇一三年七月七日。
(44) ツルネンマルテイ事務所関係者へのインタビュー。
(45)『朝日新聞』二〇一三年七月三日。
(46) ツルネンマルテイ事務所関係者へのインタビュー。

## 参考文献

白鳥浩編著『政権交代選挙の政治学』ミネルヴァ書房、二〇一〇年。

白鳥浩編著『衆参ねじれ選挙の政治学』ミネルヴァ書房、二〇一一年。

弦念丸呈・和田宗春『青い目の議員がゆく』はる書房、一九九三年。

弦念丸呈『日本人になりたい　青い目の私が政治家を志した理由』祥伝社、一九九三年。

ツルネンマルテイ・加藤隆『日本人ツルネンマルテイ』ミオシン出版、一九九九年。

ツルネンマルテイ・石井茂『自然に従う生き方と農法　ルオム』戎光祥出版、二〇一〇年。

# 第Ⅱ部　政党の変容

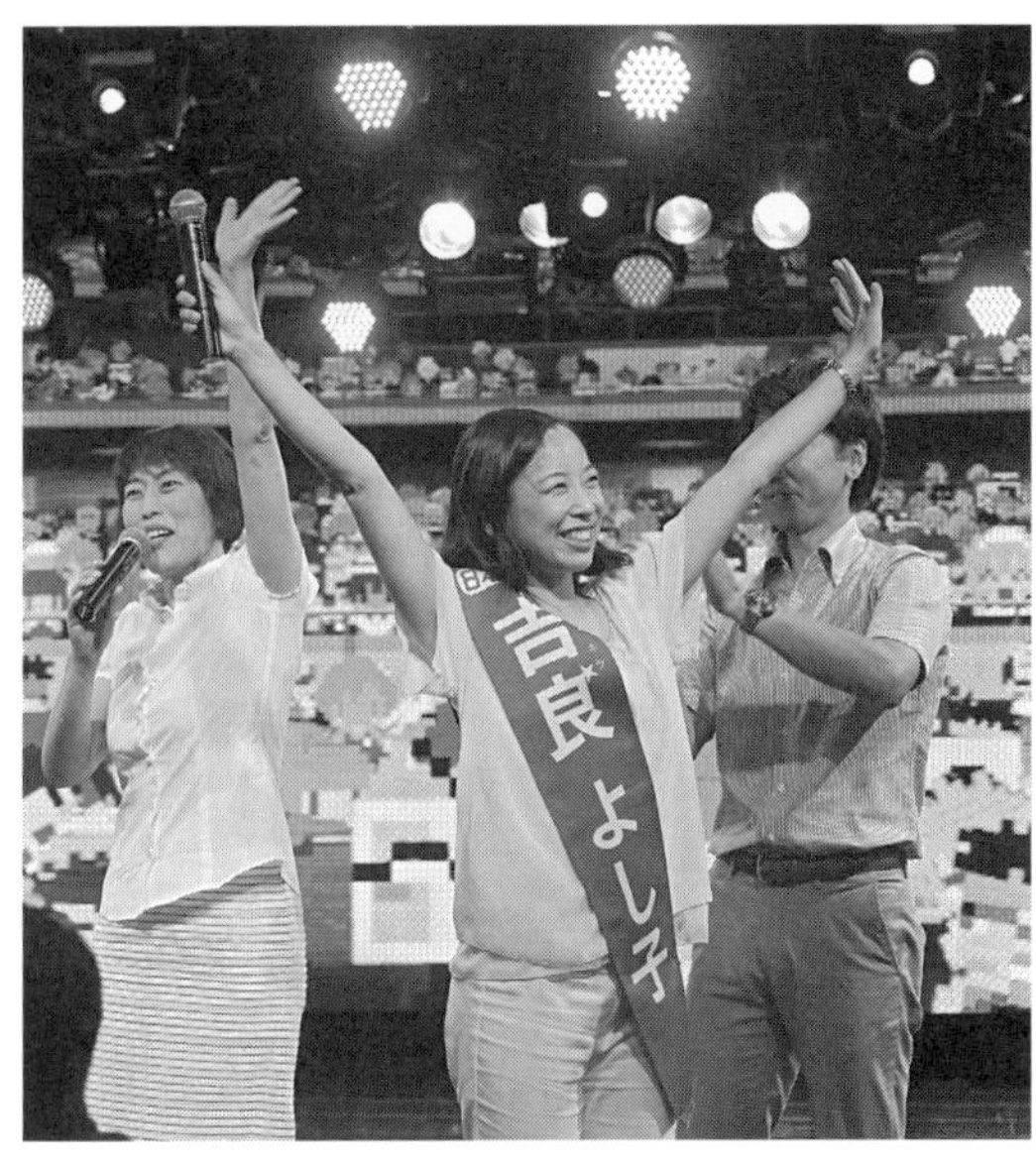


ニコニコ動画の「ネット応援演説会」で声援に応える
吉良佳子候補（共産党）
（2013年７月11日，東京都港区にて）（時事）

# 第5章　自民も小沢も勝てなかった選挙
## ——岩手県選挙区——

伊藤裕顕
河村和徳

## 1　小沢王国に生じた亀裂

### 小沢王国の変化

日本の政治家は、程度の差こそあれ、後援会を形成し選挙を戦う傾向にある。公明党や共産党のような組織政党は、党員と後援会の構成メンバーにオーバーラップが見られるが、自民党、民主党候補者の後援会の中には後援幹部が党員ではない、ということもしばしばである。後援会組織は基本的に政治家個人の自前組織であり、選挙の当選に必要な三バン（ジバン（地盤）・カンバン（看板）・カバン（鞄））の一つである「ジバン」を構成する重要な要素である。ただし、選挙区の広い国会議員ともなると、選挙区全てに後援会を形成することは容易ではない。幅広い後援会を形成するには、費用も時間も労力も必要だからである。そのため、中選挙区制時代から多くの国会議員は、地方政治家（首長・地方議員）と選挙互助組織的性格の濃い「系列」を形成し、選挙を戦ってきた(1)。

地方政治家と連携することは、地元を留守にしがちな国会議員にとって後援会組織の拡大・安定を容易にするという効果をもたらし、その一方、地方政治家にとっては自らの公約を実現する可能性を高め

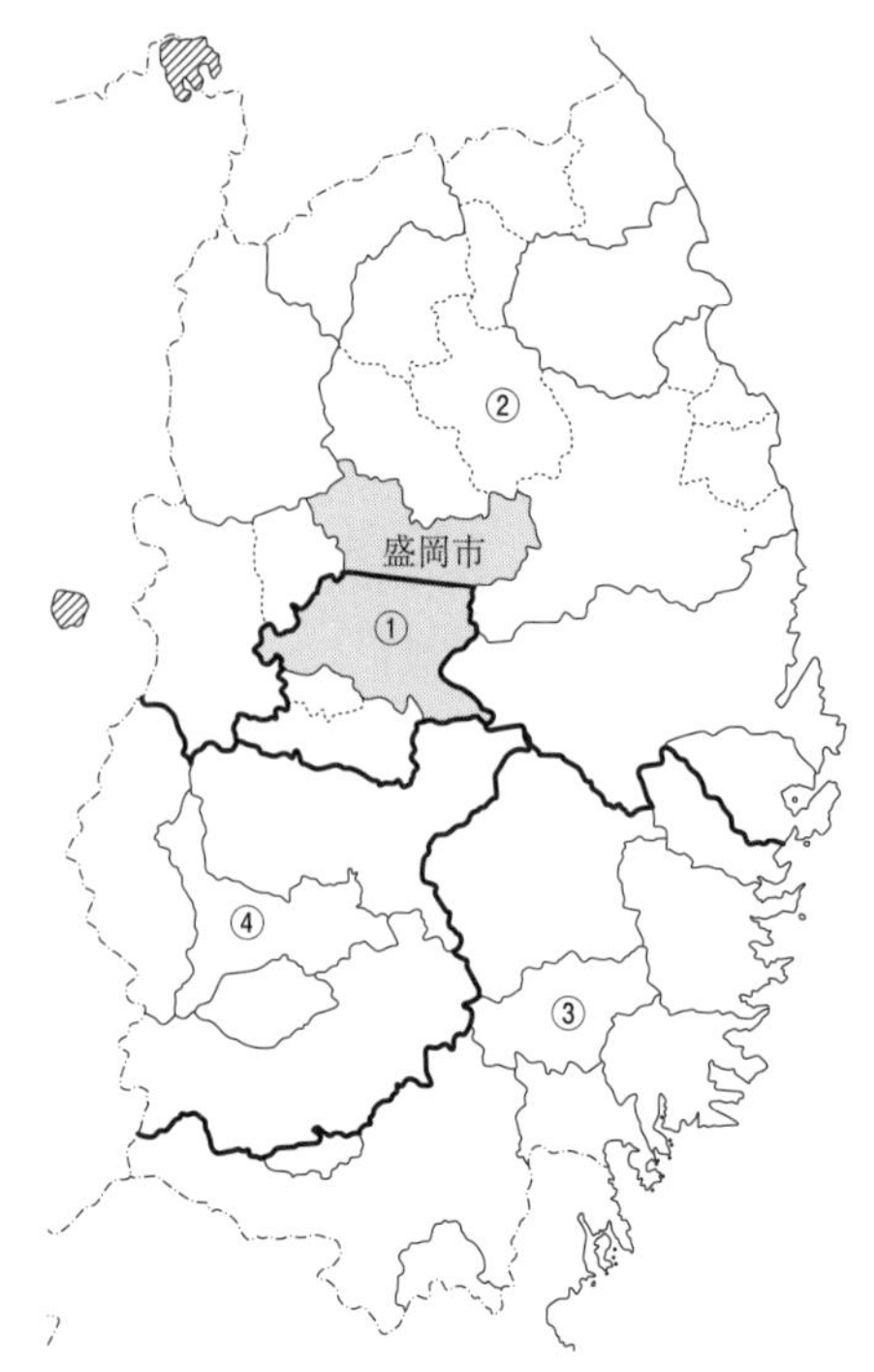


**図５−１**　衆議院小選挙区（岩手県）

**表５−１**　岩手県選挙区選挙結果（改選：１）

| | 得票数 | 氏名 | 年齢 | 党派 | 推・支 | 新旧 | 当回 | 肩書・経歴 |
|---|---|---|---|---|---|---|---|---|
| 当 | 243,368 | 平野　達男 | 59 | 無 | | 現 | 3 | （元）復興相 |
| | 161,499 | 田中　真一 | 46 | 自 | 公 | 新 | | （元）参院議員秘書 |
| | 91,048 | 関根　敏伸 | 57 | 生 | ど | 新 | | （元）県議 |
| | 62,047 | 吉田　晴美 | 41 | 民 | | 新 | | （元）法相秘書官 |
| | 46,529 | 菊池　幸夫 | 54 | 共 | | 新 | | 党県常任委員 |
| | 8,322 | 高橋　敬子 | 51 | 諸 | | 新 | | 幸福実現党員 |

る。すなわち、系列を形成することは両者にとってメリットは大きく、そこにはWIN―WINが成り立っていた。また、系列の頂点にたつ国会議員が、党内でキャリアアップすればするほど、系列の紐帯は強まる傾向にあった。中央にいる「ボス」の出世は、地方政治家の発言力強化に繋がるからである。

小選挙区制時代になると、選挙区内における自民党の党内競争の熾烈さは徐々に失われ、いくつかの自民党県連や民主党県連では、中選挙区時代から選挙を戦ってきたベテラン国会議員の下に一つの系列に収斂する現象が起きた。県政界全体が、特定の国会議員を頂点とする「王国」となったのである。その典型が、石川県における森王国[2]であり、岩手県における小沢王国である。森喜朗は自民党一筋で自らの「王国」をつくりあげたが、一九九三年に自民党を離党した小沢一郎は、数度にわたって新党を結成し、その都度、支持組織の再編を繰り返しながら王国を築いてきた[3]。

小沢王国が組み上がっていく過程をみると、そこで用いられている手法は、基本的に中選挙区制時代の系列拡張で用いられた手法、すなわち「首長に自らの子飼いを送り込む一方、地方議会で自派の議員を多数当選させるなどして多数派を得る」手法であった。小沢はそれを駆使することによって、野党幹部でありながら岩手県内に強固な集票組織を作り上げ、国政選挙で連勝を重ねたのであった。小沢が民主党を離党する前まで、知事が小沢と行動を共にした達増拓也(たっそたくや)であることが、岩手が小沢王国であることの象徴であった[4]。

ところが、二〇一二年七月、小沢は政権与党の民主党を離党した。小沢の離党理由は、表向きは消費税増税法案に反対してであったが、実態としては、民主党内の親小沢と反小沢の対立が激化し、民主党に残っても展望が描けない状況に小沢が置かれていたことが大きかった。小沢の離党にあたって、多くのメディアは、小沢が多くの「親小沢派」の国会議員を引き連れて離党すると予想していた。小沢に与する国会議員の大半が団結し行動を共にした過去があったからである。とりわけ、岩手県選出の民主党国会議員は、小沢の選挙支援を受けて当選した面々であったから、当然、小沢と共に民主党を離党すると予想された。しかし、階猛や黄川田徹、平野達男らは小沢と行動を共にせず、民主党を離党しなかった。国会議員だけではなく、地方議員の中にも小沢という盟主に従うことなく民主党に残留した者が数多く現れた(5)。

小沢王国に生じた亀裂は、離党五カ月後に行われた衆院選の選挙結果に明確に反映された。小沢が滋賀県知事の嘉田由紀子とともに立ち上げた日本未来の党は岩手でも大惨敗を喫し、小選挙区での当選は小沢のみ、その小沢も自民党新人に比例復活当選を許す結果となった。一方、民主党に残留した階と黄川田は、小選挙区での議席を死守した。二〇一二年の衆議院総選挙の結果、岩手県政は、小沢党に鈴木俊一を中心とした自民が細々と抵抗する状況から、達増知事擁する生活の党に自民が攻勢をかけ、民主党は現状維持に汲々とする状況に大きく変わったのであった(6)。

## 本章の視点

二〇一三年七月に行われた第二三回参議院通常選挙では、昨年一二月の衆院選の余勢を駆った政権与党の自公が全国各地で勝利し、結果として衆参で多数派が異なる所謂「ねじれ国会」は解消された。とりわけ一人区において、与党は二九勝二敗と圧勝した。政権与党が敗れた二選挙区のうち、一つは、基地問題で揺れていた沖縄県選挙区であり、もう一つが、本章で扱う岩手選挙区である。岩手選挙区では、民主党を離党し無所属で立候補した現職の平野達男が、慶應義塾大学ラグビー部で監督を務めたこともある自民党新人の田中真一、岩手県政に大きな影響力を持つ小沢一郎が擁立した生活の党新人の関根敏伸などに大差をつけ再選を果たしたのである。

もともと、平野は民主党からの三選出馬に意欲を示しており、二〇一二年一二月の衆議院選挙では、小沢一郎の地元である岩手四区の民主党公認候補の第一声に応援弁士として駆けつけている。小沢に擁立され当選を重ねてきた平野が示した「決別宣言」であった。しかしながら、衆院選後、民主党の大敗を目の当たりにした平野は、出馬をめぐって迷走することになる。新聞報道などによると、二月頃から鈴木俊一自民党岩手県連会長や二階俊博（にかいとしひろ）元経済産業大臣などが平野支援を模索しており、平野も幅広い支援枠組みでの立候補を考えていたという[7]。筆者らが既に指摘したように、ここ何回かの国政選挙で自民党は小沢に負け続けてきた。父善幸の地盤を引き継いだ鈴木でさえも選挙を勝ち抜くことは容易ではなく、「勝ちを忘れた自民党」と表現できる状況であった。鈴木や二階の平野への働きかけは、まず「打倒小沢」を優先して共闘しようというものであった[8]。しかしながら、地方（岩手）での候補者調整とは別に、中央では民主党政権下で復興大臣を務めた平野との共闘をよしとしない、所謂「筋論」が強かった。

二〇一三年三月三〇日、平野が地方議員等に「民主党で勝つのは厳しい。幅広い支持を集めるため離党したい[9]」との意向を漏らしたことが明らかになった。この平野の唐突な離党表明は、ごく一部を除けば寝耳に水であった。しかし、その決断は自民党岩手県連にとってはあまりにも遅すぎるものであり、自民党本部内の筋論に押され、県連は党本部からの圧力もあって候補者の公募に踏み切った後での決断であった。結局、自民党岩手県連は平野との連携に未練を残しながらも、同じ三月三〇日、田中を県連候補と決定し、四月三日、党本部に田中の公認を申請したのであった[10]。

復興大臣を務めた平野の離党によって、民主党岩手県連も迷走した。ただ、不戦敗を避けるべく「苦肉の策[11]」として、県連代表の階猛が小川敏夫（おがわとしお）元法相の秘書であった吉田晴美（よしだはるみ）を擁立した。

結局のところ、平野は民主党からも自民党からも支援も得られない状況に陥ることになった。通常、全県区で選挙戦を戦う参議院議員の選挙組織は、衆議院議員のそれと比べると貧弱であり、政党および首長・地方議員の支援は欠かせない。過去の選挙を小沢の選挙組織に依存していた平野にとっては、集票のための手足が失われたことによって、大きく再選戦略は狂うこととなった。四月半ば以降、平野はしばらく公の場に姿を見せなかったが、その際には「立候補を辞退するのでは」という憶測も一部ではあった[12]。

しかしながら、そうした苦境に陥った平野が、最終的には選挙に勝利した。なぜ平野は当選できたのか、本章では、「県民党」を掲げた平野が勝利した背景を、国会議員と地方政治家との関係に注目し考察する。

## 2　二〇一三年参院選の動向

検討を行う前に、二〇一三年参院選における各陣営の動向を簡単ではあるが、振り返ることにしたい。

### 公示前の動向

二〇一三年四月、田中の擁立を決めた自民党は、慌ただしく選挙体制の構築にとりかかった。慶應義塾大学ラグビー部監督であった田中の政治経験は乏しく、親族経営企業支店勤務のため、四年間岩手県内に在住し地元青年会議所に所属していたとはいうものの、地縁が薄い候補者であるのは否めなかった。前復興大臣として抜群の知名度を誇る平野に対抗するには、かなりの挽回が必要であった。

田中の選挙体制構築の足枷となったのは弱体化した自民党県連組織そのものである。前年の衆院選で自民党は岩手県内で小選挙区一名、比例復活三名の当選者を出してはいるが、一九九〇年代後半以降、自民党岩手県連は小沢の後塵を拝し続けてきたことにより、選挙で勝つためのノウハウは失われていた。

候補者の知名度が低く、選挙組織が脆弱な中で自民党県連は、政権与党の候補者であることを前面に押し出す一方で、安倍首相や小泉進次郎らの人気を候補者である田中に投影する戦術を採る方向に傾いていった。

一方、自民党と異なり、「小沢党」の候補者選びは難航した。小沢一郎は一般的に、「選挙に強い政治家」との評判が高いが、そうした評判の背景には、小沢が勝てる候補者を発掘し、それを組織力によって当選に導いてきた実績がある。一般的な公募方式は採らず、下馬評にも上らない中央官僚や県庁幹部、地方議員を突如重要な選挙（たとえば国政選挙や知事選挙）などに擁立し[13]、組織をフル動員し大量得票で勝利に導く、それが小沢流の選挙戦術であった。しかしながら、二〇一三年参院選では、そうした実績を持つ小沢であっても、候補者をなかなか決めることはできなかった[14]。結局、岩手県議会議員である関根敏伸を小沢系候補として決定できたのは、公示まで二カ月を切った五月一四日であった。

全県一区の参院選は、組織の規模と機動力が選挙戦を左右する。小沢派最大の強みは、知事である達増拓也を抱えていることにある。達増は関根の支援を明言し、全面支援に回った。「小沢党」から出馬する関根にとって、達増が県下全市町村に張り巡らせた後援会組織をフル回転させてくれることは、苦戦が予想された選挙を戦う上で心強いものとなった。また、達増の支援表明は、対抗馬たちを支える地方議員を切り崩すカードでもあった[15]。

民主党岩手県連における候補者擁立は、平野が離党したことによって、「小沢党」以上に混乱した。ただ、自民が平野支援を否定し、「小沢党」も自前の候補者を擁立する方向で進んでいたこともあり、候補者乱立は容易に予想がついた。結局、民主党は野党間による選挙協力には乗らず、不戦敗を防ぐということで、独自候補である吉田晴美を擁立した。候補者擁立は、不戦敗回避だけではなく、当選ラインの低下に伴う「漁夫の利」を狙ったものであった。

最終的に岩手選挙区は、平野、田中、関根、吉田に加え、共産党の新人である菊池幸夫と幸福実現党新人の高橋敬子によって争われることになった。

**選挙運動の状況**

**(1)田中真一陣営の選挙戦**

公示日直後の七月六日、新聞各社は一斉に序盤の選挙情勢を報じた。田中が平野をリードしているという報道も一部あったが、大方のメディアは平野と田中が伯仲状況にあることを伝えていた。平野と田中が互角という報道は、知名度で大きく劣る新人が善戦していることを伝えるものであり、田中陣営にとっては朗報であった。幾つかのメディアは自社の実施した世論調査の結果を伝えており、その記事によると、多くのメディアが、田中がすでに自民党支持者の半数以上を押さえたことを伝えていた。上々の滑り出しであった田中陣営であるが、ただ、そこからの伸びはほとんどみられなかった。むしろ、低落傾向さえうかがえた。

そもそも、なぜ自民党は田中真一を公認候補にしたのか、その理由が岩手の有権者には分かりにくかった。四年間、北上市に勤務・在住したことがあるとはいえ、東京都出身で横浜市在住、そして慶應義塾大学ラグビー部前監督という経歴は、地縁がかなりものを言う岩手県で集票には不向きな経歴であった。田中は、選挙期間中、北上市での勤務経験を演説で力説し、決して報道機関が言うところの「落下傘候補」ではない旨を強調した[16]。さらに、イギリス留学経験を有する曽祖父が日本へラグビーフットボールを紹介したことや、自らもラグビーに打ち込み、高校、大学の監督を務め、全国大会に導いた実績などを説いた。岩手県は、全国的に見れば比較的ラグビーが盛んな土地柄であり、田中も北上市在住時、地元チームを指導した経験がある。人物像を知ってもらう上で、ラグビーは一つの材料ではあった。

しかし、岩手との縁とラグビー経験だけでは、候補者のアピールとしていかにも弱いものであった[17]。また、ラグビー経験でいえば、現職候補の平野達男も同様である[18]。田中が「準落下傘」候補と有権者にみなされてしまうのは、致し方ないことであった。田中の親族が岩手県西和賀町で鉱山を経営しており、田中自身も県内企業人との面識はあったかもしれないが、票を投じる一般有権者の日常からは遠い経歴の持ち主と言わざるをえない。パンフレット等に政策を掲げてはいるが、それは、自民党本部の選挙スローガン「日本を取り戻す」の焼き直しに過ぎなかった。「岩手を取り戻す」と銘打ち、大震災からの復興加速化、攻めの農林水産業、ラグビーワールドカップ誘致など一〇項目を並べているが、新鮮味を欠くことは否めない。政治家となって何を実現したいのか、周囲を納得させる独自の主張がほとんど見当たらなかった。

田中真一の知名度不足、アピール材料不足による伸び悩みを解消すべく、公示以降、テコ入れのため自民党本部から続々と幹部が応援弁士として岩手入りした。自民党は、田中個人を強く打ち出すのではなく、政権与党の候補者であることを強調し、自民党幹部らの威光・人気を利用するコートテール・イフェクト（coat-tail effects）[19]を意識した戦術を強化した。閣僚や与党幹部を次々と岩手入りさせ、選挙期間中には隣県の村井嘉浩宮城県知事まで応援弁士として投入した[20]。自民党幹部のうち、石破茂幹事長と小泉進次郎青年局長は三度も岩手入りし、安倍晋三総裁も二度岩手入りした。麻生太郎副総理兼財務大臣、谷垣禎一法務大臣（前総裁）、菅義偉官房長官なども可能な限り岩手入りした。応援弁士として岩手入りした者の中には、田中とは別行動で街頭演説や講演を行う者もいた。

応援弁士が同行した際の田中は、常に「前座」であった。すなわち、田中が演説を行った後、閣僚や党幹部が登場するのである。まるで応援弁士が主役であり、集まった（動員された？）有権者もそれが目当てのように見えた。北上市での安倍総理が行った応援演説が好例である。安倍は、自分が「古代東北の豪族、安倍貞任・宗任の末裔である」と切り出し、岩手県に深い縁があることを強調した。さらに、地元の名産品を持ち上げるなどリップサービスに多くを割き、政権復帰後の成果をソフトにアピールした。演説後、安倍は聴衆に歩み寄り、満面の笑顔で握手をして歩くのだが、その最中、肝心の田中は道路の反対側で立ち尽くし、手持ち無沙汰気味に待っている状況であった。

大物政治家が応援に駆けつける頻度が増すほど、選挙区候補者である田中の存在感はむしろ希薄化するという、ちぐはぐさがそこにはあった。

### (2) 関根敏伸陣営の選挙戦

分裂したとはいえ、「小沢党」は、他の政治勢力よりも強固な選挙組織を有している。系列ピラミッドを形成する国会議員や地方政治家の集票マシンがフル回転し、従来通りの「攻めの選挙」で他党支持者を侵食すれば、当選圏入りも可能のように当初は思われた。自民党も、公示当初は平野よりも小沢（関根）の方を強く意識していたようである。たとえば、そうした意識があったことは、公示二日後、七月六日に田中と別働で小沢の地元選挙区（岩手四区、北上市内）での谷垣法相の演説から窺える。谷垣は、演説中、「党を作っては壊し」を繰り返した小沢の「強引な政治手法」が民主党を自滅に追いやったと分析する一方、民主党を離党した平野に対しては「一人で（選挙運動を）おやりになる」と憐れんでもいる。谷垣の演説を聴けば、多くの有権者が「自民が競争相手としているのは平野ではなく関根（小沢）である」と認識しただろう。

ところで、今回の参院選において、生活の党は、「消費増税凍結」「脱原発」「TPP（環太平洋経済連携協定）参加反対」など、自民党と対立する公約を打ち出した。小沢は、対立軸を作るためには時として政策転換も厭わない。一九九三年の自民党離党時は、自由貿易の推進や積極的な市場開放、終身雇用、年功序列型賃金など日本型経営からの脱却といった新自由主義的政策の色彩が濃かった。ところが、二〇〇九年の民主党による政権交代時は、農家に対する戸別所得補償、子ども手当、高校授業無料化など福祉国家的政策を強く打ち出し、総選挙に勝利している。今回も同様と思われる。[21] 関根敏伸も、それに沿い、「五つの約束」を公約として掲げた。[22] 七月一八日、関根の応援に駆けつけた小沢は、北上市での街頭演説で以下の点を述べている。

企業がいくら儲けたからといって、国民に配分するわけではない。今日の法制度、安倍政権ではそのようなことは起こりえない。…農林漁業の皆さんも、このままアメリカのいいなりになったら、仕事を継続することはできない。医療も、今のまま（病院に）かかることができなくなったらどうしよう、年金はもらえるのか。こういうことでは、それぞれの人が人生設計、生活設計ができない。みんな不安で。収入が増えない、不安材料がいっぱいあれば、財布の紐をしめる以外にないということになる。個人個人の人が財布の紐をきつくしめるほど景気は悪くなる…景気対策をやっていくためには、雇用や所得や社会保障やセーフティーネットをきちんと作る。その上で皆さんが安心して消費できる社会にすること、…どんどん地方は寂れていく。もっともっと一極集中、東京集中をやろうというのが安倍政権。地方分権、霞ヶ関改革をしなければならない。お金も権限も地方にまかせるべきだ…

（出典：小沢の応援演説を筆者らが構成）

ただ、小沢の岩手県内における街頭演説は、七月一八日が最初で最後だった。「地元では姿を見せずして威光を誇示し、その一方、応援演説で全国を行脚する」というこれまでスタイルを小沢は踏襲した。

全国的に生活の党公認候補の苦戦が伝えられる中、選挙区で当選の可能性があったのは、複数人区を除けば、岩手選挙区の関根ぐらいであった。大船渡市出身の比例区現職、藤原良信も再選の可能性を残していた。そう考えると、小沢が岩手に張り付いていれば、関根も藤原も当選していたかもしれない。しかし、小沢はそうしなかった。

小沢の名代として選挙戦の陣頭に立ったのが、達増であった。公務のない休日はもちろん、平日でさえ、県庁所在地の盛岡市を離れ、応援演説に奔走したのであった（七月一八日は、小沢・関根と北上市で揃い踏みした）。

### (3)平野達男陣営の選挙戦

民主党を離党し、かつ自民党からの支援を得られなかったことで、平野は選挙運動推進組織を持つことができず、身近な支持者を母体に新たな後援会構築を余儀なくされた。「小沢党」の強力な組織に支えられて当選を果たしてきた平野本人は、選挙戦術に習熟していると言い難く、彼の選挙組織は、現職の県議会議員一〇人[23]と、元県議・首長経験者数名による「緩やかな有志連合」であった。「系列」とは言えない「緩やかな有志連合」に支援を仰ぐ平野の選挙戦術は、有志に集票協力のお願いをしつつ、自らは集票のために選挙区をひたすら行脚して主張を訴える「草の根戦術」しかなかった[24]。

ただ、平野には、二期に及ぶ議員経験と復興大臣として三陸沿岸の被災地をまわり、復旧・復興に尽力したというアピールポイントがあった。筆者の一人である伊藤が、公示日当日に北上市で聞いた街頭演説では、

大震災発生時、内閣府副大臣として国家戦略を担当していたが、すぐさま任を解かれ、復興をやれ

**表5－2**　平野の7月14日の遊説スケジュール

| 時刻 | | 場所 |
|---|---|---|
| 8:00 | ～ | 大川目・三日町バス停付近 |
| 8:25 | ～ | 小久慈郵便局前 |
| 9:10 | ～ | 野田仮設団地（野田中グラウンド）・野田第3仮設団地・堀内郵便局前 |
| 10:00 | ～ | 普代村漁協　地方卸売市場付近・普代駅前・産直プラザ尾肝要前45号沿い・沼袋郵便局 |
| 11:10 | ～ | 和野仮設団地（アズビィ仮設駐車場）・松前沢仮設団地（田野畑中グラウンド）・菅窪仮設団地（岩泉高田野畑グラウンド） |
| 12:50 | ～ | 中島仮設団地・小本仮設団地・田老第3仮設団地 |
| 13:35 | ～ | 田老仮設団地・田老第4，5仮設団地 |
| 14:30 | ～ | 崎山仮設団地・日の出町仮設団地 |
| 15:10 | ～ | 日立浜町仮設団地・熊野町第2仮設団地・宕仮設団地・中里仮設団地 |
| 16:00 | ～ | 西町第2仮設団地・山口仮設団地・近内仮設団地・西が丘仮設団地・田鎖仮設団地 |
| 17:05 | ～ | 松山仮設団地・マリンコープDORA前・磯鶏仮設団地・実田仮設団地 |
| 18:00 | ～ | 高浜仮設団地・赤前仮設団地・津軽石第3仮設団地・津軽石仮設団地・津軽石第4仮設団地 |
| 19:00 | ～ | 豊間根仮設団地・大沢第3仮設団地 |
| 19:30 | ～ | 大沢仮設団地・山田第4仮設団地 |

と命じられた。以来、野田内閣の終焉まで一年九カ月、復興副大臣、大臣として最前線に立った…最初は、（街頭演説の場所）ここにいる同級生におにぎりを作ってもらって大槌に持って行くなど、水支援、食糧支援から始めた。一番力を入れたのは、新しい制度の創設。今までの制度ではとても間に合わない。今、（自分が主導した）制度、法律の枠組みを利用しながら、必死に復興へ向かっている…

と述べ、「大震災からの復興」という、岩手県にとって最重要かつもっとも目に見えやすい問題に尽力してきた事実を切々と訴えた。政治経験が乏しい田中と、震災後表だって行動しなかった小沢の直系候補である関根との差別化を図ったのであった。

選挙戦冒頭は、農業政策なども織り交ぜた演説を行った平野であったが、選挙戦後半にもなると、震災からの復旧・復興を訴える部分がどんどん増えていった。そして、どこで選挙運動を行えばいいか、分かるようになったのか、選挙運動がきめ細かくなっていった。とりわけ、震災被災地の仮設住宅回りを徹底するようになり、被災者とのふれあいを重視するようになった。表5－2は、七月一四日の平野の遊説スケジュールだが[25]、三陸沿岸北部の久慈市から山田町へと南下する強行日程である。ここは平野を支持する県議がおらず、苦戦が予想された地域であったが、分刻みで応急仮設住宅をまわり、仮設住宅入居者の声を拾ったのであった。もとより、復興推進の総論において、候補者間に差異が生じる余地はない。ただ各論になれば、政策立案・立法作業を主導した平野に一日の長はあった。

しかしながら、復興の遅れを感じている岩手県民に復興策を訴えるのは諸刃の剣であったのも事実である。復興が遅れている理由を詰問される可能性があるからである。平野の選挙戦をみていると、政策論と同時に、前復興大臣として忸怩たる思いを吐露する場面が多く、「自分をさらけ出している」ように感じた。政策だけではなく、情に訴えているようでもあった。

## 3　国会議員と地方政治家の関係から考察する岩手選挙区の結果

岩手選挙区の選挙戦は、知名度では優位だが組織力は未知数の平野、知名度は不足し地元組織は脆弱ながら政権与党の強い追い風を活かそうとする田中、地方議員として一定の実績と知名度を有し、規模は縮小したとはいえ組織の結束には定評がある関根を軸に展開した。ただ徐々に平野が抜け出し、最終的には平野が、次点の田中に八万票余の差をつけ三選を果たした。生活の党新人で、小沢直系候補である関根敏伸は一〇万票に届かず、三位に終わった。民主党新人で、落下傘候補として急遽擁立された吉田晴美は約六万票にとどまった。

そもそも農林水産省官僚であった平野は、二〇〇一年参院選[26]で自由党公認候補として擁立された小沢派直系の政治家であり、小沢の集票組織の一翼を担った存在であった。その平野が、小沢に反旗を翻し、そして自民党からも民主党からも公的な支援なしに二〇一三年の選挙を勝ち抜いたことは、ここ十数年の岩手県政界からは考えられないことであった。

今回の選挙を理解するポイントと思われるのが、国会議員と地方議員との関係である。ここでは、平野が勝利した要因について、両者の関係を意識しながら考察をすることとしたい。

## 地方政治家たちは誰を支持したか

選挙組織としての「系列」は、国会議員を頂点とし、地方政治家が裾野を固めるピラミッド構造になっている集票組織であり、選挙互助組織である。筆者の一人である河村が竹田との共著の中で論じたように、後援会は「特定の組織に頼って構成されるというよりも、個人的な社会ネットワークを利用し幅広くメンバーを募り構成されるのが一般的」である。そして、後援会は「国政選挙・地方選挙の『パーソナル・ヴォート』を促す一翼を担っており、多くの政治家が当選・再選のためにこの組織を維持し拡大している[27]」という。

河村・竹田によると、衆議院の選挙制度改革において小選挙区制が導入されたことによって、自民党の系列再編が促されたことを指摘している。岩手県の場合、鈴木俊一系列が自民党岩手県連として再編されていき、小沢系列は「小沢党（自由党・民主党・国民の生活が第一・日本未来の党・生活の党）」として再編されてきた。小沢はその過程で純化路線を選択し、側近を一層忠実な政治家で固め、組織強化を図ってきた。

系列を集票構造とみなせば、系列の構成員である県議の得票は、頂点に立つ衆議院議員の得票と近似することは容易に想像できる。著者の一人である伊藤は、過去数回の県議会議員選挙候補者の得票状況と、衆議院議員総選挙候補者の得票状況の関連性を考察した。その結果では、衆議院小選挙区岩手四区内小沢系県議の得票数・得票率と、小沢一郎のそれとかなり近似する傾向にあることが分かる。[28]おおよそ、小沢系県議の得票結果と小沢の得票結果が、得票数一二万票台、得票率六〇％超でほぼ安定していたのである。[29]この結果は、小沢系県議の支持者がそれほどぶれず忠実に小沢に投票していたことを示していると言えるだろう。

このような関係を考慮すれば、二〇一三年参院選で系列を構成する（していた）地方政治家（県議や首長）たちの動向が選挙結果を左右したと考えることは、あながち間違いではないだろう。彼らの抱えている組織票が、二〇一三年参議院議員選挙の候補者たちの「持ち票」とみなすことができるからである。

平野が離党宣言をした三月末あたりから、岩手県政界は揺れていた。とりわけ、小沢離党の余波が収まらない民主党岩手県連内の動揺は非常に大きかった。一三名が所属する県議会最大会派（当時）であった民主党会派は、平野離党に対する対応は容易にまとまらなかった。平野支持を明確にする議員もいれば、党本部の方針に従い、新人の吉田晴美を推すことを主張する議員もいた。民主党県議にとって、誰を支持すれば自らの選挙に有利となるか、おそらく計算が働いただろうし、これまで関係を持ってきた平野との関係を切って吉田を推すことをよしとしない者もいたであろう。

そうした民主党県議とは異なり、自民党県議や小沢系県議たちは表面上、結束を保ったようにみえた。自民党は、地縁に乏しく知名度が低い田中に一抹の不安を感じながらも、総選挙後に政権与党に復帰したこともあって田中を推す姿勢を崩すような動きはそれほど見られなかった。小沢系県議たちは「小沢党」が背水の陣であることをひしひしと感じているようであった。選挙での敗北が小沢を頂点とするピラミッドの崩壊に直結してしまうことを危惧しながら、なんとか一枚岩を保とうという印象だった。

**表5－3　参院候補と県議選得票との関連性**

| 参議院候補者名 | 支持したと思われる県議選候補者数 | 県議選候補者総得票数（比率） |
|---|---|---|
| 平野達男（無所属現職） | 14 | 140,827（23.50%） |
| 田中真一（自民党新人） | 15 | 130,777（21.83%） |
| 関根敏伸（生活の党新人） | 18 | 149,582（24.96%） |
| 吉田晴美（民主党新人） | 8 | 74,923（12.50%） |
| 菊池幸夫（共産党新人） | 3 | 26,673（ 4.45%） |
| 支持候補不明 | 14 | 76,423（12.75%） |

注1：案分票は切り捨て。
注2：無投票当選者は，田中支持1人，関根支持1人，吉田支持1人。
注3：落選候補は，平野支持4人，田中支持2人，関根支持8人，菊池支持1人，支持候補不明9人。
注4：支持候補不明の現職県議のうち，1人は公示直前に死去。

選挙期間中の情勢報道や実際の選挙運動を間近にすると、どの地方政治家が誰を推しているのか見えてくる。そこで、二〇一一年九月実施の岩手県議会議員選挙候補者を岩手選挙区候補者に対する支持動向[30]別に分類し、彼らの得票数を足し上げてみた（表5－3）[31]。

県議の得票を持ち票とみなしてこの表をみると、関根、平野、田中の順はつくが、その差はほとんどなく、持ち票的には三つ巴であったことがうかがえる。平野は、民主党からも自民党からも「公的」な支援を受けられなかったが、自立した選挙基盤を持つ県議達の勝手連的な支持をなんとか引き出すことができた結果、関根・田中に対峙できる状況にまでになっていたのであった。一方、民主党は、県議が「平野支持」「吉田支持」に分裂したことで、事実上、勝ち目はなくなっていた[32]。

県議と同様、系列の一翼を担う市町村長はどうであったろう。これについては、朝日新聞が市長一四名に限り、参院選候補に対する支持動向をアンケート調査している[33]。それによると、支持態度を明らかにしたのはわずか二名であった。具体的には、山内隆文久慈市長が田中を支持することを明らかにし、田村正彦八幡平市長が平野を支持という姿勢を見せた。そして、他の一一名が中立である旨を回答し、一名が未定と回答した。これを前回総選挙時と比較してみると興味深い。たとえば、衆議院岩手三区をあげると、衆院選では、三区内の四市長が全員、民主党現職である黄川田への支持を鮮明にしている。今回の参院選では、三区内の四市長のうち、三名が中立、一名が未定と回答し、明らかに態度が変わっている。今回の参院選は、県議たちの動向が読みにくく、有権者の意向も読みにくかった。首長たちが態度を表明できなかったのは、そうした状況が反映されたのであろう。

なお、最も意外だったのは、小沢一郎の地元で直系市長と認識されている小沢昌記奥州市長の中立回答である。小沢昌記市長は、記事の中で自らは「市民党」である旨を述べ、「（小沢派から）現時点で支援要請もない」とコメントしている。半年ほど前の衆院選の選挙最終日、小沢一郎本人の打ち上げ街頭演説のマイクを握った小沢市長としては信じられない態度表明であった。おそらく、「負け組に肩入れしたくない」という思いがあったであろう。同様に、小沢直系とみられていた大石満男花巻市長も同様の姿勢であった。選挙結果がなかなか読めないなか、首長たちはリスクを回避する行動を採らざるをえなかったのである。

### 誰が票を上積みすることができたのか

直近の県議選の得票結果を参院候補者の「持ち票」とみなし、実際の選挙結果と比較してみれば、候補者たちがどれだけ票を上積みできたかがおおよそ検討がつく。そこで、二〇一一年県議選結果から類推した「持ち票」と、二〇一三年参院選の得票結果を比較する図を作成した。それが、図５－２である。これをみると、平野は持ち票を大きく上回る集票ができたのに対し、田中は持ち票以外の票を獲得できなかったことが分かる。関根・吉田にいたっては、持ち票にすら届かない結果であった。

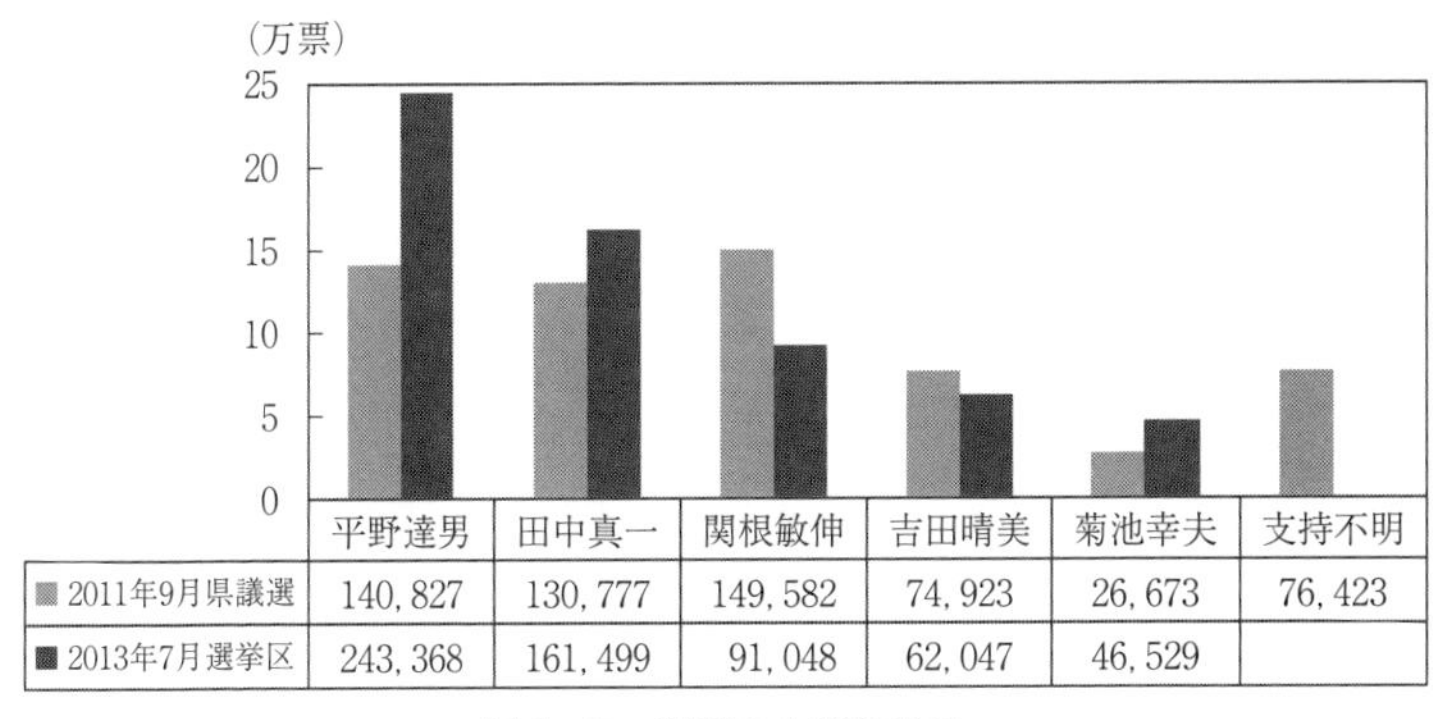


| | 平野達男 | 田中真一 | 関根敏伸 | 吉田晴美 | 菊池幸夫 | 支持不明 |
|---|---|---|---|---|---|---|
| ■2011年9月県議選 | 140, 827 | 130, 777 | 149, 582 | 74, 923 | 26, 673 | 76, 423 |
| ■2013年7月選挙区 | 243, 368 | 161, 499 | 91, 048 | 62, 047 | 46, 529 | |

**図5－2**　得票の上積み状況

注：2011年9月県議選は，参院選候補者支持と推測される県議，落選候補の合計得票数。

この結果は、平野が自らを支持してくれた県議会議員たちの支持者票を確実に得たことに加え、他党支持層や浮動層にも深く食い込んだことを示していると思われる。支持を明らかにしなかった候補の「黙認」が、支持者の平野投票を促したのかもしれない。

一方、関根が「持ち票」に及ばなかった一つの背景には、首長たちの「中立」が影を落としているのかもしれない。関根は、地元北上市で一万一八七六票を獲得したが、これは二〇一一年九月の県議選で自身が獲得した一万一五三四票とほとんど変わらない。また小沢の地元である奥州市でも一万二五七八票しか獲得できなかった。奥州市は総選挙において小沢が三万四六四三票を獲得した小沢党の金城湯池である。それにもかかわらず、関根は一万強しか集票できなかったのは、奥州市長の「市民党発言」に小沢系県議及びその支持者たちが躊躇したからかもしれない[34]。

ところで、朝日新聞が行った出口調査によれば[35]、田中陣営は自民党支持層の五三％、公明党支持層の四七％しか固められなかったとの結果が出ている。逆に、平野は、自民党支持層の三六％、公明党支持層の二七％を獲得したという[36]。図5－2の結果とあわせて解釈すれば、「田中はアベノミクス等の効果で『持ち票』の上積みはあったものの、支持者を固めきれず、政権与党の追い風を活かすことができなかった」となるであろう。

## 4　小沢神話の終焉

小沢一郎が率いる生活の党は、今回の参議院議員選挙で獲得議席なしに終わった。選挙区候補である関根敏伸だけではなく、比例区候補である藤原良信も落選した。二〇一二年七月の民主党分裂前まで、小沢党は、衆議院議員五名（小選挙区四名、比例区一名）、参議院議員三名（選挙区二名、比例区一名）の計八名の国会議員を擁する岩手一の政治勢力であった。しかし、国会議員全員が小沢党という「小沢王国」は、二〇一三年参院選後になると、知事は押さえているものの国会議員三名の勢力に凋落した。小沢は、ほぼ二〇年にわたって岩手県政界に絶大な影響力を有してきた。そして、その影響力の源泉は「選挙に勝つ」ということであった。一般的に、選挙組織を維持する最良の薬は「勝ち続けること」と言われるが、まさに小沢はそれを実践してきたのである。

また、小沢が、ピラミッド型組織を構築する上で重視したのは、県行政のトップである知事を自派で押さえることであった。小沢系最初の岩手県知事は、一九九五年四月の選挙で初当選した増田寛也であり、その相乗効果で、小沢系県議も大量当選し、事実上、小沢王国の地歩が固まった。ただその勢いは、増田が二期目出馬にあたり、自由党と自民党の相乗りを選択したことで足踏みを余儀なくされる[37]。増田が勇退した二〇〇七年四月、側近中の側近である達増拓也が衆議院議員から鞍替え出馬し、知事に当選したことにより、小沢党のピラミッド構造は再び強化されることとなった。そして、小沢党は、小沢が民主党幹部として選挙対策を行った二〇〇七年から二〇〇九年あたりに絶頂期を迎えることになる。

しかし、冒頭に述べたように、その小沢王国も綻び始める。東京の視点でみれば一つの契機は、政治資金をめぐる問題で秘書が有罪となった陸山会事件だったのかもしれない。しかし、当時、小沢を信奉する岩手県の有権者は少なくなかったことを考えると、綻びの起点は二〇一一年三月一一日に発生した東日本大震災とみるべきであるように思える。発災当初、政権与党である民主党の実力者で多くの県民が、小沢の政治力に期待した。しかし、小沢の動きはきわめて鈍かった。被災地入りの遅れに加え、小沢が復旧・復興の主導権を握ろうとしない（握れない）ことへの不満が、期待を失望に変えていくきっかけになったのではないかと現地にいて思う。

今回の参院選で、「選挙に強い小沢」という神話が崩れ、小沢の求心力は益々低下することになる。そして平野が当選したことにより、「負け組にはなりたくない」という心理が今まで以上に働くであろう。

ただ、一方の自民党にも不安要素がある。圧倒的な追い風にもかかわらず、新人を当選させられなかったからである。自民党は、岩手県二〇年ぶりの勝利が現実味を増し、士気は高かったであろう。しかし、陣営こそ大規模であっても、選対の経験値があまりにもなさすぎた。「勝てる候補者」を発掘し、彼に有権者が納得できる公約を訴えさせるという、選挙の基本が欠けていたのかもしれない。自民党岩手県連の今後の課題は、[38](1)選挙に関するノウハウを組織的に蓄積すること、(2)「勝てる候補者」のストックをつくっておくこと、であろう。

平野の当選によって、岩手県内における中選挙区制時代の「残滓」は消えつつある。岩手県政はどこへ向かうのか、注視していきたいと思う。

平野達男支持県議，県議候補

| 県議名 | 所属 | 選挙区 | 得票数 |
|---|---|---|---|
| 吉田敬子 | 地域政党いわて | 盛岡 | 10,181 |
| 及川敦 | 地域政党いわて | 盛岡 | 7,571 |
| 木村幸弘 | 社民党 | 花巻 | 11,632 |
| 小原康二（落選） | 地域政党いわて | 花巻 | 8,025 |
| 小田島峰雄 | 民主党 | 花巻 | 10,683 |
| 久保孝喜 | 社民党 | 北上 | 10,764 |
| 飯澤匡 | 地域政党いわて | 一関 | 14,153 |
| 熊谷ひろし（落選） | 民主党 | 一関 | 5,891 |
| 五日市王 | 民主党 | 二戸 | 7,563 |
| 工藤勝博 | 地域政党いわて | 八幡平 | 11,481 |
| 佐々木努 | 無所属 | 奥州 | 13,552 |
| 亀卦川富夫（落選） | 地域政党いわて | 奥州 | 8,708 |
| 渡辺幸貫 | 民主党 | 奥州 | 14,965 |
| ハクセル美穂子（落選） | 地域政党いわて | 岩手 | 5,658 |
| 合　計 | | | 140,827 |

**補足　県議選候補者別支持動向**

二〇一一年九月一一日実施の県議会議員選挙出馬候補のうち，今回の参議院議員選挙候補者の支持を明確にした個人，政党を，報道情報等により分別したもの。支持不明候補は，末尾に一括してまとめた。筆者の推測も含んでおり，必ずしも選挙戦で支援したとは限らない。なお，（落選）の表示がない者は現職県議，（無投票）の表示は，県議選選挙区が無競争だったことを示す。なお，全県の投票率は六〇・六〇％，得票総合計は，五九万九二〇五票である。

田中真一支持県議，県議候補

| 県議名 | 所属 | 選挙区 | 得票数 |
|---|---|---|---|
| 村里洋子（落選） | 自民党 | 盛岡 | 6,225 |
| 福井誠司 | 自民党 | 盛岡 | 8,781 |
| 小野寺好 | 公明党 | 盛岡 | 9,722 |
| 樋下正信 | 自民党 | 盛岡 | 9,936 |
| 佐々木大和 | 自民党 | 宮古・下閉伊 | 11,666 |
| 城内愛彦 | 自民党 | 宮古・下閉伊 | 9,504 |
| 髙橋孝真 | 自民党 | 北上 | 8,367.410 |
| 嵯峨壱朗 | 自民党 | 久慈 | 7,586 |
| 工藤勝子 | 自民党 | 遠野 | 10,054 |
| 神崎浩之 | 自民党 | 一関 | 14,506 |
| 岩崎友一 | 自民党 | 釜石 | 9,699 |
| 工藤篤（落選） | 自民党 | 二戸 | 6,512 |
| 千葉伝 | 自民党 | 八幡平 | 9,715 |
| 柳村岩見 | 自民党 | 岩手 | 8,504 |
| 熊谷泉（無投票） | 自民党 | 紫波 | 0 |
| 合　計 | | | 130,777 |

関根敏伸支持県議，県議候補

| 県議名 | 所属 | 選挙区 | 得票数 |
|---|---|---|---|
| 三浦陽子（落選） | 民主党 | 盛岡 | 6,493 |
| 伊藤勢至 | 希望みらいフォーラム | 宮古・下閉伊 | 11,963 |
| 田村直司（落選） | 民主党 | 宮古・下閉伊 | 8,374 |
| 佐々木順一 | 希望みらいフォーラム | 花巻 | 10,980 |
| 名須川晋 | 希望みらいフォーラム | 花巻 | 9,864 |
| 小松久孝（落選） | 民主党 | 北上 | 6,916 |
| 関根敏伸 | 希望みらいフォーラム | 北上 | 11,534 |
| 中平均（落選） | 民主党 | 久慈 | 6,954 |
| 新田敏彦（落選） | 民主党 | 遠野 | 7,056 |
| 岩渕誠 | 希望みらいフォーラム | 一関 | 10,418 |
| 川村龍雄（落選） | 民主党 | 八幡平 | 6,049 |
| 郷右近浩 | 希望みらいフォーラム | 奥州 | 13,079 |
| 及川幸子 | 希望みらいフォーラム | 奥州 | 9,481 |
| 後藤完 | 希望みらいフォーラム | 奥州 | 11,635 |
| 喜多正敏 | 希望みらいフォーラム | 岩手 | 6,443 |
| 工藤大輔（無投票） | 希望みらいフォーラム | 九戸 | 0 |
| 福田としき（落選） | 民主党 | 陸前高田 | 7,251 |
| 及川伸（落選） | 民主党 | 釜石 | 5,092 |
| 合　計 | | | 149,582 |

吉田晴美支持県議，県議候補

| 県議名 | 所属 | 選挙区 | 得票数 |
|---|---|---|---|
| 軽石義則 | 民主党 | 盛岡 | 9,345 |
| 髙橋但馬 | 民主党 | 盛岡 | 9,979 |
| 田村誠 | 民主党 | 大船渡 | 14,389 |
| 髙橋元 | 民主党 | 北上 | 10,208.588 |
| 佐々木朋和 | 民主党 | 一関 | 11,201 |
| 小野共 | 民主党 | 釜石 | 12,979 |
| 大宮惇幸 | 民主党 | 岩手 | 6,821 |
| 髙橋昌造（無投票） | 民主党 | 紫波 | 0 |
| 合　計 | | | 74,923 |

菊池幸夫支持県議，県議候補

| 県議名 | 所属 | 選挙区 | 得票数 |
|---|---|---|---|
| 斉藤信 | 共産党 | 盛岡 | 8,785 |
| 高田一郎 | 共産党 | 一関 | 11,951 |
| 瀬川貞清（落選） | 共産党 | 奥州 | 5,937 |
| 合　計 | | | 26,673 |

支持不明

| 県議名 | 所属 | 選挙区 | 得票数 |
|---|---|---|---|
| 佐々木博 | 民主党 | 盛岡 | 7,817 |
| 中村力（落選） | 無所属 | 盛岡 | 5,702 |
| 刈谷秀俊（落選） | 社民党 | 盛岡 | 3,765 |
| ザ・グレート・サスケ（落選） | 無所属 | 盛岡 | 4,035 |
| 小西和子 | 社民党 | 盛岡 | 6,948 |
| 酒井俊己（落選） | 無所属 | 盛岡 | 3,184 |
| 生駒利治（落選） | 無所属 | 宮古・下閉伊 | 7,414 |
| 小野寺健（落選） | 無所属 | 大船渡 | 4,778 |
| 近江正則（落選） | 無所属 | 大船渡 | 915 |
| 清水恭一 | 無所属 | 久慈 | 7,066 |
| 大久保由佳（落選） | 無所属 | 一関 | 4,235 |
| 佐々木茂光 | 無所属 | 陸前高田 | 10,142 |
| 小泉光男（死亡） | 無所属 | 二戸 | 7,793 |
| 鎌田しのぶ（落選） | 無所属 | 岩手 | 2,629 |
| 合　計 | | | 76,423 |

## 注

(1) 政治家の系列については、河村和徳・竹田香織「系列再編の視点から見る政権交代――宮城県選挙区」白鳥浩編著『衆参ねじれ選挙の政治学――政権交代下の二〇一〇年参院選』ミネルヴァ書房、二〇一一年や上神貴佳『政党政治と不均一な選挙制度――国政・地方政治・党首選出過程』東京大学出版会、二〇一三年等を参照。上神は釜石市議の系列関係を分析しており、岩手県を対象とする本章を理解する上で有意義であると思われる。

(2) 石川県における自民党系列の再編過程については、たとえば、Kazunori Kawamura, “The Turnover of Regime and LDP *Keiretsu* Realignments,” *Kanazawa Law Review*, 53 (2), 2011, pp.35-54を参照。

(3) こうした民主党岩手県連の勢力拡張の経緯は、他県の民主党県連（地方組織）と大きく異なっていると思われる。他県の民主党地方組織については、上神貴佳・堤英敬編著『民主党の組織と政党』東洋経済新報社、二〇一一年や建林正彦編著『政党組織の政治学』東洋経済新報社、二〇一三年等を参照。

(4) 曽我謙悟「都道府県議会議員から見た県連組織の実態」建林編著、前掲書、三一～五一頁。一般的に民主党は、公明党や共産党といった組織政党ほど、県連の果たす役割は大きくないと考えられている（自民党ほどではないが）。サーヴェイ・データを分析した曽我によれば、小沢王国時代の民主党岩手県連は、「政策形成においての役割はさほどでもないが、日常の政治活動においては、県連の役割は大き」かったという（曽我、前掲、四三頁）。

(5) 小沢の震災対応に不満があったためとも言われる。『朝日新聞（岩手県版）』二〇一二年九月二五日。

(6) 二〇一二年一二月の衆院選における岩手県内小選挙区の分析については、河村和徳・伊藤裕顕「小沢王国の黄昏――岩手四区」白鳥浩編著『二〇一二年衆院選　政権奪還選挙』ミネルヴァ書房、二〇一六年、七七～一〇二頁を参照。

(7) 『河北新報』二〇一三年四月九日。

(8) 連携の条件は「民主党離党」であったという。

(9) 『河北新報』二〇一三年三月三一日。

(10) 石破茂監事長が党内の「筋論」に従って平野の支援を見送り、新人の田中真一の公認を党本部が押し切った形となった。『朝日新聞』二〇一三年四月一〇日。

(11) 『朝日新聞』二〇一三年五月九日。

(12) 『朝日新聞』二〇一三年五月一三日。

(13) たとえば、参議院議員・知事に擁立した達増拓也は外務官僚出身であり、本章で焦点を当てた平野達男は農水官僚、階猛は弁護士、黄川田徹は県会議員からのリクルートである。

(14) 一時は袂を分かつ形となった民主党に、選挙協力を打診したと報じられている。『朝日新聞（岩手県版）』二〇一三年五月一五日。

(15) 東北の地方議員の中には、国に直接陳情することが難しくなった今では、国ほどではないにせよ、県予算を握っている知事の与党になることの方が大事と考えている者が少なくない。東北地方の選挙を考える際、そうした陳情構造の変化をおさえておくことが我々には求められる。

(16) 一部では、田中を「落下傘候補」と報道するメディアもあった。ただ、一般に想定される落下傘候補という用語は、まったく縁もゆかりもない候補を指す場合が多い。そのため、田中を純粋な落下傘候補とみることに、やや違和感がある。

(17) 田中真一公式ページを参照。https://www.facebook.com/55tanashin（二〇一三年七月二〇日訪問）なお余談ではあるが、田中陣営は、インターネット選挙運動が解禁されたこともあり、フェイスブックに繰り返しラグビーの話題をアップロードしている。「学生時代の厳しい合宿」「早稲田大学との定期戦に出場した思い出」「曽祖父のイギリス留学」等々が掲載されたが、それらが岩手県の有権者向けの情報発信として効果的であったとはいい難い。

(18) 平野も東京大学ラグビー部OBのラガーマンであり、岩手県のラグビー界に人脈を有するが、選挙戦ではほとんど言及していない。ラガーマンを前面に出した田中とは好対照である。

(19) アメリカで指摘されているコートテール・イフェクトとは、大統領候補の人気に便乗して同じ政党の候補者が有利になる効果を指す。ただ、日本の場合は議院内閣制を採用しているので、政党リーダーのイメージ・人気が投票行動に影響を与える効果と解すれば良いだろう。本章でしばしば用いている「ご威光」という用語も、コートテール・イフェクトとみなすこともできるだろう。党首評価と投票行動との関連性やコートテール・イフェクトの先行研究としては、蒲島郁夫・今井亮佑「二〇〇〇年総選挙――党首評価と投票行動」東大・蒲島ゼミ編『有権者の肖像』木鐸社、二〇〇一年や、森正「日本におけるコートテール・イフェクトと有権者意識」小林良彰編『日本における有権者意識の動態』慶應義塾大学出版会、二〇〇五年等を参照。

(20)『河北新報』二〇一三年七月一一日。

(21) 小沢一郎の新自由主義的政策主張については、小沢一郎『日本改造計画』講談社、一九九三年、一三八～一四九頁、二四三～二五〇頁を参照。なお『日本改造計画』には、新自由主義的政策だけではなく、主婦への年金満額支給など福祉国家的政策の主張も含まれている。

(22) 具体的には、(1)地域主導で復興加速、(2)地方と暮らしの現場が強くなる経済政策、(3)TPPに明確に反対、(4)ILC（国際リニアコライダー）誘致、(5)原発事故への的確な対処と再生可能エネルギー促進、である。

(23) ただし、現職県議一〇人のうち、社民党所属二人は表立った選挙応援はほとんどしていなかったように思える。

(24) この草の根戦術は、袂を分かつ形となった小沢一郎から過去二度の選挙で厳命されたものであり、平野に草の根戦術の経験がないわけではなかった。

(25) 平野たつおフェイスブックページより引用。https://www.facebook.com/pages/%E5%B9%B3%E9%87%8E-%E3%81%9F%E3%81%A4%E3%81%8A/179411478891401（二〇一三年八月一九日訪問）

(26) この選挙で、防衛庁長官や農林水産大臣を歴任した玉澤徳一郎を破って初当選している。

(27) 河村・竹田、前掲、二～三頁。

(28) 伊藤裕顕「総選挙　被災県岩手で何が論じられ何が起きたのか」二〇一三年日本選挙学会特別セッション報告論文、二〇一三年。

(29) 二〇〇三年一一月、二〇〇五年九月、二〇〇九年八月の計三回の総選挙における小沢の平均得票数は一二万九〇〇四票、平均得票率は六二・五四％である。二〇一一年九月県議選における小沢系県議選候補の得票数は一二万二八九七票、得票率は六九・七〇％である。

(30) 県議選候補者別支持動向詳細は、本章末に掲載している。

(31) なお、落選者は、立候補時の所属政党にとどまっているものと仮定した。また、幸福実現党公認候補である髙橋敬子については支持する県議候補はいないとみなし、図表からは割愛している。

(32) 衆議院岩手三区選出の黄川田徹でさえ、後援会員に吉田支持を強制できず、自主投票を認めている。彼は震災被災地である陸前高田市を地盤としており、彼の支持者の中には復興大臣経験者である平野に親近感を抱く者が少なくなかった。党勢が衰退する中、勝ち馬に乗ろうとする民主党県議の流出を食い止め、組織を防衛せざるをえない中での苦渋の決断であったに違いない。

(33) 『朝日新聞（岩手県版）』二〇一三年六月二二日。

(34) なお、平野は奥州市で関根の得票の倍を超える二万八六六七一票を獲得している。

(35) 『朝日新聞（岩手県版）』二〇一三年七月二四日。

(36) 平野は、民主党支持層の五二％、生活の党支持層の二三％に食い込んでいる。

(37) 増田は知事職を退いた後、小沢の政治手法について回顧している。「（小沢が）集団を強くまとめられるのは、資金を握り、何かあれば対立候補を立てて恐怖心をあおるから。厳しい選挙を経験させ、政治家が言うべきことを言いにくくする」と批判し、二期目を目指す選挙で自民党の推薦も取りつけようとした際には、小沢の秘書から対立候補を立てると圧力がかかったことも明らかにしている。その上で、「小沢さん側は県内の足腰がまだ強くなかった頃だから、県でトップの知事を押さえているということを誇示したかった」と小沢の行動を推察している。『朝日新聞（岩手県版）』二〇一〇年九月九日。

(38) 自民党政権が長期化し、候補者のリクルートが硬直化してきた結果なのかもしれない。関連する文献として、田中愛治「日本――硬直化した個人主導型リクルートメント」吉野孝・今村浩・谷藤悦史編『誰が政治家になるのか――候補者選びの国際比較』早稲田大学出版部、二〇〇一年等がある。

## 参考文献

伊藤裕顕「総選挙　被災県岩手で何が論じられ何が起きたのか」二〇一三年日本選挙学会特別セッション報告論文、二〇一三年。

上神貴佳『政党政治と不均一な選挙制度――国政・地方政治・党首選出過程』東京大学出版会、二〇一三年。

上神貴佳・堤英敬編著『民主党の組織と政党』東洋経済新報社、二〇一一年。

小沢一郎『日本改造計画』講談社、一九九三年。

蒲島郁夫・今井亮佑「二〇〇〇年総選挙――党首評価と投票行動」東大・蒲島ゼミ編『有権者の肖像』木鐸社、二〇〇一年。

河村和徳・伊藤裕顕「小沢王国の黄昏――岩手4区」白鳥浩編著『二〇一二年衆院選　政権奪還選挙』ミネルヴァ書房、二〇一六年。

河村和徳・竹田香織「系列再編の視点から見る政権交代――宮城県選挙区」白鳥浩編著『衆参ねじれ選挙の政治学――政権交代下の二〇一〇年参院選』ミネルヴァ書房、二〇一一年。

曽我謙悟「都道府県議会議員から見た県連組織の実態」建林正彦編著『政党組織の政治学』東洋経済新報社、二〇一三年。

田中愛治「日本――硬直化した個人主導型リクルートメント」吉野孝・今村浩・谷藤悦史編『誰が政治家になるのか――候補者選びの国際比較』早稲田大学出版部、二〇〇一年。

建林正彦編著『政党組織の政治学』東洋経済新報社、二〇一三年。

森正「日本におけるコートテール・イフェクトと有権者意識」小林良彰編『日本における有権者意識の動態』慶應義塾大学出版会、二〇〇五年。

Kawamura, Kazunori,"The Turnover of Regime and LDP *Keiretsu* Realignments," *Kanazawa Law Review*, 53 (2), 2011, pp.35–54.

［謝辞］本章執筆において、多くの方々にご協力をいただいた。記して感謝申し上げたい。なお、本章における誤りはすべて筆者らの責任である。

# 第6章　民主党の退潮と「デモクラシー」としての自治体
## ——東京都選挙区、神奈川県選挙区、静岡県選挙区——

白鳥　浩

### 1　民主党の退潮傾向と候補者の擁立

自治体を単位とした比較政治学の可能性を本章では検討する。個々の自治体は異なる政党システムを持っている。特に都道府県単位の定数の異なる参院選選挙区選挙は、個々の自治体のデモクラシーの違いを際立たせるものである。個々の自治体ごとにデモクラシーとして違いがあるといえよう。つまり隣接する自治体ですらデモクラシーとしての性質は違うのである。

本章においては、先行する二〇一〇年参院選において民主党は二名の候補者を擁立していたにもかかわらず、二〇一三年参院選においては、候補者を一名に絞った東京都選挙区を中心として、同様に二名の候補擁立から候補者を一名に絞った東海道に位置する隣接する複数区である、神奈川県選挙区、静岡県選挙区との比較の中で、政権与党から滑り落ちた民主党の政党理論上の意義を中心として、東京都選挙区の選挙結果を分析するものである。この比較の中から、それぞれの選挙区の特性、すなわち東京は直近の地方選挙の影響と共産党、無所属候補の躍進、神奈川は「四増四減」の中で、議席の増加に伴う変動、静岡は県知事選という直近の地方選挙の影響といった過程に加え、選挙に表れる個々の自治体の「デモクラシー」としての特性を明らかにする。

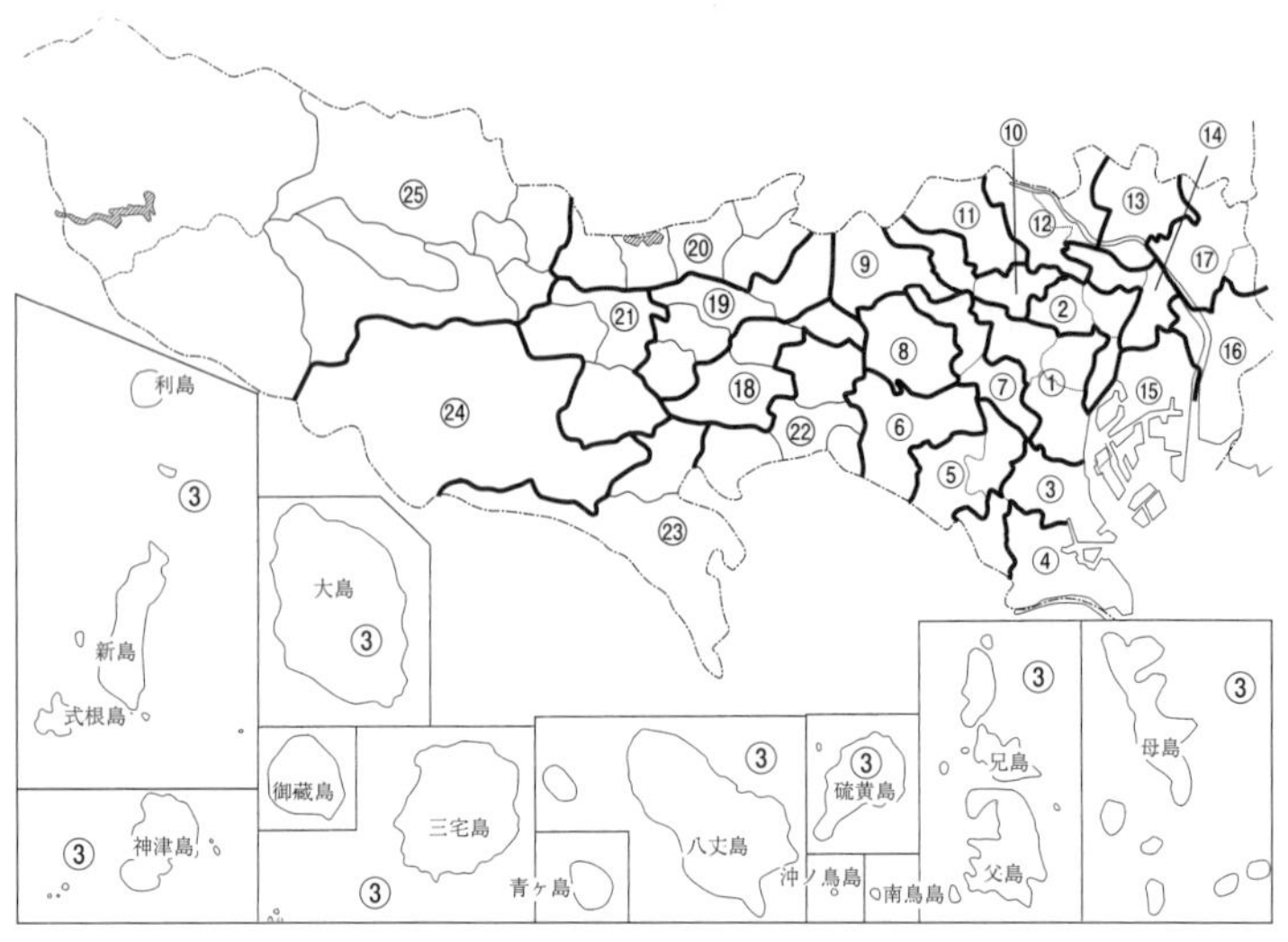


**図6－1**　衆議院小選挙区（東京都）

実に、民主党は、二〇一三年参院選において、ほとんどすべての選挙区において「守り」の選挙を繰り広げていた。半年前まで、政権与党の座にあった政党としては、あまりにも後ろ向き、消極的な選挙を展開していた。たとえば、前回の二〇一〇年参院選とここで取り上げる二〇一三年参院選を比較すると、民主党の行動の変化は非常に顕著であった。もちろん、第三極の台頭といった政党システムの変化の影響はあったにせよ、民主党の消極姿勢は際立っており、かつての「政権政党」の凋落ぶりは目を覆うばかりである。たとえば、複数区に複数の民主党候補を擁立していた事例は、二〇一〇年であれば、一六選挙区存在したが、二〇一三年は一つの選挙区も存在しない。さらに民主党の候補が選挙区に存在しなかったのは二〇一〇年であれば二選挙区しか存在しなかったにもかかわらず、二〇一三年では一三選挙区も存在している。このことは選挙区全体の選挙区数の三分の一以上に、かつての政権与党であり、選挙時点でも野党第一党であった民主党の候補者が存

**表6-1**　東京都選挙区選挙結果（改選：5）

| | 得票数 | 氏名 | 年齢 | 党派 | 推・支 | 新旧 | 当回 | 肩書・経歴 |
|---|---|---|---|---|---|---|---|---|
| 当 | 1,064,660 | 丸川　珠代 | 42 | 自 | | 現 | 2 | 厚生労働政務官 |
| 当 | 797,811 | 山口　那津男 | 61 | 公 | | 現 | 3 | 党代表 |
| 当 | 703,901 | 吉良　佳子 | 30 | 共 | | 新 | 1 | 党都委員 |
| 当 | 666,684 | 山本　太郎 | 38 | 無 | | 新 | 1 | 俳優 |
| 当 | 612,388 | 武見　敬三 | 61 | 自 | | 現 | 4 | （元）厚労副大臣 |
| | 552,714 | 鈴木　寛 | 49 | 民 | | 現 | | （元）文科副大臣 |
| | 413,637 | 小倉　淳 | 55 | 維 | | 新 | | （元）アナウンサー |
| | 320,287 | 桐島　ローランド | 45 | み | | 新 | | 写真家 |
| | 236,953 | 大河原　雅子 | 60 | 無 | | 現 | | （元）都議 |
| | 77,465 | 鈴木　信行 | 47 | 諸 | | 新 | | 新風代表 |
| | 70,571 | 丸子　安子 | 45 | ど | | 新 | | 服飾デザイナー |
| | 48,362 | 中松　義郎 | 85 | 無 | | 新 | | 発明家 |
| | 20,137 | 釈　量子 | 43 | 諸 | | 新 | | 幸福実現党役員 |
| | 12,683 | 犬丸　勝子 | 58 | 無 | | 新 | | 介護会社社長 |
| | 12,228 | マック　赤坂 | 64 | 諸 | | 新 | | スマイル党総裁 |
| | 6,432 | 森　純 | 65 | 無 | | 新 | | （元）会社員 |
| | 6,123 | 松本　実 | 66 | 無 | | 新 | | 保険代理会社社長 |
| | 6,033 | 中村　高志 | 53 | 無 | | 新 | | ビル管理会社員 |
| | 5,633 | 又吉　光雄 | 69 | 諸 | | 新 | | 政治団体代表 |
| | 3,103 | 西野　貞吉 | 77 | 無 | | 新 | | （元）運転手 |

**図6－2**　衆議院小選挙区（神奈川県）

**表6－2**　神奈川県選挙区選挙結果（改選：4）

| | 得票数 | 氏名 | 年齢 | 党派 | 推・支 | 新旧 | 当回 | 肩書・経歴 |
|---|---|---|---|---|---|---|---|---|
| 当 | 1,130,652 | 島村　大 | 52 | 自 | | 新 | 1 | （元）日歯連理事長 |
| 当 | 740,207 | 松沢　成文 | 55 | み | | 新 | 1 | （元）知事 |
| 当 | 629,662 | 佐々木　さやか | 32 | 公 | | 新 | 1 | 弁護士 |
| 当 | 461,006 | 牧山　弘恵 | 48 | 民 | | 現 | 2 | 党県副代表 |
| | 444,955 | 畑野　君枝 | 56 | 共 | | 元 | | 党中央委員 |
| | 242,462 | 水戸　将史 | 50 | 維 | | 現 | | （元）県議 |
| | 119,633 | 露木　順一 | 57 | ど | | 新 | | （元）開成町長 |
| | 76,792 | 木村　栄子 | 65 | 社 | | 新 | | （元）藤沢市議 |
| | 41,359 | 溝口　敏盛 | 66 | 諸 | | 新 | | 新風党員 |
| | 30,403 | 森下　正勝 | 69 | 無 | | 新 | | 建築内装業 |
| | 10,006 | 及川　幸久 | 53 | 諸 | | 新 | | 幸福実現党役員 |

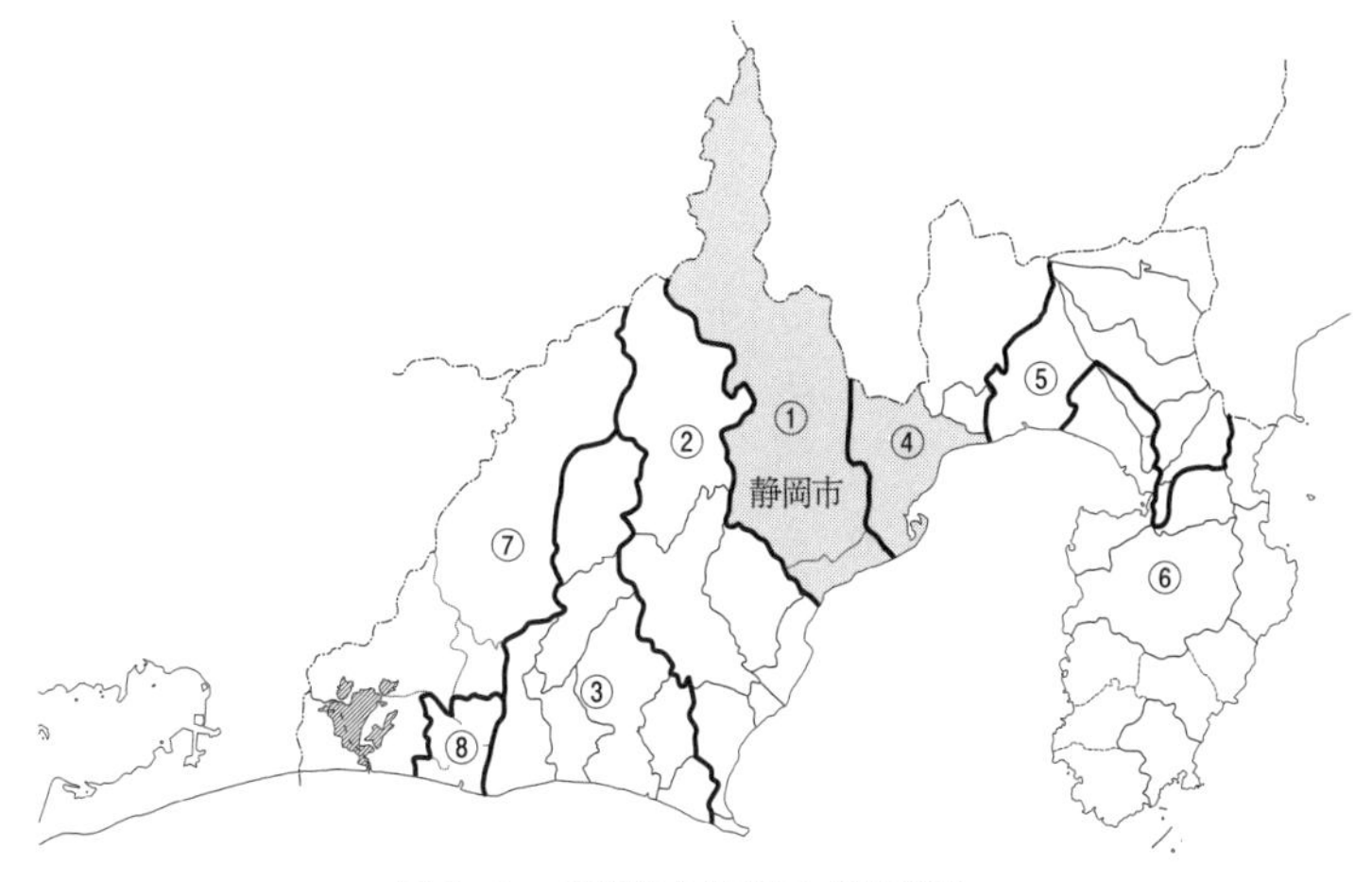


図6-3　衆議院小選挙区（静岡県）

表6-3　静岡県選挙区選挙結果（改選：2）

| | 得票数 | 氏名 | 年齢 | 党派 | 推・支 | 新旧 | 当回 | 肩書・経歴 |
|---|---|---|---|---|---|---|---|---|
| 当 | 634,789 | 牧野　京夫 | 54 | 自 | 公 | 現 | 2 | （元）参災対特委長 |
| 当 | 458,095 | 榛葉　賀津也 | 46 | 民 | | 現 | 3 | （元）防衛副大臣 |
| | 187,055 | 鈴木　唯記子 | 38 | み | | 新 | | 歯科技工士 |
| | 119,109 | 望月　飛竜 | 43 | 維 | | 新 | | 金属加工会社社長 |
| | 115,411 | 森　大介 | 44 | 共 | | 新 | | 党県常任委員 |
| | 13,692 | 中野　雄太 | 39 | 諸 | | 新 | | 幸福実現党員 |

在しないということを意味していた。

なるほど、「二〇一〇年は政権与党であったから、例外的に積極的に候補者を擁立せざるを得ない状況にあったのだ、野党としてはそこまで候補者を擁立することは通例ない」、という説明も成り立つかもしれない。それでは、野党であった時代の最後の参院選の時はどうであったであろうか。すなわち、今回、改選になる議席の候補者たちが当選した、二〇〇七年参院選と比べてみるとどうであろうか。野党であったとしても、複数区に複数の民主党の候補者が立候補していた事例は六事例も存在する。それでは、民主党の公認候補者の存在しない選挙区の数はどうであったであろうか。たしかに、民主党の公認候補が存在しないところは八選挙区存在したが、その多くは国民新党などとの選挙協力による不擁立であり、当時民主党は積極的に選挙に関与しており、二〇一三年選挙のように選挙に消極的にしか関与しないことはなかったのであった。この単純な数字だけを見ても、いかに二〇一三年選挙で、民主党が消極的な「守り」の選挙しか行っていなかったかが理解できる。これでは、党勢の維持どころか、将来の反転攻勢への可能性すら見えてこないのは結果をみるまでもない。

そもそも、選挙区に公認候補者が存在しないということは何を意味していたのか。公認候補者は一般に政党の「顔」を、選挙区で区切られた特定の有権者に向けて体現している。自らの票を投ずる選挙区に、政党の「顔」が見えないわけであるから、選挙区と連動する民主党への投票は、比例代表においても望むべくもなかった。つまり、この二〇一三年選挙は民主党にとっては、候補者の擁立の時点から、「負け戦」の様相が強いものであったとしか考えられない。しかしながら、そうした状況の中でも、「都市に強い」というこれまでの選挙結果の中でも、民主党にとって、東京都選挙区は、起死回生の、将来の党勢の復活に結び付けられる選挙区であった。そこで、東京都選挙区においては、当初は現職の二名の公認候補で、選挙を戦う予定であった。しかしながら、議論を先取りするならば、安全策を採り公認候補を一名に絞ったにもかかわらず、結果として民主党は議席を失い、対する与党自民党は二議席を確保することとなった。東京都選挙区は、全国的にも自民圧勝となった二〇一三年参院選の中でも選挙の性格を象徴的に表していた。

## 2　選挙の過程

### 民主党にとっての東京都選挙区

しかし、二〇一三年選挙で特徴的であったのは、自民党の勝利だけであったのだろうか。自民党の勝利もさることながら、それ以上に印象的であったのは、わずか半年前までは政権与党であった民主党の凋落ぶりと、第三極の伸び悩みと小党の消滅、そしてそれ以外の勢力のうちで共産党の躍進であった。これらの特徴のいくつかが端的に表現されていたのは、東京都選挙区の選挙結果であったといえよう。こうした視点に立つならば、「自民党の一人勝ち」というよりは、「野党の失速」、その中でも「民主党の凋落」として特徴づけられるのではないだろうか。そこで、本章ではこの選挙の特徴をよく表した東京都選挙区における選挙結果を中心として、他の自治体と比較しつつ、政党論の視点から分析する。

この東京都選挙区を分析する上で、民主党という政党の選挙結果の帰趨が、大きな影響を与えていたことについて、異論のある者はいないであろう。首都である東京都選挙区は、日本を代表する「都市型」選挙区であることはいうまでもない。これまで、民主党は「都市型」政党として、東京をはじめとする都市部や、衆院選挙の道府県の県庁所在地である小選挙区制の「一区」において、結党以来、抜群の強さを見せてきた。端的に言って、その都市型であった民主党が、二〇〇七年の参院選において、農家の戸別所得補償を訴えて、地方での議席を増やすことで、「都市型」政党から「全国」政党、そして

「国民」政党へと展開をすることで、「衆参ねじれ国会」状態を作り出し、二〇〇九年の民主党を中心とした政権交代への布石を作っていった経緯があった。

「政権交代への布石を作った選挙」、そう言った意味で、参院選の持つ意味は民主党にとっては大きいものがあった。特に、本書で扱う二〇一三年参院選は、二〇〇七年参院選の議席の改選であり、付言すれば、前記のように、政権交代の足場を作った選挙の業績評価、さらには、二〇〇七年から二〇一三年という期間の政治の展開についての審判、換言すると衆参ねじれ国会から政権交代、そして自公による政権奪還までの六年間の民主党を中心とした政権の審判を、国民に求めるものであったという側面があったことも、注目に値すると考えられる。そのため、いかに政権を失ったとはいえども、「都市型」選挙区で強い、「都市型」政党である民主党のもともとの拠点を失うわけにはいかなかった。

そこで、当初は東京都選挙区においては二名の公認候補者を擁立して、選挙戦に臨む予定であったが、選挙戦の直前の七月二日（これは選挙戦公示日の七月四日の二日前である）に一名の党本部による公認取り消しの決定を、民主党は行ったのであった。これは、象徴的な都市型選挙区の東京都選挙区で、何があっても一議席は守り抜き、自らの拠点を維持するという民主党の固い意思表示であったといえなくもない。民主党は、こうした決定をなぜ行ったのか。そして、その決定は選挙の帰趨にどういった影響を与えていったのであろうか。次に、東京都選挙区と同様に東海道沿いに位置する複数区である神奈川県選挙区、静岡県選挙区を視野に入れながら、まずは民主党という「政党の失敗」を検討してみたい。これら三つの選挙区は同じ東海道上という地理的に近接した位置にあり、前回の選挙では複数の民主党候補を擁立したにもかかわらず、今回の選挙では候補者を一名に絞ったという共通点がある一方で、改選議席の定数が東京五、神奈川四、静岡二と異なるという相違点があることから、それぞれを比較することで、各自治体の「デモクラシー」としての特質が明らかとなると考える。

## 民主党の候補者の調整

さて、こうした民主党の候補者調整にまつわる行動は、はたして他の選挙区と比較してどのようなものであったのであろうか。ここでは、同じ東海道上に属する自治体の選挙区である、神奈川県選挙区、静岡県選挙区との比較を考えていきたい。

「候補者の調整が選挙の勝敗に繋がる」というのは、選挙に関心のあるものであれば、当然理解している定石である。そのなかでも、複数区で複数の候補を立てる場合には、支持者の票の割り当て（票割）が、その当落を決することは、地方議会議員の選挙や、かつての衆院選において採用されていた中選挙区など、一つの選挙区に複数の議席を割り当てる選挙制度を伝統的に持ってきた日本の選挙においては、経験的によく知られている事実である。しかしながら、この「票割」にまつわる戦略は、政党の支持の形態、後述のリンケージ（linkage）の強さによって影響を与えられると考えられる[1]。日本の政党の中では、この票割が、機能する政党として、公明党や共産党がよく知られている。これらの政党のように、強固な支持組織に支えられている政党は、政党の思惑通りに支持者を動員し、当選ラインを予想して、その当選ラインを上回る票数を自党の候補者に割り当てることで、選挙結果を操作することが出来る。一つの選挙区から、多くの複数の当選者を出す地方選挙で、これらの政党の候補者が、「全員当選」という結果となることがあることは、こうした選挙戦略を有効に使用することが出来る政党であることを一面で表している。

しかるに、これも経験的に知られていることではあるが、自民党も民主党も、複数の議席を有する選挙区（複数区）では、票割が必ずしも有効に働かないことが、伝統的に言われてきた。しばしば、地方議会議員の選挙や、参院選の選挙区選挙、さらに自民党にあっては中選挙区時代の衆議院議員の選挙において、票割によって票を分散すれば、自党の複数の候補が当選するだけの全体の得票数を持っておりながら、その票割がうまくいかず、候補者の複数に対して公認を出している自党候補のうちでも、特定の候補に票が集中することによって、必ずしも複数の当選者を出すことが出来ない事例については、枚挙に暇がないほど広く知られている。そこで、自民党と民主党にとっては特に、公認を与える候補者の調整が重要な意味を持ち、そこで、複数議席を獲得する賭けに出ることはなく、自党の支持者の投票を特定の候補者に集め、一議席だけの議席を確保するという選挙戦略が、安全な戦略として採用されがちであった。複数の公認候補を擁立し、複数議席の獲得という賭けに出ることもないわけではない。しかし、複数の公認候補を立てるか、一人の公認候補に絞るかという、この政党の決断については、直近の選挙、特に当該選挙区で直近に行われている地方選挙が大きく影響するものと考えられる。

さらにいうとこの候補者調整において大きな影響を与えるのは、第一に直近の地方選挙などの選挙結果のみならず、第二に定数の増減などの制度的な変容であろう。今回の二〇一三年参院選の前に、前記の東海道上の三都県のうちで都県レベルの地方選挙が存在したのは六月一六日に県知事選を行った静岡県と、六月二三日に都議会議員選挙を行った東京都である。また、その二つの自治体に挟まれた神奈川県は、「一票の格差」の是正にまつわり、定数が増加していた。複数選挙区であるこれらの選挙区で、どのような候補者調整が行われたのかを、以下において検討しよう。議論を先取りすると、すべての選挙区で民主党は、候補者を絞る選択を余儀なくされたのであった。

### (1) 静岡県知事選と参院選選挙区候補者の調整——地方選挙の影響

静岡県選挙区の定数は二議席である。そこで、この選挙区では、民主党の結党以来、自民党が一議席、民主党が一議席獲得する、いわばそれらの定数は、自民党と民主党の「指定席」と呼ばれるほどに、選挙結果は安定的であった。こうした静岡県選挙区に、参院選の直前に行われた地方選挙である静岡県知

表6－4　静岡県知事選選挙結果

| | 得票数 | 氏名 | 年齢 | 党派 | 推・支 | 新旧 | 当回 | 肩書・経歴 |
|---|---|---|---|---|---|---|---|---|
| 当 | 1,080,609 | 川勝　平太 | 64 | 無 | 民 | 現 | 2 | 前静岡県知事 |
| | 345,617 | 広瀬　一郎 | 57 | 無 | 自 | 新 | | 元多摩大教授 |
| | 61,980 | 島津　幸広 | 56 | 共 | | 新 | | 党県副委員長 |

出所：静岡県選挙管理委員会。

事選はどのような影響を与えたのであろうか。

二〇一三年の静岡県知事選挙は、二〇〇九年と同様に、川勝平太が勝利した選挙であった。前回二〇〇九年の県知事選は、二〇〇九年の民主党を中心とした勢力による政権交代への嚆矢となった選挙であった。思い返せば、二〇〇九年政権交代選挙の直前である七月五日に行われた静岡県知事選は、四期一六年間続いた石川嘉延知事の不出馬を受け、民主系の知事候補であった川勝静岡文化芸術大学学長（民主党、社民党、国民新党推薦）と、自民系の知事候補で現職の参議院議員であった坂本由紀子（自民党、公明党推薦）、それに無所属候補の海野徹と、共産党候補の平野定義が絡むといった選挙であった。この選挙において川勝は、坂本に一万五〇〇〇票の差をつけて、僅差ではあったが勝利し、候補者として民主党の風を体現し、続く衆院選において政権交代への弾みをつけたとみることができた。同様に、国政選挙である二〇一三年参院選の直前に行われた二〇一三年静岡県知事選においては、現職となり、二期目を目指す川勝と、大学教授という川勝と同様の経歴を持ち、「推薦」よりも弱い自民党県連の「支持」を受けた広瀬一郎との戦いに、共産候補の島津幸広も出馬するという構図の中で行われた選挙であった。ここにおいて川勝は圧倒的な強さを見せ、得票率も七〇％を超え、一〇八万票余りを集めて当選したのであった(2)。

二〇〇九年と二〇一三年の二つの静岡県知事選は、勝者は川勝という同じ政治家であったが、大きな違いが存在した。それは、川勝と民主党との関係である。川勝は、二〇〇九年には民主党の推薦を受けて、政権交代への大きなうねりを利用しながら知事選を戦ったが、二〇一三年には現職の知事として、民主党からの推薦を求めない姿勢を明らかとしていた。逆に言えば、川勝としては、民主党に対する逆風を敏感に感じ取り、民主党の旗を立て政党色を利用することのメリットを必ずしも感じず、「現職の知事」という肩書で選挙戦を戦うこの方にメリットを感じていたのであろう。むしろ、選挙戦を観察していた筆者にとっては、民主党の静岡県選出の国会議員が川勝の応援を行っていたとしても、川勝陣営は「民主党色」をまとうことから一線を画していたという印象を持った。ここには、参院選の前哨戦として知事選を位置づけ、民主党の後退を踏みとどめたい「民主党側の意向」と、現在では政権を喪失して以降、退潮の続く民主党のイメージを払拭し、現職知事としての「県民党」を標榜し、民主党に足を引っ張られることを避けたい「川勝側の意向」との齟齬を見て取ることが出来る。つまり民主党側は、「地方選挙から政党へ」の影響を、二〇〇九年同様に最大限利用したいと考えていたのに対し、川勝側は、「政党から地方選挙へ」の影響を最小限に抑えたかったのである。

逆に、この「地方選挙から政党へ」の影響を最小限に収めたかったのは、政権与党の自民党としても意図していたことであった。自民党中央は現職の知事として知名度抜群の川勝に対して、新人の広瀬をぶつけても、勝利する可能性は高いものではないと理解していた。そこで、自民党静岡県連としては五月七日に党本部に対して広瀬の推薦を上申していたものの、五月一三日に県内財界から異論が出たことで、最終的に党本部は五月二七日に「推薦」よりも弱い「支持」を表明するという形で決着をみた。これよりも早く、五月一八日に公明党は自主投票を決めており、同様に日本維新の会も自民党の決定を受けて自主投票となっていたのであった。勝てない地方の首長選挙に、政党が強い姿勢で臨んでは、続く国政選挙に大きな影響を与えかねないのは、二〇〇九年の政権交代選挙ですでに経験していたことであった。前回、二〇〇九年の静岡県知事選では、「自民・公明推薦候補」対「民主・社民・国民新党推薦候補」の激突という、政党の代理選挙、国政選挙の前哨戦という形で、自民党は敗北を喫した。実に、その直後の二〇〇九年政権交代選挙では、静岡県内小選挙区は全ての選挙区で自民候補が敗北する結果となってしまった。そのために、この国政選挙に近接した地方選挙で、確実に勝てる可能性がなければ、「地方選挙から政党へ」の影響を最小限に抑え、「地方選挙から国政選挙へ」の悪い流れを作らないことが肝要だと自民党中央が考えていたことは理解できよう。しかしながら、政権与党として、県知事選挙に関与しないことを選択できないために、「推薦」ではなく「支持」という、万が一選挙に負けても強くは責任を問われることのない、弱い形で関与する決定を行ったと解釈できる[3]。

結果としては、川勝側、そして自民党側のこうした判断は正しかったのであった。しかしながら、この静岡県知事選の構図自体が、民主系の候補者として「推薦」を受けていた候補が、民主党の「推薦」を要請しないという変化を、有権者に強く印象づけることとなった。また自民党も、政権奪還を二〇一二年衆院選で行ったとはいえ、知事選で敗北するようでは、複数の候補者を参院選に擁立して、選挙戦を戦うのは無謀だという印象を持たせるのに十分であった。そのため、民主党も自民党も、二人区である静岡県選挙区においては、候補者を絞り、一名しか公認候補を擁立することはないという結果となったのである。そうした意味で、静岡県知事選という「地方選挙から国政選挙へ」の影響は、最終的な候補者の調整という点に大きな影響を与えたといってよいだろう。自民党に、候補者を複数立てるという選択肢が存在しなかったわけではないが、いかに安倍政権の支持が高かったとしても、静岡県選挙区においては、自民党の候補者は一名より増やすことはなかったのであった。この時点で、静岡県選挙区については、自民党と民主党が候補者を一名に絞って安全策をとったことにより、それぞれ「指定席」に収まる、「無風」の選挙となることが予想されたのであった。

### (2)定数是正と神奈川県選挙区候補者の調整――「第三極」と「四増四減」

静岡県から日本地図を東に移動していくと、神奈川県が存在する。この神奈川県選挙区においては、二〇一三年参院選から議席定数が増員されたのであった。これは、いわゆる「四増四減」[4]の改革によって、これまで三人区であった神奈川県選挙区の改選議席が四人に増員されたのであった。この議席が増加された神奈川に関しては、当然、当選ラインが低下することも考えられ、政党にとって新たに候補者を擁立するインセンティヴが増すことも予想された。ネット選挙解禁と合わせて、定数是正という制度的変容は、この参院選にどういった影響を及ぼすかは未知数であった。

この神奈川県選挙区は、東京都選挙区と同様の「都市型」選挙区であり、近年の選挙においても、民主党は一定の強さを見せてきた。一九九八年四月二七日に民主党が結党されて以来、三人区である神奈川県選挙区において民主党は、九八年、〇四年（浅尾慶一郎、千葉景子）と、〇七年（牧山弘恵、水戸将史）に、民主党の候補者が二議席を獲得するほどの強さを誇ったのであった。そのため、議席が増えることは、場合によっては民主党の議席を増やす可能性も残されていなかったわけではない。しかしながら、この神奈川県選挙区においては、同様に都市型であったみんなの党も、その支持を拡張していたのであった。二〇〇九年八月八日という民主党政権の前夜に結党されたみんなの党には、神奈川出身の政治家が多数存在していた。そもそもみんなの党の幹事長であった江田憲司は神奈川八区の衆院議員であったし、浅尾慶一郎は民主党の神奈川県選挙区の参院議員から、二〇〇九年にみんなの党に移籍して衆院議員に比例復活で当選し、二〇一二年は神奈川四区で当選した経歴を持っていた。そうした意味では、民主党の地盤であった神奈川県選挙区も、第三極のみんなの党の浸食を受けていたといっても過言ではない。

また、こうした神奈川県選挙区に影響を与えていたのは、みんなの党だけではない。日本維新の会の動向にも注意を払う必要があった。そこで、この神奈川県選挙区の民主党の公認候補の調整を分析する上で、二〇〇七年に民主党から参院の選挙区選挙で初当選した水戸将史の動向は注目すべきであった。水戸は民主党政権であった二〇一二年八月一〇日の「社会保障と税の一体改革」関連法案にまつわる「国民に増税を課す」という参院本会議での採決で、党の方針に反対して反対票を投じ、さらに、九月七日の自らの選挙区にも関わる参院選挙区の定数を「四増四減」する公職選挙法改正案の採決でも再び党の方針に造反、反対票を投じたのであった。その後、水戸は、民主党の松野頼久元官房副長官らが超党派で作る「道州制型統治機構研究会」のメンバーとして、九月九日に大阪維新の会が大阪市内で開催した公開討論会に出席、その後他の六名（民主党の松野、石関貴史衆院議員、自民党の松浪健太衆院議員、みんなの党の小熊慎司、上野宏史、桜内文城の参院議員）とともに地域政党の大阪維新の会が模索する国政新党に合流することを表明した。最終的に水戸は、九月一一日に民主党に離党届を提出し、後の九月二八日に大阪維新の会が母体となり国政政党化していった日本維新の会に入党した[5]。このように民主党の現職の参院議員であった水戸将史が民主党から維新に移っていたために、民主党の公認候補は一人となっていた神奈川県では民主党は、牧山の他にも、水戸の代わりに公認候補を立てる可能性もなかったわけではない。また当然のことながら二〇一三年参院選においては現職の水戸は日本維新の会の公認候補として戦う予定となっていた。そこで、民主党は党勢を挽回すべく、牧山以外の候補者を立てることも十分可能ではあったが、もともと民主党の候補者であった水戸が維新へと移っている以上、支持が分散される危険性があった。

しかしながら、神奈川県選挙区では、この改選議席の増員によって、各政党について選挙区への参入の敷居を低下させる現象が起こっていたのかもしれない。そこで、必ずしも民主党、みんなの党、そして日本維新の会だけが選挙に臨んでいたわけではなかった。特に、二〇一三年参院選で改選になる二〇〇七年参院選の当選者のうちで、自民党の小林温（こばやしゆたか）が、運動員の選挙違反で辞職して、公明党の松あきらが繰り上げ当選しており、与党唯一の現職であった。当然、改選議席に現職のいなかった自民党も小林の後継となる新人候補を擁立することが予想されると同時に、公明党の松も参院選に出馬しないことを二〇一二年八月の段階で引退することで表明しており、松の後継候補も出馬することが考えられた。結果、自民党は二〇一二年七月二三日に日本歯科医師連盟理事長であった島村大（しまむらだい）[6]を、公明党は二〇一二年九月六日に弁護士の佐々木さやか[7]を公認候補として擁することとなった。また、共産党も二〇一三年四月一日に元参議院議員の畑野君枝（はたのきみえ）を公認候補として発表するなど、着々と選挙に向けて各政党とも準備を行っていったのであった。

野党の中で、特筆すべきであったのはみんなの党である。二〇一二年の政権奪還選挙では、党としても躍進を遂げていたし、神奈川八区の江田だけではなく、浅尾も神奈川四区の小選挙区で当選を果たすなど、党勢は拡大傾向にあった。そこで、みんなの党がどういった候補者を擁立してくるかに焦点が当てられていた。当初は、維新の会との選挙協力も視野に入っていたこともあるだろうが、みんなの党の候補者の選定は必ずしもスピード感を持って進められていたわけではない。みんなの党の候補者の選定が進まなかったのには、こうした外部要因だけではなく、内部的な要因も強く作用していた。党代表であった渡辺喜美と、党幹事長であった江田の対立である。この二人の対立を決定的にしたのは、二〇一三年四月三日の参院選の候補者選定をめぐる確執であった。選挙の実務は幹事長の江田に権限を与えられていた。ところが、渡辺は議員総会で政調会長であった浅尾に「選挙対策委員長」を兼務させ、江田の権限を剝奪する動きに出たことが伝えられた。この議員総会には江田は欠席しており、江田の欠席を見計らった動きだという評価が存在した。この動きは、結局は江田に「選挙対策本部長代行」という役割を与えることで収拾したが、二〇一三年の参院選が、みんなの党の代表と幹事長の関係を決定的に悪化させる機会を与えていたことは間違いない。

そもそも、渡辺がどうして江田に対してこういった行動に出たかに関しては、二〇一二年政権奪還選挙まで直接の原因をさかのぼらねばならない。当時、同じ第三極と考えられていたみんなの党と維新の会は、二〇一二年の衆院選挙前には選挙協力を進めるものと考えられていたが、選挙協力は部分的なものにとどまり、実質的には個別に選挙戦を戦い、結果として両党とも小選挙区で勝利しない「相打ち」になることも多かった。一時は合併という話もあったみんなの党と維新の会は、この選挙をきっかけとして、少しずつ疎遠になっていった。こうして代表の渡辺はみんなの党の「独自路線」を追求することに方向性をシフトしていった。しかしながら、幹事長の江田は維新との連携を模索する「みんな・維新連携路線」を維持し、選挙協力の協議を、渡辺の完全な了解なく進めていったことが確執を深めていったのであった。

こうした確執を背景として、神奈川県選挙区の候補者選定にも、代表と幹事長の対立は持ち込まれていった。五月一四日に、渡辺は神奈川県選挙区にみんなの党公認候補として松沢成文前神奈川県知事を擁立することを発表した。それに先立つ同日の党役員会で、江田は公認を決めていたものの選挙区が決定していなかった元神奈川県議の菅原直敏（すがわらなおとし）を推し、松沢を推す渡辺に反対したが、渡辺に押し切られる形での決定であった。自らの選挙区の存在する県の候補者の決定を、自分の頭越しに行われた江田の気持ちはいかばかりであったであろうか。この確執をさらに深めた神奈川県選挙区の公認候補決定は、みんなの党のその後に、強く遺恨となるものであった。

また、県都横浜市が選挙区であった江田は、当時は松沢に対して必ずしも良いイメージを持っていなかった可能性も考えられる。というのも松沢は、神奈川県知事に二期目で在職中の二〇一一年三月一日に、首都である東京都知事選への立候補を表明したことがあった。松沢は民主党の衆院議員を務めた後に、二〇〇三年四月から神奈川県知事を拝命し、二〇一一年四月二二日までの二期目の任期途中で、他の自治体の知事に、現職知事が意欲を見せるという異例の事態をみせた。松沢は当時都知事を務めていた石原慎太郎の後継を目指したものであったが、石原が三月一一日に都知事選への出馬を都議会で表明した結果、三月一四日に出馬を撤回する展開となった。こうした「一度は神奈川を見限った」と揶揄する声すらある候補者が、知名度は高いものの、同じ神奈川の有権者に受け入れられるかどうかは未知数であった。参院選について当初はみんなの党と維新は選挙協力を摸索したが、最終的に、みんなの党は維新との選挙協力を、橋下共同代表の「従軍慰安婦」をめぐる五月一三日の発言を理由として解消することを二一日に決定したのであった。これで、維新の水戸とみんなの松沢は、参院の議席の椅子をめぐって他の候補とともに争うことが決定的となった。

その他にも、みどりの風、社民党、幸福実現党などの諸派、さらに無所属からの新人候補者が五名出馬することとなり、併せて一一名の候補者が、四つの改選議席をめぐって争うこととなった。そこで結局、民主党は候補者を牧山一人に絞って選挙を戦うこととなった。この混戦状態の中で、民主党は現職の議席すら失う危険を避けるという安全策を採用したのである。

### (3)民主党本部の東京都選挙区候補者調整——細野幹事長の判断と都議会議員選挙の影響

こうしてみてくると、民主党の参院選への戦略は消極的であり、現状維持を志向するあまり、政権政党としての位置を喪失した党勢の挽回への糸口は、まったく見えていなかったことが理解できる。これには、選挙を取り仕切る、当時の民主党の幹事長であった細野豪志の考えも背景になかったわけではないだろう。

おそらく、静岡五区選出の衆院議員であった細野幹事長の脳裏には、自分が静岡で経験してきた参院選における複数定数区の選挙区選挙の経験があったのではないだろうか。細野は二〇〇〇年の第四二回衆議院議員総選挙で旧静岡七区から、保守系の木部佳昭、栗原裕康の争いの間隙を縫って初当選している。初当選当時の細野の得票は、二〇〇〇年選挙における木部、栗原の二人の保守系二名の得票を合算したものよりも少なく、また、その前回の一九九六年の選挙での木部個人の得票よりも少ないものであった。このように政党支持が分裂して本来の力が発揮できないことがあることは、はじめの選挙から彼自身が経験していたことであった。また、彼が当選してからの複数定数区である静岡の参院選といえば、たとえば、二〇〇一年七月二九日投開票の自民二人公認候補のうちで現職の竹山裕が当選し、同じく現職であった鈴木正孝が落選した事例、二〇〇四年の民主二人公認候補で、民主党では新人の藤本祐司が当選し、現職の海野徹が落選した事例、さらには二〇一〇年の民主二人公認候補で、藤本祐司が二期目を当選し、新人の中本奈緒子が落選した事例など、静岡という複数定数区で複数の公認候補者を擁立した政党は、結果として必ずしも複数の議席を確保できなかったという経験が、脳裏をよぎらなかったことはなかったはずである。つまり細野の判断では、複数定数区において、政権を失った民主党が当時の党勢の中で、当選者を複数出すことは非常に難しいと考えたのであろう。特に、東京のように浮動票の多い都市部において、必ずしも民主党や、民主党を支援している連合の統制が効かない有権者の多い場合には、複数の候補者を出して、最悪の場合共倒れという可能性もある。その結果の場合に、首都である象徴的な東京都選挙区で、民主党の議席が一つも存在しないことは、民主党の退潮を有権者に強く印象づけてしまうことになる。そうした事態を避けるため、細野は、苦渋の決断として候補者を一本化する決定を行ったことには、幹事長としてまったく理由がないわけではないと考えられる。

　こうした判断には国政選挙の直近の地方選挙が、一つのバロメーターを与える。すでに述べたが二〇〇九年七月五日の静岡県知事選では民主・社民・国民新推薦の川勝が、自民・公明推薦の坂本を破り、また七月一二日の東京都議選の結果によって、民主党が第一党になることで、国政選挙にも大きな影響を与え、政権交代への布石を付けていった[8]。しかるに、二〇一三年六月一六日に行われた参院選に先行する静岡県知事選挙でこそ、現職の川勝は勝利したものの、すでに川勝は「民主党寄り」というスタンスをとることはなくなっており、六月二三日の東京都議選では、前回選挙で第一党に躍進した民主党の姿は見る影もなく、改選前の議席である四三議席から一五議席へと、約三分の一に縮小してしまう惨敗を喫し、都議会の第四党へと転落する結果となっていた[9]。

候補者の最終的な公認取り消しに至る過程においては、特にこの都議選は決定的であった。この都議選においては、こうした民主党の退潮と対照的に、与党側の五九名の自民党の立候補者と二三名の公明党の立候補者は全員当選するという決定的な結果となっていた。こうした政権与党である自民党と公明党の圧倒的な強さを目の当たりにして、民主党の現職二名が選挙区選挙に公認候補として臨んだとしても、結果が出せない可能性はあった。また、民主党が選挙区に複数候補者を立てて挑んだ都議選では、六選挙区のうち五選挙区（品川、世田谷、杉並、北、江戸川）で共倒れする事例（大田区は唯一の例外）が続いたということもある。つい、半年前まで政権与党であった民主党は、現在野党第一党であるとはいえ、未だ政権喪失の痛手から回復できていないのが実情であったであろう。

そのため、「都市型」選挙区である首都における民主党の議席を一つでも残しておきたい、そのための方策として、公認候補を一名に絞るのは、選挙戦略として魅力的に映っていたのかもしれない。というのも、たしかに都議選では所属議員が激減したとはいえ、未だ都政においては、民主党は二桁以上の地方議員を抱える第四党であった。第三極のみんなの党は躍進したといえども七議席を獲得したにすぎず、第三極のもう一方の雄である日本維新の会にしても橋下共同代表の「従軍慰安婦」関連の発言が影響したのか、当選者は二議席にとどまっていたし、生活の党に至っては当選者はゼロという結果であった。たしかに共産党は議席を倍増させているが、この共産党のトレンドについて、参院選に対する影響は局地的なものとみることも出来た。つまり、この都議選の結果が東京都全体にあてはまるかどうかは不明であったし、もっと言えば日本の全人口の一割を超える有権者を有する大規模デモクラシーである東京都を、一つの選挙区とする選挙区選挙、しかも日本最大の五議席を有する複数定数区で、民主党は公認候補を一つにさえ絞れば決して議席を失うことはないとも考えられた。というのも、この選挙結果をみれば、二人立てて共倒れしていた選挙区の民主候補の合計得票数は、当選した共産候補の得票数を上回っている場合が多かった（北区は例外）。これは細野の初当選の選挙のように、複数候補を擁立した政党が共倒れする間隙を縫って議席を獲得するという事例であった。そうした都議選の轍を二度と踏まないための戦略を民主は練る必要があった。それが、公認候補を一名に絞ることとなった。そこには政権を失った痛手を、最小限に食い止め、一議席を確保することによって、次の選挙に向けて捲土重来を期すという、民主党のしたたかな計算があった。

結局、細野を中心として選挙戦略を形成していた民主党は、直近の東京都議選における民主党の退潮を受け、党公認候補者を鈴木寛一人に減らす決断へと向かった[10]。この東京都選挙区において、一議席も確保できないという、執行部の責任問題に直結しかねない民主党の歴史的惨敗を避けるための、最も安全な策として採用された直前の公認取り消しの決定は、しかしながら有権者にどのように受け入れられたのであろうか。この決定は、東京の有権者、特に民主党の支持者の側には、動揺を誘うものであった。特に強調したいのは決定のタイミングである。この点を再び確認せねばなるまい。七月四日の選挙戦公示の直前である七月二日の党本部による公認取り消しの決定、そして公認辞退による比例区への転出への要請は、現職の選挙区の参院候補として準備を続けてきた大河原雅子（おおかわらまさこ）には受け入れがたいものであった。大河原にとっては、六年前の参院選では一〇〇万票を超える得票を集めてトップ当選し、今回公認を受けることになった鈴木は八〇万票に届かず三位で当選したという経緯もある。さらに、この決定の前日、七月一日の大河原の決起集会には、海江田代表、菅直人元総理、連合東京の須永謙治事務局長なども姿を見せ、いまさら選挙区から引けないのが大河原の本音であったであろう。[11]また、これは大所属で出馬することを決定し、東京で実質的に民主党の分裂選挙という事態を迎えた。[12]そこで、大河原は無河原の選対本部長を務めていた小川敏夫元法相、大河原支持を公言した菅などは、民主党籍のまま、党の公認候補がいるにもかかわらず、無所属で出馬する大河原の選挙を支援することとなり、選挙にあたって民主党は、組織として一枚岩で動けない状況を迎えたことを意味していた。選挙におけるこの民主党の分裂は、前年の消費税をめぐる分裂、さらには、衆院選を真近に控える中での民主から他の政党への離党が相次いだことを想起させ、「民主党は一枚岩ではない」という印象を再び有権者に強く与えるものであった。また、東京都選挙区においては、選挙における実働部隊である運動員たちの間にすら困惑が広まり、ひどい場合には、こうした分裂で選挙に嫌気が差し、必ずしも選挙に本腰を入れていなかったという印象すら有権者に与えるものであったかもしれない。

この大河原の公認取り消し、無所属出馬の背景に、都議会議員選挙のもう一つの側面があったと読み込むのは、あながち深読みではないだろう。大河原はもともと、東京生活者ネットワーク（略称、生活者ネット）の都議会議員出身という背景を持っている。都議選では、世田谷区、杉並区、北多摩二区などでは、生活者ネットワークの候補者が当選することによって、民主党候補が次点で落選するという憂き目に遭っている。すなわち、直前の都議選では民主党と生活者ネットは、敵同士であったということが出来る。この直近の地方選挙である都議選の経緯を視野に入れるならば、鈴木陣営を含め、民主党の執行部や、東京の民主党の支持者としては、直近の都議選で「敵」として、民主党候補と議席をめぐる争いを繰り広げてきた生活者ネットワークという別組織を背景にしている大河原を、参院選においても支持を訴えていかなければならないということは，必ずしも納得のいくものではなかったかもしれない。また，逆に大河原陣営としてみれば，地方議員時代はもともと別の政党で活動してきたわけであり，民主党の公認がもらえないとしても，選挙は独自でも戦えるという目算があったとしても不思議ではない[13]。

しかしながら，この選挙の公示直前の民主党の突然の公認取り消し決定は，一般の有権者には，政権与党時代の消費税増税をめぐる当初の「両論併記」，さらには「決められない民主党」といった，リーダーシップが取れず，ガバナンスの欠如した「寄り合い所帯」としてのイメージを思い起こさせた可能性がある。これにより，民主党の公認を獲得した鈴木も，無所属で出馬することを決定した大河原も，両者ともに難しい選挙選を迎えることとなった。むしろ，首都における民主党の選挙戦略の「ブレ」が全国に報道されるに及んで，有権者の「民主党離れ」を加速していったところはなかったのであろうか。そしてもしそこに「民主党離れ」があったとするならば，それは民主を中心とする支持層の政治空白をこの二〇一三年参院選において作り上げてしまったと言えるのではないか。

東京都選挙区においては，その政治空白に，共産党の吉良佳子（きらよしこ），無所属の山本太郎が入り込む余地があったといえよう。例えば共産党の新人吉良佳子は二〇〇一年以来の一二年ぶりの東京都選挙区における当選を飾る可能性があった。というのも吉良は共産党の従来の支持層だけではなく，三〇歳の若さをアピールすることで新たな支持を獲得することに成功していたからである。これらの候補者が当選する可能性は，民主党の選挙戦略の「ブレ」とまったく関係がなかったかといえば，必ずしもそうではない。つまり，直前に，候補者を一本化するというかなり無理な選挙戦術をとったという失敗が，選挙結果に大きな影響を与えたであろうことはいうまでもない。こうしたミクロな戦術的なミスもあったが，マクロな戦略的な錯誤もあった。すなわち，民主党の執行部が思っていたよりも，かつての全体としての民主党の支持者は，この参院選までに，大幅に目減りしてしまっていたということであった。

たしかに政権を失ったとはいえ、民主党は半年前までは政権与党であった。また、二〇〇九年には、衆院選において自公を凌駕して政権をとった経験も記憶から完全になくなっていたわけではない。さらにいうならば、民主党は「都市型政党」、もっと端的には衆院選では都道府県の都道府県庁所在地のある選挙区である都市部の「一区」において抜群の強さを見せる「一区政党」と言われるほど、これまでの選挙においては都市部でその強さを見せてきた。そこで、この参院選においても、都市部の典型的な選挙区である東京都選挙区で、一定以上のパフォーマンスを見せると考えられた。そのため民主党の執行部には、この短い間に民主党への支持が激減することは、あまり考えられない、いやあったとしても信じたいものではなかった、というのが実際の感覚であったのではないだろうか。そのために、都議選の結果を見ても半信半疑で、選挙に臨む直前まで候補者の一本化という手段を、決断することが出来なかったのではなかったか。こうした支持者の急速な減少、これは民主党の執行部にとっては大きな誤算であったのではないだろうか。

実に民主党の支持者のみが減少しているというのがこの参院選の一つの特徴であったと言えるのではないだろうか。そもそも政党と有権者の間には、客観的な状況として、ある一定の「リンケージ（lincage 絆）」が存在すると言われてきた。このリンケージは別の視点からは政党による有権者の「編成(alignment)」という現象として捉えられてきた。そして、そのリンケージは、シュタイン・ロッカン(Stein Rokkan)の研究によれば、構造的な対立である「クリーヴィッジ(cleavages)」に根付くものが多く、多くのデモクラシーにおいて、長期間にわたり比較的安定的であることがこれまで明らかにされてきた。[14]

どちらかといえば、これまでの選挙の結果としての政党システムの議論は、ロッカンのものも、「静かなる革命」のロナルド・イングルハート(Ronald Inglehart)[15]のものも、政党システム全体の動的な安定と変動を対象として、リンケージを、クリーヴィッジという静的な対立状況の衰退や残存と関係づけて議論しているものが注目されてきたという印象を受ける。そこでは、特定の政党「一党のみ」がその支持を失い、政党と有権者のリンケージが失われる現象である「脱編成」をきたしている、という視点に立つ分析は必ずしも注目されるものではなかった。というのも、これはマクロな政党システムの変動を分析するのに有効な視座を提供する概念であったから、ということが出来るのかもしれない。ところが、この参院選の分析で明らかとなったのは、民主党「一党のみ」の脱編成が顕著な傾向として表れていたことである、というのも後述する選挙結果からはあながち間違いとは言えないのではないか。

こうした政治過程の焦点としての選挙結果から、ではなぜ、全国的に民主党一党のみが、退潮傾向にあったのであろうか、という疑問が浮上する。そして静岡、神奈川、東京の三つの、地理的条件等もほぼ近似した選挙区の結果の特徴的な差異は、何を意味しているのだろうか。それを理論的に明らかにするのが次の課題であろう。

## 3　選挙結果の分析

### 民主退潮の「共通傾向」と地域による結果の「差異」

選挙の結果は、静岡、神奈川、東京で非常に異ったものとなった。

結果としては、静岡県選挙区では自民党公認の牧野京夫（まきのたかお）がトップ当選、民主党公認の榛葉賀津也（しんばかづや）が二位につけた。牧野は、二〇〇七年参院選で榛葉にトップ当選を許していたので、今回の選挙では雪辱を果たし、念願のトップ当選ということになった。この結果は議席には到達したものの、下位の当選というのは、静岡における民主党の退潮ぶりを如実に表していた。しかし、民主党は安全に一議席を確保したということも出来る。

　また、神奈川県選挙区では今回の選挙から「四増四減」の結果、四名が当選することとなった。一位が自民党公認の島村大、二位がみんなの党公認の松沢成文、三位が公明党公認の佐々木さやか、四位が民主党公認の牧山弘恵となった。民主党としてみれば、二〇〇七年の前回の牧山の選挙の時点では、牧山がトップ当選を果たし、もう一人の民主候補も当選し、二〇〇四年に引き続いて二名を参院に送り出していたことからすると、民主候補が一名しかいないにもかかわらず、最下位当選というのは、再び、全国的な民主党の退潮を象徴する選挙結果ということが出来る。野党を見てみれば、神奈川はみんなの党の候補が民主党の候補とともに当選し、しかも、民主党候補よりも上位の当選であった。

　さらに、東京都選挙区の選挙結果はどうであったであろうか。東京都選挙区は、この二〇一三年参院選で改選となる候補の前回の選挙であった二〇〇七年参院選から、改選議席の定数が一つ増えていた。民主党は二〇〇四年参院選では小川敏夫と蓮舫（れんほう）という二名を参院に送り出し、二〇〇七年参院選では大河原雅子がトップ当選を果たし、鈴木寛が三位で当選するなど二議席を確保し、さらに前回の参院選であった二〇一〇年参院選においても、小川と蓮舫の二名を送り出すなど、「都市型」政党としての民主党の強さが、如実に出る選挙区として東京都選挙区は位置づけられていた。しかしながら、今回の二〇一三年参院選においては、一位が自民党の丸川珠代（まるかわたまよ）、二位が公明党の山口那津男、三位が共産党の吉良佳子、四位が無所属の山本太郎、五位に自民党の武見敬三（たけみけいぞう）が当選し、民主党が公認を絞った鈴木寛は落選する結果となった。この圧倒的な「都市型」選挙区である東京都選挙区において、民主党が一つも議席をとれない結果となることは、現在の民主党の結党以来なかったことであった。また、東京都の野党の当選者をみると、共産候補の吉良と、無所属候補の山本が当選していることが目を惹くものである。

　これら三つの選挙区を取り上げたのは、すでに述べたように、いくつかの選挙における条件が共通しており、選挙の結果に関して分析をするうえで、相違があるとするならば、いくつかの側面を操作化することが可能となっていると考えられるからである。ここでの相違とは、共通して見られた民主党の候補の選挙結果に特徴的であった明らかな退潮と、地域によって異なっていた与党以外の政党（ないし政治グループ）の候補者の選挙結果である。こうした視点からするならば、各選挙区の地理的な位置の近似と、地域特有の政治的な争点の不在等を背景としての選挙結果は、比較地方政治に有為な視点を提起するといってよい。まずは、「全国」的に共通する民主党の退潮を検討し、次に「地域」ごとの与党以外の政党の候補の選挙結果の違いについて考察する。

### 全国的な民主党の退潮——「政党の失敗」論とリンケージを視野に

この三つの選挙区の選挙結果は、二〇一三年参院選の特徴の一つを明らかとしている。それは民主党の退潮である。なぜ、民主党は全国的にこうした退潮ムードとなってしまい、積極的に候補者を複数擁立することもなく、候補者を絞った選挙区においても当選できたのはせいぜい下位か、最悪の場合は東京都選挙区のように誰も当選できないという事例が頻出することとなってしまったのであろうか。筆者は、二〇一二年衆院選の政権奪還選挙においても、二〇一三年参院選の衆参ねじれ解消選挙においても、民主党には「政党の失敗」と言われる現象が起こっていたと考えている。この「政党の失敗」論を提起したのは、ケイ・ローソン（Kay Lawson）とピーター・H・メルケル（Peter H. Merkl）である。彼らは、一九八八年の著作『政党が失敗するとき』において、「政党の失敗」論を提起した[16]。

「政党の失敗」とは何を意味するのであろうか。この定義に関して、ローソンとメルケルは、広義における主要な政党の失敗を「社会において期待される果たすべき機能を果たさない」ことと定義した[17]。そうして「政党の失敗」が起こるときには「代替的な組織（Alternative Organization）」として四つの類型の組織が台頭するという。第一に「環境主義（Environmentalist）」、第二に「補完的（Supplementary）」、第三に「コミュニタリアン（Communitarian）」、第四に「反権威主義（Antiauthoritarian）」の組織であるという[18]。こうした「政党の失敗」が起こり、政党の支持が著しく減退するときには、政党と有権者との間の「リンケージ（linkage）」が著しく損なわれているときだと考えることが出来る。

この「リンケージ」概念としばしば混同されがちであるのは、「クリーヴィッジ（cleavage）」と「編成（alignment）」概念であろう。ここで、混同と誤解を避けるために、これらの概念を明確化しておかなければならない。一般に、政党は特定の政治的傾向を持った有権者によって支持される。この政党と支持を行う支持者との関係が「リンケージ」であり、政党と支持者との間に「リンケージ」がある状況が「編成」である。ある特定の政党に対して支持者が「編成」され、また他の政党に対しても同様に「編成」は起こる。そこで、これら政党同士は、ある特定の政策領域では構造的に対立する状況にある。その構造的な対立状況を「クリーヴィッジ」というのである。これら三つの概念はお互いに関連しあってはいるが、同じものを示しているものではない[19]。「リンケージ」は、日本政治において、よく言われる「絆」のようなものであろうか。

「政党の失敗」は、「リンケージ」に関する議論を基礎としている[20]。そこで、まずは「リンケージ」とは何を意味するかを検討しよう。ローソンは、一九八〇年の著作である『政党とリンケージ』のなかで、初めて体系的にリンケージ理論を分析している[21]。ここでこのリンケージ理論を少しく確認しよう。ローソンによれば、政党が他の組織と異なるのは、「リンケージを強調」することであるとされ、政党とは「市民と政策形成者の間のリンクを作り上げるための機関」として考えられ、また政党の存在事由（raison d'être）は、「統治者と被治者の間の実質的なコネクション」を作ることにあるともいう[22]。ここで、ローソンはジョバンニ・サルトーリ（Giovanni Sartori）を引用しながら、政党とは利己的なものであり、私的な権力欲を持つものであるが、「集合的な利益にとっての手段」であり、単なる私的利益のためのものではないとして、「政党は人々を政府にリンクする（Parties link people to a government）」という文章を引用している。[23] そしてローソンは政党研究について、リンケージに関連する研究はあるものの、体系的にリンケージ自体を扱ったものではないとする。[24] ローソンにとっては、これは「一連の連結（a series of connection）」、すなわち「関係の連鎖（a chain of relationships）」を意味するという。[25]

このローソンにとって、「リンケージ」とは何を意味するのだろうか。ローソンは「リンケージ」を「一連のリンク（a series of links）」であると定義づける。[26] では、「リンク」とは何か。リンクとは、「通常は相互行為を含意する、連結である」という。[27] この「リンケージ」概念は、政治のすべてのレベルにおける相互連結を研究する上で使用されてきたことを挙げ、その政治研究における「リンケージ」の意味内容を明らかにする。ローソンによれば政治学における「リンケージ」概念の使用には、大別すると二つの主要な流れがあるという。第一には、ジェームズ・N・ローズノー（James N. Rosenau）にみられるような「国際—国内の収斂（national-international convergences）」を明らかにするものであり、[28] もう一つは、V・O・キー（V. O. Key）にみられるような「システム内部の参加における連結（Intrasystem Participatory Connections）」にまつわるものであるという。[29] キーにとってみれば、「リンケージ」とは「大衆の世論と政府の決定の間の相互連結」であったと、ローソンは解釈しており、そのため、キーの研究は投票、選挙結果などに集められる「市民個人」、政党や圧力団体などの「媒介的な集合体」、そして政府を対象としているという。[30] しかしながら、ローソンによれば、これらの二つの研究が必ずしも関連したものとはなってはいないという。[31] しかしローソンは「リンケージ」は、すべての政治単位に見出されると考えられ、その統合的な研究の必要性を説いた。[32] その中で、ハインツ・ユーロー（Heinz Eulau）とケネス・プリウィット（Kenneth Prewit）の研究に触れ、[33] 政府の公職者による「代表」と市民そして市民組織による「参加」は、「市民と国家の間のリンケージの形態である」と指摘する。[34]

では、こうしたリンケージはどのようにして確立されるのであろうか。ローズノーを引用しつつ、二つの基本的な過程として「浸透」と「反応」が存在するという。[35]そうした市民と政府の間のリンクとして、「浸透によるリンケージ」は、以下の時に確立される。(a)市民組織の中に政府がその代理人を明らかであれ、ひそかにであれ配置する。(b)市民は彼らの構成員を（選挙ないし、革命を通じ、新しい政府を確立するときに）政府の中に配置する。「反応によるリンケージ」は、以下の時に確立される。(a)政府が、政策に関する市民の視点に代表制で反応する。(b)政府が、市民が否応なしに反応せざるを得ない強制行為を行う。(c)政府と市民が投票に対する報酬を交換する。[36]

これらを背景として、政党による四つの形態のリンケージが生成されるという。さて、この政党による「リンケージ」には、ローソンによると四つの形態が存在するという。[37]ローソンはそれらは、第一にそれを通じて政府に参加できる機関としての政党によるリンケージとしての「参加リンケージ（Participatory linkage）」、第二に一般有権者の視点に反応する政府の管理を保証する期間として奉仕する政党によるリンケージとしての「政策反応リンケージ（Policy-responsive linkage）」、第三に投票に対する見返りの交換の経路として行為する政党によるリンケージとしての「報酬リンケージ（Linkage by reward）」、第四に国民に対して強圧的なコントロールを維持することに寄与する政府に利用される、政党によるリンケージ「指令リンケージ（Directive linkage）」といったものであると一九八〇年の著作で示唆した。[38]

この分類は、一九八八年には、参加、政策反応性、資源配分、行動のコントロールといった四つの機能のうちで、政党の活動的な構成員がどの機能を重視するかによって、「参加リンケージ」「選挙リンケージ（Electoral linkage）」「クライエンテリスティック・リンケージ（Clientelistic linkage）」「指令リンケージ」と四つに再定式化された。[39]第二のものと、第三のものが変更されているが、これについても少しく検討しておこう。第二の「選挙リンケージ」は、政党リーダーが政党の選出された議員をコントロールしている時にこのリンケージは政党によって提供されるという。第三の「クライエンテリスティック・リンケージ」は、実質的には「報酬リンケージ」を言い換えたのみである。政党はこれらのリンケージの二つ以上を持っているのが通例であり、そしてこのリンケージのどのタイプを持つかによって政党の性格が決定されるという[40]。ローソンは代表的なものの二つとして、第一として選挙リンケージを強調する「代表的―民主的」政党や、第二のものとして指令リンケージを強調する「権威主義的」政党が挙げられるという[41]。

政党は国家に対して「リンケージ」を提供するという。ローソンは「主要政党の支持の減退と、代替的な組織の出現が、主要な政党の失敗にいくばくかでも関連している」とするならば二つの仮説が考えられるという。第一の仮説は、「代替的な組織は、主要政党が支持者に受け入れられるリンケージを、提供することに失敗したときに出現する」。そして、第二の仮説は、「代替的な組織は、政治システムにこれまで欠落していた種類のリンケージを提供することに成功した時に存続する」というものである[42]。さて、これらの仮説がおおむね受け入れられるかどうかについては、代替的な組織がどういった種類のものであるかに関わるものであるかとして検証される。ローソンによると代替的な組織は、前記の第一に「環境主義」、第二に「補完的」、第三に「コミュニタリアン」、第四に「反権威主義」の四つとされ、個々の事例について、「伝統的なリンケージの形態（Traditional forms of linkage）」、「現在のリンケージ様式に関する不満（Dissatisfaction with current linkage patterns）」、「主要政党のリンケージの失敗（Major party linkage failure）」、「リンケージの代替的な形態としての新組織（The new organizations as alternative forms of linkage）」、「代替的組織の展望（The prospects of the alternative organizations）」という五つの視点から分析を加えていく。結論として、第一の仮説は強く支持されるが、第二の仮説は外部要因により左右されるという。[43] 主要政党のリンケージが失われる時には、代替的な組織が台頭していくというのである。

このローソンの「政党の失敗」に関する結論は、二〇一二年政権奪還選挙から続く全体としての民主党の支持の減退をよく説明しているとは言えないだろうか。[44] 政党と支持者との間の「リンケージ」が失われた状態、そうした「政党の失敗」状態に、まさしく民主党は二〇一三年参院選の時点では陥っていたということはできないだろうか。さらにいえば、この「政党の失敗」論は、東京都選挙区を検討した時に示唆的である。民主党は、静岡や神奈川に象徴的なように、政権喪失後初めての参院選である二〇一三年参院選で、直近のもともと民主系であった候補の勝利した地方選挙や、「都市部」選挙区における定数の増加という民主にとって有利な条件があったにせよ、候補者を絞って安全に当選する戦略を採用した。ほんの半年前まで政権与党であり、「主要政党」であった民主党が、そうして候補者を絞った東京都選挙区においてすら、結果として議席を確保することが出来ず、原発を主要な争点として据えた環境主義的な二名の新人、一名は共産党候補の吉良、もう一名は無所属の山本という「代替的な組織」の候補者に議席を奪われるという結果は、まさに民主党という「政党の失敗」であったと言えるのではないか。

この「政党の失敗」論は、二一世紀の現在ではどう評価されているのだろうか。二〇〇五年に、ケイ・ローソンの『政党とリンケージ』の出版二五周年を記念して、アンドレア・ロンメル（Andrea Römmele）、デビッド・M・ファレル（David M. Farrell）、そしてピエロ・イグナチ（Piero Ignazi）の編による『政党と政党システム――リンケージ概念再考』という書物が出版された。[45] これはリンケージ概念の政治学に関する貢献を検討する研究であった。このなかで編者は、政党のリンケージ研究を、「体系的でリプセットとロッカン、サルトーリなどの研究と比較して、ローソンのリンケージ研究を、理論的なアプローチのリンケージの研究」の例として挙げている[46]。編者によるとローソンは，「市民と政策形成者との間のリンクを案出する機関」として政党の役割を把握することから出発するという[47]。そこで，編者は再び，オリジナルの一九八〇年のローソンのリンケージの四類型である第一の参加リンケージ，政策反応リンケージ，報酬リンケージ，指令リンケージに戻る。これらリンケージ論に沿った研究の事例として，編者はトーマス・ポグントケ（Thomas Poguntke）やヘルマン・シュミット（Hermann Schmitt）とセーレン・ホルムベリ（Sören Holmberg）の研究を特に挙げている[48]。さらにローソンのリンケージ研究についてはメルケルが，評価をしている論文があるのでその論文を視野に入れつつリンケージ研究の意義を次に検討しよう[49]。

メルケルは，市民を政府に結び付けるローソンのリンケージ概念を評価する[50]。また，このリンケージ概念がどのようなものであるかについては，ローソンが，リプセットやロッカンを引用しながら，政党と投票者編成をリンケージの下位トピックであるとしたうえで，リンケージを「一連のつながり，関係の連鎖」と言及していることにメルケルは，注目する[51]。そのため，ローソンと自らの「政党の失敗」論について，これまで受け入れられなかった新しい政治集団や政党が，政治的空白において「無視されていたクライアントとの関係を育み維持することが出来れば」，維持存続することが出来ると述べていたことを確認している[52]。さらに，こうした新しい政治集団ないし政党の例として，ドイツの緑の党を例に出して，既成勢力に対する「世代的そして反対派的な一体感」も持っていたことを挙げている。この視座は，二〇一三年参院選において，東京都選挙区で当選した若い無所属の山本や，安倍政権に強く反対する共産党の若い候補者の吉良が，かつての与党の既成勢力であった民主党の彼らよりも年長の候補者を押しのけて当選したことに関して，非常に示唆的ではないだろうか。民主党は「政党の失敗」を二〇一二年衆院選に引き続き，二〇一三年参院選でも，引き起こしていたのではないだろうか。そこで，民主党に対する失望で生じた政治的空白を、若い無所属の候補や共産党の候補が、東京都選挙区では埋める役割を、理論的に果たしていた可能性がある。

さて、メルケルは、リンケージと政党の評価について、次のように締め括る。「政党の存在事由は投票者から候補者を通じて、そして選挙過程から政府の公職者を通じて総体としてのリンケージの連鎖を作ることにある」とし、「リンケージは、大きな政治システム内部の多様な役割や機能に意味を与える唯一の手段に思われる」と結論づけるのである。[53]さて、メルケルによって評価される、これらのリンケージをローソンは、一九七六年の『政党の比較研究』という書物で萌芽的に展開している。[54]その書物の中でローソンは、「政党はリンケージ機関として貢献すると言える。というのもリンケージが、権力の市場における通貨である票を獲得するという、正統性を維持する唯一の手段であるからである」と、後のリンケージ論に繋がる議論を展開している。[55]しかし、この初期の著作の中では、ローソンは政党だけを議論していたのではない。市民についても、責任を指摘している。市民は「政党を有効な媒介物として形作り、維持する」責任を有しているというのである。[56]そうした意味では、民主党の「政党の失敗」は、民主党だけに責任を帰するべきものではなく、民主党を大政党にまで育て上げ、かつては政権与党として選択した有権者の「市民の失敗」でもあるのかもしれない。そこで、政党を有効な媒介物として提起できなくなった時点で、民主党の支持者は、民主党との間にリンケージを失うという「政党の失敗」を経験したと言えるのではないであろうか。

ロンメル、ファレル、イグナチは、政党とリンケージについて、「アイデンティティの象徴や長期的な一般的な政策」に自らの存在事由を依拠することから、「短期的で選択的な報酬」を与えることへと政党は変容してきているという。[57]すなわち、「政党はますます選択的（*selective*）なリンケージを強調する一方で、伝統的な集合的（*collective*）リンケージはその説得力を失っている」というのである。[58]「パーティオクラシー（partyocracy）」と言われる政党が権力を掌握する、支配的な時代において、オットー・キルヒハイマー（Otto Kirchheimer）が述べた大衆政党の「キャッチ・オール・パーティー（包括政党、catch-all party）」への政党の展開は「逆転」されているというのである。[59] 政党が有権者全体に妥当する一般的な政策を訴えたところで、資源も限定されているために全員に報酬を与えることはできない。[60] そのため、報酬を与えることのできる特定のクライアントに依存するようになり、政策反応リンケージは失われ、報酬リンケージにとって代わられるというのである。政党は特定のクライアントに対して、有形無形の報酬を与えることによって、支持を獲得するようになってきているという。現在でも、政党は市民と国家を結びつけるリンケージを未だ提供してはいる。しかし、集合的な報酬がなくなってしまい、選択的な利益が無限ではなく、指導者の決定形成過程におけるコントロールが未だ高いものであるとすれば、一般の積極的な支持者に、政党がその支持への見返りを与えることは困難になると結論づけた。[61] なるほど、こうした政党とリンケージに関する研究を背景にすれば、なぜ、民主党が東京都選挙区で支持を集めることが出来なかったのか、なぜ、民主党に「政党の失敗」が起こっていたのかが理解できるのではないだろうか。

もともと「都市型」政党であった民主党は、二〇〇三年の民由合併により、小沢一郎という「地方型」の要素を取り込むことになった。この小沢が選挙を主導した二〇〇七年参院選では、農家の戸別所得補障などの政策を採ることで、「都市型」政党から地方でも議席を獲得できる国民政党へと展開し、民主党はキャッチ・オール・パーティーとしての性格を強めていった。民主党が二〇〇九年の政権交代をなしえたのは、ひとえにこうしてキャッチ・オール・パーティーとして国民政党の性格を強めていったからである。キャッチ・オール・パーティーとして、民主党は二〇〇九年政権交代選挙のマニフェストに、すべての国民にとって魅力的な政策を掲げてきた。その一例が、行政のムダの発見、その事業仕分けなどによる「増税なき」財政再建であった。しかしながら、この民主党の性格の変化は両刃の剣であった。政権をとって以降、民主党は、もともとの「都市型」政党としての性格をますます薄めていった。

そうした民主党にとって決定的な変化を与えるきっかけとなったのは、二〇一〇年参院選、いわゆる「衆参ねじれ選挙」にあたっての菅首相（当時）の消費税増税発言であった。これは、都市の有権者のみならず、地方の有権者にも大きな動揺を与えるものであり、選挙の結果、参議院で与党として過半数を維持することが出来ない「衆参ねじれ」状態を生み出すこととなった。この「衆参ねじれ」は、民主党の政策執行能力を著しく減退するものであった。政策執行能力を失った民主党に追い打ちをかけたのは二〇一一年の東日本大震災と、福島の原発事故であり、これによって民主党の与党としての機能不全、いわば「政府の失敗」が明らかとなった。東日本地域という「地方」の復興に期待したほどの成果を上げられなかった民主党は、政府にとって最も重要な危機管理能力を、有権者に疑問視されるようになった。最終的に二〇一二年の社会保障と税の一体改革の中で、消費税増税が決定され、それを契機に小沢が離党すると、民主党の求心力は一気に低下し、結果として政権を失う結果となったのであった。この消費増税は、全国民に向けた民主党の政権交代時の政策が、必ずしも達成されないことを印象づけるものであった。民主党は、なまじキャッチ・オール・パーティー化してしまったために、かつての「都市型」政党としての拠点である都市も失い、「地方」の支持も増税で失うという結果となっていたのではないか。

さて、民主党の全国的な退潮が、こうした「政党の失敗」の視座から説明されるものであったとするならば、それでは、ここで取り上げた三つの選挙区における「地域的な相違」はどのように説明したらよいのだろうか。次に検討していこう。

## 選挙結果にみる「地域」の特性——「デモクラシーとしての自治体」

### (1) 自治体間における「比較政治学」の可能性

本章で取り上げた、東京、神奈川、静岡の各選挙区の結果は、日本の将来の政治研究の可能性を示唆している。この選挙結果からは、日本のそれぞれの選挙区を背景とした自治体が、一つの「政治システム」をなし、独自の「デモクラシー」として存立していることが理解されるのではないか。こうした日本の自治体を比較研究する上で、「比較政治学」の知見が有効であることは、すでに「シリーズ・現代日本の選挙」に先行する著作や、他で筆者が示してきている。

特に参院選は、この二〇一三年選挙までは、選挙区選挙について各自治体によって議席定数の異なる選挙制度を保有している。[62]この参院選の選挙区の制度的条件を背景として、それぞれの自治体は、参院選に対して特徴ある政党システムを発展させており、その特徴ある政党システムは、翻って他のレベルの選挙にも、影響を与えている可能性がある。というのは、日本においては、有権者レベルでは、選挙について大別すれば衆院選、参院選、地方選挙の三つのレベルが存在し、それぞれそのもとに、小選挙区、比例区（衆院選）、選挙区、比例代表（参院選）、首長（都道府県レベル、市町村レベル）、地方議会（都道府県レベル、市町村レベル）（地方選挙）の異なる細目のレベルの「選挙デモクラシー」に関するカテゴリーが存在するであろう。[63]これらの、代表者を選抜する選挙において、個人名を記入する地方選挙ではなおさらであるが、衆院選でも参院選でも、比例代表の選挙制度による場合を除き、有権者は通例、自らが一票を投じる選挙区を対象として投票行動を行っている。全国的な「一般」的な情報はもちろん持っているであろうが、多くの場合それ以外には、「個別」的、そして「特殊」的な情報については、自らの一票を投じる候補者の情報以上に詳細な情報を、具体的な候補者の選択という投票行動において持ち合わせていないのが通例であろう。

すなわち、有権者にとって、比例代表における非拘束名簿式により個人名を書くことが出来るという例外等はあるものの、彼らが直面している第一義的な「デモクラシー」は、選挙において個人名を記入する選挙区という地域的な広がりを持った単位である。その選挙区のうちで、最大のものが、都道府県を単位とした参院選の選挙区選挙と都道府県知事選挙である。地方選挙の都道府県知事を選択する選挙は、一個人を選択するという意味で、選挙において特定の候補者に対する各政党の「相乗り」などが起こり、議会における議決を左右する政党を選択するという選挙とは、必ずしもなっていない。そうした意味で、政党を選択する「選挙デモクラシー」のうちで、最大の地域としての地方自治体である都道府県を単位とするものは、参院選の選挙区選挙ということになる。この選挙区は、各自治体により異なる議席定数を配分され、その半数を改選することによって、選挙を行うシステムであり、そこにおいては、改選される議席定数に応じてモーリス・デュヴェルジェ（Maurice Duverger）の法則から発展された議席定数（m）に1を足した数の有効政党が成立するという、いわゆる「m＋1の法則」が働くものと考えられる。[64] そうした視点から考えるならば、各自治体は「m＋1」の数の有効政党数を保有する、「個別の独立したデモクラシー」である側面があるのではないだろうか。[65] こうした視座を採用すれば、参院選の選挙区としての自治体を対象として、独自の政党システムを有する個別のデモクラシーとして自治体を検討することが出来、当然その選挙区としての自治体の下位に存在する衆院選の小選挙区、地方選挙における政党の行動は、参院選挙区の選挙結果で規定された政党システムの影響を受けると考えられる。つまり、選挙における定数が異なる、参院選の選挙区における候補者を通じた政党選択が、「参院選政党システム」とでも呼べるものを構成し、個々の選挙区である都道府県の自治体に、特有の政党システムを有するデモクラシーとしての位置を与えると考えられるのではないだろうか。

今回、二〇一三年参院選の分析において本章で静岡県、神奈川県、東京都を分析の対象として取り上げたことには理由がある。まず、第一に、これらの都県は、その都県特有の政治的なイッシューが存在しないことが挙げられる。たとえば北海道はＴＰＰ、沖縄は基地問題と、それらの地域特有の政治的なイッシューによって、投票の行方が大きく左右される可能性があるが、本章で取り上げた都県は、その「デモクラシーとしての自治体」を揺るがす影響力を有する政治的なイッシューは、必ずしも存在しない。そのため、政治的には「なぎ」の状態にある自治体であるといってもよい。第二に、これらの都県には、地域に影響力を持つ「地域政党」が存在しないことが挙げられる。たとえば大阪であれば日本維新の会の傘下にある大阪維新の会、名古屋であれば減税日本といった、地域特有の影響力を持つ地域政党が存在する。それらの個々の「デモクラシーとしての自治体」に与える影響は決して小さなものではないが、本章で取り上げた静岡、神奈川、東京においては、そうした「地域政党」の影響を考慮する必要がない。第三に、これらの都県は、地理的に近接しており、東海道という同様な地域的位置に存在する。こうした共通点を背景として、操作できる変数を参院選の選挙区の改選議席定数に絞ることが出来る。つまり、これらの三都県においては、共通の政治的条件があり、それ以外の分析が容易となる。

注目すべき差異として、それらの選挙区の二〇一三年参院選における改選議席の定数は、静岡は二、神奈川は四、東京は五議席である。そこに分析を行う条件が存在するといえよう。すでに、筆者は二〇一〇年衆参ねじれ選挙を扱った著作において、都道府県の自治体を選挙区とする定数の異なる参院選選挙区において、自治体ごとに有効政党数が異なり、政党システムが異なるデモクラシーを形成している可能性を指摘してきた[66]。すでに述べた著名な「デュベルジェの法則」を応用するならば、議席定数に一を足した数だけの有効政党が成立する可能性がある。また、よく知られているサルトーリの分類に従うならば、その有効政党数に従った、政党システムを形成する個別の「独立したデモクラシー」として、多様な個々の自治体を類型化して捉えることが可能ではないだろうか。たとえば、個々の政党がそれぞれ一名だけ候補者を擁立すると仮定すると、参院選選挙区で「改選議席一議席」である青森、岩手、秋田、栃木、山形、福島、群馬、山梨、岐阜、石川、富山、福井、滋賀、奈良、三重、和歌山、鳥取、島根、岡山、山口、佐賀、長崎、熊本、大分、宮崎、鹿児島、愛媛、香川、徳島、高知、沖縄の三一選挙区の自治体は有効政党数が「二大政党システム（Twopartism）」である可能性が高い。また「改選議席が二議席から四議席」までの選挙区である、改選議席二議席の北海道、宮城、茨城、新潟、長野、静岡、京都、兵庫、広島、福岡の一〇選挙区の自治体、改選定数三議席の千葉、愛知、埼玉の三選挙区の自治体、改選定数四議席の神奈川、大阪の二選挙区の自治体は、すべて有効政党数が三から五の「穏健な多党システム（Moderate multipartism）」である可能性が高い。さらに「改選議席が五議席」の東京の選挙区の自治体は、有効政党数が六以上の「分極的多党システム（Extreme multipartism）」である可能性が高いと仮定できる[67]。こうした仮定は個々の事例を検討して検証する以外にないが、その差異を明らかにする上では、本章のような個々の自治体単位の選挙区の選挙過程にも視座を置き、質的にも精査を行う「比較研究」が必要ではないであろうか。

さて、この原則は、その時その時の政党の候補者の擁立状況、また改選議席定数の変遷などの影響を受け、選挙時の「選挙デモクラシー（electoral democracy）」の表現として異なる政党システムの表現を採ることがあり、それが実際の個々の自治体の「デモクラシー」としての政党システムの表現に反映されてくるのである。そして、その参院選の選挙区に反映された政党システムが、衆院選や地方選挙といった他のレベルの選挙にも反映されていき、また翻って、衆院選や地方選挙といった他のレベルの選挙が、都道府県レベルの参院選にも影響を及ぼしていくといったループの存在が仮定できる。これは、静岡県知事選挙や、東京都議選の参院選への影響において顕著であろう。日本は、こうした異なるレベルのデモクラシーを重層的に構成しており、個々のレベルの選挙に表れる政党システムが、多様なレベルの中の一つを表す「独立したデモクラシー」としての都道府県のあり方を規定している。そのため、日本の政治は自治体によって異なり多様である。そうした多様性が最もよく表れるのが参院選の選挙区選挙である側面もあるであろう。議論を戻せば、ある意味で、都道府県単位で選挙を行う参院選の選挙区に反映される政党システムが、デモクラシーとしてのその自治体の特徴を形成していくのである。そうした意味で、参院選において、個々の選挙区で政党がどう行動し、どのように候補者を擁立し、選挙を戦うかによって、「独立したデモクラシー」の一つとしての都道府県の政党論上の性格が決定されていくのである。

そこで、本章で検討した自治体を背景とする選挙区を「独立したデモクラシー」として検討するならば、そのデモクラシーの性格を決定していく政党システムはどういったことになるだろうか。以下においては、サルトーリの政党システムの分類を視座に入れながら、個々の自治体の政党システムを検討していこう(68)。静岡、神奈川の事例の検討を行い、最終的に、最も特徴的な結果であった東京の事例について考察を加えるものとする。

### (2)「二大政党システム」としての「デモクラシーとしての静岡」

第一に、静岡県である。

選挙結果からは、「デモクラシーとしての静岡」は、サルトーリの分類によると、自民党と民主党の「二大政党（twoparty）システム」であることが理解できる。これまでの参院選では、それ以外の政党も一定以上の得票を集めているにもかかわらず、なぜ、静岡は「二大政党システム」ということが出来るのだろうか。これは、具体的には「なぜ第三党以下を有効な政党としてみなさないか」という問いになる。サルトーリは「二大政党システムのフォーマットは得票率ではなく議席（seats）を基礎に評価されねばならない」という。[69] そして二大政党システムの属性として、サルトーリは国家のように政府を構成する場合には、「単一の政党が単独で政権を担当すること」ではない」とする。さらにサルトーリは、注意しなければいけないこととして「何度選挙をやっても政権を担当する党がいつも同じ政党である時は、二大政党システムではなく、一党優位（predominant）政党システム」という別のカテゴリーのデモクラシーであることを述べている。[70] ここで選挙で勝利する第一党が変化して交代する、政府レベルでは「政権交代」ということになる現象は、サルトーリによると「実際に行われること」ではなく、「行われる可能性があること」として理解され、換言すると「二大政党間の差が僅少であること」、あるいは「野党が政権担当政党を政権の座から引きずり下ろす機会に恵まれる可能性が十分にある」ことであるという。[71]

最終的に、彼は政府の形成を視野に入れながら、二大政党システムの特徴を四つに要約する。第一に「二つの政党が絶対多数議席の獲得を目指して競合している」こと、第二に「二党のうちどちらか一方が実際に議会内過半数勢力を獲得するのに成功する」こと、第三に「過半数を得た政党は進んで単独政権を形成しようとする」こと、第四に「政権交代が行われる確かな可能性がある」ことである。[72] これらは国家の政府の形成を念頭に記述されているので、本章の目的に従って、選挙に表れる政党システムに視座を据えて換言するならば、第一に「二つの政党が絶対多数議席の獲得を目指して競合している」こと、第二に「二党のうちどちらか一方が実際に多数の得票を獲得するのに成功する」こと、第三に「多数の得票を得た政党は二位の政党と選挙協力を行わない」こと、第四に「多数の得票を得る政党の交代が行われる確かな可能性がある」ことと読み替えることが出来るだろう。静岡で議席を獲得する可能性が存在するのが、二〇〇一年以降の選挙結果をみれば自民党と民主党のみである事実を確認し、そして、トップ当選を飾るのも二〇〇七年は民主党、それ以外は自民党の公認候補者であることを考え、自民党と民主党の選挙協力が存在しないことに鑑みれば、「デモクラシーとしての静岡」は、「二大政党システム」を採っていると言えるのではないだろうか。

そして、二〇一三年参院選を考えると、静岡においては直前に、もともと民主系の候補者であった川勝と、自民系の候補者の広瀬を軸にした静岡県知事選が行われていた。これによっても、自民党と民主党の二大政党システムという色彩は強化されていた側面は存在すると言えるだろう。

以上を要約すると、静岡県は、議席の定数が二議席であるので、個々の政党がたった一名の候補者しか擁立しないとすると有効政党数は三と仮定できる。しかしながら、すでにみたように静岡では、全体の参議院議員の定数が現在の定数になってからの二〇〇一年以降を検討すると、二〇〇一年参院選の自民党、二〇〇四年参院選、二〇一〇年参院選の民主党にみられるように、一つの政党が複数の候補者を選挙区に擁立して選挙を戦う事例がこれまでも存在していた。そのため、必ずしも仮定した原則の通りにはいかない。そして、選挙結果をみるならば、常に二議席は自民党と民主党で占められ、それ以外の政党が二〇〇一年以降当選することはなかった。二〇一〇年参院選において、みんなの党公認の河合純一が三五万票以上を集め静岡は自民党、民主党、みんなの党といった三党による「穏健な多党システム」を構成する方向性を示したかに思われ、また、その方向性は、二〇一二年衆院選で県都静岡一区でみんなの党公認の小池政就が比例復活当選すると、一層強まったように見えたが、二〇一三年選挙のみんなの党の公認候補の鈴木唯記子は、同じ第三極の政党の日本維新の会公認の望月飛竜の出馬もあり、第三極の中の票が割れてしまったために埋没し、下位当選者の半分の票も集めることも出来なかった。そこで、「デモクラシーとしての静岡」における第三党としての位置を、みんなの党が占めたとは必ずしも言い切れない。そのために、静岡県は「二大政党システム」として位置づけられる。そしてその「二大政党システム」としてのデモクラシーとしての静岡県の位置は、二〇一三年参院選の直前に行われた静岡県知事選における、もともと民主系であった川勝と自民系候補の広瀬との戦いにおいて、強化されていた側面があったと考えられる。

### (3)「穏健な多党システム」としての「デモクラシーとしての神奈川」

第二に、神奈川県である。

選挙結果からは、「デモクラシーとしての神奈川」は、「穏健な多党システム」と分類されるであろう。サルトーリによれば、「限定的で穏健な多党システムは、一方で二党システムから区別され、他方で極端で分極化した多党システムから区別されている。それ故、このクラスには、基本的には、レリヴァントな政党が三から五党含まれている。極端な多党システムと対比区別して限定的多党システムと呼ぶのはこのためである」という[73]。さらにサルトーリによれば、この政党システムの特徴は、「レリヴァントな政党が少なくとも三党あるという事実」、「絶対多数を獲得している政党は一般に存在しないという事実」、「権力を分有することが出来るときに、主要ないし支配的な政党が単独で政権を担当することを許すことは非合理的に見えるという事実」に由来するというのである[74]。独立した政府を持つ場合には「穏健な多党システムの主要な特質は連立政権」を持つことであるが[75]、これは本章の関心からいえば、求心的競合という特質で還元することが出来る。

すなわち初めから政権を獲得する意思がなく、連立で政権を構成する意図もない反体制政党が、有効政党として数えられてはいないことが条件となる。神奈川の有効政党は、選挙結果からは、当選者を中心として考慮すると、自民党、公明党、民主党、みんなの党といったことになる。この顔触れには、反体制政党は存在しない。それぞれ政権志向であり、政権の獲得のためには連立政権を構成することも辞さないという政党であろう。事実、自民党、公明党、民主党はそれぞれ連立政権を構成してきたし、みんなの党も維新の会との連立政権を、一時は想定に入れていたことがあった。サルトーリの理論はこの点を強調する。穏健な多党システムは、第一に「レリヴァントな反体制政党、かなりの規模の反体制政党が欠如している」こと、第二に「穏健な多党システムには双系野党は存在しない」ことであり、「これを積極的に言い換えれば、穏健な多党システムではすべての政党が政権志向政党、つまり政権連立の準備が出来た政党」であるという[76]。サルトーリは穏健な多党システムの特徴を三つに要約する。それらは「第一に、レリヴァントな政党間のイデオロギー距離が比較的小さいこと。第二に、二極化した連立政権志向型政党配置であること。第三に（政党間競合が）求心的競合であること」であるという[77]。

こうしてみるならば、「デモクラシーとしての神奈川」は、政権志向の政党によってなる政党システムである「穏健な多党システム」を、構成していたということが理解できる。

さて、神奈川県の制度変化も視座に入れねばなるまい。二〇〇一年参院選以降の神奈川県の選挙結果を検討していくと、神奈川県は重要な制度的な変化を蒙ってきたことが理解できる。二〇〇一年から二〇一〇年の参院選までは、神奈川県選挙区の改選議席定数は三であった。ところが、二〇一三年参院選では、「一票の格差」の是正をめぐる四増四減の影響で四人改選区となっていた。過去の当選者の顔ぶれを見ていくと、二〇〇一年が小林温（自民）、松あきら（公明）、斎藤勁（民主）、二〇〇四年が小泉昭男（自民）、浅尾慶一郎（民主）、千葉景子（民主）、二〇〇七年が牧山弘恵（民主）、小林（自民）、水戸将史（民主）、小林の失職で松（公明）が繰り上げ、二〇一〇年が小泉（自民）、中西健治（みんな）、金子洋一（民主）であった。定数が増えた二〇一三年は島村大（自民）、松沢成文（みんな）、佐々木さやか（公明）、牧山（民主）という顔ぶれであった。「m＋1」の法則に従えば、個々の政党が一名だけ公認候補を擁立すれば、「4＋1」の五党が有効政党として考えられる。しかし、二〇〇四年、二〇一〇年の民主党にみられるように、複数の候補者を一つの政党が擁立して、選挙戦を戦ったことを考えれば、この選挙区における政党システムを考える上で注意しなければならない。そこで、この当選者だけを検討してみれば自民党、公明党、民主党、みんなの党が当選者を出している。そこで、参院選の選挙区の選挙結果からは、「デモクラシーとしての神奈川」においては、これらの政党が少なくとも有効な政党として考えられ、有効政党が三党以上五党以下である「穏健な多党システム」であったことが理解できよう。そして、二〇一三年参院選における神奈川県選挙区は、制度的な変更で、改選議席が増加したことや、政党の配置、新党の出現も影響しているかもしれないが、共産党、維新の会も一定数の得票を集めている。これが一時的なものであったのか、それとも恒常化していくのかを含め、「デモクラシーとしての神奈川」が、今後どういった政党システムに展開していくかは、注目すべきかもしれない。また、議席定数が増加したことにより、有効政党数が増加する可能性があり、その意味で将来、共産党、日本維新の会も有効政党数のうちに数えられるようになれば、「穏健な多党システム」から、「分極的多党システム」へと変化していくかもしれない[78]。

### (4)「分極化した多党システム」としての「デモクラシーとしての東京」

第三に東京都である。

さて、選挙結果から分析すると、「デモクラシーとしての東京」は、どういったデモクラシーとしての特徴、性格を持っているであろうか。個々の独立したデモクラシーの性格は、有権者から選択され政策決定に直接関与する政党が構成する「政党システム」の類型によって強く決定されている。それでは、東京都はいったいいかなる政党システムを有しているのであろうか。かつてサルトーリは、デモクラシーの性格を決定する政党システムを、七つに分類したが[79]、東京都はそのなかの「分極的多党システム(polarized pluralism)」のカテゴリーに属することが理解できる[80]。なぜ、東京都が「分極的多党システム」なのであろうか。東京都選挙区の選挙結果で目を惹くのはトップ当選を果たした丸川珠代、最下位に滑り込んだ武見敬三という二名の自民公認候補が当選し、自民党の強さを見せつけたということであったであろうか。いやむしろ、この選挙区で注目すべきは、共産党公認の吉良佳子や、無所属の山本太郎の当選、そしてそれによる一本化された民主公認の鈴木寛、民主公認を取り消された大河原雅子の落選ではなかったであろうか。共産党の二〇〇一年以来の議席確保と、無所属市民派の当選、そして候補者を強引に一本化してまでなりふり構わず議席の維持を試みた民主公認候補の落選、結果としての民主二議席喪失は、二〇一三年参院選に表れた日本政治の一つの動向を如実に表していたと言えるだろう。

日本の首都であり、ほとんどの政党が公認候補を擁立して選挙に臨んでいた東京都選挙区は、この参院選を象徴する選挙区であった。日本の有権者の約一割を有する巨大な選挙区で、各党の候補がしのぎを削る選挙の結果は、その後の日本の政党システムを規定するのに十分な影響力があったと考えて間違いはないと言えるのかもしれない。まず、「デモクラシーとしての東京」が、「分極的多党システム」である理由はデュベルジェの法則を一般化した「m＋1」の法則から、仮定することが出来る。東京都の改選議席は五議席であり、すべての政党（ないし政治グループ）が公認候補一名を立てて戦ったとするならば、「5＋1」の六つの政党（ないし政治グループ）によって成立する政党システムを構成すると仮定することが出来る。これは、サルトーリはの分類によれば、政党が六つ以上八以下存在する「分極的多党システム」に属すると考えられる。

二〇一三年参院選の東京都選挙区では、すでに述べたように自民党が複数の候補者を擁立しているために、有効な政党を考慮する上では、少し注意が必要であるが、選挙結果からは、自民党、公明党、共産党、民主党、日本維新の会、みんなの党の候補者は、一定以上の集票を見せており、それに無所属候補が絡むという結果を呈していた。無所属候補に集まった票を、政党とある側面では同様の何らかの政治的な機能を果たす「アドホック」な「政治グループ」としてみるならば、東京都選挙区では選挙結果からも六以上の七つの政党（ないし政治グループ）が存在することが理解できる。さらに、東京都選挙区が分極的多党システムであるという証左は、有権者の投票に表れる、この政党の数による「量」的な側面だけではなく、政党（ないし政治グループ）の「質」的側面をもあわせて検討することでも明らかである。

この「分極的多党システム」の特徴をサルトーリは八つ挙げる。その個々の特徴を検討していこう。まず、サルトーリによれば、「分極的多党システムの第一の顕著な特徴は、レリヴァントな反体制政党（anti-system party）の存在がある」という。[81] 反体制政党の定義としては、「体制の正当性を切り崩そうとする政党（can be defined as being anti-system whenever it *undermines the legitimacy* of the *regime* it opposes）」として定義できるという。[82] そこには「正当性拒否インパクト（delegitimizing impact）」が存在するという。[83] このカテゴリーの政党は、「当該政治秩序の価値と相いれない信念体系に従って行動する」ものであり、「異質なイデオロギー（extraneous ideology）を代表している」という。[84] サルトーリによれば、反体制政党としては「特に共産党」が挙げられるといい、「もっと別の形をとる政党」であることもあるという。[85] 東京都選挙区における共産党候補の勝利や、無所属の原発反対の市民派の当選は、このカテゴリーに当てはまるとは言えないだろうか。サルトーリの議論の中では、共産党は「イデオロギー（ideological）野党」として分類されていると考えられるし、また、市民運動団体は「異議申し立て（protest）野党」に類したものと考えられるであろう。さらに、サルトーリは「分極的多党システムの第二の著しい特性は双系野党（bilateral oppositions）の存在である」という。[86] この「双系野党」とは、「相互に排他的な二つの野党勢力」の存在を意味し、「この二つの野党勢力間では建設的共存など考えられない」という。[87]「デモクラシーとしての東京」の場合はどうであろうか。野党の中でも共産党と民主党、維新の会、みんなの党が、イデオロギー距離が近いとは考えられない。一方の共産党と民主党、他方の維新の会とみんなの党という双系をなしていると考えることが出来よう。そこで、「政党が五以上あり、政治システムそのものに反対する政党を含む双系的なカウンター政党が複数存在する」ということだけで、この「分極的多党システム」として十分理解できるというのである[88]。

また第三の特徴として、「中央に一つの政党、または政党群が存在する」という。「デモクラシーとしての東京」は、「共産党と民主党」、「維新の会とみんなの党」の双系野党の中心に「自民党と公明党」の与党が存在すると考えられ、そこにおいては政党システムとしては、求心的（centripetal）ドライヴではなく、遠心的（centrifugal）ドライヴ、脱中間（centre-fleeing）ドライヴを示し、第四の特徴の「分極化（polarization）」を導くという。サルトーリのいう「イデオロギー距離（ideological distance）が大きいと分極化が発生する」のである[89]。他にも、第五の特徴として「求心的ドライヴよりも遠心的ドライヴが広くいきわたっていること[90]」、第六の特徴として「イデオロギー・パターンが根源的であること[91]」、第七の特徴は「無責任野党の存在[92]」、第八の特徴は「政治システムが、競合的政治と異なるせり上げの政治（politics of outbidding）、過剰公約（over-promising）の政治に陥る傾向が強い[93]」とされる。これらすべてが、「デモクラシーとしての東京」の選挙に表れる特徴と合致してはいないだろうか。特に、実現可能性がきわめて低いと考えられる、理想的な政策を有権者に訴えることによって「せり上げの政治」、「過剰公約の政治」が行われるとするならば、そのデモクラシーの分極化はますます進むと考えられる。こうした分極化の中で反体制政党（ないし政治グループ）が、議席を確保することとなったと考えられる。しかし、これには民主党の「政党の失敗」が存在し、その政治的「真空状態」を、これらの政党（ないし政治グループ）の候補者が埋める役割を果たしたことも見逃せない。

もちろん、これには東京の特殊性も考えられる。東京は、二〇一一年の東日本大震災、そしてそれに続く福島の原発事故により、しばらくは大きな影響を受けた。共産党と無所属の山本が、ともに「原発反対」という強いスタンスで選挙に臨んでいたことも影響していよう。前年に行われた二〇一二年衆院選でも、共産党と山本は強く原発反対を訴え、その姿勢が一貫していたことも東京の有権者に受け入れられたものと考えられる[94]。さらに、この二〇一三年参院選直前の東京都議選においても、複数当選者を有する選挙区に分かれ、選挙を行う中で、「デモクラシーとしての東京」におけるイデオロギー空間が拡大するとともに、政党間のイデオロギー的距離が拡大したと考えられよう[95]。そこで、政党システムの分極化がますます進む中で参院選を迎えたと考えられ、「分極的多党システム」の性格が強く出ることにより、共産公認候補、無所属候補の当選が起こったと考えられる。

さらに視点を加えるならば、東京都も神奈川県と同様に、制度的な変化の影響を受けてきた。二〇〇一年以降の参院選を検討すれば、二〇〇一年から二〇〇四年までは四議席、二〇〇七年以降は五議席の改選議席を割り当てられている。「m＋1」の法則の原則に従えば、二〇〇一年から二〇〇四年までは「デモクラシーとしての東京」は、「4＋1」の五党が有効政党として考えられる「穏健な多党システム」であり、二〇〇七年以降は「5＋1」の六党が有効政党として考えられる「分極的多党システム」ということを仮定することが出来る。すなわち「デモクラシーとしての東京」は、定数是正によって政党システムが変容したことが考えられる。「政党システム」のカテゴリーは、それを有する「デモクラシーの性質」を規定すると考えられている。これは重要なことではないだろうか。すなわち、しばしば、単に「一票の格差」を是正するために、議員あたりの人口の格差の数字を合わせることにしか注意を払われてこなかった定数の配分は、その変化によって「政党システム」が変容したとするならば、「デモクラシーの性格」すらも変化した可能性があることには注意を払うべきである。実際に、定数が四議席の時の二〇〇一年参院選と二〇〇四年参院選の当選者を検討すると、二〇〇一年は保坂三蔵（自民）、山口那津男（公明）、鈴木寛（民主）、緒方靖夫（共産）、二〇〇四年は中川雅治（自民）、小川敏夫（民主）、蓮舫（民主）、沢雄二（公明）というかたちである。これも、二〇〇四年に民主が複数の候補者を擁立する、二〇〇一年の次点で三六万票余りを集めた遠藤宣彦の所属する自由党が民主党と合併して、存在しなくなったことなどの注意が必要であるが、この時期は少なくとも有効政党としては自民党、公明党、民主党、共産党といった四党を中心とする「穏健な多党システム」であった可能性が高い。

東京都選挙区で注意すべきは、改選議席定数が五議席に変化した二〇〇七年選挙からである。一つ特徴的であるのは、東京都選挙区においては、いわゆる市民派の無所属候補者が当選を果たす事例が存在することである。二〇〇七年の川田龍平、そして二〇一三年の山本太郎である。当選者の顔ぶれと所属政党を検討すると、二〇〇七年は大河原雅子（民主）、山口（公明）、鈴木寛（民主）、丸川珠代（自民）、川田（無所属）、二〇一〇年は蓮舫（民主）、竹谷とし子（公明）、中川（自民）、小川（民主）、松田公太（みんな）、二〇一三年は丸川（自民）、山口（公明）、吉良佳子（共産）、山本（無所属）、武見敬三（自民）といったかたちで、自民党、公明党、民主党、共産党、みんなの党、といった五つの政党に加え、「第六の政党」として無所属の候補が当選する事例が存在するのである。二〇〇七年、二〇一〇年には自民党と民主党、二〇一三年には自民党と複数の候補者を擁立している政党があるので注意が必要であるが、無所属候補が毎回一定以上の得票を集め、当選する事例も存在していること、そしてさらに、二〇一三年参院選の時点では、維新やみんなの党も一定の得票を獲得していることも考えると、「デモクラシーとしての東京」は、「穏健な多党システム」から、六党以上の政党の存在する「分極的多党システム」としての性格へと変化してきた可能性があるのではないだろうか。二〇一三年参院選時点において、この東京都選挙区では、民主党の「政党としての失敗」が起こることによって、候補者と支持者との間のリンケージが失われるとともに、第三極政党である維新の会やみんなの党の形成、さらに直前の東京都議選による共産党の台頭といった影響を受け、「分極的多党システム」としての性格を受け、共産と無所属の候補が当選し、民主党は一つも議席を確保できないという結果となったと考えられる。そうした意味でも、選挙結果を考える上で、その選挙区としての「デモクラシーとしての自治体」の持つ政党システムの規定力を強く受けており、それは定数議席の配分の増加によって影響を受けていることが出来るのではないだろうか(96)。また、シュミットとホルムベリは、既存政党の支持力が弱くなるとき、新しい政党の成功の可能性が増すと述べている(97)。これは民主党の「政党の失敗」により、共産党や市民運動の候補者の当選の機会が、東京都で増したことを意味していると解釈することが出来るのではないだろうか。

結論としては、必ずしも「m＋1」の原則が適合したわけではない事例も存在すると考えられ、「デモクラシーとしての自治体」ごとの選挙区の精査が必要であろう。選挙結果、候補者擁立過程に関する、本章における分析からは、静岡県は「二大政党システム」、神奈川県は「穏健な多党システム」、東京都は「分極的多党システム」と分類できるのではないだろうか(98)。この分類は、改選される議席定数に一を加えた「m＋1」の数の有効政党が生存するとする「m＋1の法則」と、候補者の選出過程と選挙結果を視野に入れたものであり、そこで形成される政党システムの性格に、選挙結果が強く影響を受ける可能性も考えられるのであった。こうしてみるならば日本の政治は、地域ごとに非常にバリエーションに富んでいることが理解できる。

## 4　自治体間の「比較政治学」の可能性——デモクラシーとしての自治体

以上、これまでの検討から、都道府県という自治体単位の参院選の選挙区の結果で規定された政党システムが、衆院選、地方選挙の政党の布置、有権者の評価を決めているところがあり、さらに、それは、直前の地方選挙によって、強化されている可能性のあることが理解できた。そして、直前の地方選挙の結果も、都道府県を単位とする「デモクラシー」の発露と言える参院選選挙区によって規定されているところがある可能性があった。こうした国政と地方政治のフィードバックの中で、改選議席数の異なる「デモクラシー」としての位置を、参院選の選挙制度から規定された自治体としての都道府県が持っている可能性を示唆し、地理的に近接し、特徴的な地域の争点もなく、強力な地方政党も存在しない東京、神奈川、静岡を事例として明らかとした。また、その「デモクラシーとしての自治体」の性格を決定する政党システムは、基本的には「m＋1」ルールに従っているように見えるが、静岡にみられるように、個々の「デモクラシーとしての自治体」の状況に応じて異なる可能性があることは注意すべきであろう。日本政治は、このように多様な側面を持っているのである。隣接した「デモクラシーとしての自治体」においてすら、デモクラシーの性格は異なり、これほど多様なのである。

しばしば、有権者の声を取材をして、街に出てヒアリングをしていると、何人かの有権者は、自分の投票した個々の選挙区の候補者の当落の結果には、必ずしも違和感を抱かないが、全国の選挙の結果をみると、非常な違和感を覚える者が存在することに気付かされる。そして、その数は必ずしも少ない数ではないのである。

なぜ、多くの有権者は、自らの一票を投じた個々の選挙区の選挙結果と、全体としての選挙の総和としての選挙結果に違和感を抱くのであろうか。たとえば、東京都選挙区の有権者にとってみれば、安倍政権に対する不満を、安倍政権とまったく正反対の政策を持っている「反体制政党」である共産党や市民運動グループの候補に投票することも理解できるし、彼らが当選し、政権を失った民主党の候補が一名も当選しなかったことをまったく不思議には思わないだろう。しかし、静岡の有権者にとってみれば、民主党は政権を失ったとはいえ未だ「二大政党システム」の一角をなす大政党であり、全国でこれほどまでに敗北しているとは夢にも思わなかったであろう。また、神奈川の有権者にとってみれば、みんなの党がなぜ静岡や東京で議席を獲得できないのかいぶかしく思うに違いない。

個々の有権者の全国の選挙結果に対する意識のずれは、彼らが直面する選挙区がそれぞれ異なる政党システムを有するデモクラシーであることに由来する。そこで「二大政党システム」に直面している静岡の有権者にとっては、共産党や無所属の候補が東京で議席を確保している理由が理解できないだろうし、「分極的多党システム」の東京の有権者にとっては、静岡における参院選選挙区で、未だに民主党があたかも指定席のように当選者を国会に送り出すことが出来ることが奇異に思えてならないはずである。「穏健な多党システム」の神奈川において、いわゆる「政権奪還選挙」と言われた二〇一二年衆院選において、連立による政権の奪取を試みていたみんなの党の公認候補が、なぜ、東京や静岡で、議席に到達できないのかも、おそらくは理解できないことと言えるのではないだろうか。同様に、大阪の有権者は、いかに「慰安婦」に対する橋下共同代表の発言があったとはいえ、維新の会の候補者が全国でこれほどまでに弱いことも納得がいくものではないだろう。

そこにはそれぞれの「デモクラシーとしての自治体」を構成する、特有の類型が異なる政党システムを参院選選挙区においては持っているからではないだろうか。そして、その要因の一つに参院選選挙区の異なる定数配分があるのであろう。すなわち定数配分が違うので、そこで形成される政党システムも異なり、結果として参院選選挙区においては、それぞれの都道府県ごとに違う特質を持った「デモクラシー」が形成されているのである。日本政治とは、そうした多様な、異なる類型を持つ「デモクラシー」によって成り立っているのであろう。

もちろん、そうした個々の異なるデモクラシーを構成する自治体の上には、民主党の「政党の失敗」

という、全国的なトレンドが存在していたことは、忘れてはならない。そうした全国を対象とした民主党の「政党の失敗」としての特徴と、個々の自治体を単位として行われる参院選選挙区選挙の結節点に、今回の参院選の個々の選挙区の選挙の結果は存在していたと言えるのではないだろうか。

**注**

（1）このリンケージ概念については、筆者はすでに前著『二〇一二年衆院選　政権奪還選挙』ミネルヴァ書房、二〇一六年において、トーマス・ポグントケ（Thomas Poguntke）の議論を参考にしながら検討した。ポグントケの議論に関しては、Thomas Poguntke, "Party Organizational Linkage: Parties Without Firm Social Roots?," Kurt Ricchard Luther and Ferdinand Müller-Rommel (eds.), *Political Parties in the New Europe, Political and Analytical Challenges*, Oxford: Oxford University Press, 2002. そして、そのもととなった Thomas Poguntke, *Parteiorganisation im Wandel: Gesellschaftliche Verankerung und organisatorische Anpassung im europäischen Vergleich*, Wiesbaden: Westdeutscher Verlag, 2000. なども参照されたい。本章では、このリンケージ概念の創出者の一人のケイ・ローソン（Kay Lawson）の議論に主に依拠している。

（2）http://www.pref.shizuoka.jp/senkan/kenchiji2013/kai/index.html

（3）実際、自民党の県議の一部は、この広瀬の候補者の決定には必ずしも納得していたわけではないことがうかがえる。静岡県議の天野進吾のコラムなどを参照。http://www.amano-shingo.info/diary/month_201306p2.html

（4）平成二四年法律第九四号。条文に関しては http://houseikyoku.sangiin.go.jp/bill/pdf/h24-094.pdf を参照。また、立法の概要に関しては http://houseikyoku.sangiin.go.jp/bill/outline24094.htm を参照。参議院の選挙制度の変遷に関しては佐藤研資「参議院選挙制度の改革——一票の較差・定数是正問題を中心として」『立法と調査』第三三六号、二〇一三年一月を参照。http://www.sangiin.go.jp/japanese/annai/chousa/rippou_chousa/backnumber/2013pdf/20130115013.pdf

（5）水戸まさし『ＫＩＣＫ―ＯＦＦ通信』二〇一二年一〇月号。http://www.kickoff310.com/kick-off-通信バックナンバー/2012-10/

（6）https://www.kanagawa-jimin.jp/news/senkyo-news/%e6%9d%a5%e5%a4%8f%e3%81%ae%e5%8f%82%e8%ad%b0%e9%99%a2%e8%ad%b0%e5%93%a1%e9%81%b8%e6%8c%99%e3%80%81%e7%a5%9e%e5%a5%88%e5%b7%9d%e9%81%b8%e6%8c%99%e5%8c%ba%e5%80%99%e8%a3%9c%e4%ba%88%e5%ae%9a%e8%80%85/

（7）https://www.komei.or.jp/news/detail/20120907_9056

（8）白鳥浩編著『政権交代選挙の政治学』ミネルヴァ書房、二〇一〇年。

（9）http://www.senkyo.metro.tokyo.jp/h25togisokuho/h25gik_kai.html

（10）このことは民主党メールマガジン「DP-MAIL　第六〇七号　二〇一三年七月五日」にて鈴木寛一人が公認候補であることが伝えられた。https://www.dpj.or.jp/article/61641/DP-MAIL%E3%80%80%E7%AC%AC607%E5%8F%B7%E3%80%802013%E5%B9%B47%E6%9C%885%E6%97%A5

（11）http://www.tokyo.dpj.or.jp/news/2013/07/02/2742

（12）http://ookawaramasako.com/archives/5041.html

（13）実際、東京生活者ネットワークは大河原を推薦して参院選を戦うことを決定していた。http://www.seikatsusha.me/blog/2013/06/27/5050/

（14）政党システムの安定に関しては、Seymour Martin Lipset and Stein Rokkan, "Cleavage Structure, Party Systems and Voter Alignments," Seymour M. Lipset and Stein Rokkan (eds.), *Party Systems and Voter Alignments: Cross-National Perspectives*, New York: Free Press, 1967. が著名である。ロッカンの研究について体系的に扱った著作としては白鳥浩『市民・選挙・政党・国家――シュタイン・ロッカンの政治理論』東海大学出版会、二〇〇二年に詳しい。クリーヴィッジ理論を応用した日本の政党システムにおける変動の分析は、以下の筆者の研究を参照。安定的な凍結期としての五五年体制と脱編成・再編成期の九三年体制に関しては、筆者はすでに白鳥浩「政党システムにおける『凍結仮説』の日本における検討――戦後衆議院選挙データにみる『凍結』期としての『五五年体制』：『選挙ヴォラティリティ』を中心に」静岡大学『法政研究』第五巻第一号、二〇〇〇年や、そしてそれを拡張した白鳥浩『都市対地方の政治学』芦書房、二〇〇四年およびその増補版の白鳥浩『都市対地方の日本政治』芦書房、二〇〇九年において、モーゲンス・N・ペデルセン（Mogens N. Pedersen）の「ヴォラティリティ（volatility、変動率）」概念を使用して明らかにしている。

（15）Ronald Inglehart, *The Silent Revolution: Changing Value and Political Style among Western Mass Publics*, Princeton: Princeton University Press, 1977.（＝三宅一郎・金丸輝男・富沢克訳『静かなる革命』東洋経済新報社、一九七八年）

（16）Kay Lawson and Peter H. Merkl (eds.), *When Parties Fail: Emerging Alternative Organizations*, Princeton: Princeton University Press, 1988.

（17）Ibid., p.5. もちろん、「政党の失敗」の定義は、より狭義のものもある。リチャード・ローズ（Richard Rose）とトム・マッキー（Thomas T. Mackie）にとっては、「消滅する意味（in the sense of ceasing to exist）」であるとしている。Richard Rose and Thomas T. Mackie, "Do Parties Persist or Fail? The Big Trade-off Facing Organizations," Kay Lawson and Peter H. Merkl (eds.), op. cit., 1998, p.533. 筆者はここでは広義の意味に捉えている。

（18）Kay Lawson and Peter H. Merkl (eds.), op. cit., 1988, p.5.

（19）Seymour Martin Lipset and Stein Rokkan, op. cit.

（20）リンケージ概念は、政党の比較研究の重要な概念を構成している。ローソン以外のスタンダードな研究として、Richard S. Katz, "Party as Linkage: A Vestigial Function?," *European Journal of Political Research*, Vol.18, 1990; Diane Sainsbury, "Party Strategies and Party-Voter Linkages," *European Journal of Political Research*, Vol.18, 1990. 欧州ではこの研究は一つの領域を成し、このカッツの研究を、時代を経てスタンダードと評価した Wolfgang C. Müller, "Nomination: Cost and Benefits of Party Membership Reconsidered," *European Journal of Political Research*, Vol.31, 1997. もある。また、欧州の研究をみると、近年の北欧の研

究に応用した Knut Heidar and Jo Saglie, "A Decline of Linkage? Intra-Party Participation in Norway, 1991–2000," *European Journal of Political Research*, Vol.42, 2003. などがある。また，多くの研究は，政党の党員の変化を扱っている。Ingrid van Biezen, Peter Mair and Thomas Poguntke, "Going, Going, …Gone? The Decline of Party Membership in Contemporary Europe," *European Journal of Political Research*, Vol.51, 2012.

(21) Kay Lawson, "Political Parties and Linkage," Kay Lawson (ed.), *Political Parties and Linkage: A Comparative Perspective*, New Haven and London: Yale University Press, 1980.

(22) Ibid., p.3.

(23) Giovanni Sartori, *Parties and Party Systems: A Framework for Analysis*, London: Cambridge University Press, 1976, p.25.

(24) Seymour M. Lipset and Stein Rokkan, *Party Systems and Voter Alignments: Cross-National Perspectives*, New York: The Free Press, 1967; Lester G. Seligman et al., *Patterns of Recruitment*, Chicago: Rand McNally, 1974; R. T. McKenzie, *British Political Parties*, New York: St. Martin's Press, 1955.

(25) Kay Lawson, op. cit., pp.3–4.

(26) Ibid., p.5.

(27) Ibid.

(28) James N. Rosenau, "Theorizing across Systems: Linkage Politics Revisited," Jonathan Wilkenfeld, (ed.), *Conflict Behavior and Linkage Politics*, New York: David McKay, 1973, p. 25.

(29) Kay Lawson, op. cit., pp.5–7.

(30) V. O. Key, *Public Opinion and American Democracy*, New York: Knopf, 1964, pp.409–558.

(31) Kay Lawson, op. cit., p.7.

(32) Ibid., p.8.

(33) Heinz Eulau and Kenneth Prewitt, *Labyrinths of Democracy: Adaptations, Linkages, Representation, and*

*Policies in Urban Politics*, New York: Bobbs-Merrill, 1973.

(34) Ibid., p.9.

(35) Ibid., p.10.

(36) Ibid., p.11.

(37) Kay Lawson (ed.), *Political Parties and Linkage: A Comparative Perspective*, New Haven and London: Yale University Press, 1980, p.13.

(38) Ibid., pp.13–14.

(39) Kay Lawson and Peter H. Merkl (eds.), op. cit., 1988, pp.16–17.

(40) Ibid., p.17.

(41) Ibid.

(42) Ibid.

(43) Ibid., p.32.

(44) こうした政党の減退に関して、ピエロ・イグナチ（Piero Ignazi）は、第一に市民運動など「左傾化」した新たな組織の登場と、第二に「保守化」した新右翼政党の出現によって、既存の政党が「危機」を迎えているという。 Piero Ignazi, “The Crisis of Parties and the Rise of New Political Parties,” *Party Politics*, Vol.2, No.4, 1996.

(45) Andrea Römmele, David M. Farrell and Piero Ignazi (eds.), *Political Parties and Political Systems: The Concept of Linkage Revisited*, Westport, Connecticut: Praeger, 2005.

(46) Ibid., p.vii.

(47) Ibid.

(48) Thomas Poguntke, op. cit., 2000; Hermann Schmitt and Sören Holmberg, “Political Parties in Decline?,” Hans-Dieter Klingemann and Dieter Fuchs (eds.), *Citizens and the State*, Oxford: Oxford University Press, 1995.

(49) Peter H. Merkl, "Linkage, or What Else? The Place of Linkage Theory in the Study of Political Parties," Andrea Römmele, David M. Farrell and Piero Ignazi (eds.), op. cit., 2005.

(50) 市民を政府に結び付けるときにローソンが使用する概念である「リンケージ」が何を実際に意味するかという疑問を提起したが、リンケージの下位トピックの一覧を提起することのみで、この回答を幾分避けている」とも述べている。Ibid., p.8.

(51) Ibid. メルケルの注目していたのは、Kay Lawson, Political Parties and Linkage, op. cit., 1980, p.4. 引用元の文章は "…the very concept of linkage implies a series of connections, a chain of relationships." である。

(52) Peter Merkl, op. cit., p.10. 引用元は Kay Lawson and Peter H. Merkl (eds.), op. cit., 1988, pp.17-21.

(53) Peter Merkl, op. cit., p.14.

(54) Kay Lawson, *The Comparative Study of Political Parties*, New York: St. Martin's Press, 1976.

(55) Ibid., p.23.

(56) Ibid.

(57) Piero Ignazi, David M. Farrell, and Andrea Römmele, "The Prevalence of Linkage by Reward in Contemporary Parties," Andrea Römmele, David M. Farrell and Piero Ignazi (eds.), op. cit., p.30.

(58) Ibid., p.17.

(59) Otto Kirchheimer, "The Transformation of the Western European Party Systems," Joseph Lapalombara and Myron Weiner (eds.), *Political Parties and Political Development*, Princeton NJ: Princeton University Press, 1966.

(60) Ibid., p.30.

(61) Ibid.

(62) 二〇一六年参院選から、「一票の格差」を埋めるために、選挙区選挙に県境をまたいだ合区が導入された。鳥取県と島根県、徳島県と高知県で、定数が一議席の一つの選挙区とされ、これにより、都道府県単位の自治体を基盤とする参院の選挙区選挙は、大きな制度的な変更を受けた。これは二〇一二年の二〇一〇年参院選をめぐる「違憲判決」に続き、最高裁大法廷の二〇一四年一一月二六日の二〇一三年参院選の「一票の格差」をめぐる判決において、「違憲状態」とし、連続して「違憲状態」とする判決が続いたことを受けたものであった。

(63) もちろん、これ以外の投票行動として、住民投票や、国民投票、裁判官の最高裁判所裁判官国民審査なども存在し、それも日本のデモクラシーが異なるレベルの、重層的なものであることを示している。

(64) この「m＋1」の日本における参院選への応用に関しては、白鳥浩編著『衆参ねじれ選挙の政治学——政権交代下の二〇一〇年参院選』ミネルヴァ書房、二〇一一年を参照。

(65) もちろん、筆者はここで、国際的な要因の影響、全国的な要因の影響を否定するものではない。あくまでも個別の選挙区を対象として、投票を前にした有権者の一般的な認識の可能性を述べているのに過ぎない。

(66) 白鳥浩編著、前掲『衆参ねじれ選挙の政治学』。

(67) Giovanni Sartori, *Parties and Party Systems: A Frame work for Analysis*, Vol.1, Cambridge: Cambridge University Press, 1975, p.285; Giovanni Sartori, *Parties and Party Systems: A Frame work for Analysis*, Colchester: ECPR Press, 2005, p.254.（＝岡澤憲芙・川野秀之訳『現代政党学——政党システム論の分析枠組み』早稲田大学出版部、二〇〇〇年、四七二頁）

(68) かつて、筆者は二〇一〇年参院選の分析において、同一の政党から出馬した複数の候補をそれぞれ別の政党の候補者と仮定し、たとえば「民主党A」党、「民主党B」党とか、「自民党A」党、「自民党B」党という候補と仮定して、政党システムに対する新党の出現のインパクトの分析を行った（白鳥浩編著『衆参ねじれ選挙の政治学』、特に第一章「新党の挑戦」と「おわりに」を参照。）ここにおいては、政党システムの変動のインパクトよりも、個々の自治体である都道府県を単位とする政党システムが、一様ではなく、それによって形成される「デモクラシーとしての自治体」の性格が異なることを、二〇一三年選挙の過程、そして結果から明らかとすることを主眼とする。そのために、ここではサルトーリの分類に従って分析しているため、前掲書における有効政党数の分類方法が異なっている。明らかにする答えが異なるために、手法も異なっていることは注意されたい。前回は、候補者を焦点としたミクロな分析視座、今回は政党システムを中心としたマクロな分析視座を採用している。
(69) Giovanni Sartori, op. cit., p.186.（邦訳、三一〇頁）
(70) Ibid.（邦訳、三一一頁）
(71) Ibid.（邦訳、三一一頁）
(72) Ibid., p.188.（邦訳　三一四頁）
(73) Ibid., p.173.（邦訳、二九〇頁）
(74) Ibid., p.178.（邦訳、二九六～二九七頁）
(75) Ibid., p.178.（邦訳、二九六頁）
(76) Ibid., p.179.（邦訳、二九八～二九九頁）
(77) Ibid.（邦訳、二九九頁）
(78) しかしながら、二〇一四年にみんなの党が解党してしまったので、「デモクラシーとしての神奈川」の政党システムは、本書の出版時点（二〇一六年）では、最大でも自民党、民主党、公明党、共産党、日本維新の会の五党になり、「穏健な多党システム」の範疇にとどまっているように考えられる。こうして考えるならば「m＋1」の法則は二〇一六年現在では、「デモクラシーとしての神奈川」においては、成立しているのかもしれない。
(79) Giovanni Sartori, op. cit., p.125.（邦訳、二一八～二一九頁）
(80) この分類は、「極端な多党性（extreme pluralism）」に属するとされる。Ibid., pp.126-127.（邦訳、二二〇～二二二頁）
(81) Ibid., p.132.（邦訳、二二九頁）
(82) Ibid., p.133.（邦訳、二三〇頁）
(83) Ibid., p.132-133.（邦訳、二三〇頁）
(84) Ibid., p.133.（邦訳、二三一頁）
(85) Ibid., p.132.（邦訳、二二九頁）

(86) Ibid., p.133.（邦訳、一三二頁）
(87) Ibid., p.134.（邦訳、一三三頁）
(88) Ibid.（邦訳、前掲箇所）
(89) Ibid., p.135.（邦訳、一三五頁）
(90) Ibid., p.136.（邦訳、一三五～一三六頁）
(91) Ibid., p.137.（邦訳、一三七頁）
(92) Ibid., p.138.（邦訳、一四〇頁）
(93) Ibid., p.139.（邦訳、一四二頁）
(94) この共産党候補と市民運動の無所属候補の当選は、ある意味での巨大与党による「カルテル政党化」に対する反発であったと捉えることも出来る。Richard S. Katz and Peter Mair, "Changing Models of Party Organization and Party Democracy: The Emergence of the Cartel Party," *Party Politics*, Vol.1, No.1, 1995. ハーバート・キッチェルト（Herbert Kitchelt）は近年この議論をさらに発展させている。Herbert Kitchelt, "Citizens, Politicians, and Party Cartellization: Political Representation and State Failure in Post-Industrial Democracies," *European Journal of Political Research*, Vol.37, 2000. また、市民運動の無所属候補の山本の当選は、「反政党（anti-party）」の感覚の発露なのかもしれない。Thomas Poguntke and Susan E. Scarrow, "The Politics of Anti-Party Sentiment: Introduction," *European Journal of Political Research*, Vol.29, No.3, 1996; Thomas Poguntke, "Anti-Party Sentiment: Conceptual Thoughts and Empirical Evidence: Explorations into a Minefield," *European Journal of Political Research*, Vol.29, No.3, 1996; Kay Lawson and Thomas Poguntke（eds.）, *How Political Parties Respond. Interest Aggregation Revisited*, London/New York: Routledge, 2004.
(95) Giovanni Sartori, op. cit., p.137.（邦訳、一三七頁）
(96) もちろん、これを十全に検討するためには、定数が増加している選挙区だけではなく、定数が減少している選挙区をも視野に、検討する必要があるが、残念ではあるが、本章においては、すでに紙幅が足りない。

今後の検討の課題とさせていただきたい。

(97)　Hermann Schmitt and Sören Holmberg, op. cit., p.110, p.132.

(98)　Giovanni Sartori, op. cit., p.285.（邦訳、四七二頁）

［追記］本章は、日本学術振興会科学研究費基盤研究Ｂ「一票の格差に関する包括的研究」26285032の成果の一部である。

# 第7章　「平和の一議席」守り抜く
## ――沖縄県選挙区――

照屋寛之

### 1　国策が問われる沖縄県選挙区

二〇一三年参院選は、全国的には、第二次安倍晋三内閣発足から初の国政選挙であり、自民党はこれまでの「ねじれ」を解消する議席を確保するかに注目が集まる選挙であった。同時に安倍政権への評価、とりわけアベノミクスの成果にも審判の下される選挙であった。結果は、六五議席を確保してねじれは解消され、三一ある一人区も岩手と沖縄を除く二九選挙区を制して自民党が圧勝した。

このように自民圧勝の参院選であったが、基地問題を抱える沖縄では、米軍普天間飛行場の名護市辺野古への移設、オスプレイ追加配備への有権者の反発が強く選挙結果にも大きな影響を与えた。

「沖縄に基地があるのではなく、沖縄そのものが軍事基地だ[1]」と言われるほど、沖縄には巨大な米軍基地があり、沖縄県民は基地撤去を要求し続けてきた。しかし、日米安保条約の安定的、継続的運用のために県民の要求に政府は応えず、基地の現状は変わらない。一九七二年の祖国復帰に際しては、速やかに基地の整理縮小の措置をとるべきとする「国会決議[2]」がなされた。さらに、一九九七年の衆院本会議においても、沖縄の基地負担軽減や振興策推進を政府に求める「沖縄における基地問題並びに地域振興に関する決議[3]」を可決している。このように二度の国会決議にもかかわらず、戦後七一年、祖国復帰

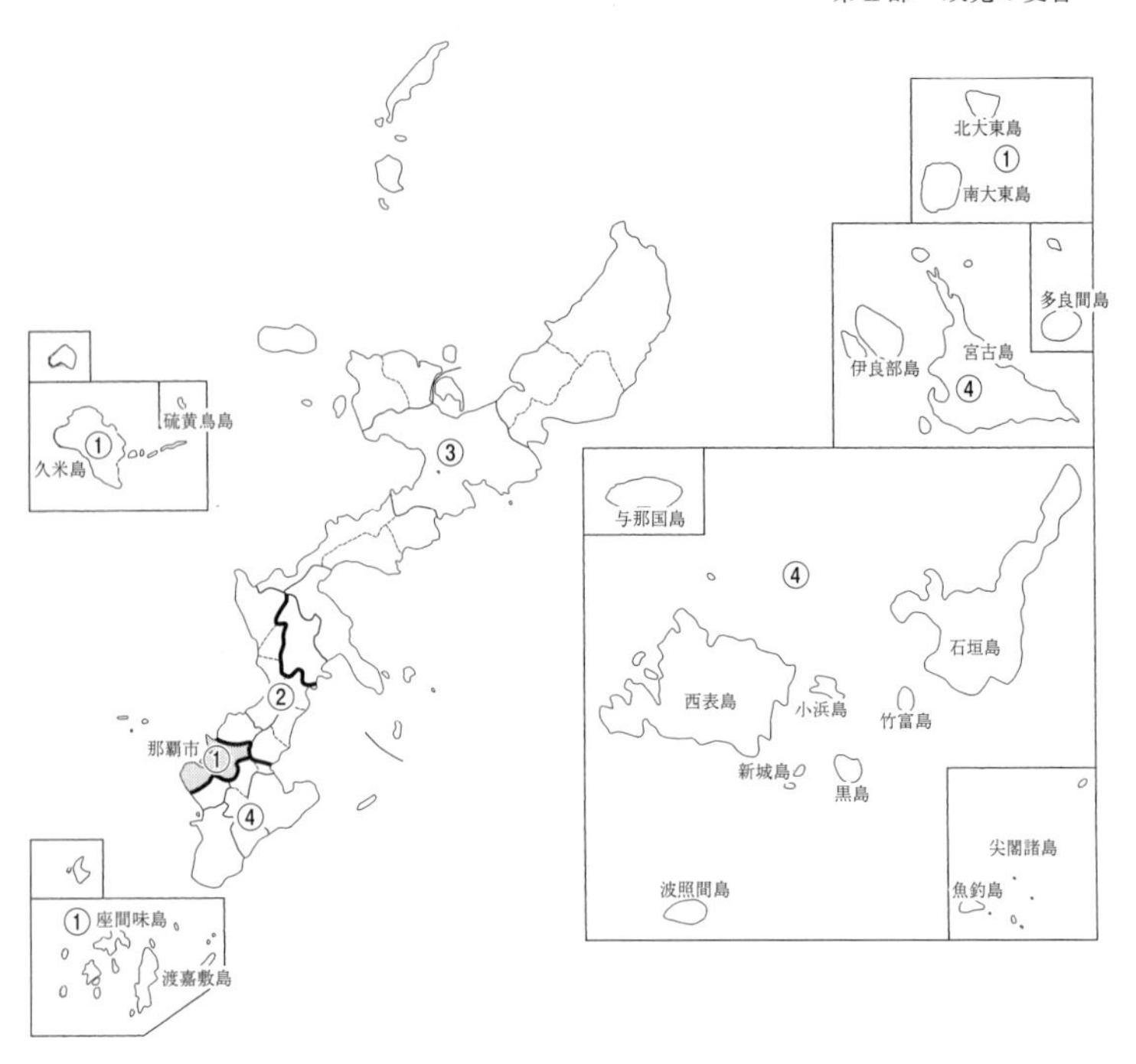


**図 7 − 1**　衆議院小選挙区（沖縄県）

**表 7 − 1**　沖縄県選挙区選挙結果（改選：1）

| | 得票数 | 氏名 | 年齢 | 党派 | 推・支 | 新旧 | 当回 | 肩書・経歴 |
|---|---|---|---|---|---|---|---|---|
| 当 | 294,420 | 糸数　慶子 | 65 | 諸 | 生・共・社・みどり | 現 | 3 | 沖縄社大党委員長 |
| | 261,392 | 安里　政晃 | 45 | 自 | 公 | 新 | | 社福法人理事長 |
| | 10,505 | 新島　メリー | 67 | 無 | | 新 | | 任意団体代表 |
| | 9,462 | 金城　竜郎 | 49 | 諸 | | 新 | | 幸福実現党県本部副代表 |

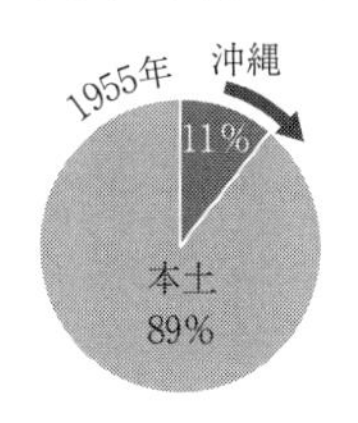


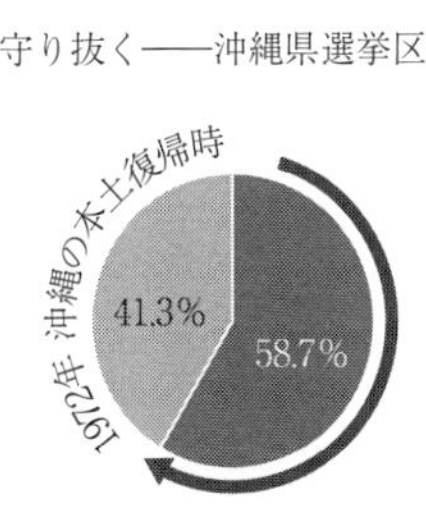


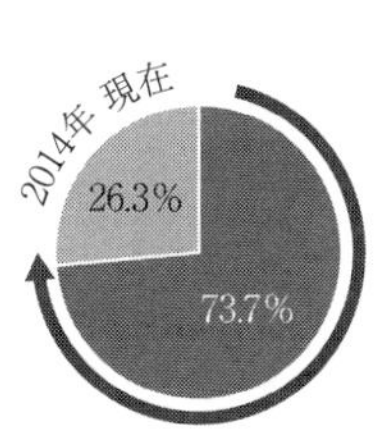


**図7－2**　沖縄の米軍専用施設の割合の推移

出所：『高知新聞』2015年5月15日。

から四四年経っても沖縄の基地の現状は変わらない[4]。否、それどころか図7－2にみるように、一九五五年、七二年、現在を沖縄と本土を比較してみると明らかに基地の過重負担は増しているのが実状である。

沖縄の選挙を考える場合、衆参両院の国政選挙はもちろんのこと、県知事選、県議選、米軍普天間飛行場のある宜野湾市やその移設先である名護市の市長選でも基地問題が選挙の争点を大きく左右してきた。選挙のたびに安全保障や基地問題が争点になった。このようなことは他府県にはなく、沖縄だけではないだろうか。

このように、沖縄では基地をめぐる選挙戦が展開されるが、政府にとっては基地の撤去を訴える候補者が当選するか、あるいは国の外交・防衛政策に理解を示す候補者が当選するかは、その後の日本の外交・防衛政策に大きな影響を与えることは必至であり、沖縄の選挙に関心を示さざるをえない。二〇一三年参院選でも安倍首相はじめ自民党の閣僚、大物政治家が自民党候補の応援に駆け付けたことは、その証左であろう[5]。沖縄の米軍基地のあり方が問われている選挙でもあり、アメリカの関係者も関心を持つのは当然である[6]。沖縄の選挙は、このように日本の防衛・外交政策に影響を与えかねない基地問題が争点になればなるほど、県外、外国のマスコミの関心も強くなる。

二〇一三年参院選には、社大党委員長で現職の糸数慶子（いとかずけいこ）[7]（社民、共産、生活、みどり推薦）、自民公認で社会福祉法人理事長の安里政晃（あさとまさあき）[8]（公明推薦）、幸福実現党公認で同党副代表の金城竜郎（きんじょうたつろう）、無所属新人の新島メリーの四名が立候補した。このうち金城はこれまでの選挙でも何度も立候補しているものの泡沫候補であり、新島はまったくの新人で支持基盤、組織もなく独自の戦いであった。なお民主党沖縄県連は、当初参議院沖縄県選挙区への候補者擁立を模索していたが断念した[9]。したがって今選挙は実質的には、糸数と安里の一騎打ちであった。そこで本章では、糸数と安里の両候補に焦点をあてて論じてみたい。

## 2　政党と政策のあり方——党本部と県連のねじれ選挙

選挙戦では糸数も安里も米軍普天間飛行場の辺野古移設に関しては反対を表明していたが、糸数の場合は、社大党公認、社民、共産、生活、みどり推薦で県連と党中央とのねじれもまったくなかった。ところが安里の場合は、自民党本部は辺野古移設推進であるが、自民党沖縄県連は移設反対であり、調整できなかった。今回の選挙で注目されたことの一つは、自民党公認の安里が有権者の関心の高い米軍普天間移設問題でどのような政策を打ち出すかであった。本来政党の政策は党中央と地方県連での間でねじれがあってはならない。ところが、移設問題では党本部と沖縄県連で大きく「ねじれ」たまま選挙戦が行われた。自民党関係者の発言を通して移設問題での党本部と県連の意向、同時に選挙への影響も考えてみたい。

### 自民党の公約発表——移設問題のねじれ

高市早苗政調会長は党本部で参院選の政権公約を発表した。注目の米軍普天間飛行場の移設問題では、「『日米合意』に基づく普天間飛行場の名護市辺野古への移設を推進し、在日米軍再編を着実に進める」

と明記したが、自民党沖縄県連は地域版公約（ローカルマニフェスト）に「県外移設」を掲げ、ねじれが明らかになった。高市は記者会見で「誠心誠意説明し理解してもらえるよう努力する」と述べた[10]。今や沖縄県連にとっては、「県内移設」を訴えて選挙戦を戦うことはきわめて厳しく、党本部の意向に反してでも「県外移設」を掲げる必要があった。本来、党本部と県連が国策に関わるような重要政策で一致せずに公認し、支援することは考えられないが、党本部も沖縄の選挙事情を十分理解しており、ねじれを寛大に容認したうえで、公認し選挙戦を戦うしかなかった。

このような選挙戦術も自民党は手慣れたものであった。二〇一〇年、一二年に自民党公認で当選した島尻安伊子（しまじりあいこ）参議院議員と西銘恒三郎（にしめこうざぶろう）衆議院議員は、それぞれの選挙戦では「県外移設」を訴えていたが、当選後は公約を破棄し県内移設容認になったことから、党本部は公約のねじれをあまり気にかけないようであった。逆に自民党は、島尻や西銘のように、安里が当選後「移設容認」に変わることを期待しているようであった。このことは、安里の政策発表の際にも記者から「辺野古容認に転換しないか」との厳しい質問もあったが、ないと断言し、さらに基地問題では、地位協定の見直し、嘉手納飛行場から南の米軍基地の早期返還を求めるとした[11]。

石破茂幹事長と自民党沖縄県連の照屋守之幹事長の会談で、石破は照屋に地方版公約で県連が明記する予定の「県外移設を求める」との表現について「何とかならないか」と、取り下げるよう要請した。ところが、照屋は「何ともならない」と拒否し、妥協点は見出せなかった。照屋は「これまで約束したことでもあるので県外移設を撤回するわけにはいかない」と主張し、地域版公約に「県外」を掲げる方針を堅持する考えを明示した[12]。

## 沖縄県連の公約は公約にあらず

安倍首相（自民党総裁）は、参院選の公約で党本部と沖縄県連が米軍普天間飛行場の辺野古への移設問題での「ねじれ」について党総裁としての見解を次のように明示した。日米両政府が合意した米軍普天間飛行場の名護市辺野古沖への移設に関し、自民党県連が「県外移設を求める」との独自公約を掲げて参院選に臨むことについて、「党本部が出したものが自民党の公約だ。それ以外は希望として書かれたものだ」と断言し、沖縄県連の独自公約を認めない考えを示した。さらに、安倍首相は「党の方針は既に決まっており、（投票も）その中で決めて欲しい[13]」と述べ、辺野古移設推進を明記した党本部の公約を基準とするよう有権者に求めた。選挙において公約は、政党にとって有権者との約束であり、きわめて重要である。その公約について県連の公約は公約ではなく、「希望として書かれたもの」と断言していいものか、有権者にとって理解しがたいのではないか。有権者の信頼をも損なうことにもなり、自民党公認候補にとって選挙戦で不利になりかねない不安要因を抱えた選挙であった。

## 辺野古語らぬ安倍首相応援演説

安倍首相は参院選沖縄県選挙区の党公認候補、安里政晃の応援で来県し、街頭演説をした。安倍は米軍普天間飛行場の移設問題について「一日も早く移設を行わなければならない。固定化があってはならない」と述べるにとどまり、自民党本部が公約に掲げる肝心の「辺野古移設問題」には言及しなかった。自民党の公約通り「辺野古移設」を訴えれば訴えるほど、安里に不利になることは明らかであった。安倍首相は「日米同盟の抑止力で平和と安定が保たれている」と主張した上で「米軍基地全体の七四％が沖縄にある。負担を軽減しないといけない大きな責任がある。負担が減ったと実感してもらえる努力をしたい[14]」と述べ、嘉手納基地より南の返還計画を進めていくことを強調した。今選挙で有権者の大きな関心事である普天間問題では、「住宅地の真ん中にあり、早く移設して欲しいという強い思いを共有したい[15]」と述べ、耳触りのいい話だけに終始し、有権者が最も聞きたい自民党の公約である辺野古移設には触れなかった。自民党総裁として党の公約である辺野古移設も有権者に訴えてこそ、選挙の意義もあるが、一切触れなかった。首相自ら公約隠し・争点隠しの選挙演説であった。さらに、安倍首相は「（沖縄県選挙区が）自民党にとって全国で一番厳しい選挙区」と位置づけ、経済政策や沖縄振興策などへの取り組みを強調した。

演説はうるま市、沖縄市、那覇市で行われ、宜野湾市で開催された安里陣営の大会に出席した。翌日は離島の宮古島市、石垣市まで行って安里の応援を行う力の入れようであった[16]。首相としては異例の応援態勢であり、「過去最大級のテコ入れ[17]」であった。選挙当日の地元紙『沖縄タイムス』は社説で「安倍晋三首相は選挙期間中…米軍普天間飛行場の辺野古移設に関しても党中央の公約には、『辺野古移設の推進』を明記しながら、那覇市での街頭演説では辺野古を一切口にしなかった[18]」と、公約隠しに疑問を呈した。首相の応援演説について県連会長は「これは賭けだ。丁と出るか、半と出るか。結果を見ないと分らない」と語っていた。そもそも県連は首相の沖縄入りに乗り気ではなかった。反発も生み出す「劇薬」と考えたからである。首相来県の調整役だった自民党の竹下亘衆議院議員に対し、再考を促したほどである。理由は普天間の移設先をめぐる政権と県のねじれであった。県連幹部は「首相が来れば、県民は『辺野古移設』への意思を感じるだろう。押しつけへの反発が生まれかねない」と懸念した。選対本部長の仲井眞知事も「首相が入るのはプラスになるかマイナスになるか[19]」と困惑気味であった。自民党県連のある議員は「序列社会の本土では、首相は現人神のように奉られる存在だが、横社会の沖縄でどれだけ効果があったのかわからない[20]」と、首相応援を疑問視したほどである。

### 石破幹事長も争点隠しの選挙に徹す

沖縄県選挙区の安里政晃の応援で同じく来県した自民党の石破茂幹事長は、街頭演説では党本部が公約に掲げる米軍普天間飛行場の名護市辺野古移設についてはは触れることはなかった。独自に県外移設の公約を掲げる党県連や党公認の安里に配慮した。石破は遊説終了後、その理由を問われ、「応援に来て（候補者と）まったく違うことを言ってどういうことが起こるのか。選挙のやり方はそういうものだと思うが、うそを言ったり、逃げたりしているつもりはない」[21]と説明した。はたして、「選挙のやり方はそういうもの」と割り切っていいものか、有権者には納得してもらえるのか疑問である。

辺野古移設問題で党本部の「県内移設」の公約とまったく違う「県内移設」の公約を掲げる候補者を党公認として立候補させ、党の総裁、幹事長までは応援に駆け付けるのは、公約の意義・重みを考える有権者からは理解し難いのではないか。沖縄の選挙事情を考えると、「県内移設」を公約にして選挙戦を勝ち抜くことはかなり厳しい。ならば、自民党にとって取りあえず選挙は「県内移設」で闘い、県外移設を強力に訴える候補に打ち勝つことが至上命題であり、公約は二の次であり、それほど重みのあるものではなかったのであろう。これは、政権党、自民党のしたたかさでもあろう。民主党政権にはこのようなしたたかさはなかった[22]。これはあまりにも好対照であった。

### 自民党沖縄県連「県外移設」堅持

このように自民党は辺野古移設問題について、二〇一三年二月の安倍首相とオバマ大統領の日米首脳会談合意に従い、政権与党として県内移設を明記せざるを得なかったと判断した。一方、県外移設の公約を汲み取ってもらえなかった自民党沖縄県連は県民の七割から八割が県内移設を反対している中で県民の声を訴えることが政党の役割との認識から、県連は地域版公約に「県外移設を求める」と明記する方針を固めたようであった。こうしてねじれが解消されないまま参院選に臨むことになった。

一方党本部は「その他の課題では方針が一致している。普天間問題が全てではない」（党関係者）との理由で沖縄県選挙区の安里の公認を外さない方針を確認した。[23]自民党県連・翁長政俊会長は「ローカルマニフェスト（地域版公約）で県外移設を求める。日米安保を安定的に継続していく上でも沖縄に過重な負担を強いることは良くない。国として沖縄の現状を直視し、米国と協議を見直していく努力をすべきだと考える。党本部とのねじれは現状を打開させようと思って今、努力している最中である」[24]と語った。それでも政権が辺野古移設を進めようとするのなら、まずは身内である自民党県連を説得し、辺野古移設の公約を堂々と掲げ、選挙で有権者に訴えて理解を求めることが政党のあるべき本来の姿である。

## 3 候補者の主な公約

選挙で有権者がどの候補者に投票するかを決める一つの基準となるのが、それぞれの候補者が掲げる公約であろう。公約は候補者と有権者との約束であり、それが堅実に守られるならば、候補者は有権者の信頼を得ることができる。しかし、わが国の選挙では、イギリスのマニフェスト選挙とは違って、公約破棄が起こることも珍しくない。結果的に、候補者への信頼は失墜し、引いては政治不信、投票率の低下に繋がっているのが実状である。特に沖縄の選挙では、二〇一〇年参院選、二〇一二年衆院選で当選した自民党議員が公約を破ったことが有権者の厳しい批判を浴びたこともあり、今参院選への影響も指摘されたほどである。そのような中で行われる今参院選で糸数、安里はどのような公約を訴え、選挙戦を戦ったのであろうか、一瞥してみたい。

**参院選で最も訴えたいことは何か**

糸数：憲法は県民の命と暮らしを守る最大の砦である。これ以上の基地負担は許さないという思いで平和憲法を守っていく。普天間飛行場の県内移設には反対。本当の意味で、県民が豊かになるような若者の正規雇用に繋がる政策を作っていきたい。

安里：景気回復の兆しは見えたが、地方や中小零細企業にはまだ届いていない。これを雇用や所得の増加に繋げるには、政治を安定させることが求められる。仲井眞県政の政策をアベノミクスで後押しし、沖縄経済を活性化していく点を強く訴えたい。

**普天間飛行場移設問題**

糸数：自民党は党本部が名護市辺野古移設の推進、県連は県外移設を主張し、ねじれが生じている。県民からすると分かりにくい状況である。私はこれまでもずっと、県外・国外を訴えてきた。普天間の危険性を除去するにはやはり閉鎖するしかない。

安里：普天間移設は危険性の早期除去と固定化阻止が最優先である。県外移設の方が早くできると思う。受け入れの可能性はまだ県外に残っている。地域には地域の実情があることを党本部にしっかり訴えていくことが重要である。

**憲法改正の要件緩和の議論、九条改正の賛否**

安里：憲法改正に賛成であるが、九六条改正は時期尚早である。憲法は国の原点で、今の形に即し進化させるべきである。九条の平和主義は堅持すべきであるが、戦力不保持は自衛隊が存在しており、曖昧である。自衛隊を憲法に明記し、文民統制の強化を図ることが求められる。

糸数：憲法改悪であると表現し、反対している。安倍政権が九条改悪で自衛隊を国防軍に改編し、集団的自衛権の行使を図ることは、要するに戦争できる国をつくることである。九六条を変えることは、時の権力者が自分の都合で憲法を変えられることになり、反対である。

**強調したい点**

安里：ここ二〇年、政治が不安定だったため経済を含めて日本がおかしくなった。県民、国民が求めていることは政治の安定である。すべての国民が夢と希望を抱ける社会にするために求められるのも政治の安定である。政治を安定させるための一員として頑張っていきたい。

糸数：全国戦没者追悼式のあいさつで安倍首相は基地問題には触れなかったが、自民党の公約では県内移設と明記した。基地負担をなくし、沖縄の人たちの人権を守る。県民の心をどうしても国政の場に伝えるために、平和の一議席を何としてでも勝ち取りたい。[25]

## 4 有権者の政策選択と候補者の政策提示

沖縄タイムス社は有権者がどのような政策を望んでいるかを知るために県内各地の繁華街で実施した意識調査の結果を見ると、有権者が政治、候補者に何を求めているかが分かる（図7－3）。選挙はいかに有権者のニーズを把握できるかが、その結果にも大きな影響を与える。アンケートでは、事実上の一騎打ちを展開している糸数と安里が掲げる政策について、基地問題や経済政策など七項目の中から最も重視する項目に二ポイント、次に重視する項目に一ポイントとして計算している。回答を得た計二一一名（男性一一四名、女性九七名）の総得点六三三ポイント中、「子育て支援」が一三九ポイント。次いで

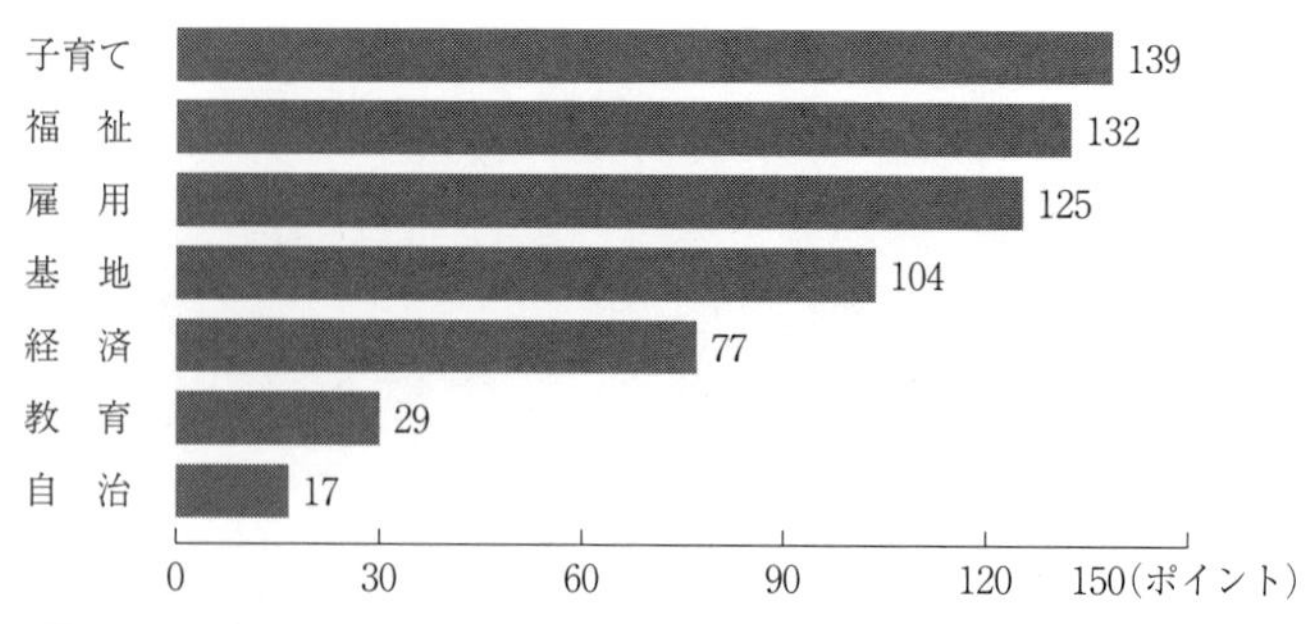


**図7－3**　重要視する政策（二つ回答してもらい順位でポイントを集計）
出所：『沖縄タイムス』2013年7月4日。

「福祉問題」が一三二ポイント、「雇用対策」が一二五ポイントで、「基地問題」は一〇四ポイント、「経済振興」が七七ポイント、「教育問題」二九ポイント、「地方分権」一七ポイントであった。さらに、このアンケートで明らかになったのは、糸数を応援する人の関心を集めている政策は「基地問題」が最も多く、逆に、安里を支援する人が求める政策は「基地問題」が七項目中五番目であった(26)。支持する候補者によって有権者の政策志向は明確に違っていた。

有権者がどんな政策に関心があるかは、前記のアンケートからある程度明らかになった。ところで、糸数、安里の両候補は、どんな政策を訴えているのであろうか。一つの視点として両候補の公示での第一声に注目し、有権者の政策選択と候補者の政策がどの程度かみ合っているかを見てみたい。

図7－4にみるように、安里の第一声は、七分四三秒であった。そのうち三割超と、最も長く訴えたのは、「自公体制」だった。自公の選挙協力が選挙結果に大きな影響を与えることはこれまでの選挙結果から明らかであり、公明党との比例候補とのセット戦術を強調した。三割を当てたのは「政治の安定」であった。衆参のねじれ状態が「政治を不安定にし、国民が将来不安を抱えている」と述べ、参院での議席獲得に支援を求めたのであった。子育て・福祉には二割、景気対策に一割の時間を割いた。アンケート調査での「子育て

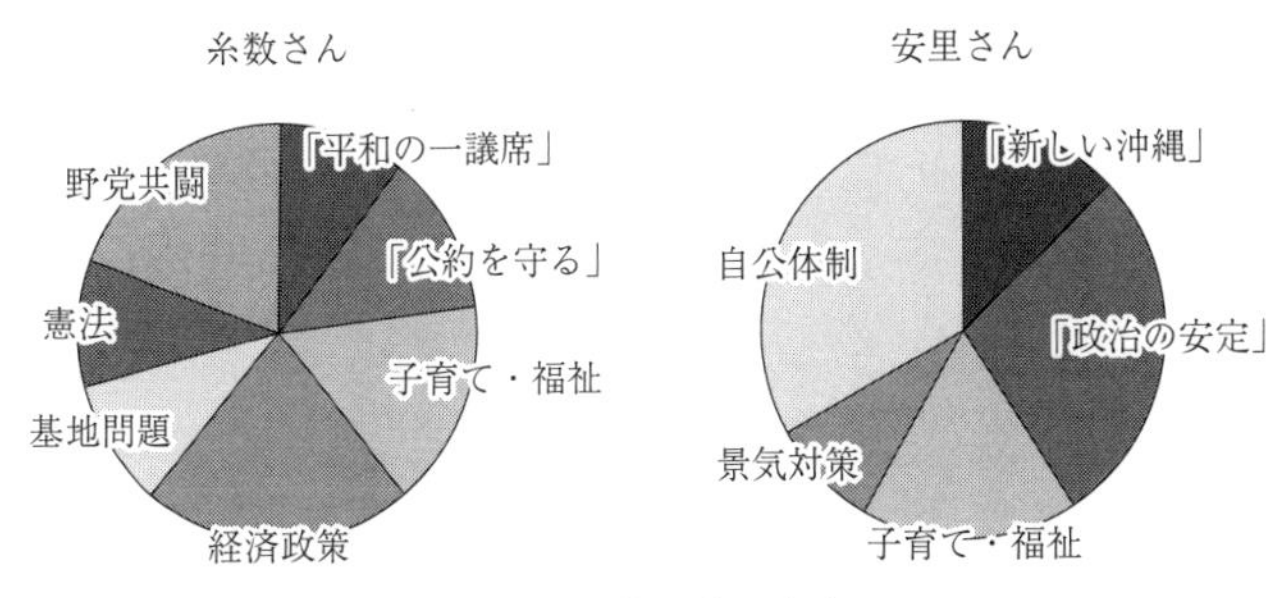


**図7-4** 第一声の内容

出所：『沖縄タイムス』2013年7月5日。

支援」が一三九ポイント。次いで「福祉問題」が一三二ポイントを考えると、安里が最も長く訴えたのは、「自公体制」「政治の安定」であったが、有権者にとってあまり関心はなかった。もっと「子育て・福祉」に時間を割くべきであった。安里はできるだけ基地問題は触れたくなかったかもしれない。基地問題の土俵に上がらない方が得策と考えたのであろう。しかし、一二五ポイントの基地問題に全く触れなかったのは、基地問題に関心のある有権者からすれば納得しにくかったかもしれない。

糸数は一四分三一秒の演説のうち二割以上を経済政策に割いた。安倍政権のアベノミクスについて「外国人投資家が株を売買しているだけで、庶民のくらしは圧迫されている」と安倍首相が得意げに語るアベノミクスを批判した。消費増税、ＴＰＰ交渉も批判した。「最も県民に訴えたい」としたのは、一割以上の時間を使った「公約を守る」こと。普天間飛行場の県内移設を選挙後に容認した自民党の衆議院議員を批判し、公約は「政治家の命」と強調した。この点は今参院戦での自民党の最大の弱点であった。子育て・福祉には二割、基地、憲法も満遍なく取り上げ、国政野党の共闘体制も時間を割いて説明した(27)。

安里氏との大きな違いは、「公約を守る」ことに時間を割き、一二年衆院選での公約破りを批判したことであった。アンケートの選択肢にはないが、有権者の関心は高かったのではないか。経済政策に多くの時間を割いた。おそらく安倍首相が強調するアベノミクスは、経済界、富裕層には素晴らしい政策であるが、一般国民にはその恩恵は実感できないことを強く訴えた。「子供の貧困」「雇用対策」も経済政策と密接に連動しており、有権者のニーズに合っていたのではないか。基地問題には触れていないが、日ごろの活動の中で訴えており、あえてその時間を経済政策に割いたのであろう。

## 5　基地問題、オスプレイ再配備、憲法問題世論調査

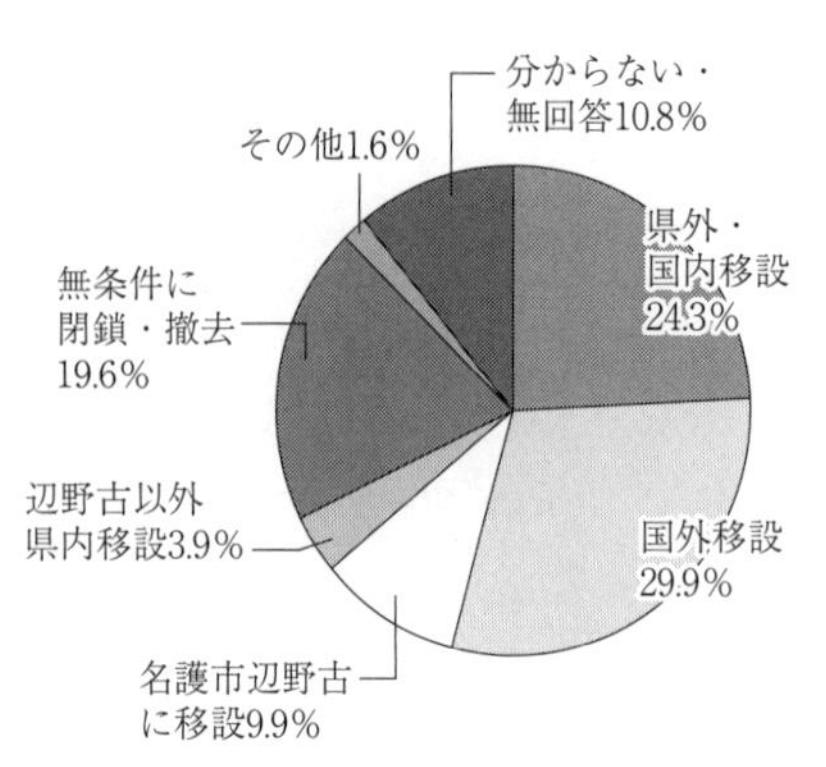


**図7－5**　普天間移設への考え方
出所：『琉球新報』2013年７月17日。

### 普天間移設問題

米軍普天間飛行場の移設問題では、全ての政党の支持層で県内移設よりも、無条件閉鎖・撤去や県外・国外移設の割合が上がった。図7－5にみるように、県内移設以外の選択肢を選んだ割合は、みんなの党支持層で一〇〇％、社民で九九・三％、共産で九五・二％、民主で七二・一％であった。日米が合意した名護市辺野古移設を推進する政権与党の自民支持層でも六二・一％に達している。自民支持層でも六割強が支持していることから、いかに有権者と政府の決定（公約）が乖離しているかが明らかであり、自民候補に移設問題では不利であることは間違いない。さらに、無党派層でも七四・三％に上がった。近年の選挙では「無党派層を制する者

が選挙を制す」と言われるように、無党派層の投票行動が選挙結果に大きな影響を与えることを考えると、この点でも安里には厳しい調査結果である。投票率が上がれば上がるほど糸数に有利である。

選挙区の支持別では、県内移設に反対する割合は、安里支持層で五八％、自民支持層でも移設には反対が多いことが分かる。糸数支持層で九〇・九％であり、糸数は反対派をかなり引き付けていることが明らかであり、反対派の糸数への期待感も大きい。県内移設容認派は安里支持層で二七・八％。糸数支持層は三・七％であった[28]。

### オスプレイ追加配備問題

参院選直後に配備が予定されている米軍新型輸送機オスプレイの米軍普天間飛行場への追加配備に対し、八割以上が反対の意向を示した（図7－6）。沖縄県選挙区の候補者支持別では、糸数支持層の九五・四％、安里支持層でも七五・四％が「すべきではない」と答えた。選挙区の投票先の態度を明らかにしていない人たちでも七七・九％が反対の意向を示した。沖縄の有権者が党派を超えていかにオスプレイ追加配備に反対しているかが浮き彫りになった。

支持政党別では社民の九七・六％、共産の九一・六％、公明党の八五・八％であった。自民支持層でさえ八〇・二％であった。野党支持層はもちろんのこと政権与党の支持層でも強い反対があることが明らかにされた。維新支持層でも七四・八％が反対であった[29]。これだけの反対があることを考えると、選挙前に追加配備することは、

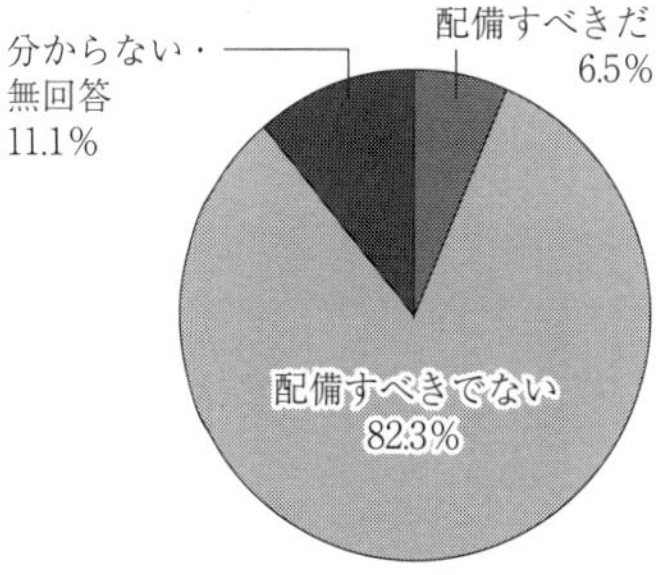

**図7－6** オスプレイ追加配備への賛否
出所：『琉球新報』2013年7月17日。

選挙に不利に働くことを心配し、政府はアメリカ側に選挙が終わるまで追加配備しないよう依頼したようである(30)。

二〇一二年一〇月にオスプレイを配備した際には、県民の猛烈な反対を警察、機動隊を動員し、力ずくで強行配備した。さらに、参院選後には追加配備を計画している政府自民党への反発が強いことが良く分かる調査結果であり、オスプレイ配備に強く訴えてきた糸数には我が意を得たりの結果であろう。

**憲法改正問題**

憲法改正問題について二〇一二年の衆院選時の調査では「改正」を選んだのは四五・七％であったが、今回の改正容認派は四五・〇％で〇・七ポイントの減少である（図7－7）。安倍首相は憲法改正の必要性を強調するが、有権者の理解が深まっているようには思えない。一方で、「改正する必要はない」の護憲派は、前回調査の二八・七％からこの半年の間に四・二ポイント増加した。憲法改正の動きへの有権者の危機感の表れとみることもできる。改正容認派の割合は、世代が上がるほど改正を求める割合が減少傾向にある。特に七〇代では三三・五％と最も低いのは戦争体験との相関関係も考えられる。一方、「改正する必要がない」は六〇代が最も高く四五・九％で、世代が下がるにつれて増加傾向がみられる。これは戦争経験世代とそうでない世代との違いであろうか。過去の選挙での投票率をみると、六〇代、七〇代は高い。これらの世代が憲法改正に危機感を

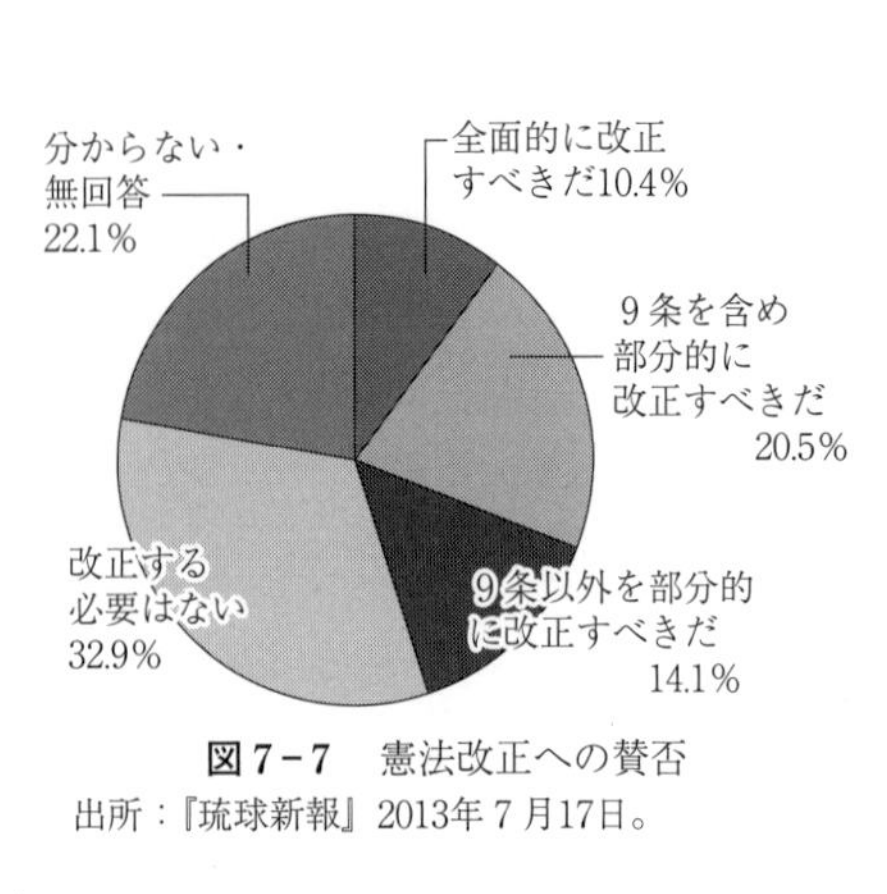


**図7－7**　憲法改正への賛否

出所：『琉球新報』2013年7月17日。

抱いていることを考えると、糸数の「憲法改正反対」はこれらの世代の支持を得ることになるであろう。支持政党別では、「改正すべきだ」の割合が最多だったのは、日本維新の会で七三・二％。自民党七二・七％、みんなの党六四・一％、公明党二九・九％、「支持政党なし」四〇・八％であった。「改正する必要がない」の割合で最多は生活の党七六・二％、共産党七三・九％、社民党六三・一％、公明党四一・三％、「支持政党なし」三三・三％であった[31]。

いわゆる保守政党支持者は改正願望が強く、公明党は政権党ではあるが、支持者は憲法改正に同調せず、慎重にならざるを得ない。

以上のアンケート調査からすると、政府自民党が考えている「普天間飛行場移設問題」「オスプレイ追加配備」「憲法改正」について有権者は、反対の意思表示が多いことは明らかになった。自民党公認の安里にとっては、有権者の期待にどう応えるのか難しい選挙戦ではないだろうか。

## 6　支持組織

選挙に勝利するための一つの大きな要素は、強力な支持団体がどのぐらいあるのか。さらに、支持団体を増やすことができるかである。わが国では自民党長期政権が長すぎるため、民主党政権の一時期を除けば、支持団体も固定化される傾向にある。つまり、経済団体は自民党、労働団体は野党候補を支持する傾向にある。今回の参院選でもこれまでの支持団体に大きな変化はなかった（表7－2）。

### 糸数陣営——労組支援

県内最大労組の連合沖縄は早々に参院選沖縄県選挙区で社大党委員長の糸数を支持することを決定し

**表7－2**　主要労働組合の沖縄選挙区比較

| 労働組合名 | 組合員数 | 今回選挙への対応 | 2010年選挙への対応 |
|---|---|---|---|
| 連合沖縄 | 約４万人 | 糸数（支持・支援） | 山城（推薦） |
| 自治労 | 約１万2000人 | 糸数（推薦） | 山城（推薦） |
| 全駐労沖縄地区本部 | 約6400人 | 糸数（支持・支援） | 自主投票 |
| 沖教組 | 約3500人 | 糸数（推薦） | 山城・伊集（支持） |
| JP労組 | 約2600人 | 糸数（支持・支援） | 山城（支持・支援） |
| 沖縄電力総連 | 約2300人 | 自主投票 | 自主投票 |
| 航空連合 | 約2200人 | 糸数（支持・支援） | 山城（支持・支援） |
| 情報労連 | 約1500人 | 糸数（支持・支援） | 山城（推薦） |
| UAゼンセン同盟 | 約3500人 | 自主投票 | 自主投票 |
| 国公労 | 約900人 | 糸数（推薦） | 山城（推薦） |
| 県労連 | 約5000人 | 自主投票 | 伊集（推薦） |
| 高教組 | 約2700人 | 糸数（推薦） | 山城・伊集（推薦） |
| 全港湾 | 約660人 | 糸数（推薦） | 山城（推薦） |
| 沖駐労 | 約600人 | 安里 | 島尻（推薦） |

※候補者敬略称　糸数＝糸数慶子氏　山城＝山城博治氏
島尻＝島尻安伊子氏
伊集＝伊集唯行氏

出所：『沖縄タイムス』2013年７月４日。

た。二〇〇七年は参院選では、糸数が無所属での出馬であったため、協力の内容が最も強く連合本部が決定権を持つ「推薦」であったが、今回は糸数が社大党[32]公認として出馬表明したため推薦に次ぐ「支持・支援」であった。その理由について、連合沖縄の中村信正会長は、「推薦は連合本部の承認が必要であるが、糸数は政策全てが本部と一致するわけではない」と、民主支持を基軸とする連合本部の推薦を得るのは難しいと指摘した上で「反自民の立場で支援する」[33]と語った。支持・支援ではあったが、連合は独自に選挙対策本部を設置し、「推薦ではないが、組合員やその家族をはじめ投票行動に結びつく運動に取り組む」と仲村会長は強調した。県労連は「選挙では特定の政党の候補者を応援しない」との原則から、糸数が「社大公認」となったため支持などはしなかった。UAゼンセン同盟は「反自民・非共産」の連合加盟のため安里への協力はない。糸数の経済政策やエネルギー政策を見て最終的には判断する。一般的に労組が革新系候補を支援するが沖駐労（沖縄駐留軍労働組合）[34]は、一〇年参院選で自民公認の島尻安伊子を推薦しており、今回は自民公認・公明推薦の安里を支持・支援することを決定した。[35]

## 安里支持――自公政権復帰と支持団体の変化

沖縄県内の主要な一五経済団体のうち六団体が自民党公認、公明推薦の安里支持・支援を決定した。六団体のうち三団体は民主党政権下で行われた二〇一〇年参院選では自主投票であったが、一二年一二月の衆院選で自公が政権を奪還したことで自民から出馬する安里を推薦することになり、政権交代で県内経済界の自公回帰が鮮明になった。表7－3にみるように、経済界にとって「イデオロギーよりも経済的利益」で支持・支援することは当然であり、自民党政権下の支持・支援の構図にすんなりとおさまった。

団体ごとに見てみると、県建設産業政策推進連盟、県商工会政治連盟、県農業政治連盟はいずれも一〇年参院選で自主投票になった。県商工政治連盟幹部が「前回は民主党政権になったからといって手のひらを返すように民主党の候補者を推薦したり、堂々と民主系の候補を推すわけにはいかず自主投票とした」と説明するように、今回は政権が自公連立に戻ったことで明確に安里を推薦しやすい政治環境になっていた。県中小企業政策推進連盟も一〇年参院選は自主投票であったが、今回は安里推薦を決定した。県経営者協会は従来は自民支持であるが、会長が県公安委員であるため特定の候補への対応はしない方針であり、一〇年参院選と同様に自主投票となった。県内四商工会議所の政治団体のうち、二地区は推薦、支持・支援を決定し、二地区は組織としての対応はしなかった。商工会議所でも選挙への対応はそれぞれの団体によって違っていた。県漁業協同組合連合会は政治団体「県水産業振興対策協議会」[36]はあるが、候補者の推薦・支持など選挙には関わらない方針であり、自主投票となった。

表7－3　主要経済団体の沖縄選挙区での対応

| 経済団体名 | 政治団体名 | 今回選挙への対応 | 2010年選挙への対応 |
| --- | --- | --- | --- |
| 沖縄経済同友会 | なし | — | — |
| 県建設業協会 | 県建設産業政策推進連盟 | 安里 | 自主投票 |
| 県経営者協会 | なし | 自主投票 | 自主投票 |
| 県工業連合会 | 県工業振興会 | — | — |
| 県商工会連合会 | 県商工政治連盟 | 安里 | 自主投票 |
| 県中小企業団体中央会 | 県中小企業政策推進連盟 | 安里 | 自主投票 |
| 県情報通信関連産業団体連合会（IT連合会） | なし | — | — |
| JA沖縄中央会 | 県農業政治連盟 | 安里 | 自主投票 |
| 県漁業協同組合連合会 | 県水産業振興対策協議会 | 自主投票 | 自主投票 |
| 県中小企業家同友会 | なし | — | — |
| 沖縄観光コンベンションビューロー（OCVB） | なし | — | — |
| 那覇商工会議所 | 日本商工連盟那覇地区 | 安里 | 島尻 |
| 浦添商工会議所 | 日本商工連盟浦添地区 | 安里 | 島尻 |
| 沖縄商工会議所 | 日本商工連盟沖縄地区 | 安里（支持・支援） | 島尻（支持・支援） |
| 宮古島商工会議所 | 日本商工連盟宮古地区 | — | — |

※候補者敬略称　安里：安里政晃氏推薦　島尻：島尻安伊子氏推薦

—：従来，特定の候補者を支持しない

出所：『沖縄タイムス』2013年7月3日。

## 7　選挙結果

糸数は一一市のうち七市で安里を上回った。市部合計得票数のうち糸数は、二二万二七五四票、安里は二〇万五五八五票であった。特に那覇市では糸数が六七四一票リードしたことは大きい。沖縄の選挙では「那覇を制す者は選挙を制す」と言われるぐらい、那覇での得票数は選挙結果を大きく左右する。石垣市、宮古島市では基地もなく、糸数の訴えに反応が鈍かったのではないか。同時に両市は市長が保守系であり、市長の安里支援の効果もあったのではないか。三〇町村のうち糸数と安里の勝敗は、一五対一五で数の上では同数であったが、得票数では糸数が七万一六六六票、安里が五万五八〇七票で糸数が一万五八五九票多かった。これは沖縄には一二の一島一町村があり、そのうち一一村で安里が上回ったが、有権者が少なく得票増には結びつかなかったからである。離島地域では与党自民党の経済振興策などへの期待感は県内の他の市町村以上に大きく、そのことが安里の得数にも表われている。

安倍首相は安里候補の選挙応援で沖縄入りした際、「沖縄は自民党にとって最も厳しい選挙区だ。（対立候補の）厚い壁を破らなければ沖縄の未来はない」[37]、「沖縄は与党が劣勢の数少ない選挙区。党幹部は「沖縄も全力で取りに行く」と語ったり、安倍首相はじめ閣僚、党実力者が沖縄入りし、安里の応援をした。ところが、結果は糸数の圧勝に終わった。

開票翌日の『琉球新報』社説は、「自民公認・推薦候補が全国各地で勝利する中、沖縄県選挙区は憲法改正や米軍普天間飛行場の名護市辺野古移設などに反対する現職の糸数が当選した。政権与党は沖縄の民意をしっかり受け止め、県内移設の日米合意見直しに本腰を入れて取り組むべきだ」と報じた。『沖縄タイムス』社説は、「今回の参院選で自民は三一ある全国の一人区で二九議席を確保する圧倒的な強さを見せた。その中で、沖縄で敗北したのはなぜか。党公認の安里は新人で知名度が低かったものの、資金と運動量では、相手陣営をはるかに上回っていた。党本部も安倍首相はじめ多数の閣僚を沖縄入りさせるなどテコ入れに腐心した。にもかかわらず、糸数が勝利したのは、安倍政権の沖縄に対する姿勢に、多くの県民が危機感と不信感を抱いていたからだ」と報じた。さらに詳しく両候補の勝因、敗因について考えてみたい。

**糸数圧勝――「平和の一議席守り抜く」**

『琉球新報』『沖縄タイムス』社説で指摘しているように、全国的には、自民党公認・推薦候補が各地で当選するという自民圧勝の選挙であったが、沖縄県選挙区は米軍普天間飛行場の名護市辺野古移設問題、オスプレイ追加配備問題、憲法改正問題に「平和の一議席」を掲げ、安倍政治に真正面から対峙して選挙戦を戦った糸数が当選した。

参院選で自民党本部は米軍普天間飛行場の名護市辺野古移設推進を公約に明記した。党総裁の安倍晋三首相はじめ党幹部が沖縄入りし、特に石破茂幹事長は選挙戦最終日の打ち上げに出席するなど支援は突出していたが、その公認候補の敗北で移設反対の民意を改めて突きつけられた選挙となった。

**(1)基地問題への共感**

米軍普天間飛行場の名護市辺野古への移設、オスプレイ追加配備への県民の反発は選挙期間中の世論調査からも明らかであった。このように基地問題で県民の声を一切無視しようとする安倍政治のあり方に全国的な自民党圧勝とはまったく違う評価を下した。まさしく防衛問題などの国策のあり方を沖縄から厳しく問う選挙であった。

安倍首相にとっては、辺野古移設問題を考えると、沖縄の一議席は他選挙区の三議席ぐらいの政治的価値があり、是が非でもとりたい選挙区であった。超重点選挙区に位置づけ、自身も選挙応援に駆け付けるほどの力の入れようであった。しかし、基地問題をめぐって県民がこれまでになく反発する政策を強引に断行する安倍政権に対する異議申し立てと受け止めるべき選挙結果であった。政府は去る三月に米軍普天間飛行場の名護市辺野古移設に向けた埋め立て申請を行った[38]。参院選直後にオスプレイの追加配備することへの有権者の不信・反発が糸数への期待に繋がったのではないか[39]。

糸数は当選インタビューで勝因を次のように語っている。「オスプレイ再配備と普天間飛行場の名護市辺野古移設への反対は、一番、県民の気持ちに響いたと思う。憲法問題では、沖縄戦体験者は政府が九六条や九条を変え、自衛隊を国防軍と位置づけたら、その先は徴兵制だと危惧している若い人にもずいぶん訴えた[40]」。前記の憲法改正の世論調査でも有権者は、安倍首相の憲法改正には疑問・危機感を持っていた。

### (2) 選挙戦術の巧みさ

従来は無所属で立候補し各党が合同選対で動いていたが、今回は社大党委員長として党公認で出馬した。社民、共産、生活の党が個別に政策協定を結び、選対も別に設置した。各党が公認する比例代表候補とのセット戦術を展開したことが効を奏し、それぞれが迅速な意思決定による独立した運動に繋がった。

もう一つの戦術は、「相手は安里ではなく、改憲による戦争への準備を進めようとし、辺野古移設を強行する安倍政権と位置づけて論戦を仕掛けよう」という戦術であった。安倍首相が市内で応援演説した際には、同じ時間帯に数百メートル離れた場所で街頭演説会を開き、政権に対峙する候補という印象を強める戦術も練った。[41]ちなみに安里陣営には一〇〇〇人以上、糸数陣営には一〇〇人ぐらいしか集まってなかった。表面的な雰囲気は対照的であったが、糸数側の演説会は、今選挙の戦術をシンボライズする場面であった。[42]このようにイメージ戦略が無党派層と革新層、一部保守層の支持者にも浸透し、勝利に繋がった。

### (3)保守層からの支持

保守系の元村長が初めて応援するなど、環太平洋経済連携協定（TPP）、日台漁業協定や四・二八政府記念式典、オスプレイ配備に反対する一部保守層も糸数へ流れた。[43]これまでの選挙では農業関係者は基本的には保守支持層であった。ところが、TPPによって関税が自由化されることになれば、他府県よりも零細な沖縄農業が壊滅的な打撃を受けることを心配した農業関係者の一部が糸数を支援する動きもあった。四・二八「主権回復の日」を祝う政府主催の記念式典が開催されたことに対して沖縄では保守革新を問わず多くの有権者が反発したことは言うまでもない。[44]保守の一部が糸数に投票したことは十分考えられる。

## 安里の敗北要因

### (1)移設問題をめぐっての党本部との公約のねじれ

二〇一〇年の県知事選、参院選、二〇一一年の名護市長選以来、普天間飛行場の辺野古移設（県内移設）を公約にして当選した国会議員、県知事、関係市町村長はいないことを考えていると、自民党沖縄県連としても党本部に合わせて「県内移設」で選挙戦を戦うことは厳しい。同時に、どの世論調査でも県民の約七〇～八〇％は、辺野古移設反対であり、自民党県連も反対であった。

ところが、自民党は沖縄県連に移設容認を迫った[45]。普天間問題で自民党県連と安里が掲げた「県外移設」の独自公約を、安倍首相が公示直前に「希望として書かれたものだ」とまったく相手にせず、突き放したことも、安里にはマイナスになったことは間違いない。

今選挙は米軍普天間飛行場返還問題で知事が埋め立ての可否判断を下す前に、民意を図る最後の機会と位置づけられていた。安里や県連は「県外」を掲げたが、政府や党本部は「辺野古移設」の方針を堅持し、政府と沖縄の深刻な意識の隔たりが、有権者離れを招き、選挙結果に影響を与えたことは否定できない[46]。

糸数の立場からすれば、勝因の一つでもあった。糸数は当選後のインタビューで「県連と党本部のねじれも県民の理解を得られなかった[47]」と述べている。

### (2) 知名度の低さ

選挙に勝ち抜くための三要素として「地盤、看板、カバン」が挙げられることがある。看板は知名度のことである。したがって、選挙において知名度があるかどうかは、その結果に影響を与える。糸数が一九九二年県議選に初当選し、三期連続当選、二〇〇四年参議院選に初当選、〇七年に二度目の参院選に挑み再選を果たし、知名度が高かったことに比べ、安里は知名度が低く、それを挽回するために、「福祉の経験」と「若さ」をアピールし、子育て世代や高齢者の票の掘り起こしに全力投球したが、糸数の知名度に追いつけなかった[48]。

### (3) 現職自民党国会議員の公約破棄

自民党の西銘恒三郎衆議院議員、島尻安伊子参議院議員が「県外」の公約を破棄したことも有権者の疑念・不信に繋がり安里には不利になったとも十分考えられる。糸数は、公示日の第一声で「『最も県民に訴えたい』としたのは、『公約を守る』こと。普天間飛行場の県内移設を選挙後に容認した自民党の衆議院議員を批判し、公約は『政治家の命』と強調した」[49]。

仲里利信（元沖縄県議会議長・元西銘恒三郎衆議院議員後援会長）の地元である南風原町、八重瀬町、与那原町三町合同で安里政晃島尻支部総決起大会が開催されたが、参加者は三割強に過ぎなかった。予想外の目立つ空席に仰天した安里陣営関係者は、公約撤回の影響が大きすぎると、厳しい表情を隠せなかった[50]。得票は糸満市でわずかに糸数を上回ったが、それ以外の保守地盤である南部市町村の全てで糸数が安里を上回った。

公示前日に名護市内で開かれた島尻安伊子参議院議員の内閣府政務官就任祝賀会には、安里も出席していた。挨拶に立った北部地域振興協議会（辺野古移設の早期実現を求める）の荻堂盛秀会長は、おもむろに安里を横に立たせ、「（自民）県連は今、いらんことを言っているが、当選したら分かっているね」「私たちも応援しているよ」[51]と語りかけ、支援を強調したようである。普天間飛行場の移設先である名護市で糸数と安里の得票差が一五一票だったことに政府、自民党本部が注目した。安里は「県外移設」を掲げて今選挙戦を戦ったにもかかわらず、「僅差」を強調する政府の姿勢には、同氏の得票を辺野古移設を公約とする自民党への〝信任〟と受け止めたい思惑がにじむ。官邸筋は「票の動きから見ると、来年の名護市長選挙は十分勝算があると官房長官は判断している」[52]と希望的観測も含めて分析した。一方、安里の選対関係者は、政府の受け止めに対し、「県内移設を掲げていたら、ここまで詰められなかった。自民党本部も政府も地元で選挙していないから分らないんだ」[53]と反論した。たしかに、政府官邸、自民党のやり方を象徴する、候補者、自民党県連を見下した発言であろう。

自民党県連には選挙中、支持者から「安里さんは県外移設と言っているが、信用できない。当選したら西銘さん、島尻さんのように辺野古容認に変わるのではないか」という電話がたびたびかかってきたようである。[54]

以上のことが安里の敗因であることは、自民党県連参院選中間報告からも明らかになった。公認候補落選の要因に、知名度を高める運動量の不足や米軍オスプレイ配備、TPP参加交渉、「主権回復の日」式典実施など、沖縄をめぐる政治状況が不利に働いたことや、普天間飛行場の県外移設をめぐる党本部とのねじれ、所属国会議員二名の県外公約転換などを挙げた。[55]

**注**

(1) 一九六六年に国防総省で沖縄返還問題を担当していた米海軍大佐による、沖縄の米軍基地機能についての発言(『沖縄タイムス』二〇一四年五月一〇日)。

(2) 昭和四六年一一月二四日、衆院本会議において「非核兵器ならびに沖縄米軍基地縮小に関する決議」が行われ、「政府は、沖縄米軍基地についてすみやかな将来の整理縮小の措置をとるべきである。右決議する」となっている(沖縄基地対策室『沖縄の米軍基地』平成一五年度版、一〇五頁参照)。

(3) 『沖縄タイムス』一九七二年一一月二四日参照。

(4) ちなみに、本土における米軍専用施設面積は、一九七二年三月三一日現在で減少率は約六〇%。これに対して沖縄における米軍専用施設面積は、二〇〇六年三月三一日現在でも減少率は約一六%に過ぎない(照屋寛之「米軍基地と自治体行政」『沖縄国際大学総合学術紀要』第一一巻第一号、四頁)。

(5) ちなみに、二〇一三年参院選では自民党は、公示前から、石破茂幹事長、谷垣禎一法相、山本一太沖縄担当相、萩生田光一総裁特別補佐、竹下亘組織運動部長、鴨下一郎環境相らがすでに来県した。林芳正農水相、野田聖子総務会長、小渕優子元少子化相、三原じゅん子参議院議員が次々と沖縄入りをしている。一六日には安倍首相も沖縄入りし応援演説もした。石破氏は最終日の二〇日に再来県し打ち上げ式にも参加した(『沖縄タイムス』二〇一三年七月一一日)。

(6) 米国大使館関係者は、長年の懸案である米軍普天間飛行場の名護市辺野古への県内移設を念頭に「選挙後は取り組むべき課題でしっかり成果を出して欲しい」と語った（『琉球新報』二〇一三年七月二〇日）。

(7) 「高校卒業後に就職したバスガイドの仕事が政治家を志すきっかけになった。住民の視点から沖縄戦を学び直し、戦跡をめぐるツアーを会社に提案。平和ガイドの先駆けとなった。もう一つの原点は母の沖縄戦体験。戦争末期の一九四五年六月、妊娠中の母は三人の子供達と戦場を逃げ惑った。避難した豪で出産した女児は、約一週間後に栄養失調で命を落とした。追い打ちを掛けるように三歳の長男も死去。母は息のない長男に話し続け、遺体が腐敗しても抱いたまま放そうとしなかった。数日後に、周囲が強引に引き離し、埋葬したという。…『母のように悲しい人をつくってはいけない。基地は戦争に繋がる』と自身を強く突き動かしてきた。新基地建設に一貫して反対する根幹に、母の存在がある。」（『琉球新報』二〇一三年七月一六日）。さらに詳しくは、糸数慶子『沖縄の風よ薫れ「平和ガイド」ひとすじの道』高文研二〇一三年を参照。

(8) 祖父は元衆院議員の安里積千代氏。父親は元県議の安里政芳氏という政治家一族に長男として生まれ、幼少期は自分も将来、政治家になるものと思っていた（『琉球新報』二〇一三年七月一五日）。安里積千代氏は沖縄社会大衆党委員長を務めたが、復帰後の中央政党系列化で当時の民社党に移籍。今選挙では元社大党委員長の孫と現職の社大党委員長が選挙戦で戦うことになった。

(9) 『琉球新報』二〇一三年六月一一日。二〇一〇年の参議院選では、民主党は政権党であったが、普天間飛行場の名護市辺野古への移設問題で党中央と県連がねじれていたため県連は候補者擁立を断念した。

(10) 『琉球新報』二〇一三年六月二一日。

(11) 『琉球新報』二〇一三年六月四日。

(12) 『琉球新報』二〇一三年六月五日参照。

(13) 『琉球新報』二〇一三年七月四日。

(14) 『琉球新報』二〇一三年七月一七日。このような発言は多くの政府、自民党関係者が「負担軽減が実感してもらえる努力をしたい」と、言うものの、ほとんどが県内の米軍基地への移転であり、実際には七三・八％から七三・一％にわずかに減るだけである。

(15)『琉球新報』二〇一三年七月一七日。

(16)『沖縄タイムス』二〇一三年七月一七日。通常、国政選挙では「首相は負け選挙区には入らない」という通説があるが、劣勢を伝えられた沖縄選挙区にあえて応援に入ったのは、何が何でも沖縄は「取りたい」という執念からではないだろうか。

(17)『沖縄タイムス』〈示された民意〉二〇一三年七月二六日。

(18)『沖縄タイムス』〈社説〉二〇一三年七月一七日。石垣市まで行ったのは単なる選挙応援だけではなかった。「尖閣諸島を警備する石垣海上保安部を訪れ、巡視船の乗組員らを激励する」ことと、「日本の首相が石垣島に行って海保を激励すれば、中国へのメッセージになる」ことの二つの狙いがあった（『朝日新聞』二〇一三年七月一七日）。

(19)『朝日新聞』二〇一三年七月一七日。

(20)『沖縄タイムス』二〇一三年七月二六日。

(21)『琉球新報』二〇一三年七月五日。

(22) 沖縄の基地問題、とりわけ米軍普天間飛行場の名護市辺野古への移設では、民主党政権の時も民主党本部は辺野古移設推進であったが、民主党沖縄県連は県内移設反対であった。そこで二〇一〇年の参院選では、沖縄選挙区から立候補する候補者は県内移設容認が条件であったので、沖縄県連は擁立を断念し、結果的に政権党の民主党は沖縄選挙区だけ空白となった。詳しくは、照屋寛之「全国唯一の民主党候補空白選挙区」白鳥浩編著『衆参ねじれ選挙の政治学』ミネルヴァ書房、二〇一一年、二七二〜二七六頁参照。

(23)『琉球新報』二〇一三年六月一五日。

(24)『琉球新報』〈各党に聞く　参院沖縄選挙区　1〉、二〇一三年六月二五日。

(25)『琉球新報』での立候補予定者座談会から主要な点をまとめたものである。同紙二〇一三年六月二五日紙面からの引用である。

(26)『沖縄タイムス』二〇一三年七月四日参照。

(27)『沖縄タイムス』二〇一三年七月五日参照。

(28)『琉球新報』二〇一三年七月一七日。
(29)『琉球新報』二〇一三年七月一七日。
(30)『沖縄タイムス』〈社説〉二〇一三年七月二〇日。
(31)『琉球新報』二〇一三年七月一七日。
(32) 正式な党名は沖縄社会大衆党。一九五〇年の結党以来、沖縄の地域政党、土着政党として沖縄の基地問題をはじめ沖縄の抱えている諸問題の解決を訴えてきた。復帰後も沖縄の他の政党が本土政党に系列化される中で系列化されることなく独自の路線を堅持してきた（沖縄社会大衆党史編纂委員会編『沖縄社会大衆党史』沖縄社会大衆党、一九八一年、一頁参照）。
(33)『琉球新報』二〇一三年五月二一日。
(34) 平成八年八月に設立し、現在沖縄県の米軍基地で働く六〇〇〇人の労働者で組織する労働組合である。その宣言の中で日米安保条約に基づき我が国のみならず東アジアの平和維持に貢献する崇高な職務に従事していることを誇りとし、我々にとって在沖米軍基地は働く職場だということをはっきりと認識しようと訴えている（沖駐労ホームページ）。
(35)『沖縄タイムス』二〇一三年七月二日参照。
(36)『沖縄タイムス』二〇一三年七月二日参照。
(37)『琉球新報』二〇一三年七月一七日。
(38) 沖縄防衛局は県北部土木事務所に埋め立て申請書を提出した。その際、防衛局職員と名乗らず、名刺も置かず、立ち去るまでわずか一、二分であった。対応した職員は「一瞬のことだった」と戸惑いを禁じえなかったようである。これが政府のやることか。多くの県民が憤りと同時にあきれ果てたのではないか。無礼・非常識の極みであった。環境影響評価書提出の場合もそうであったが、行政文書の提出としておそらく全国的にも前例のない醜いいびつなやり方である（照屋寛之『琉球新報』〈埋め立て申請を突く〉二〇一三年四月七日）。
(39)『琉球新報』二〇一三年七月二一日。

(40)『琉球新報』二〇一三年七月二二日。
(41)『琉球新報』二〇一三年七月二二日参照。
(42)『沖縄タイムス』〈示された民意　1〉、二〇一三年七月二三日参照。
(43)『沖縄タイムス』二〇一三年七月二二日。
(44) 沖縄タイムス社と琉球朝日放送（ＱＡＢ）が実施した世論調査で、記念式典開催を「評価しない」との回答は六九・九％であった。その理由は「四月二八日は沖縄にとって屈辱の日だから」四二・二％、「米軍基地が集中するなど、沖縄の主権は回復しているとはいえないから」三五・六％であった（『沖縄タイムス』二〇一三年四月二三日）。
(45) 自民党沖縄県連の翁長政俊県連会長は選挙の翌日のインタビューで「県連は県民の思いを代弁する立場にある。県外を要求するスタンスは堅持し、引き続き党本部と協議していかないといけない」と述べた。さらに辺野古移設推進を掲げる党本部や政権からの圧力が今後強まる可能性については「何らかの形でかなり厳しい対応が出てくるだろうとは容易に予測できる。その時にまた対応しないといけない」と語り、そう簡単には党本部の辺野古への移設に同意できない県連の立場を明示した（『琉球新報』二〇一三年七月二二日）。
(46)『沖縄タイムス』二〇一三年七月二二日参照。
(47)『琉球新報』二〇一三年七月三〇日。
(48)『沖縄タイムス』二〇一三年七月二二日。
(49)『沖縄タイムス』二〇一三年七月五日。
(50)『琉球新報』〈三万票差の裏側4〉、二〇一三年七月二六日。三町合同の総決起大会は、五〇〇人収容の会場に集まったのはわずか一〇〇人弱だった。ある県議は「これは駄目だ」と顔をしかめた。「公約破棄が影響しているとしか思えない」と県連幹部は分析した（『沖縄タイムス』〈示された民意　2〉、二〇一三年七月二五日参照）。
(51)『琉球新報』〈三万票差の裏側4〉、二〇一三年七月二六日。
(52)『琉球新報』〈三万票差の裏側5〉、二〇一三年七月二七日。

(53)『琉球新報』〈三万票差の裏側5〉、二〇一三年七月二七日。
(54)『沖縄タイムス』〈示された民意　2〉、二〇一三年七月二五日。
(55)『琉球新報』二〇一三年七月三〇日。

# 第8章　解禁されたネット選挙運動の課題

湯 淺 墾 道

## 1　国政選挙における初のネット選挙運動

第二三回参議院議員選挙は、二〇一三年七月二一日に行われた。この選挙は、二〇一三年に公職選挙法が改正され、インターネット（電子メール、ウェブページ等）を選挙運動に利用することが解禁されてから初めての国政選挙という点で歴史に名を残すものである。

各種の調査結果によれば、二〇一三年参院選におけるインターネット選挙運動の有権者の投票への影響力は限定的であったが[1]、将来の変革に向けた第一歩であったことは間違いない。

なお、二〇一三年参院選は、日本において初めてインターネット選挙運動が解禁された選挙であるというわけではない。公職選挙法改正は、施行日以後初めてその期日を公示される衆議院議員の総選挙の期日の公示の日、又は参議院議員の通常選挙の期日の公示の日のうちいずれか早い日以後に、期日を公示され又は告示される選挙について適用され（附則第一条）、国政選挙には限定されないこととなった。このため、改正法が適用されインターネット選挙運動が解禁された選挙は、二〇一三年七月七日に告示され、七月一四日に投票が行われた福岡県中間市の市議会議員選挙が初めての例となった。もっとも、中間市議会議員選挙ではかならずしも各候補者が積極的にインターネットを選挙運動に活用したというわけではなく、中にはマスメディアの取材に対してインターネットは利用しないと公言した候補者もいたという[2]。

本章では、インターネット選挙運動の解禁に向けた動きについて概観し、二〇一三年参院選におけるインターネット選挙運動によって明らかになった課題について検討を加えることにしたい。

## 2　インターネット選挙運動の解禁に向けた動き

公職選挙法は、選挙運動に使用する「文書図画」については詳細な規制を置いているが、選挙運動にインターネットを利用することを禁じる明文規定を持たなかった。

しかし、新党さきがけが一九九六年に当時の自治省に送付した質問状をきっかけとする総務省の有権的解釈[3]によって、選挙運動にインターネットを利用することは禁じられていると解されてきた。インターネットが選挙運動から排除されていた事例は先進国の中でも珍しく、戸別訪問の禁止と並んで、わが国の選挙運動規制の特色をなしていた。また、公職選挙法は文書図画に関して規制しているものの、有権者に電話をかけたり、電話で録音テープを流したりする行為については特に規制していないことを利用して、画面は真っ黒で音声だけを流すホームページで選挙運動を行うという議員も現れた[4]。

他方で、政治活動と選挙運動が法規制の上では区別されていることを利用して、政治活動の一環と称した選挙運動期間中のインターネット利用が着々と進められてきた。特に二〇〇九年衆院選と二〇一二年衆院選では、各党があくまでも通常の政治活動の一環であるという建前で、政党のウェブページの更新やソーシャル・ネットワーク・サービス（ＳＮＳ）の利用を行い、実質的には選挙運動と区別がつかないような状況となった。

中には、国政政党であった日本維新の会の母体・大阪維新の会の代表である橋下徹・大阪市長のように、公職選挙法によってインターネット利用が禁じられているという解釈を痛烈に批判する政治家も現れた。橋下市長は、二〇一二年の衆議院総選挙期間中もツイッター（Twitter）のアカウントの更新を公然と続け、「リアルな討論会が時間を問わず行われる。有権者もその中にどんどん入る。これが本来の選挙運動、民主主義だろう。それがネットは文書にあたるからネットでの選挙運動は禁止。こんなバカな総務省解釈で、全てのネット民主主義が禁止。バカだね～日本社会は[5]」、「公示後の僕のツイッターが、公選法違反かどうか議論されている。結構なことだ。官僚組織がいかに硬直的か、社会的妥当性（常識）より、一度作ったルールを死に物狂いで守る習性がよく現れる論点だ[6]。まず公選法で文書配布に制限があるのは、無制限だと金のある者が無制限に文書をばらまくだろうと。」等と発言した。

このような情勢を受けて、インターネット選挙運動の解禁に向けた機運が国会議員の間で醸成され、与党にも共有されるに至ったことが、解禁を実現した要因の一つと思われる。その結果、インターネット選挙運動の解禁に向けて各党の協議会が設けられて検討が行われ、法改正と同時に「改正公職選挙法（インターネット選挙運動解禁）ガイドライン[7]」が公表されることとなった。

## 3　公職選挙法改正の内容

改正公職選挙法の内容については、すでに多くの解説等が公刊されている[8]。このため、ここでは最低限の説明にとどめることにしたい。

改正の内容は、次の六点である。

1. ウェブサイト等を利用する方法による選挙運動の解禁。
2. 電子メールを利用する方法による選挙運動用文書図画の頒布の解禁。
3. 政党等の選挙運動期間中選挙運動用ウェブサイト等に直接リンクする政治活動用有料広告掲載の解禁。
4. 選挙期日後の挨拶行為の解禁。
5. 屋内の演説会場において選挙運動のために行う映写等の解禁。
6. プロバイダ責任制限法の改正。

改正公職選挙法では、(1)インターネット等、(2)電子メール、(3)ウェブサイト等という三つの方法による選挙運動という概念が用いられている。

インターネット等を利用する方法とは、「電気通信の送信（放送を除く）により、文書図画をその受信をする者が使用する通信端末機器の映像面に表示させる方法」（一四二条三第一項）を指す。ホームページ、ブログ、SNS、動画共有サービス、動画中継サイト等、「放送」にあたらないもので、文書図画を端末の映像面に表示させるもののすべてが該当する。また電子メールとは、特定電子メールの送信の適正化等に関する法律（特定電子メール法）二条一号に規定する電子メールのことをいう（一四二条の三第一項）。このため、インターネット等を利用する方法（インターネット上の様々なサービス）の中から、「電子メールを利用する方法」を除いたものが、「ウェブサイト等を利用する方法」に該当することになる。

今回の公職選挙法改正によって、何人も、ウェブサイト等を利用する方法により、選挙運動を行うことができるようになった（一四二条の三第一項）。ウェブサイト等を利用する方法については、主体が「何人も」であるから第三者も含まれる。したがって、候補者や運動員以外の一般の市民も、特定の公務員

**表8-1**　公職選挙法改正によって可能となった行為

| | | | 政党 | 候補者 | 一般有権者 |
|---|---|---|---|---|---|
| インターネット等を利用した選挙運動 | 電子メール | 選挙運動用電子メールの送信 | ○<br>表示義務<br>保存義務 | ○<br>表示義務<br>保存義務 | × |
| | | | あらかじめ，選挙運動用電子メールの送信の求め・同意を選挙運動用電子メール送信者に通知した者に対して　＝　オプト・イン（事前の求め・同意のあった者にのみ送信可能）政治活動用電子メールを継続的に受信している者であって，選挙運動用電子メールの送信の拒否しなかったものに対して　＝オプト・アウト（受信拒否の意思表示があった場合は送信できない） | | |
| | | 受信した上記メールの転送 | ○<br>表示義務<br>保存義務 | ○<br>表示義務<br>保存義務 | × |
| | | 当選を得させないための活動に係る電子メールの送信 | ○<br>（当日まで可）<br>表示義務 | ○<br>（当日まで可）<br>表示義務 | ○<br>（当日まで可）<br>表示義務 |
| | | 受信した上記メールの転送 | ○<br>※表示義務<br>(?) | ○<br>※表示義務<br>(?) | ○<br>※表示義務<br>(?) |
| | | 選挙期日後の挨拶行為を目的とする電子メールの送信 | ○<br>※表示義務なし（?) | ○<br>※表示義務なし（?) | ○<br>※表示義務なし（?) |
| | ウェブページ等を利用する方法（ホームページ，ブログ，SNS，動画共有サービス，動画中継サイト） | 選挙運動用 | ○<br>表示義務 | ○<br>表示義務 | ○<br>表示義務 |
| | | 当選を得させないための活動に係るもの | ○<br>（当日まで可）<br>表示義務 | ○<br>（当日まで可）<br>表示義務 | ○<br>（当日まで可）<br>表示義務 |
| | | 選挙期日後の挨拶行為 | ○<br>※表示義務なし（?) | ○<br>※表示義務なし（?) | ○<br>※表示義務なし（?) |
| ホームページに掲載する有料バナー広告 | | | ○ | × | × |

等を除き、ウェブサイト等を利用する方法によりインターネットを利用して選挙運動を行うことができるようになった。ただし、ウェブサイトを利用する方法については、選挙運動を行う者の表示義務など、様々な規制が加えられている。

電子メールを利用する方法については、今回の改正公職選挙法では第三者による送信の解禁が見送られた。選挙運動を目的として電子メールを送信することができる主体は、依然として制限されている。

## 4　電子メールに関する問題

改正公職選挙法の問題点として残されたのが、電子メールの扱いである。一つは第三者の送信規制に関するものであり、もう一つはSNSのメッセージは「電子メール」に該当するかという点である。

### 電子メールの送信規制

今回の改正公職選挙法では、電子メールによる選挙運動の送信主体を候補者等に制限し、第三者による送信の解禁を見送った。選挙の種類ごとに、選挙運動用電子メールを送信することができる主体は、かなり細かく規制されている。

規制を設けた理由としては、(1)密室性が高く、誹謗中傷やなりすましに悪用されやすいこと、(2)複雑な送信先規制等を課しているため、一般の有権者が処罰（二年以下の禁錮、五〇万円以下の罰金）され、さらに公民権停止になる危険性が高いことが挙げられている[9]。

しかし、(1)については、同様に密室性の高いSNSのメッセージには送信主体規制を設けてられていないこととの整合性が問われる。(1)の危険性は落選運動用電子メールや選挙後の挨拶を目的とした電子

**表8-2**　選挙運動用電子メールの送信が認められる候補者・政党等

| 選挙の種類 | 候補者の送信の可否 | 政党等の送信の可否 |
|---|---|---|
| 衆議院議員選挙（小選挙区） | ○ | ○（候補者届出政党） |
| 衆議院議員選挙（比例代表） | ○（名簿登載者） | ○（衆議院名簿届出政党等） |
| 参議院議員選挙（選挙区） | ○ | ○（確認団体で，党外選挙に所属候補者があるもの） |
| 参議院議員選挙（比例代表） | ○（名簿登載者） | ○（参議院名簿届出政党等） |
| 都道府県知事選挙 | ○ | ○（確認団体） |
| 都道府県議会議員選挙 | ○ | ○（確認団体） |
| 政令指定都市の市長選挙 | ○ | ○（確認団体） |
| 政令指定都市の市議会議員選挙 | ○ | ○（確認団体） |
| 政令指定都市以外の市長選挙 | ○ | ○（確認団体） |
| 政令指定都市以外の市議会議員選挙 | ○ | × |
| 町村長選挙 | ○ | × |
| 町村議会議員選挙 | ○ | × |

メールにも該当するが、これらは第三者による送信も可能である。さらに、落選運動用電子メールの場合は、その旨を表示する必要はなく、送信拒否通知を行うことができる旨や送信拒否通知を行う際に必要となる電子メールアドレスその他の通知先を記載する必要もない。また落選運動用電子メールは、当日も送信することができる。選挙後の挨拶を目的とする電子メールについては、第三者による送信を禁じる規定はないので、第三者が挨拶用の電子メールを送信することは可能であり、その場合に氏名、名称等の表示義務や挨拶用電子メールである旨を表示する必要もないと解される。また、送信拒否通知を行うことができる旨と送信拒否通知を行う際に必要となる電子メールアドレスその他の通知先を記載する必要もない。送信相手についても、特に制限はない。また(2)については、政令指定都市以外の市議会議員選挙、町村長選挙及び町村議会議員選挙の場合は政党等の送信を認めていない理由との関係が不明である。

このように、インターネット選挙運動等に関する各党協議会の電子メールの送信主体規制についての説明は、かならずしも合理的ではないように思われる。

### 電子メールの該当性

改正公職選挙法では、電子メールによる選挙運動を政党及び候補者に限って解禁したが、電子メールの定義については、電子メールの送信の適正化等に関する法律（特定電子メール法）二条一号に規定する電子メールのことをいうとしている（一四二条の三第一項）。しかし、参照先である特定電子メール法の本文は、電子メールに関する定義を欠き、特定電子メールの送信の適正化等に関する法律二条一号の通信方式を定める省令である総務省令において定められている。このため、公職選挙法上の電子メールの定義も、当該省令に依存する。

一方、フェイスブック（Facebook）やLINE等のSNSのユーザー間でやりとりされる「メッセージ」類は、電子メールに似た機能を持っている。しかし、今回の改正公職選挙法では、これらは「電子メール」には該当せず、ウェブサイト等に該当するとされた。改正公職選挙法でいう電子メールは、前述の通り特定電子メールの送信の適正化等に関する法律第二条第一号の通信方式を定める省令で規定するものに限定されるからである。このため、SNSのメッセージは、通常のホームページ等と同じようにウェブページとして扱われる。

しかし、公職選挙法改正とあわせて改正されたプロバイダ責任制限法の運用上は、SNSのメッセージは電子メールと同様であるとみなされ、ウェブページとしては扱われないという矛盾が生じた。仮にプロバイダ責任制限法に基づくSNSのメッセージ等の削除請求が行われたとしても、プロバイダ側が削除に応ずるかどうかは疑問である。というのは、メッセージは通信の秘密（電気通信事業法四条一項）

の保護対象であるからプロバイダ責任制限法の規定は適用されないとする見方があり、[10]公職の候補者等が申し出たとしても、プロバイダ等は名誉侵害情報の削除の依頼や発信者情報の開示の依頼には応じない可能性が高いからである。

この点に関し、通信の秘密（電気通信事業法四条一項）を適用するまでもなく、そもそもＳＮＳのメッセージはプロバイダ責任制限法に定める「不特定の者によって受信されることを目的とする電気通信」（二条一項）には当たらない、とみることも可能であろう。ＳＮＳユーザー間でやりとりされるメッセージは、送信にあたって受信者を特定する必要があり、不特定の者に対して送信されるものではない。このことから、メッセージはプロバイダ責任制限法に定める「不特定の者によって受信され」るものとは言い難いようにも思われる。この場合は、ＳＮＳのメッセージはプロバイダ責任法の適用対象外ということになる。

このように、前述したように密室性が高く誹謗中傷やなりすましに悪用されやすいという理由で電子メールによる選挙運動について送信主体規制を課しておきながら、電子メールと同様の機能を持ち、同様に誹謗中傷に悪用されやすいＳＮＳのメッセージについては、送信主体規制がなく、実際に誹謗中傷が行われた場合にプロバイダ責任制限法による対応はとりえない。このような状態は、電子メールによる選挙運動に送信主体規制を置く必要性を疑わせる。電子メールの定義と、ＳＮＳのメッセージをどのようにして取扱うべきかについては、早急に再検討することが必要である。

## 5　落選運動

従来、インターネットを利用して落選運動を行うことの可否については、必ずしも明確ではなかった。

しかし、公職選挙法改正によって、インターネットを利用する落選運動に対して一定の規制が加えられると同時に、規制の範囲内であればインターネットを利用する落選運動は可能であるという点が明文化された。

改正公職選挙法では、インターネット等を利用する方法により当選を得させないための活動に使用する文書図画を頒布する者の表示義務という条文が新たに設けられた（一四二条の五）。本条の規定により、当選を得させないための活動に使用する文書図画を掲載するウェブサイト等には、電子メールアドレス等を表示しなければならないこととされた（一四二条の五第一項）。規制の対象は「インターネット等を利用する方法」であり、電子メールも含まれることになる。この場合は、当該文書図画にその者の電子メールアドレス及び氏名又は名称を正しく表示しなければならない（同条二項）。しかし、本条の下で電子メールによって当選を得させないための活動に使用する文書図画を頒布する場合は、⑴落選運動用電子メールである旨を表示する必要はない、⑵送信拒否通知を行うことができる旨と送信拒否通知を行う際に必要となる電子メールアドレスその他の通知先を記載する必要はない、⑶落選運動用電子メールは当日も送信ができる（本条では、「選挙の期日の公示又は告示の日からその選挙の当日まで」と規定されている）、という点で、選挙運動用の電子メールに対する規制とは異なっている。

ただし法的には、この規制には問題が残されている。本条は違反したときの罰則が規定されているので、違反者は刑事罰を科される可能性がある（二四四条一項二の三号）。刑事罰が科される以上、本条における落選運動の定義は明確にしておく必要があると考えられる。しかし、当選を得させないための活動とは何かという点は、公職選挙法の中に規定が無く、判例上も明確とはなっていない。にもかかわらず、罰則が規定されたという点については、拙速という印象を免れ得ない。

二〇一三年参院選では大きな落選運動の展開は見られなかったが、その後、集団的自衛権の行使を可能とするいわゆる安保法案の可決をめぐって、これを憲法違反とする立場から、法案に賛成した議員を落選させようとする運動を、様々な団体、市民がインターネット上で展開するようになった。落選運動に法的な根拠を与えたという点で、公職選挙法改正の意義の一つになっているといえよう。

## 6　二〇一三年参院選におけるインターネット選挙運動の問題点

**誹謗中傷**

長年、インターネット選挙運動の解禁について特に与党議員の間で慎重な意見が多かったのは、インターネット上の誹謗中傷に対する危惧の念があったためと思われる。

総務省選挙部長を務めた久元喜造・神戸市長によれば、「総務省は、すでに二〇〇二年（平成一四年）八月、インターネット（ホームページ）を活用した選挙運動を解禁することと、解禁に伴う対策について報告書をまとめていたが、実現まで一〇年以上かかったのは、国会議員の間で、とりわけ誹謗中傷やなりすましに対する不安が拭えなかったからである。（中略）自民党選挙制度調査会における議論は真二つに割れ、結論を得ることはできなかった。」という。(11)

誹謗中傷を防止するため、改正公職選挙法においては、ウェブサイトによる選挙運動に様々な表示義務を課しているほか、電子メールによる選挙運動に関しては完全に利用を解禁するのではなく、送信主体制限（第三者による送信の禁止）が規定された。また、特定電気通信役務提供者の損害賠償責任の制限及び発信者情報の開示に関する法律（プロバイダ責任制限法）が改正され、新たに「公職の候補者等に係る特例」（第三条の二）が置かれた。

しかし、二〇一三年参院選においては、実際に若干の誹謗中傷の例が報じられた。特に激戦となった一部の選挙区では、複数候補者の支持者や有権者によるインターネット上での相互の批判・非難、誹謗中傷もみられた。この選挙区では、候補者が街頭演説中に女性に顔を殴られて軽傷を負い、警視庁武蔵野署が女性を公選法違反（選挙の自由妨害）容疑で現行犯逮捕したことが報じられた[12]。ところがその後、当該候補者が文部科学副大臣であったときの福島原発事故放射能汚染対応に関する非難も含めて、候補者への誹謗中傷が相次ぎ、候補者がホームページ上で「表現の自由、そして民主主義を守るために」と題する緊急声明を公表するに至っている[13]。プロバイダ責任制限法の改正による誹謗中傷対応策は、これに対して有効に機能しなかった。

その後も、選挙運動期間中のインターネット上での誹謗中傷の例は報告されているが[14]、有効な対策は見出せていないのが現状である。

### 未成年者の選挙運動

従来、公職選挙法では二〇歳未満の者について選挙運動を禁じていた（一三七条の二）。この規定は一九五二年の公職選挙法改正[15]によって導入されたもので、前年の地方選挙の際、小学生に選挙運動をさせるというような事例があったことが改正のきっかけとなったとも言われる。一三七条の二は、未成年者を選挙運動のために使用するのみならず、未成年者が自主的自発的に選挙運動を行うことも禁止する趣旨であると法改正の時点から解されてきた[16]。

未成年者の選挙運動の禁止については従来から法的問題が存在したが[17]、インターネット選挙運動の解禁によって、にわかに再浮上することとなった[18]。

近時のインターネット選挙運動においては、電子メールや通常のウェブページだけではなく、ＳＮＳが多用されるようになっており、ＳＮＳにおいては、リツイート、シェア等の形態によって、メッセージを転送したり再発信したりすることが容易である。ところが、選挙運動のためのメッセージをリツイートしたりシェアしたりすることは、選挙運動となると解される。総務省の普及啓発用の資料では、自分で選挙運動メッセージを掲示板・ブログに書き込みすること、他人の選挙運動の様子を動画共有サイトなどに投稿すること、他人の選挙運動メッセージをSNSなどでリツイート、シェアなどで広めること、送られてきた選挙運動用電子メールを他人に転送することは、法律違反で罰せられる恐れがあるとしている[19]。このため、未成年者のSNSユーザーが、選挙運動メッセージのリツイート、シェア等を行うことによって、一三七条の二違反に問われる恐れが発生した。同じ大学生でありながら、未成年である低学年の学生が選挙運動メッセージのリツイート、シェア等を行うと違法となり、高学年の学生は違法とならないというような状態となったのである。

その後、二〇一五年に選挙権年齢を一八歳に引き下げる公職選挙法改正が行われ、二〇一六年に施行された。それによって、一八歳以上の未成年者が選挙運動メッセージのリツイート、シェア等を行った結果、大学生が一三七条の二違反に問われる恐れはなくなった。しかし、スマートフォンの普及によりSNSのユーザーが低年齢化していることから、今後は一八歳未満の未成年者（高校生等）に対する周知啓発が必要となってくるものと思われる。

## 7　インターネット選挙運動からSNS選挙運動へ

公職選挙法におけるインターネット選挙運動は、電子メール以外のものをすべてウェブページとして一律に扱う等、ユーザーが電子メールとブラウザを中心としてインターネットを利用することを想定している。しかし、実際のインターネット選挙運動は、フェイスブック、ツイッター等のSNSによって展開されることが多い。

これに伴い、様々な問題が浮上しているが、その一つに、これらのSNSを運営する事業者による意図的な情報操作や投票行動への影響力行使という点が挙げられる。

日本でも利用者が多いフェイスブックは、感情伝染実験の一環として、有権者に対して特別なメッセージを表示することで投票行動に影響を与えることができるかどうかを試していたことが明らかになっている。フェイスブックは、二〇一〇年の米中間選挙の投票日である一一月二日、一八歳以上のユーザー約六一〇〇万人のニュースフィードの一番上に、「今日は投票日です」というメッセージを表示させるという実験を行った。その結果、このメッセージを表示させることによって投票者が実際に増え、投票率を押し上げたとする論文が『ネイチャー』誌上で公開されている[20]。その後も、フェイスブックは様々な実験を行っていることが報じられている。

ハーバードロースクールのジョナサン・ジットレイン教授は、このようなSNSによる世論操作を通じた投票行動への影響力行使を、「デジタル・ゲリマンダー（digital gerrymandering）」と呼んで批判している[21]。

しかし、これらのSNS事業者による世論操作や投票行動への影響力行使を法的に規制することは困難である。SNSを運営する事業者の法的地位は、電気通信事業法にいう電気通信事業者や、プロバイダ責任制限法（特定電気通信役務提供者の損害賠償責任の制限及び発信者情報の開示に関する法律）にいうプロバイダ（特定電気通信役務提供者）にとどまり、政治的中立や内容の公正性に関する法的規制や義務の対象とはなっていない。「第四の権力」と称されることもあることから、社会的・倫理的要請に基づく一定の自律性が維持されてきたマスメディアとも異なり、これらのSNS事業者はメディアとしての性質を必ずしも自覚していないと思われる。

また、そもそもフェイスブックは外国の企業であって、国内法である公職選挙法で規制したとしても実効性を欠く。近時、内外事業者に対する規制の差（イコール・フッティング）が問題になってきている。これは、海外事業者によるインターネット上のサービスを日本国内のユーザーが利用することが増加し、事実上日本向けに海外事業者がサービスを提供している場合があるにもかかわらず、海外事業者に対しては日本法の規制が及ばず、日本の事業者と海外事業者との間の競争条件が不公平になっており、両者の平等な規制を求める声が出てきているものである。[22]選挙の公正を維持するため、日本国内の事業者に対して公職選挙法その他の法令で様々な規制を加えたとしても、規制の及ばない海外の事業者をユーザーが利用した場合には、その目的は達成できない。

これらの点について、インターネット選挙運動等に関する各党協議会「改正公職選挙法（インターネット選挙運動解禁）ガイドライン」では、「海外のウェブサイトによる情報発信等、取締りに限界があることは事実であるが、これは現行の公職選挙法でも同様である。」としている。しかし、現実にSNSによる世論操作が行われているにもかかわらず、放送や通信等の領域においては海外からの介入の危険性を理由とした外資規制が行われていることと対比すると、海外SNS事業者による政治的介入の危険性が看過されているのは、いささか奇妙なことであると思われる。

## 8　インターネット投票実現に向けて

二〇一三年の参院選でインターネット選挙運動が行われるようになったことを契機として、マスメディアでは「ネット選挙」という語が使われることも多く、各地の選挙管理委員会では有権者にインターネットを使って投票することが可能になったという誤解を与えないように啓発活動を行ったところもあった。

インターネットを使った投票については、なりすましや票の改竄、サーバへの攻撃や不正アクセス等の情報セキュリティに関係する問題のほか、監視者がいない場所での投票が行われることによる投票の強要の恐れ等の問題点が多く、国政選挙・地方選挙でインターネットを使って投票することが全国で可能になっているのは、エストニアのみである。[23]

しかし、マスメディアによる「ネット選挙」という語の多用には、インターネットを使った投票の実現への有権者の期待もこめられているようにも思われる。様々な障壁は依然として高いが、インターネット選挙運動の解禁を契機に、在外投票など部分的なインターネット投票を実現することはできないか、再考する余地はあると思われる。

**注**

（1）佐藤哲也「参院選における有権者のネット活用」『Voters』一六号、二〇一三年、四頁以下などを参照。

（2）湯淺墾道「参議院議員選挙を振り返る」『月刊選挙』六六巻八号、二〇一三年、三頁以下参照。

（3）自治省は、新党さきがけ宛の回答の中で「公職選挙法の『文書図画』とは、文字若しくはこれに代わるべき符号又は象形を用いて物体の上に多少永続的に記載された意識の表示をいい、スライド、映画、ネオンサイン等もすべて含まれます。したがって、パソコンのディスプレーに表示された文字等は、公職選挙法の『文書図画』に当たります。」とした。

（4）二〇〇〇年衆院選において、民主党の島聡議員（愛知一三区）がこのような声だけのホームページで選挙運動期間中に開設した例がある。

（5）https://twitter.com/t_ishin/status/276058528345620481

（6）https://twitter.com/t_ishin/status/276040862268526592

(7) インターネット選挙運動等に関する各党協議会「改正公職選挙法（インターネット選挙運動解禁）ガイドライン（第1版：平成二五年四月二六日）」。http://www.soumu.go.jp/main_content/000222706.pdf

(8) 飯田泰士『ネット選挙のすべて』明石書店、二〇一三年、大柴ひさみ『YouTube 時代の大統領選挙』東急エージェンシー、二〇〇九年、岡村久道「ネット選挙運動の解禁 1・2・3」地方議会人四四巻三号、二〇一三年、五八～六二頁、四四巻四号、二〇一三年、五八～六二頁、四四巻五号、二〇一三年、五〇～五四頁、清原聖子・前嶋和弘編『インターネットが変える選挙』慶應義塾大学出版会、二〇一一年、佐藤令「イギリスのインターネット選挙運動」『調査と情報』八〇五号、二〇一三年、一頁以下、情報ネットワーク法学会編『知っておきたいネット選挙運動のすべて』商事法務、二〇一三年、西田亮介『ネット選挙解禁がもたらす日本社会の変容』東洋経済新報社、二〇一三年、ネット選挙研究会編『公職選挙法に基づくインターネット選挙要覧』国政情報センター、二〇一二年、ネット選挙研究会編『Q＆Aインターネット選挙公職選挙法の一部改正』国政情報センター、二〇一三年、三浦博史『完全解説 インターネット選挙』国政情報センター、二〇一三年、三輪和宏「諸外国のインターネット選挙運動」『調査と情報』五一八号、二〇〇六年、一頁以下、湯淺墾道「インターネット選挙運動解禁の課題」『月刊選挙』六六巻四号、二〇一三年、三～八頁、湯淺墾道「インターネット選挙運動と公職選挙法」『選挙研究』三〇巻二号、二〇一四年、七五～九〇頁などを参照。

(9) インターネット選挙運動等に関する各党協議会「改正公職選挙法（インターネット選挙運動解禁）ガイドライン（第1版：平成二五年四月二六日）」一一頁。

(10) 大倉健嗣「公職選挙法等とメッセンジャーアプリ」情報ネットワーク法学会編『知っておきたいネット選挙運動のすべて』商事法務、二〇一三年、八九～九〇頁。

(11) 久元喜造『ネット時代の地方自治』講談社、二〇一三年、二二六～二二七頁。

(12) 「民主・鈴木寛氏が女に殴られ軽傷　吉祥寺駅前で街頭演説中、ボトルの液体かけられ」『産経新聞』二〇一三年七月一五日。

(13) http://suzukan.net/news/%E3%80%90%E7%B7%8A%E6%80%A5%E5%A3%B0%E6%98%8E%E3%

80%91%E3%80%8C%E8%A1%A8%E7%8F%BE%E3%81%AE%E8%87%AA%E7%94%B1%E3%80%81%E3%81%9D%E3%81%97%E3%81%A6%E6%B0%91%E4%B8%BB%E4%B8%BB%E7%BE%A9%E3%82%92%E5%AE%88.html

(14) 河村和徳・伊藤裕顕「被災地から考えるネット選挙運動」『月刊選挙』六八巻一号、二〇一五年、三三頁以下を参照。

(15) 昭和二七年八月一六日法律第三〇七号。

(16) 法改正の審議時には、次のようなやりとりがあった。「立花委員　今のところで、十六には『未成年者使用の選挙運動の禁止』とあるのですが、これは未成年者を使用してはいけないので、未成年者が自発的に選挙運動をやるのはいいのかどうか、この点を明白にしてもらいたいと思う。使用がいけないというならば、これでもいいのですが、全部いけないというのであれば、使用という言葉を除かないと……」「小澤委員長　立花さん、それは小委員会では、あなたもお聞きになつたでしょうが、使用でなくても、自発的にやつてもいかぬということです。」第一三回国会公職選挙法改正に関する調査特別委員会、第四号、昭和二七年六月四日。

(17) 湯淺墾道「一八歳選挙権の意義と課題」『月刊選挙』六九巻二号、二〇一六年、三頁以下を参照。

(18) 板倉陽一郎「未成年者によるインターネット選挙運動」情報ネットワーク法学会編『知っておきたいネット選挙運動のすべて』商事法務、二〇一三年、六〇頁以下参照。

(19) http://www.soumu.go.jp/senkyo/senkyo_s/naruhodo/popup-chirashi02.html

(20) Robert M. Bond, Christopher J. Fariss, Jason J. Jones, Adam D. I. Kramer, Cameron Marlow, Jaime E. Settle & James H. Fowler, *A 61-million-person experiment in social influence and political mobilization*, 489 NATURE 295 (2012).

(21) Jonathan Zittrain, *Facebook Could Decide an Election Without Anyone Ever Finding Out*, NEW REPUBLIC, https://newrepublic.com/article/117878/information-fiduciary-solution-facebook-digital-gerrymandering.

(22) 森亮二「ライフログ活用サービスにおけるプライバシー侵害リスクをどう検討すべきか」『ビジネス・ロージャーナル』二〇一三年一月号、二〇一三年、二七頁を参照。

(23) 湯淺墾道「エストニアの電子投票」『九州国際大学社会文化研究所紀要』六五号、二〇〇九年、三九頁以下参照。

# 第9章　ネット選挙は投票行動を変えたか

岡本哲和

## 1　「期待はずれ」のネット選挙？

二〇一三年七月二一日に投票が行われた第二三回参議院選挙は、「インターネット選挙運動解禁」（以後、「ネット選挙解禁」との表現を用いる）後に実施された最初の国政選挙となった[1]。それまでは公職選挙法一四二条および一四三条の「文書図画」に該当すると解釈され、選挙運動の手段として用いることが認められていなかったウェブサイトや電子メールなどを、候補者や政党が利用できるようになったのである[2]。この点で二〇一三年参院選は、わが国の選挙の歴史における一つの転換点として、今後も記憶され続けることになる。

だが、選挙が終わってみれば、ネット選挙解禁の効果についてのマスメディア等での論調はおおむね否定的なものとなった。たしかに、上昇することも期待された投票率は五二・六一％と、前回二〇一〇年参院選の五七・九二％よりも下がってしまった。候補者と有権者との関係がより緊密化したとは感じられないし、一見して選挙結果が大きく変わったとも思われない[3]。

だが、はたして何の影響もなかったと言えるのか。本章の目的は、二〇一三年参院選におけるネット選挙解禁の効果を、解禁前のデータとの比較を行うことによって、あらためて検証することにある。日本におけるネット選挙解禁は、一種の自然実験である。選挙運動手段としてのインターネット利用が、禁止から解禁へと移行するケースは、これまでほとんどなかった。これにより、有権者あるいは候補者の行動がどのように変化するかは、政治学的にもきわめて興味深い問題である。

本章の構成は以下の通りである。第2節では、候補者によるインターネット利用状況に焦点を合わせて、解禁前後の比較を行う。続く第3節および第4節では、有権者側に焦点を合わせる。まず第3節では、インターネット・ユーザーの二〇一三年参院選における選挙情報との接触状況について、著者が実施した調査の結果を解禁前の選挙との比較を行いつつ紹介する。第4節では、インターネット選挙情報との接触が有権者に及ぼした効果に注目する。これに関する調査結果を概観した後に、ネット選挙の解禁が投票行動に対して何らかの影響を及ぼしていたかどうかを、多変量解析の手法を用いて検証する。これにより、マスメディア等による一般的な評価とは異なって、ネット選挙解禁が有権者に一定の効果を及ぼしていた可能性があることを示したい。

## 2　候補者によるインターネット利用

### 候補者ウェブサイトの開設状況

ネット選挙解禁は、「だれが」インターネットを使うかを変える可能性がある。本節では候補者側の情報発信に注目して、解禁前後での選挙におけるインターネット利用状況についての比較を行うことにする。用いるデータは、いずれも著者が実施した調査の結果に基づくものである。[4]

候補者によるウェブサイトの開設状況から見ていこう。図9－1は、二〇〇〇年衆院選から二〇一三年参院選までの一〇回の国政選挙において、どれだけの候補者がウェブサイトを開設していたかを示し

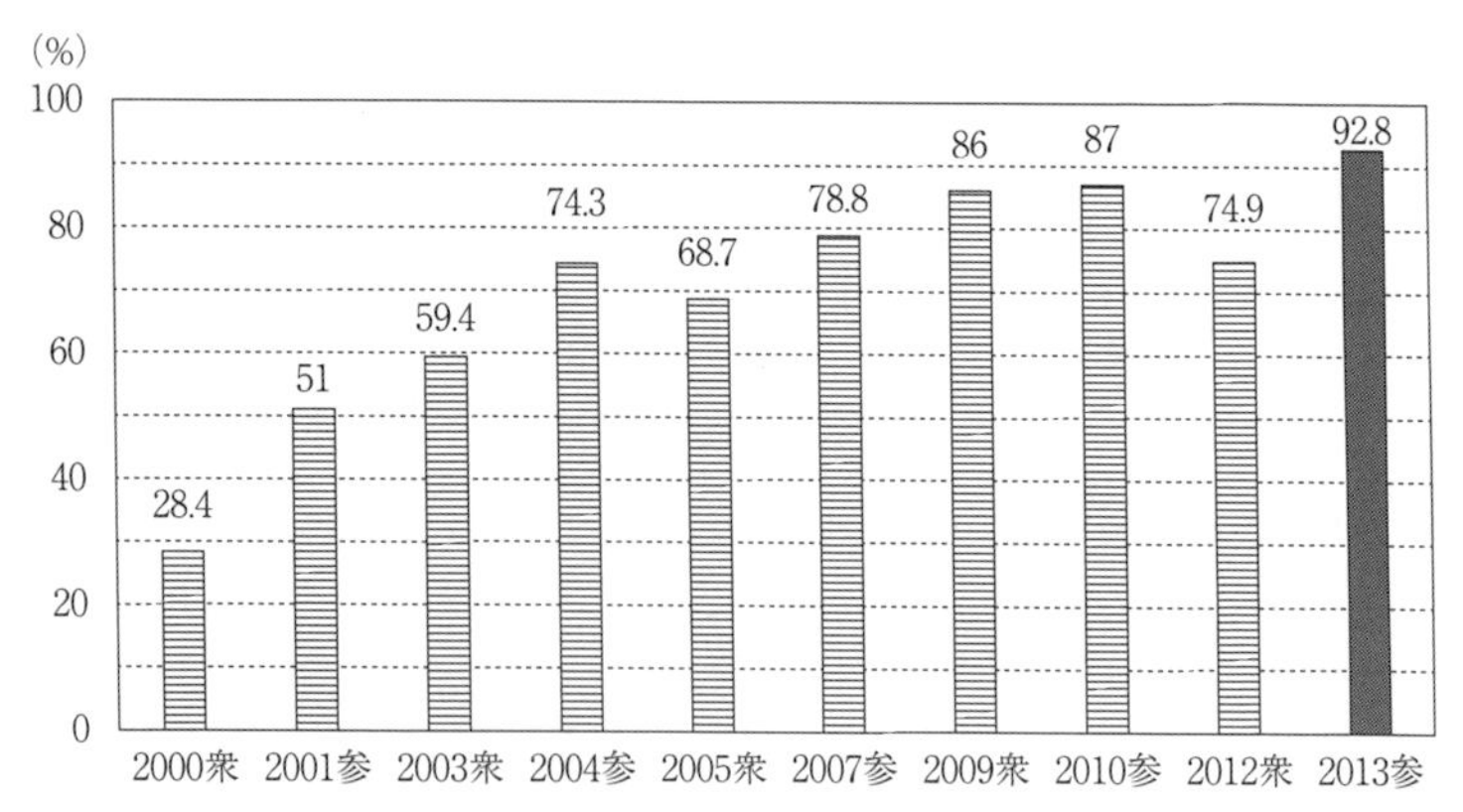


**図9－1**　候補者ウェブサイト開設率の推移

たものである。全体的な傾向としては、ウェブサイトの開設率は上がってきている[5]。特に、ネット選挙解禁直前の二〇一二年衆院選と直後の二〇一三年参院選とを比べれば、後者では一七・九ポイントも上昇している。もっとも、解禁の有無にかかわらず、衆院選直後の参院選では開設率が上昇する傾向が一般的に見出される。そこで同じ参院選で比較してみれば、解禁前の二〇一〇年から解禁後の二〇一三年にかけてサイト開設率は確かに上昇しているが、その差はわずか五・八ポイントにとどまっている。

### ツイッターおよびフェイスブックの候補者利用状況

それでは、ウェブサイトよりも新しいツールであるツイッター（Twitter）の利用についてはどうか。図9－2には、ツイッターを利用していた候補者数の全候補者数に占める割合を選挙ごとに示した。ただし、利用可能なネット選挙解禁前のデータは二〇一二年衆院選のものだけであり、残念ながら前回の参院選である二〇一〇年のデータは利用できない。図9－2に示されているように、ネット選挙解禁直前の二〇一二年衆院選から解禁直後の二〇一三年参院選にかけての利用率は、四三・九％から六七・七％へと、二三・八ポイントも増加している。[6]

次に、同じく相対的に新しいツールであるフェイスブック（Facebook）に注目する。ツイッターと同様に、利用していた候補者数の全候補者数に占める割合を選挙ごとに示した（図9－3参照）。フェイスブックについても、ツイッターとよく似た傾向が現れている。すなわち、解禁直前と直後とを比較すると、利用率は四七・七％から八四・一％へと大幅に増加している。

以上のように、ウェブサイト開設率については、ネット選挙解禁との明確な関連は見出しがたい。もっとも、ウェブサイトは以前から一般的に利用されてきたツールであるため、候補者の利用についても、ネット選挙解禁前からすでに飽和状態になっていた可能性もある。それに対して、ツイッターと

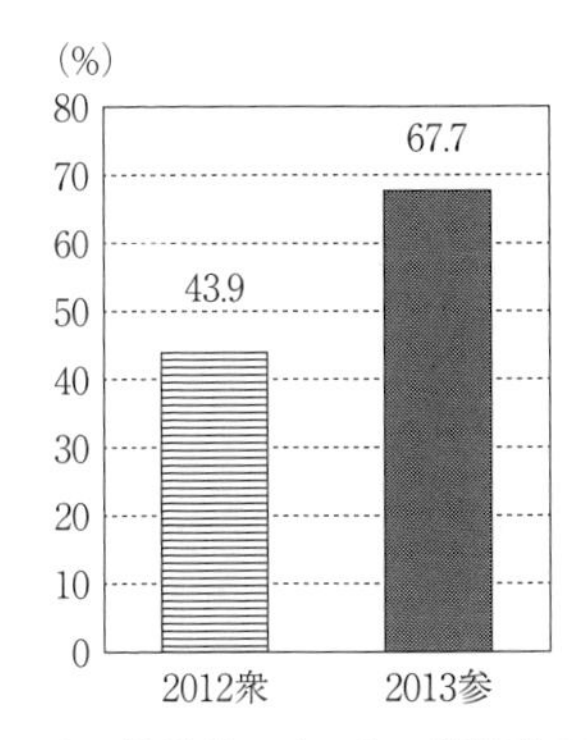


**図9－2**　候補者ツイッター利用率の変化

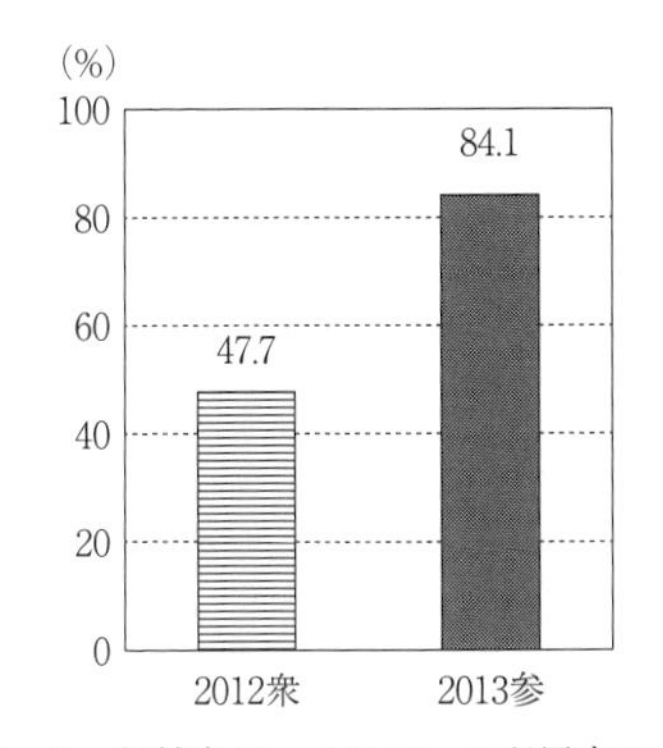


**図9－3**　候補者フェイスブック利用率の変化

フェイスブックという相対的に新しいツールについては、解禁後の利用率は大きく上がっていた。解禁の効果をうかがわせる数字ではある。

だが、ここで比較したのが衆院選と参院選という性質の異なる選挙であったことにも、留意せねばならない。また、候補者によるツイッターやフェイスブックの利用に対しては、候補者の地位や選挙の競争度、また個人的属性などの要因もまた影響を及ぼしている[7]。ここでは、そのような諸要因からの影響を考慮した分析を行っていない。ネット選挙解禁と候補者によるインターネット利用との関係についてのより詳しい分析は、別稿に譲りたい。

## 3　選挙情報に関する有権者のインターネット利用状況

### 有権者の情報接触状況

ネット選挙の解禁は、有権者の投票行動を変える可能性もある。先行研究では、インターネットを介した情報接触によって、投票先の変更がもたらされる場合があることが示されている[8]。このようなインターネットの影響がネット解禁によって、より大きなものになるとの予想も成り立つ。

本節では、二〇一三年参院選において、有権者がインターネットを通じて選挙に関する情報にどのように接触したのか、そしてそれによりどのような影響を受けたのかを、過去の選挙との比較を行いながら検証する。主たる分析対象は、二〇一三年参院選に関する情報に、インターネットで接触した経験を持つインターネット・ユーザー（N＝一二三六）である。加えて、ネット選挙解禁の前後を比較するために、二〇一〇年参院選および二〇一二年衆院選時にインターネットで選挙情報に接触した有権者についてのデータも併せて用いる[9]。

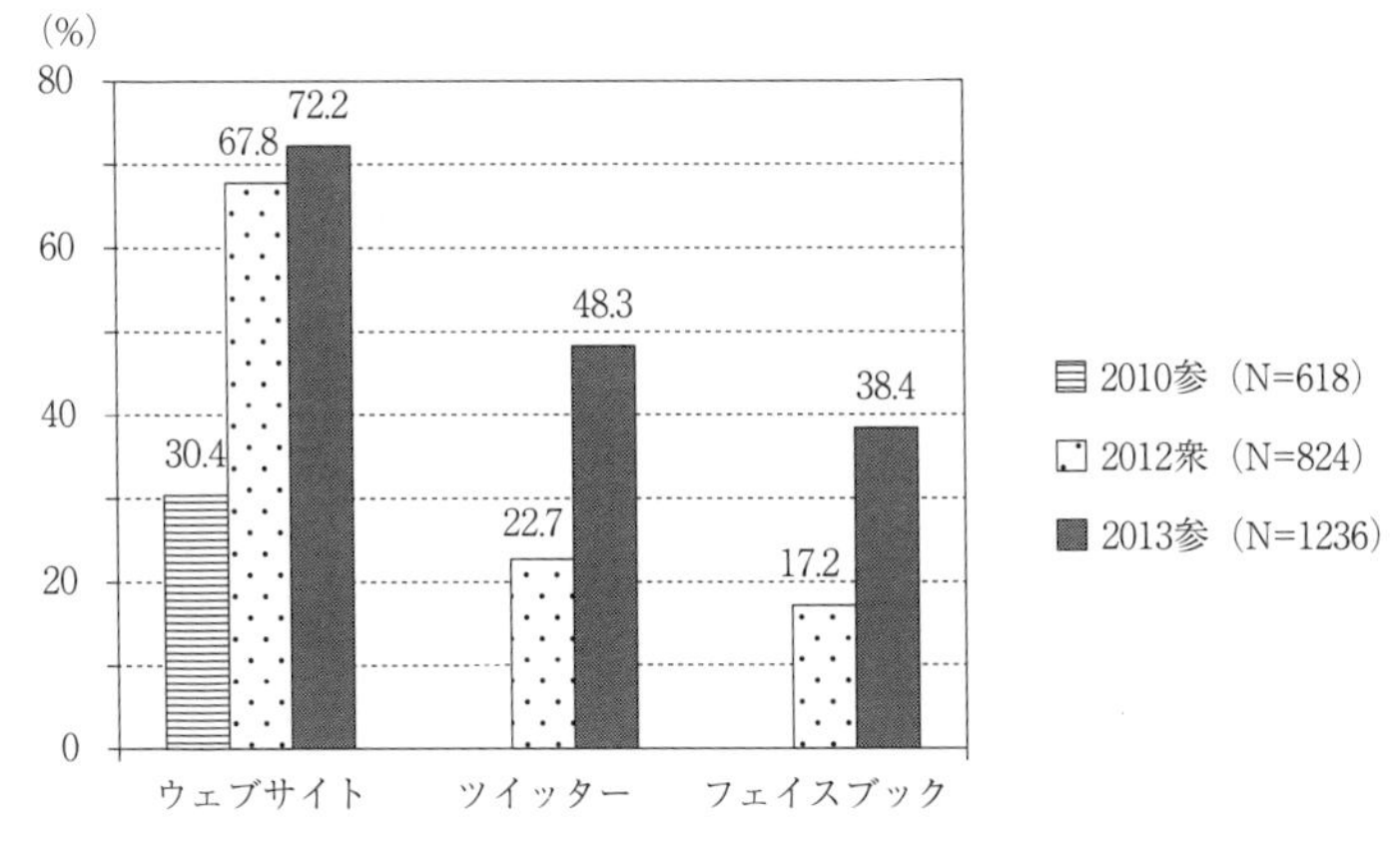


**図9－4**　（小）選挙区候補者が発信した情報への接触経験率（ツール別）

最初に、候補者がインターネットで発信した情報に、どれぐらいの割合のネット・ユーザーが接触していたのかを明らかにする。これについて、図9－4はネット選挙解禁の前後での比較を示している。なお、ここでいう「候補者」とは、二〇一二年衆院選では小選挙区候補者を、二〇一三年参院選では選挙区候補者を、それぞれ指している。二〇一〇年参院選時の著者による調査には、ツイッターとフェイスブックへの接触に関する質問は含まれていない。そのため、同選挙における情報接触については、ウェブサイトについての調査結果のみを提示している。そこに示されているように、ウェブサイト・ツイッター・フェイスブックのいずれにおいても、ネット選挙解禁前の最後の国政選挙である二〇一二年衆院選時と比べて、解禁後の二〇一三年参院選時の方が接触経験率は高くなっている。ネット選挙解禁についてのマスコミ報道などによるインターネット情報への関心の高まりが、このような結果をもたらしている可能性もある。ただし、ウェブサイトへの接触経験率について見れば、二〇一二年衆院選時では二〇一〇年参院選時と比較すると三七・四ポイントの顕著な伸びを示しているが、ネット選挙解禁直前の二〇一二年衆院選時と解禁後の二〇一三年参院選との間では、ほとんど差はない。

一方、ツイッターとフェイスブックにおいては、それらへの接触経験率の増加の程度は前者では二五・六ポイント、後者では二一・二ポイントと、比較的大きくなっている。ネット選挙解禁による効果があったことをうかがわせる結果である。もっとも、これら二つは相対的に新しいツールであり、普及程度も速い。そのため、単なる利用者数の増加が、このような結果をもたらしている可能性も否定できない[10]。

## 情報接触が有権者に及ぼす影響

次に、インターネットを通じた選挙情報との接触が一体どのような影響を及ぼしたかを、調査結果に基づいて検討する。特に注目するのは、投票行動への影響である。

これに関して先行研究では、インターネットを通した選挙情報との接触が、有権者の行動に何らかの影響を及ぼすことが示されている[11]。二〇一三年参院選を対象として分析を行ったものとしては、橋元良明らによる研究がある。そこでは、二〇一三年参院選時でのインターネットを通じた選挙情報との接触の有無が、支持政党や選挙で重視する争点の変化といった有権者側の認知と、何らかの関連があったかどうかについての検証が試みられている。その結果として、ネット選挙解禁の影響はきわめて限定的であったとの見方が示されている[12]。また、谷口将紀は、二〇一三年参院選時にインターネット上で選挙情報に接触した人々が、新聞やテレビを通じて情報を得た人々、あるいは政党・候補者による直接的接触を受けた人々と比べて少数にとどまったとする有権者調査の結果から、ネット選挙解禁は有権者の投票行動に大きな変化をもたらさなかったと論じている[13]。

これらの研究では、ネット選挙解禁前のデータとの比較は十分に行われていない。そのため、解禁自体が及ぼした効果については、厳密に検証がなされていないという問題がある。それに対し山崎新は、解禁前後のデータを比較した分析を行っている[14]。それによれば、ネット選挙解禁前の二〇一二年衆院選と解禁後の二〇一三年参院選についての有権者調査の結果を比較した場合、インターネットを通じた選挙情報との接触が投票参加の有無に及ぼす影響という点では、両者の間にはほとんど違いはなかった。そこから、ネット選挙解禁がもたらした影響は「かなり限定的であると言わざるを得ない」との見方が示されている。

ただし、山崎の研究で比較対象とされているのは、参院選と衆院選という種類の異なる選挙である。情報技術の発達・普及がもたらした影響をコントロールするためには、より直近の国政選挙である二〇一二年衆院選との比較を行う方がより適切かもしれない。だが、政権選択選挙である衆院選と、そうではない参院選とでは、選挙の重要性についての有権者による認識や投票行動は異なってくる[15]。山崎自身も認めているように、このように性質の違う選挙を比較してネット選挙解禁自体の効果を検証することには問題がある[16]。ここではネット選挙解禁前の選挙として、二〇一〇年参院選をも対象として比較を行っていく。

筆者による調査には、インターネットでの情報接触によって何らかの影響を受けたかどうか、そして影響を受けた場合にはそれはどのようなものであったかを問う質問が含まれている。これについて、ネット選挙解禁前となる二〇一〇年参院選および二〇一二年衆院選と、解禁後の二〇一三年参院選とを比較する形で回答状況を示す。なお、ツイッターおよびフェイスブックへの接触効果については、二〇一〇年参院選調査では質問を行っていない。

**表9－1**　（小）選挙区候補者ウェブサイトに接触した結果

（複数回答，％）

| | 2010参 | 2012衆 | 2013参 |
|---|---|---|---|
| 選挙への関心が高まった | 31.0 | 28.1 | 31.1 |
| 投票先を決めるのに役立った | 50.7 | 56.0 | 49.9 |
| その候補者に投票しようと思った | 15.6 | 22.7 | 30.7 |

注：「2010参」N＝294，「2012衆」N＝559，「2013参」N＝892。

### インターネット情報との接触が及ぼす影響

候補者によるウェブサイトから検討を始めよう（表9－1参照）。ウェブサイトへ接触した結果をたずねた質問の回答には、「選挙への関心が高まった」「投票先を決めるのに役立った」「その候補者に投票しようと思った」の三つの選択肢が用意されている。これらのうち、二〇一三年参院選では「投票先を決めるのに役立った」を選んだ回答者が、約半数と最も多かった。これに関し、橋元らによる二〇一三年参院選時の調査結果では、投票に際してどのようなネット情報が役立ったかについて、政党・候補者のウェブサイトへのアクセス経験を持つ人の五一・七％が、そこで接触した情報が投票に役に立ったと回答していた[17]。この数字は、著者による調査結果と同様の傾向を示すものと言える。

二〇一三年参院選調査で「投票先を決めるのに役立った」に次いで多かったのは、「選挙への関心が高まった」という回答である。その割合は三〇％を上回っていた。三つの選択肢の中で最も割合が低かったのは、「その候補者に投票しようと思った」であった。ただし、これについても三〇％を超える回答者が選択しており、「選挙への関心が高まった」との差はわずか〇・四ポイントとなっている。

「投票先を決めるのに役立った」の割合が最も高く、その一方で「その候補者に投票しようと思った」が最も低かったとの結果は、二〇一〇年参院選および二〇一二年衆院選でも同様である。この点については、ネット選挙解禁を挟んだ選挙間において明白な変化は見出せない。

**表9-2**　(小) 選挙区候補者ツイートに接触した結果

(複数回答, %)

| | 2012衆 | 2013参 |
|---|---|---|
| 選挙への関心が高まった | 45.5 | 36.5 |
| 投票先を決めるのに役立った | 47.6 | 39.7 |
| その候補者に投票しようと思った | 16.6 | 27.3 |

注:「2012衆」N = 187,「2013参」N = 597。

**表9-3**　(小) 選挙区候補者フェイスブックに接触した結果

(複数回答, %)

| | 2012衆 | 2013参 |
|---|---|---|
| 選挙への関心が高まった | 45.1 | 34.9 |
| 投票先を決めるのに役立った | 52.8 | 43.8 |
| その候補者に投票しようと思った | 26.8 | 28.4 |

注:「2012衆」N = 142,「2013参」N = 475。

さらに、個々の選択肢に注目して、それについての回答状況の推移を検討する。「選挙への関心が高まった」と「投票先を決めるのに役立った」の二つの選択肢については、ネット選挙解禁の前後、すなわち二〇一〇年参院選および二〇一二年衆院選と二〇一三年参院選との間で、回答割合についてほとんど変わりはない。「投票先を決めるのに役立った」では、二〇一三年参院選の方が解禁前の二つの選挙よりも低くなってしまっている。だが、「その候補者に投票しようと思った」との回答割合は徐々に増える傾向を示しており、二〇一三年参院選で最も高くなっている。二〇一〇年参院選と比較すれば、一五・一ポイントも増加していることには注目すべきである。

候補者のウェブサイトに接触した結果「その候補者に投票しようと思った」ことが、候補者ウェブサイトへの接触による投票意思の改変効果によってもたらされたものか、それとも補強効果によってもたらされたものかについては、ここでの調査結果だけでは十分に明らかにできない。だが、他の選択肢との比較で見れば、「その候補者に投票しようと思った」との回答は、インターネットでの情報接触がより強く直接的な影響を及ぼした結果の表れであるとも考えられる。それゆえ、ここでの結果は、インターネット情報との接触によって強い影響を受けた有権者が、ネット選挙解禁後では、より多くなった可能性があることを示唆している。

ツイッターとフェイスブックについての調査結果もまた、上の見方を支持している。表９‐２が示すように、候補者によるツイートに接触した結果として、「選挙への関心が高まった」および「投票先を決めるのに役立った」と回答した人の割合は、二〇一二年衆院選と比較してむしろ二〇一三年参院選の方が低くなっている。同様の傾向は、候補者によるフェイスブックへの接触の結果を示した表９‐３にも現れている。その一方で、「その候補者に投票しようと思った」との回答割合は、ツイートとフェイスブックのいずれにおいても二〇一三年参院選の方が高い。特に、ツイートへの接触については、一〇ポイント以上も増加していることが分かる。

## 4　インターネット選挙情報への接触の効果

### データの概要と分析方法

右で検討した記述統計の結果が示すように、二〇一三年参院選におけるネット選挙解禁はネット・ユーザーの投票行動に対して、一定の影響を及ぼしていた可能性がある。本章では多変量解析の方法を用いて、これについての検証をより厳密に行う。

そのためには、前述のようにネット選挙解禁後の二〇一三年参院選と解禁前の選挙とを比較して、インターネット情報との接触が投票行動におよぼした影響について、両者の間に違いが存在するかどうかを確かめねばならない。ここで比較対象とする選挙は、二〇一〇年参院選である。分析にあたっては、筆者が二〇一〇年参院選および二〇一三年参院選のそれぞれで実施した調査データをマージしたものを用いる[18]。

さらに、ネット選挙解禁以外に投票意思決定に影響を及ぼす可能性がある様々な要因からの影響をできるかぎりコントロールするために、分析対象を(a)選挙区の候補者ウェブサイトのみにアクセスし、かつ比例代表候補によるウェブサイトにはアクセスしていないと回答した人、(b)選挙区で自民党候補もしくは民主党候補に投票したと回答した人、の二つの条件に該当する回答者に限定した[19]。(a)を条件とした理由は、インターネットによる情報収集行動の積極性が投票意思の決定と何らかの関係があると考えるからである。選挙区候補者のウェブサイトと比例代表候補者のウェブサイトの双方にアクセスする人は、どちらか片方にしかアクセスしない人よりも積極的に情報収集行動を行っていると一般的には考えられる。これに関し、岡本らはインターネット・ユーザーを対象とした二〇一〇年参院選に関する調査データの分析結果に基づいて、インターネット利用の積極性と、投票先決定におけるインターネットからの影響の受けやすさとの間には関連があると指摘している[20]。このような影響の存在を考慮して、対象を限定して分析を行う。

くわえて、有権者の投票先とインターネットからの影響の受けやすさとの間に関係があることも、先行研究によって示されている[21]。そのために、(b)のように投票先に関する条件によって対象の限定を行った上で、自民党候補投票者と民主党候補投票者のそれぞれに対して、分析を別々に行うこととする。

ここで最も注目するのは、インターネットでの選挙情報との接触が、より直接的に投票先の選択を促すような影響を及ぼしたかどうかということである。そこで、選挙区の候補者ウェブサイトに接触した結果として「その候補者に投票しようと思った」かどうかを、本分析での従属変数とする。この変数は「その候補者に投票しようと思った」と回答した場合を1、そうでない場合を0とするダミー変数である。

独立変数として最も関心があるのは、二〇一三年参院選ダミー変数（二〇一三年参院選の場合には「1」、二〇一〇年参院選の場合には「0」の値をとる）である。インターネット情報との接触が投票意思決定に及ぼす影響が、ネット選挙解禁によって強まっていたとするならば、このダミー変数は正の影響を及ぼすと予想される。

この変数以外にも、以下で説明するように(a)候補者ウェブサイトへの接触理由、(b)政党支持、(c)政治知識、(d)回答者の個人的属性に関わる変数を、それぞれコントロール変数として加えた。各変数についての説明は以下の通りである。

インターネット情報との接触がもたらす結果に対しては、接触へと至った動機と関係があるとも考えられる。たとえば、当初から投票先を決めるための参考にしようと考えて候補者ウェブサイトにアクセスした場合とそうでない場合とでは、情報との接触から受ける影響の程度にも違いが生じるかもしれない。すなわち、最初から投票先を決めるために候補者ウェブサイトにアクセスするような有権者は、投票先の決定にあたって、アクセスからの影響を受けやすいと一般的には考えられる。筆者による調査には、「あなたの選挙区の候補者によるホームページ（ウェブサイト）を見た理由は何だったのでしょうか。」という質問（複数回答可）が含まれている。これに対して「どの候補者に投票するかを決めるときの参考にしようと思ったから」と回答した場合を1、それ以外を0とするダミー変数を投入する。

また、多くの先行研究が示すように、政党支持は投票行動の重要な規定要因と考えられている。それによる影響をコントロールするため、自民党候補投票者を対象とする分析モデルには自民党支持ダミー変数を、民主党候補投票者についての分析モデルには民主党支持ダミー変数を、それぞれ加える。

政治知識については、インターネットを通じた有権者の投票意思決定に関わる行動に対して、その多寡が影響を及ぼすことが指摘されている[22]。分析に用いる二〇一〇年参院選および二〇一三年参院選の調査の双方には、回答者の政治知識のレベルを測るための質問が含まれている。ここでは各回答者の正答率を分析に投入した。(23)

個人的属性に関する変数は、年齢および性別（男性の場合「1」、女性の場合「0」）の二つである。分析方法としては、ロジスティック回帰分析を用いた。

**表9－4**　候補者サイトへの接触が及ぼす影響：解禁前後の比較（ロジスティック回帰）

| Model | 自民投票者 | 民主投票者 |
|---|---|---|
| 独立変数 | 係数 | 係数 |
| 2013年参院選 | 1.290*<br>(.660) | 1.686**<br>(.849) |
| 投票先決定目的アクセス | .163<br>(.478) | −.162<br>(.810) |
| 政党支持 | .879*<br>(.522) | −.727<br>(.850) |
| 政治知識 | 1.125<br>(.1.054) | 2.054<br>(1.977) |
| 性　別 | .676<br>(.538) | −1.725*<br>(.896) |
| 年　齢 | −.019<br>(.016) | .047<br>(.030) |
| 定　数 | −3.177**<br>(1.252) | −5.287**<br>(2.248) |
| Pseudo $R^2$ | .082 | .212 |
| N | 115 | 73 |

注：* $p < .10$, ** $p < .05$
カッコ内は標準誤差。

**解禁の効果に関する分析の結果**

分析結果は表9－4で示した。ここではコントロール変数の結果についての検討は省略し、最も重要な二〇一三年参院選ダミー変数にのみ注目してみよう。自民党候補投票者を対象とした分析モデルでは、同変数は一〇％水準で有意な正の影響を及ぼしていた。一〇％水準とはいってもp値は〇・〇五一（z値は一・九五）であり、五％水準で有意である場合ときわめて近い数値となっている。民主党候補投票者を対象とした分析モデルについても、同変数は五％水準で有意な影響を及ぼしている。係数の符号も同様に

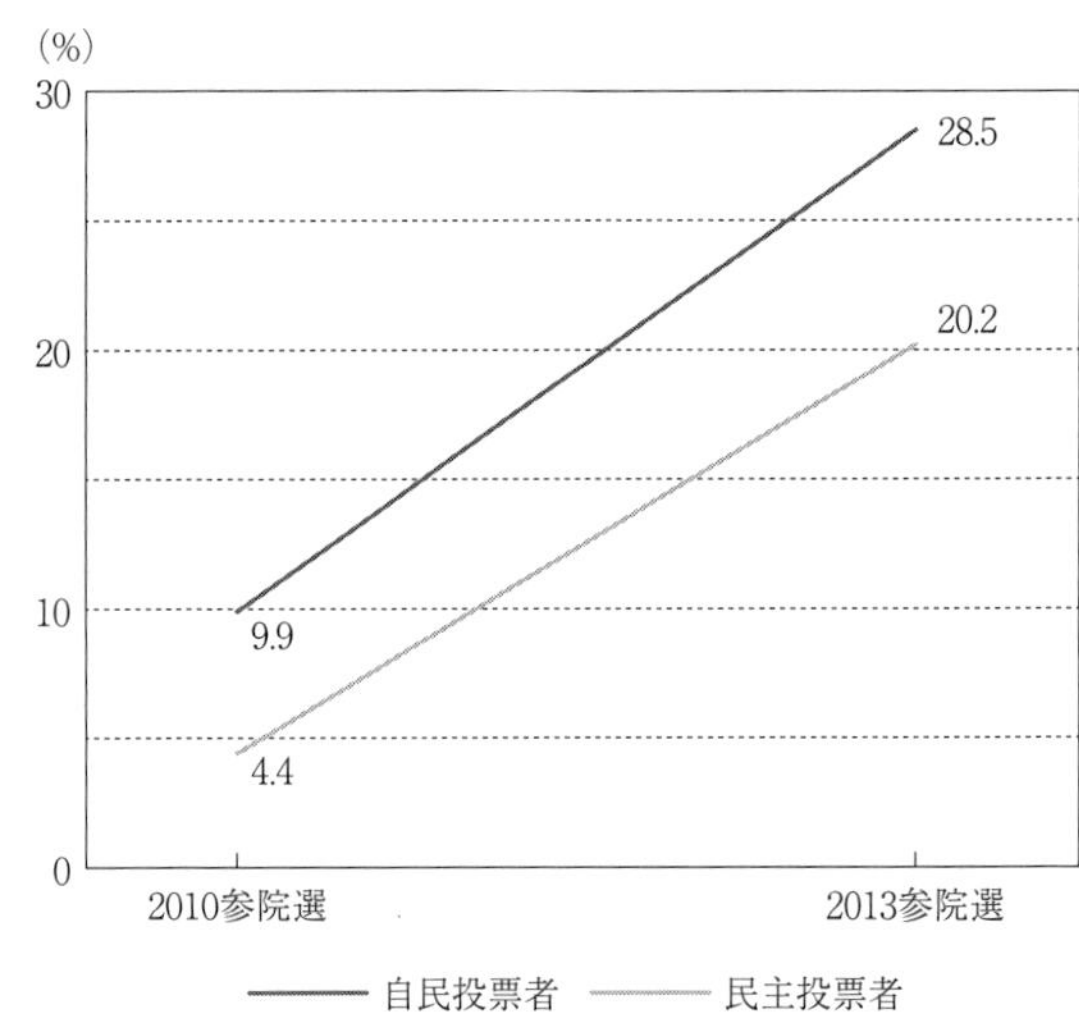


**図9－5**　ネット選挙解禁前後における投票意思決定への影響の変化

正であった。候補者ウェブサイトとの接触があった場合には、二〇一〇年参院選時と比較して二〇一三年参院選時の方が、その候補者に投票することになった確率が高くなっていたことを、この結果は意味している。

二〇一三年参院選の影響の大きさを具体的に示したのが図9－5である。二〇一三年参院選ダミー変数以外の独立変数の値を平均値に固定した上で、二〇一〇年参院選時と二〇一三年参院選時とを比較して、前述の確率がどのように変化するかを直線で表している。自民党候補への投票者については、候補者サイトとの接触によってその候補者に投票するようになる確率は、二〇一〇年参院選で九・九%であった。それに対し二〇一三年参院選では、二八・五%と一八・六ポイント増加している。民主党候補への投票者では四・四%から二〇・二%へと、二〇一三年参院選で一五・八ポイント高くなっている。このように、ネット選挙解禁の前後においては、インターネット情報接触と投票行動の関係に関して変化が生じていることが明らかになった。この結果は、ネット選挙解禁が有権者の行動に対しては一定の影響を及ぼした可能性があることを表している。

## 5　ネット選挙解禁の影響と今後

以上のように、二〇一〇年参院選と解禁後の二〇一三年参院選とを比較した場合、候補者サイトとの接触によってその候補者に投票するようになる確率は、後者において有意に高くなっていたことが以上の分析で示された。この結果は、マスメディアによる「期待外れ」あるいは「不発」などの一般的な評価とは異なり、有権者の行動にはネット選挙解禁が一定の効果を及ぼしていた可能性を示唆している。

どのような回路を通じてネット選挙解禁が投票行動に影響を及ぼしたかについては、第一に候補者が発信する情報の質および量あるいは発信方法自体が変化した可能性、第二に情報の受け手である有権者側の意識や考え方が、ネット選挙解禁によって変化した可能性が考えられる。これらについては、残念ながらデータの制限等の理由によって検証できなかった。

いずれにせよ、ネット選挙解禁後初となる国政選挙は、「二次的選挙」である参院選であった。ネット選挙解禁の効果については、ネット選挙解禁後初めての総選挙となった二〇一四年衆院選の分析によって、さらに検証されていかねばならない。

### 注

（1）公職選挙法改正に至るまでの経緯については、佐々木勝「インターネット選挙運動を解禁する公職選挙法一部改正の経緯」『Research Bureau 論究』一〇号、二〇一三年、二七六～二九二頁、を参照のこと。

（2）ネット選挙解禁の内容とその問題点については、湯淺墾道「インターネット選挙運動の解禁に関する諸問題」『情報セキュリティ総合科学』五号、二〇一三年、三六～五一頁、を参照のこと。

（3）西田亮介は、全体的に見て「誰の目から見ても、ネット選挙の解禁の影響だと言える大規模な変化は起きなかった」と指摘する。西田亮介『ネット選挙とデジタル・デモクラシー』NHK出版、二〇一三年、八頁。

(4) 本節の内容の一部は、岡本哲和「政治と情報」森本哲郎編著『現代日本の政治』法律文化社、二〇一六年、所収、に基づいている。

(5) ネット選挙解禁以前から少なからぬ割合の候補者がウェブサイトを開設していた理由は、「選挙運動」と「政治活動」との線引きが明確ではなかったからである。選挙期間中にウェブサイトを新たに開設したり、内容を更新したりすることはできないとされていたものの、多くの候補者は政治活動の一環としてウェブサイトを開設し、それを選挙期間中でもアクセスできる状態に置いていた。

(6) 二〇一三年参院選での候補者によるツイッター利用率のデータについて、上ノ原秀晃による調査では六四・四％という数字が示されている。上ノ原秀晃「二〇一三年参議院選挙におけるソーシャル・メディア――候補者たちは何を『つぶやいた』のか」『選挙研究』三〇巻第二号、二〇一四年、一一九頁参照。

(7) Cf. Heather K. Evans, Victoria Cordova and Savannah Sipole, "Twitter Style: An Analysis of How House Candidates Used Twitter in Their 2012 Campaigns," *PS: Political Science & Politics*, Vol.47, No.2, 2014, pp.454-462; Girish J. Gulati and Christine B. Williams, "Social Media and Campaign 2012: Developments and Trends for Facebook Adoption," *Social Science Computer Review*, Vol.31, No.5, 2013, pp.577-588. また、上ノ原、前掲論文、一二一～一二二頁も参照のこと。

(8) 岡本哲和・石橋章市朗・脇坂徹「ウェブサイトへのアクセスと投票意思決定行動との関連――二〇一〇年参院選有権者調査データを用いた分析」関西大学『法学論集』第六二巻第二号、二〇一二年、一八九～二一三頁参照。

(9) 調査の実施方法およびデータの概要についての詳細は、岡本哲和・石橋章市朗・脇坂徹「ネット選挙解禁の効果を検証する――二〇一三年参院選での投票意思決定に対する影響の分析」関西大学『法学論集』第六四巻第六号、二〇一五年、四～五頁を参照のこと。

(10) ある出口調査の結果では、二〇一三年参院選に関する情報を入手したツールとしては、ウェブサイト、フェイスブック、ツイッターの順で利用者が多かったことが示されている。岩崎正洋「ネット選挙は若者の目を政治に向けることができたのか」『公明』九四号、二〇一三年、三〇頁を参照のこと。

(11) Kim Strandberg, "Mapping the Online Campaign Audience: An Analysis of Online Participation and Its Mobilizing Potential in the 2011 Finnish Parliamentary Campaign," *Journal of Information Technology & Politics*, Vol.11, No.3, 2014, pp.276-290; Maria Sudulich, Matthew Wall and Leonardo Baccini, "Wired Voters: The Effects of Internet Use on Voters' Electoral Uncertainty," *British Journal of Political Science*, Vol.45, No.4, 2014, pp.853-881.

(12) 橋元良明・小笠原盛浩・河井大介・長濱憲・菅野千尋「ネット選挙解禁はどう受け入れられたか——パネル調査による選挙情報利用行動の実態」『東京大学大学院情報学環情報学研究：調査研究編』三〇、二〇一四年、一一一〜一八四頁。また、同じデータを用いた分析として、小笠原盛浩「ソーシャル・メディア上の政治コミュニケーションとマスメディア」『マス・コミュニケーション研究』八五号、二〇一四年、六三〜八〇頁、がある。

(13) 谷口将紀『政治とマスメディア』東京大学出版会、二〇一五年、一一七〜一二二頁。

(14) 山崎新「インターネット選挙運動と有権者の情報接触行動——二〇一三年参議院選挙と二〇一二年衆議院選挙の比較」『選挙研究』三一巻一号、二〇一五年、一〇二〜一一三頁。

(15) 今井亮祐・日野愛郎「『二次的選挙』としての参院選」『選挙研究』第二七巻第二号、二〇一一年、五〜一九頁。

(16) 山崎、前掲論文、一一一頁。

(17) 橋元他、前掲論文、一六〇〜一六一頁。なお、同調査の対象は、首都圏の有権者に限定されている。

(18) 二〇一三年参院選調査における回答者グループは処置群、二〇一〇年参院選調査における回答者グループは対照群として取り扱われる。二〇一〇年参院選および二〇一三年参院選のどちらの調査においても、サンプルは選挙に関する情報にインターネットで接触した経験を持つネット・ユーザーの中から無作為に抽出されている。それゆえ、両グループへの回答者の割り当ては、混同的（confounded）には行われていないと言える。

(19) 前述のように、二〇一〇年参院選時の調査ではツイッターおよびフェイスブックとの接触についての質問は行われていないため、分析の対象とはしない。
(20) 岡本哲和・石橋章市朗・脇坂徹「ウェブサイトへのアクセスと投票意思決定行動との関連――二〇一〇年参院選有権者調査データを用いた分析」関西大学『法学論集』第六二巻第二号、二〇一二年、一八九〜二一三頁。
(21) 岡本哲和・石橋章市朗・脇坂徹「ネットはだれに影響を与えたか――二〇一一年大阪市長選の分析」関西大学『法学論集』第六三巻第五号、二〇一四年、一〇五〜一三〇頁、を参照のこと。
(22) 同前。
(23) 政治知識を測定するための質問では、「カッコ内に入る言葉としてもっとも適当なものをお答えください。」として、自由回答形式で回答を求めた。設問数は二〇一〇年参院選調査では四、二〇一三年参院選では六である。質問文の内容等については、岡本他、前掲「ネット選挙解禁の効果を検証する――二〇一三年参院選での投票意思決定に対する影響の分析」一七〜一八頁を参照のこと。

〔追記〕本章は、岡本哲和・石橋章市朗・脇坂徹「ネット選挙解禁の効果を検証する――二〇一三年参院選での投票意思決定に対する影響の分析」関西大学『法学論集』第六四巻第六号、二〇一五年、一〜二五頁、を基として、加筆・修正を行ったものである。このような形での掲載を認めていただいた共著者に深く感謝する。

なお、本研究はＪＳＰＳ科研費（二五三八〇一八三）の助成を受けた。

# 終章　「ねじれ国会」解消と「一強多弱」の完成

白鳥　浩

## 1　消極的選択による「ねじれ解消」

二〇一三年七月二一日に、第二三回参院選が投開票された。投票は午後八時に締め切られ、九時から開票作業が行われた。

この選挙は、どういった選挙であったのだろうか。この選挙を支配していたのは、有権者の低い関心であったのかもしれない。それは投票率に如実に表れていた。選挙翌日の七月二二日に、参院選の確定投票率を総務省が発表した。それによると、選挙区、比例代表ともに五二・六一％であり、過去三番目に低い水準であった[1]。前回の五七・九七％からも下がり、参院選としては記録的に低い投票率であった。この低下は、有権者が「積極的」に安倍政権を支持していたというわけではなく、「消極的」にしか選択していなかったことを表していたのではないだろうか。二〇〇九年の民主党への「政権交代」という熱情が裏切られ、二〇一二年の自公の「政権奪還」においても、必ずしも政治への希望を見出せないまま、それから短い時間で投票を強いられたことを象徴していたという解釈も成り立つのかもしれない。

また、「一票の格差」が問題となり、今回からは、「四増四減（半数ずつ改選される参議院としては、改選議席としては二増二減）」の選挙区の定数の是正による調整が行われ、神奈川と大阪は改選議席が三議席から四議席へと増大し、逆に福島と岐阜は二議席から一議席へと減少されることとなったことも特徴の一つであった。

この選挙で争われていたのは、合計で一二一議席となる、七三の選挙区選挙の議席と、四八の比例代表の議席の改選議席であった。この改選議席に対して、選挙区には二七一名の候補者、比例代表では一六二名の候補者が立候補していた。

## 2 選挙結果——自民党、民主党、第三極

### 与党の圧勝

選挙の結果、自民が圧勝した。自公は過半数である一二二議席以上を確保することで二〇一〇年参院選以来続いてきた「ねじれ」国会が解消されることとなった。これにより自民党は「一強多弱」状態を盤石のものとしたと解釈できる。以下にそれぞれの政党の結果を概観しておこう。

この選挙では、自民党は現行制度になってから現在の定数となった二〇〇一年以降、過去最多議席の六五議席を獲得した。これは、高い人気を誇った小泉純一郎首相（当時）のもとで戦った二〇〇一年参院選の結果（六四議席）を超えるものであった。また、結果として改選議席を倍近く上回る三一議席増という結果となった。三一ある一人区の選挙区選挙において、沖縄と岩手のみは自民が議席を獲得できなかったが、それ以外の二九選挙区で議席を獲得したことが大きい。複数区の一六選挙区（五人区である東京、四人区である神奈川と大阪、三人区である埼玉、千葉、愛知、二人区である北海道、宮城、茨城、新潟、長野、静岡、兵庫、京都、広島、福岡）でも自民党の議席が目立ち、東京や千葉では複数の議席を獲得し、それ以外の選挙区では候補者を絞るなどし議席を獲得した。これらの複数区では自民党の公認候補であ

る一八名すべてが当選する結果となっていた。選挙の争点を安倍は憲法よりは、経済に軸足を置いて戦う方策をとった。この結果は民意による安倍政権の経済政策への期待の表れであったと言えるかもしれない。これにより政権の政策運営の上での問題は低減し、政権基盤が強まる結果となった。しかしながら自民党自体は、非改選議席と合わせて単独過半数となる七二議席に達しない結果であった。これは安倍政権の行っている経済政策「アベノミクス」が一定の評価を得ていることを示す一方で、未だ政権奪還以来半年しかたっていない中での期待感と、憲法問題などに関連しては今後が未知数なことを受けているといってもよい。この結果、自民党は参議院でも第一党となった。

その意味では、今後の政策運営の上で、「バランス」を訴えて選挙を戦ってきた、連立与党のパートナーである公明党の存在も見過ごせない存在となった。公明党は候補者を擁立した東京、神奈川、埼玉、大阪の四選挙区で、すべて議席を獲得し、さらに比例代表も合わせると一一議席を獲得する堅調な結果であった。結果、公明党はこれで公示前から一議席増やしたこととなる。選挙結果から公明党の選挙戦略は徹底していたことが理解できる。比例代表の得票が最多であったのは九九万七〇〇〇票を集めた山本香苗であり、また、上位六名までが、公明党の候補者で占められ、候補者名での投票を行う方針が結果を残していた。いずれにせよ、自公は与党として政権運営のうえで望ましい、非改選議席を含めて、参院審議を主導できる「安定多数」である与党ですべての常任委員長ポストを得ることになる一二九議席を超えることとなった。しかし、憲法改正をマニフェストに入れていた自民党、日本維新の会、みんなの党の三党を合わせても、改憲発議に必要な議席である三分の二以上である一〇〇議席には到達しなかった。そういった意味でも、「安倍政権の経済政策は賛成だが、改憲には懐疑的だ」という今回の民意をよく反映した結果となったと言えるのではないか。ひょっとしたら日本の選挙制度は実によく民意を反映するシステムになっているのかもしれない。

## 民主党の惨敗

民主党は惨敗といってもよい結果であった。今回は生活者を重視する政策を強調していた民主党であったが、結党以来最低の結果である一七議席という数字は重いものであった。これは、過去に最低であった二〇〇一年参院選の二六議席を大幅に下回るものであった。特に、一人区では一つも議席を確保することが出来ない結果となった。また複数区でも、改選数四議席の神奈川、改選数三議席の愛知と千葉、改選数二議席の茨城、長野、静岡、北海道、新潟、広島、福岡では議席を獲得したものの、それ以外の複数区の六選挙区では議席を獲得できない結果となっていた。そのため、一九九八年の結党以来、最低となる二〇議席を割り込む結果となった。かろうじて、もともと強固な支持基盤を持つ複数区の北海道、茨城、長野で当選者を拾うのみであった。後述するが、特に前回、二名の当選者を出した東京都選挙区で一つも議席を獲得できなかったのは、民主党が未だ政権喪失の痛手から回復していないことを象徴しているようにも捉えられた。実際、今回の複数区である一六選挙区の民主党の獲得議席は減少し続け、二〇〇七年の二一議席を頂点として、二〇一〇年の一八議席、二〇一三年の一七議席と減少している。結果として、民主党は二七議席を減らしたことになる。政党自体への投票を表すと考えられる比例代表での獲得議席は、公明党と同様の七議席であり、「政権交代可能な二大政党制」の一翼を担うとされた民主党の影は見るまでもなかった。しかし、代表の海江田は、この結果をみながらも、「道は半ば」とし、今後の続投にも意欲を示したのであった。

## 第三極の存続

第三極の中でも、半年前の衆院選では一つのブームを巻き起こした日本維新の会の選挙結果が注目されていた。この参院選では、橋下代表の「従軍慰安婦」発言がどれほどの影響を与えるかが焦点であった。また、この発言によって、同じ第三極であった、みんなの党との選挙協力が解消され、それによって競合する選挙区が多数出たことも問題視されていた。維新の会の選挙区と比例代表を合わせた四四名の候補者の当落はいかがであったであろうか。結果、日本維新の会は最終的に八議席に終わり、改選議席が二議席であったことを考えれば、一定の成果を残したものの、一年前の衆院選を考えれば、期待したほどの結果とは言えないものであった。また、日本維新の会だけではなく、みんなの党も、改選議席三議席を八議席に伸ばしただけであり、議席を期待したほど伸ばすことはできない結果に終わった。みんなの党にとって明るいニュースは、渡辺喜美代表の甥であり、故渡辺美智雄（みちお）元副総理の孫の渡辺美知太郎（みちたろう）が、比例区で最年少当選したということであった。しかし、これらの第三極の政党について、今後の展望がなかったかというと必ずしもそうではない。これらの政党は民主党の議席の代替的な選択肢として、有権者にはいくつかの選挙区で、部分的に受け入れられていた可能性がある。日本維新の会は大阪と兵庫、みんなの党は宮城と埼玉の複数区である選挙区で民主党の議席を奪っていた。結果だけ見れば、期待されたほどではないが、日本維新の会は六議席増、みんなの党は五議席増であった。この選挙の結果は、これらの政党の今後の展開に含みを持たすものであった。

## 3　日本政治の変動

### 小党の明暗

今後の展開に、展望が見えず、非常に厳しい戦いを強いられた政党も存在した。特に、この選挙は参院選に初めて臨んだ小政党にとって厳しい結果となった。みどりの風は、選挙区で議席を獲得できなかったのみならず、比例代表の議席も獲得できず、谷岡郁子代表、山田正彦元農相は落選することになった。改選議席が一つも取れなかったのである。また、この結果は、生活の党についても同様であった。生活は六議席が〇になった。また社民党は一議席を減らし、結党以来の最低議席となる一議席を、かろうじて確保するのみであった。

こうした中で、結果が突出していたのは共産党である。共産党は、六月の東京都議選の勢いをこの選挙にまで持ち越し、改選議席を倍に増やし、八議席を獲得するなど過去最高の議席を獲得した。政策的にも原発政策に最も強い調子で反対を表明し、さらに消費税の増税にも強く反対するなど、自民党と際立った違いのある政策を見せていた。東京都選挙区で吉良佳子が議席を獲得するのみならず、大阪府選挙区でも辰巳孝太郎（たつみこうたろう）が議席を獲得した。吉良は三〇歳、辰巳は三六歳であり、こうした若い候補者が当選したことは、共産党のイメージを将来的に変化させる可能性を含むものであったかもしれない。党自体としても、京都府選挙区で民主候補に競り勝つなど、三選挙区で当選を果たし、一九九八年参院選で七議席を獲得して以来の一五年ぶりの複数選挙区での議席獲得を見せた。また、比例でも改選議席を三議席増やし、結果として五議席を増やすなど、共産の躍進が目をひいた選挙結果と言えるかもしれない。

### 地域、制度の変動

共産党の躍進だけではなく、他にも選挙結果が注目されたのは東京都選挙区である。選挙の結果、民主党は公認を一本化して臨んだ現職の鈴木寛が敗北する結果となった。これに対して与党自民党は丸川珠代と武見敬三の二名が当選し、二議席を確保するという対照的な結果となった。東京都選挙区における自民党の二議席獲得は一九八六年以来の出来事であり、対して民主党が東京都選挙区で議席を獲得できなかったのは一九九八年の結党以来の出来事であった。民主党は伝統的に「都市型政党」と言われ、都市で非常に強い傾向を持っていたが、代表的な都市型選挙区である東京都選挙区で議席を一つも確保できなかったことは、都市ですら「民主党離れ」を起こしているという現状を端的に表していたといえよう。また、東京都選挙区では、他にも脱原発を強く訴えた無所属の山本太郎が当選していた。

また、比例代表でも、最後の当選者が自民党であったというのは今回の選挙では象徴的であったかもしれない。最後の当選者は、元大阪知事の太田房江であった。太田は二〇〇〇年二月に全国で初の女性知事に就任した経歴を持っていた。大阪では維新がトップ当選を果たすなど、地域的にはやはり、橋下のお膝元ということで、特徴ある選挙区の結果となっていたが、比例区の最後の議席が大阪に関連のある自民党の候補というのは、この選挙の締めくくりとしては何か考えさせるものがあった。そして、二一日に、参院選と同日行われた兵庫県知事選挙に現職の井戸敏三が当選して四選を果たしたのも、自民党の勢いを背景にしていたと言えなくもない。

また、この選挙は、初めてネットによる選挙運動を解禁したものであったが、そのネットの影響に関しては、限定的であったという見方もある。読売と日本テレビ系列が出口調査を行った結果、投票において、ネット情報を参考にしなかったと答えた割合は、全体の八〇％に上った。

## 4　「一強多弱」の余波

### 自公の連立維持

七月二二日に、自民党の圧勝した参院選の結果を受け、安倍首相は「脱デフレを最優先させる」という政策姿勢を強調した。また、安倍首相と公明党の山口那津男代表は、国会内での与党党首会談で、連立の維持を確認し、参議院の正副議長の選出のための臨時国会を八月二日に召集することとした。これにより、参院の議長には、自民党が六年ぶりに就くこととなった。

同日、野党第一党の民主党にも動きがあった。民主党は、惨敗と言える結果であった。この結果を受け、民主党は幹部会を招集した。そして、そこにおいて、海江田万里代表の続投を支持することで一致したことが伝えられた。これには、第一に、海江田が代表に就任してから、半年ほどと日にちも浅く、党勢の立て直しのために代表がころころと変わっては、その機会すらも失うという配慮があったであろうし、第二に、民主党の支持が低い現状があり、今後の反転攻勢の方策が未だ明瞭ではない中で、誰もあえて火中の栗を拾いには行きたくない、という心理も働いていたのかもしれない。こうして代表の続投が決まった翌日の二三日に、選挙対策の責任者であった幹事長の細野豪志が、参院選の責任を取って辞任することを表明した。これには、東京都選挙区の候補者選定など、多くの不手際があったためであるという見方も存在した。

こうした結果となった参院選であったが、この結果を受け、日本経済新聞社が、二三日に、政党交付金の年間交付額を計算したところ、自民党は三・五％増であり、かつての政権与党であった民主党は八・九％減という結果となることが予想された。一年前には政権与党であり、最大の政党交付金を受け取っていた民主党は、およそ半年の間に、政権与党からも陥落し、党勢の深刻な減退を経験することとなった。

翌二四日に、民主党は、この参院選の惨敗を非常に重く見て、敗北をもたらした問題に関して、総括の動きを見せた。そもそも、日本の首都であり、象徴的な選挙区であった東京都選挙区で、民主党はなぜ一議席もとることが出来なかったのであろうか。この民主党の参院選の退潮を象徴する原因の追及は、かつての代表であった、元首相に求める向きもあった。代表続投を決めた海江田は、東京都選挙区で、民主党の公認候補以外の支援を行った菅直人元首相に離党を勧告するものの、菅は勧告を拒否した。こうして民主党は、二〇一二年の衆院選で政権を失い、参院選でも惨敗を喫しておきながら、その問題を解決する政党としての矜持を示せないままでいたのであった。

　こうして、選挙に敗北しておきながら、その責任の所在も曖昧なまま、代表が続投を決めた民主党に対して、二五日には、五五年体制下の野党第一党であった社民党に動きがあった。福島瑞穂社民党党首が、参院選における敗北の責任を取り、党首を辞任する意向を表明した。こうして、惨敗を喫した政党の代表は責任をとっているにもかかわらず、民主党の海江田代表は続投するというのは多少奇異な印象を有権者に与えるものであった。

## アベノミクスと安倍政権

一方、衆院選に引き続き参院選でも勝利した与党自民党にも、決して不安要因がないわけではなかった。党の重要政策であった「アベノミクス」は、走り始めたばかりであったが、地方への波及は未知数であった。というのも二〇一二年までに地方は疲弊していたといえるからである。二三日に一三年度の普通交付税大綱を総務省が発表したが、交付税の支出がゼロであるのは四九の地方自治団体にとどまった。まだ、走り始めた「アベノミクス」の経済効果は、非常に限定的であり、地方への波及はまったく起こってはいないという解釈も出来たのである。

　また、二四日に、「防衛計画の大綱」の中間報告の概要が明らかとなったが、ここにおいて、自衛隊に海兵隊的機能を持たせるという目的が、要点の一つとして提起されていることが明らかとなった。おりしも同日、尖閣諸島沖の接続水域に中国海警局所属の艦船四隻が入ったことが確認されるなど、未だ日本を取り巻く国際情勢は、緊張したものであることを認識させるものであった。

　この参院選の結果は、「政権奪還」によって政権に復帰してから日の浅い、安倍政権に対する期待を一面で表している一方で、他方で野党の失敗によって結果として自民党が勝利するという消極的な勝利であったと考えることが出来る。未だ有権者は、自民党を積極的に支持していたわけではなかったことは、投票率が低いことから理解できるのではないだろうか。そこで、安倍政権には政策の実をあげて、「政治への希望」を取り戻していくことが要求されることになった。

参院選の結果を受け、日本の政党システムとしては「一強多弱」状態が完成することになり、政策遂行上の障害は安倍政権にとっては存在しなくなった。しかしながら、こうして政策遂行を十分に行うことが出来る状態が整ったことは、安倍政権の政策実践に対して、有権者はより厳しいまなざしを今後向けていくということをも意味していたのである。国内、国際の問題に、「衆参ねじれ国会」を解消し、どのように臨んでいくのか、二度目に就任した安倍の手腕を国民は、今後注視していくこととなった。

**注**

（1）二〇一三年参院選全体の投票率は低いにもかかわらず、投票日前日の二〇日までの期日前投票は一二九四万人を数え、過去最多であったことも注目される。これは、ひょっとすると組織的な動員の結果であったとみることも出来るかもしれない。

# おわりに――参院選と民主主義のデザイン

本書は、二〇一三年「衆参ねじれ解消選挙」の多様な側面を、それぞれの地域において、第一線の研究者が検討している。序章や終章で取り上げたように、自公による政権奪還以降、「ねじれ国会」から「衆参ねじれ」の解消による「一強多弱」状態の形成という日本政治の中で、非常に重要な選挙であった。後に「衆参ねじれ解消選挙」と言われるこの二〇一三年七月二一日に投開票が行われた参院選は、どういった意味があったのであろうか。

この選挙は、その後の「民主主義のデザイン」に関して、二つの点から大きな示唆を与える契機となるものであった。一つには、「ネット選挙解禁」による「政治の距離」の問題であり、もう一つには、「一票の格差」をめぐる「政治の平等」の問題であった。

## 「ネット選挙解禁」と「政治への距離」

前者の「政治の距離」の問題に関しては、本書の中の二つの章によって扱われているので、ここで詳述することは避けるが、「政治の距離」が遠くなり、その結果として、十分な参加が存在しなくなったとするならば、その選挙結果にはどんな意味があるというのだろうか。特に、「政権奪還選挙」と言われる二〇一二年衆院選以降、投票率は記録的に下がり続けてきた。そこには有権者の政治に対する「幻滅」といったものが反映されていたのかもしれない。

思えば、自民党の単独政権を基盤とする一党優位政党システムであった「五五年体制」が終焉し、連立政権を基盤とする穏健な多党システムによってなる「九三年体制」と言われる時代に入った変化は、有権者の意識に変化をもたらしたのであった[1]。有権者は、自らの一票によって、政治に自らの意思を反映することを学び、政治の変化を「期待」していたのであった。盤石であった自民党が下野する経験は、「どうせ投票しても政治は何も変わらない」という、これまでの概念を打ち破るのに十分なものであった。この経験を得たことによって、有権者の政治への関心は増し、さらに小泉純一郎首相の「劇場型政治」の登場によって、政治への「期待」は高まっていった。その一つの頂点が、二〇〇九年の民主党を中心とした勢力による「政権交代」であったであろう。この「政権交代」は、初めて有権者が自らの一票によって、政権の枠組みを選択した事例であった。ここにおいて、有権者の政治への「期待」は頂点に達したということが出来よう[2]。

しかしながら、この政治への「期待」は、その後の民主党連立政権の政策的なパフォーマンスが十分ではなかったことから、民意の「失望」を招いた。沖縄の基地問題をめぐり、鳩山由紀夫首相が辞任に追い込まれ、続く菅直人首相の突然の消費税一〇％増税発言を受けた二〇一〇年参院選によって、民主党連立政権は「衆参ねじれ国会」を招来することとなった[3]。二院制を採る日本の統治デザインの中で想定していなかった衆議院と参議院の支配勢力が異なるという「ねじれ」現象によって、民主党を中心とする政権与党は、政策運営において大きな障害を抱えることとなった。こうした国政における政権与党の混乱は、より身近なところにおける政策課題の解消を求めた、各地における地域政党の勃興をもたらしたのであった。そしてこの民主党の政策的なパフォーマンスの欠如は、日本をとりまく諸外国との外交的課題を民主党を中心とする与党に突き付けた。それは、端的には、尖閣諸島をめぐる中国との関係によって象徴されていたことであったし、他の近隣諸国による日本領土の実効的な支配強化の姿勢であったし、さらに、もちろん忘れてはならないのは、沖縄の宜野湾市にある普天間基地の返還問題も継続していたことであった。これらの外交的課題を民主党連立政権は十分に解決することが出来なかった。

さらに、この民主党の政策的パフォーマンスの欠如を印象づけたのは、二〇一一年の東日本大震災、そしてそれに伴って生起した福島の原発事故への対応であった。東日本大震災は、戦後史でも未曽有の天変地異であり、さらに続く福島の原発事故は、日本がこれまでに経験したことのない事例であった。こうした突発的な災害に対して、国家、そしてその政府が第一に求められることは危機管理能力であったが、民主党政権はそのパフォーマンスの欠如しか示すことが出来なかった。大震災直後の統一地方選に、その「失望」は如実に表れていたといってよい[4]。この危機管理能力の欠落、そして復旧、復興すらも「衆参ねじれ」国会の中で遅々として進まないなか、有権者の政治への「失望」は、やがて徐々に「幻滅」へと展開していった。こうした意味でいえば、国民、有権者の政治への「期待」の頂点で登場した民主党連立政権のもとで、有権者が政治への「期待」から「失望」へ、そしてさらには「失望」から「幻滅」へと、その政治への態度を変容させてしまったことは、日本の政治に対して大きなマイナスの意味を持っていたと言わざるを得ない。民主党の最大の「失敗」は、こうした「政治への幻滅」の感覚を、有権者に浸透させてしまったことなのかもしれない。

「政治への幻滅」を感じてしまった有権者は、いきおい、政治に希望を見出せないので、投票行動に対して価値を持たなくなり、選挙に参加しなくなる。こうした現象が起こっていることを、二〇一二年選挙の記録的な低投票率は示したといってよい。有権者は、再び「どうせ投票しても政治は何も変わらない」という感覚を強く持ち、「政治の距離」を感じ始めてしまったのであった。これを乗り越えるための方策として、「ネット選挙の解禁」といった制度的な装置が考えられたとみることは、あながち間違いではない。この一つの焦点は若年層であった。従来から日本の政治においては若年層の投票率が著しく低いことが言われていた。その傾向は、二〇一二年衆院選、二〇一三年参院選でも強化されて続いていたのであった。このさらなる若年層の投票率低下は、おそらくは、彼らの政治的な経験が時間的に十分ではなく、直近の知識として民主党連立政権が、国民の期待を受けながら必ずしも十全なパフォーマンスを上げられなかったことしか知らないこと、あるいは、民主党政権末期に提起された、高度高齢化による将来の福祉国家のデザインとしての「社会保障と税の一体改革」のなかで、若年層が政策の一つのターゲットとなっていたこと、などとも無縁ではないといえよう。さて、総務省の調査によれば、国政選挙の年代別投票率は、二〇一二年衆院選「政権奪還選挙」では、二〇代が三七・八九%、三〇代が五〇・一〇%となっており、二〇一三年参院選[5]「衆参ねじれ解消選挙」では、二〇代が三三・三七%、三〇代が四三・七八%といずれの選挙でも他の年代と比べて、低い水準にとどまっていたという[6]。そこで、投票率の低い若年層の投票率の向上を図るべく、若年層の接触が多いと見込まれる新たなメディアであるインターネットを使用して情報を発信し、「政治の距離」を縮める努力を行っていたとみることが出来る。

しかしながら、この試みは有権者全体には、どれほどの影響があったのであろうか。共同通信の出口調査では、二〇一三年参院選においてネット情報を参考にしなかったのは、八六・一%であり、参考にしたのは一〇・二%にしか過ぎないことが報じられていた[7]。このデータは必ずしも若年層だけを対象にしたものではないが、「ネット選挙解禁」は、二〇一三年参院選では、「政治への期待」を有権者が回復し、それが投票行動に繋がるという投票率の向上に、どれほどまでに効果があったのかについては、いまだ限定的であった可能性が高い。そしてこの傾向は、二〇一四年衆院選でも継続していたことが明らかとなっている[8]。

しかし、二〇一三年参院選から始まった、「政治の距離」を縮めるこの試みは、まだ始まったばかりである。こうした試みの一つに、二〇〇三年の公職選挙法改正で実現し、二〇〇四年参院選から導入された期日前投票がある。この期日前投票は、一定の評価を得ている。さらに、二〇一三年参院選には、若年層の投票率の向上のために松山大学のキャンパス内に期日前投票所を設けるなど、投票への参加を促進する試みは各地で行われている。さらにこれらの試みを進めるために、二〇一五年には総務省は、文部科学省と連携して大学などへの投票所設置を促す通知を全国の自治体にも出していた。

「ネット選挙」の成否については、今後の展開を見守るほかないが、いずれにしても「政治への距離」をいかに短縮して、有権者に「政治への希望」を再び取り戻してもらい、投票に参加してもらうかは、今後の課題と言える。

**「一票の格差」と「政治の平等」**

こうした「政治への希望」の回復には、「政治の距離」を縮めるだけでなく、その選挙が「法の下の平等」に基づき、一人の人間の一票が、多様ないくつかの側面から平等に扱われる必要も存在する。有権者の一票が、多様な側面から平等に扱われていなければ、投票自体の意味も空洞化していくと考えられるのである。

(1)**水平的な「地域的な平等」**

二〇一三年参院選にあたっては、参院選公示前日七月三日現在の選挙人名簿登録者数（有権者数）が明らかとなっていた。これによると日本の有権者総数は一億四七八万六六〇人となっており、この有権者数の各選挙区（参院選の場合には都道府県）の議員あたりの有権者数を計算すると、この二〇一三年参院選にあたっての「一票の格差」は、四・七七倍となっていた。この二〇一三年参院選に向けて二〇一二年一一月の改正公職選挙法（平成二四年一一月二六日法律第九四号）が成立し、「四増四減」の調整を行っていたために二〇一〇年参院選の五倍からは改善したものであったが、五倍には満たないものの、四倍以上の大きな格差が残っていたことになる。この「四増四減」は、それ以前の二〇〇六年の「四増四減」（平成一八年六月七日法律第五二号）において、東京の定数が八から一〇（改選議席四から五）へ、千葉の定数が四から六（改選議席が二から三）へと増員され、栃木と群馬の定数が四から二（改選議席が二から一）へと減少されたことに続くものであった。

この二〇一三年選挙においては、「四増四減」という神奈川、大阪両選挙区の定数を六（改選議席三）から八（改選議席四）へと増やし、福島、岐阜両選挙区の定数を四（改選議席二）から二（改選議席一）へと減らしていた。これは、「一票の格差」をめぐる訴訟において、二〇一〇年参院選における最大の格差である神奈川と鳥取の格差であった五倍が、二〇一二年一〇月に「違憲状態」であると判決を下していたことに対する措置であった。これは、有権者人口が最も少ない鳥取県の有権者人口を基準として算出したものであった。参議院の議席配分は、本書で取り扱った二〇一三年参院選までは、都道府県単位を選挙区とし、それぞれの選挙区に最低でも改選議席を一議席（すなわち選挙区の定数としては二）を割り当てることによって、行われていた。

しかし、これには限界が存在したことが、二〇一三年参院選によっても明らかとなった。鳥取県の有権者人口は二四万一八六七人であり、そこから一名の参院議員を選出しているが、北海道の議員一人あたりの有権者数は、四・七七倍の一一五万三八五二人、続く兵庫県は四・七三倍の一一四万二九三九人、その次の東京都は四・四九倍の一〇八万六六九一人であった。以下も、福岡県が四・二九倍の一〇三万八四七六人、愛知県が四・〇八倍の九八万六四三八人、埼玉県が四・〇八倍の九八万六二六九人、さらに、是正を行った神奈川県ですら三・八三倍の九二万五四五九人と続く。この「一票の格差」に関しては、さらなる改革を求める声が根強かったのであった。

こうした背景を受けて、参院選の「一票の格差」を是正するために、隣接する選挙区を都道府県をまたいで統合する「合区」を盛り込んだ改正公職選挙法が二〇一五年七月二八日に成立した。「四増四減」を内容とする二〇一二年改正公職選挙法の附則に、平成二八年通常選挙に向けた選挙制度の抜本的な見直しに係る検討条項が設けられたことを受けたものであった。この内容としては、「四県二合区を含む一〇増一〇減」を柱とするものであった。[9] 北海道、東京、愛知、兵庫、福岡の定数をそれぞれ二増加させ「一〇増」、鳥取と島根、徳島と高知の二合区を行って定数を四減少、宮城、新潟、長野の三県もそれぞれ定数を四から二に減少することで「一〇減」を行うものであった。これによって平成二二年国勢調査に基づくと最大の格差は、二・九七倍になるものであった。改正法は、附則において、二〇一九年参院選に向けては「選挙制度の抜本的見直しについて引き続き検討」することを明記し、結論を得ることを述べ、この措置が暫定的であるとしている。しかし、こうして「数」の側面だけを問題にして「平等」を議論することには、多少の疑問が残るところであり、合区された自治体では、必ずしも民意が有権者の希望通りには反映されない恐れもあるのではないか。[10] それとは少し異なった、多様な機会の平等であったり、生活の質の平等であったりといった「質」の側面をも視野に入れた議論が今後は必要となってくるのではないだろうか。

### (2) 垂直的な「世代的な平等」

こうした「政治の平等」への試みは、単に地域的な水平的な次元のものだけで議論されているのではない。そこには、垂直的な「世代的な平等」の問題も提起されている。高度高齢化社会が進む日本の中で、人口としては数が少なく、にもかかわらず高齢者の福祉を担うことが決定されている若年層の問題はどうであろうか。若年層は数が少ないうえに、すでに述べたように投票率も必ずしも高くはない。そのことによって、政治において若年層の声が反映される可能性は高くないという「世代的な不平等」の問題が存在したのではないか。

こうした「世代的な不平等」の問題に関する解決策は、若年層の政治に対する発言権を向上させることである。このための方策として考えられるのは、第一には、若年層人口の有権者を投票に参加させるか、さもなければ第二には、若年層人口の有権者の実数を増やすかしか存在しない。第一の若年層人口の投票率の向上については、「政治の距離」の箇所において、いくつかの試みをすでに紹介しているが、その試みが即座に劇的に功を奏すとは必ずしも考えられない。そのために、現実的には、第二の若年層人口の有権者人口を増やすという方策が、最も効果的だと考えることが出来よう。

安倍政権は、選挙権年齢をこれまでの二〇歳以上から一八歳以上に引き下げる改正公職選挙法を二〇一五年六月一七日に成立させた。これは、二〇一六年の参院選から適用されることになり、これまで投票権のなかった一八歳、一九歳の若年層も新たに有権者として投票を行うことになった。これにより、従来は投票権が存在しなかった二四〇万人ほどの新しい若年層の有権者が誕生することになった。これは、一年間の周知期間を経て、全国規模の国政選挙としては二〇一六年参院選から適用される規定となることとなっていた[11]。こうして、若年層人口の有権者人口を増加させることが実現していったのであった。

これには伏線が存在した。すでに二〇一四年六月一三日には改正国民投票法が成立していた。これは憲法九六条に規定された憲法の改正要件である、衆参両院の総議員の三分の二以上の賛成によって発議される国民投票にまつわる規定であった。正式名称の「日本国憲法の改正手続きに関する法律」はこの立法の意図を示している。この国民投票で過半数の賛成が存在すれば憲法改正を行えることを規定した非常に重要な法律である。もともとこれは、そもそも憲法に国民投票の具体的な規定がなかったために、改憲を視野に入れていた第一次安倍政権下の二〇〇七年五月一四日に成立した法律であった。この二〇〇七年の国民投票法には附則で、公職選挙法の選挙権年齢や民法の成人年齢の引き下げなどの年齢条項についてその後の判断を求めるものであった。この二〇一四年の改正のなかで、四年後に、憲法改正の是非を問う国民投票の投票権年齢を一八歳以上に引き下げるという改正がなされたのであった[12]。

こうして、進展する高度高齢化社会のなかで、数が絶対的に少なかった若年層の有権者数が増加することによって、垂直的な「世代的な平等」に関しても前進がなされることとなった。しかし、この附則には今後の民法の成人年齢、そして少年法の適用年齢についても検討することが盛り込まれていた。このことは権利には責任や義務が常に付きまとうことを示していると考えられる。

これらの「一票の格差」にまつわる垂直的な「世代的な平等」と、先に述べた水平的な「地域的な平等」といった制度的な変化を、二〇一六年参院選以降に招くことになったのである。この出発点として、自民党と公明党の連立による政府与党が政策実行に際して障害であった「衆参ねじれ」状態から脱した「衆参ねじれ解消選挙」という意味でも、また日本政治において政権奪還後に形成された「一強多弱」状態が完成したという意味でも、二〇一三年参院選は重要であったという見方も出来るであろう。二院制を採る日本政治の両輪の一つである参議院における「新たなデモクラシー」のデザインは、日本の未来の政治にどういった影響を与えていくであろうか。それは、本書やこの「シリーズ・現代日本の選挙」を読んでいただいている読者の方々と共に、注意深く見守っていくしかない。そうした責任のある有権者としての態度が、今後より一層求められるのではないだろうか。

最後に、このシリーズの意図を前著にならって少し述べておきたい。本書の刊行は、単に、過去に起こったことを記録しておくだけが目的ではない。本書を読むことで、それぞれの地方の総体として日本政治が成立していることに気付かされるはずであるし、選挙がそれまでの政策に対する評価や、今後の政策に対する期待といった多様なものを含んでくることに気付くはずである。そうした意味でも、本シリーズが、今後の日本政治を考察する上での一つの指針を与えるものとなることを期待したい。

本書を読めば、自民党は未だ、二〇一二年政権奪還選挙以降、必ずしも積極的に支持されて勝利していたわけではないことが理解できる。むしろ、この二〇一三年衆参ねじれ解消選挙も、民主党や第三極の失敗という敵失による消極的な勝利であったことが明らかであるのではないだろうか。前著では次のように書いた。「有権者は、小選挙区で民主党も選べなければ、第三極に投票しても、死票になることが多いということを事前に理解していた。そうした状況の中では、新しい政治を選ぼうとしても、選択肢は存在しないということしか理解できることはなく、政治に失望さえ感じていたのであった。そして、それは何よりも有権者の低い投票率に表れていたのではないだろうか」。そしてこの状況は現在も変化してはいない。本書が扱った二〇一三年参院選の背景をなしていたのは、有権者の政治への「失望」、あるいは「幻滅」とも考えられるのではないか。この背景には、非常に一面的な日本政治像が存在していたのではないかと執筆者達は考えている。

本シリーズは、前著に続き、「一面的」な日本政治像に対する、日本政治の「多様性」を提起することを意図している。よく、「日本政治とはこういうものだ」という説明を、学会の報告や、大学の講義で聞くことがある。全国の票を「量的」に集計するとそうした動向となるかもしれないし、高度に統計的な処理を加えれば、興味深い一般的な傾向が明らかとなることは学問的に意味のあることであろう。だが他方では、一般の有権者から、全国の選挙結果に対する違和感が提起されることもしばしばある。「自分たちの選挙区の選挙結果」と「総和としての全国の選挙結果」が、必ずしも有権者感覚として一致しないのである。なるほど、個々の選挙区の結果は特殊なものであり、全国の一般傾向とは異なるという説明は簡単である。しかし、有権者にとってみれば、目前の選挙区の選挙こそが「日本の政治」の現実である。また、彼らが直面している個々の地域の政治は、「日本の政治」そのものではないだろうか。その個々の「日本の政治」の現実の「質的」側面にも、注意を払ってよいのではないか。そうした「量的」側面と「質的」側面の研究のバランスを補うことによって、「一面的」な日本政治像から脱却し、日本政治の「多様性」を認識することも必要であろう。

本シリーズの研究からは、地域によって日本政治は異なる現実の様相を示しており、そうした多様性が日本政治の本質なのではないかということが示唆される。有権者にとっては「おしなべて一般的な日本の全国政治」の像というのは存在しない可能性がある。目前にあるのは、そうした個々の多様な相を見せる「地方の現実」である。多様な下位文化の表れとしての異なる様相を持った各地方の研究を重視した本研究の意味はそこにある。個々の地方の現実を重視する視点から、日本の地方、地域を比較政治学の手法を用いて、各県、各地域の地域研究を行う必要があるという視座をも、本研究は提起しているのではないか。それは喩えてみれば、アメリカ政治研究、イギリス政治研究、フランス政治研究という地域政治研究のジャンルが成立するのと同様に、北海道政治研究、沖縄県政治研究、東京都政治研究といった日本の地方における地域政治過程の研究の確立による日本政治の個々の「モザイクのピース」の解明も要請されているのではないか。それらの総体として日本の政治の現実があり、それは多様な地域、地方によって構成されていることを忘れてはならない。また、今回はそうした日本政治の地方における現実を形成した制度的な変化である「ネット選挙」の影響についての研究も収めることとなった。制度変容という「質」的な変化が、投票者に「量」的にどのように影響を与えるかという視点も、日本政治が多様であることを浮き彫りにしているはずである。

そうした視点からすると、本シリーズの一つの学問的な目的は、これまでミネルヴァ書房から先行して出版された三冊の著作同様、現代日本の個々の地域における『現代日本政治風土記』を記述することにあると同様に、それに影響を与える制度的な変化の影響を明らかにすることにもある。本シリーズ所収の研究は、それぞれの地域の政治、研究領域に関する第一級の著者によって、現代日本政治の実情を明らかにしている。本書の評価は読者諸兄に任せるしかないが、各地域、研究領域の専門家によって執筆された本書によって、二一世紀初頭の日本政治の変動の現実は、一定以上明らかにできたのではないかと自負している。

かかる視座に立つ本研究の一部は、日本政治学会において編者が企画し、司会を行ったパネル、ならびに日本地方政治学会・日本地域政治学会などの他の学会のパネルにおいて報告され、高い研究水準をクリアしたものとして、おおむね好意的な評価を受けた論文を含んでいる。第一線の学会で一定の評価を得た、最先端の研究を含む論文ばかりである。「地方の時代」と呼ばれる現在、そうした視座に対応した高い水準の研究者が、全国の地方、地域に存在することには大きな意味があるだろう。また、地方在住の研究者も「地方」ないし「地域」目線での研究を行い、「地方の時代」に対応することが、今後ますます求められるといえよう。それら「地方」「地域」の政治の中にこそ、日本政治の多様性を理解する鍵が存在していると言えるのではないか。

さらに、本シリーズの意味をさらに付け加える展開がこの二〇一三年参院選の後に起こった。それは、前著にも書いたが、選挙における投票要件の変化である「一八歳選挙権」と「居住条件の廃止」である。二〇一五年六月一九日に公職選挙法等の一部を改正する法律が公布され、一年後に施行された後に行われる国政選挙の公示日以降の選挙から、選挙権年齢が「満二〇歳以上」から「満一八歳以上」に引き下げられることとなった。こうした若者は、これまで選挙において投票したことがなく、政治に対する情報への接触も必ずしも多いわけではない。さらに、進学や就職などで転居をする場合に、「投票権の空白」を招いたことがあったが、三カ月以上の居住歴があれば旧住所での投票が行えるよう、二〇一六年に改正された。そこで、国内的には、第一の大正時代の普通選挙権、第二の戦後の女性参政権に続く、「第三の波」というべき有権者の増加を認めることになった中で、若年層への「主権者教育」の必要性が生まれたのであった。ここに、このシリーズの一つの意味があると考えられる。

これまで投票に行かなかった一八、一九歳の新たな主権者が、政治に対する情報、自分が投票する選挙の実際を理解する上で、「量的」なデータのみならず、個々の選挙区に絞った「質的」な情報をも提供する本シリーズは、自分の知らない選挙区の現実の情報を提供し、多様な日本政治を理解するという点で、政治的情報の接触に乏しい若年層の「主権者教育」において、有効な情報源となるであろう。若年層にかかわらず、今後の有権者は、日本政治の「今」を伝える本シリーズを読んで日本政治に対する理解を深め、投票に足を向けていただくことを願うのみである。

なお、本書をまとめるにあたって、日本政治の現場に携わっている多くの方々にお世話になった。ここでは、すべての方のお名前を挙げることはできないので、不公平を避けるためにあえて名前を記さないが、そうした方々の力添えがなければ、本書は成立しない。本書に何がしかの意味があるとすれば、お力をお貸しいただいたそうした現場の人々のおかげである。もしも、本書が、そうした方々の気持ちをうまく汲み取ることができなかったとしたならば、執筆者の力不足による。ひらにご容赦を願いたい。また、各地域の第一線の執筆者による著作のため、原稿が必ずしも意図した通りに集まらないこともあり、出版までに時間を要した。前作を読んでいただいて、次の著作を期待してお待ちいただいた読者の方には陳謝申し上げる次第である。

そして、予定通りに出版計画が進行しないうちに、編者の白鳥の英国、執筆者の丹羽の米国への在外研究の滞在も決まってしまった。執筆者の原稿は、国内の執筆者だけではなく、これらの編者、執筆者へと、地球の裏側まで旅をしながら届けられた。二名は日本の現実から少し離れた客観的な視点で、自らの作業を検証することも出来たことは望外の発見であった。編者は、小雨の降るなか、夜遅くまでオクスフォードのペンブローク・カレッジの研究室、さらにボドレアン図書館やラドクリフ・カメラの角のお気に入りの席で、静かに執筆にいそしんだのも、いい思い出となっている。また、多くのオクスフォードの同僚との会話も、筆者の研究に多くの示唆を与えてくれた。

また、書物の刊行は、執筆者だけの力によるものではない。本書の最後の校正まで、前著に続き、粘り強く付き合っていただいたフェリス女学院大学講師の佐賀香織氏、早稲田大学大学院生の黒木美來氏、元青山学院大学講師の苫米地真理氏、実践女子大学短期大学部講師の羽賀芳秋氏、法政大学大学院の中川享之氏、川代秀弘氏には、用語の統一など秘書的な役割を果たしていただいた。彼らや彼女たちには、大変お世話になったことを改めて記したい。そして、最後になるが、学術書冬の時代と言われている現在の状況の下で、本企画のような意味のある出版を認めていただいたミネルヴァ書房社長の杉田啓三氏、そして第一の読者として校正につきあっていただいた編集部の田引勝二氏のご尽力なければ、出版すら危ぶまれたであろう。ここに執筆者を代表し感謝の念を記すものである。

一つの研究の終わりは、次なる研究の始まりである。願わくは、本シリーズが日本の政治の一つの転換点となる選挙の、地域の実情や政策領域の影響を明らかとし、そうした多様性を持つ日本政治のさらなるモザイクのピースを解明する、将来の研究の呼び水になることを期待する。

二〇一六年　春めいてきたオクスフォードにて

執筆者を代表して　白鳥　浩

## 注

(1) 白鳥浩『都市対地方の政治学』芦書房、二〇〇四年。白鳥浩『都市対地方の日本政治』芦書房、二〇〇九年。

(2) 白鳥浩編著『政権交代選挙の政治学——地方から変わる日本政治』ミネルヴァ書房、二〇一〇年。

(3) 白鳥浩編著『衆参ねじれ選挙の政治学——政権交代下の二〇一〇年参院選』ミネルヴァ書房、二〇一一年。

(4) 白鳥浩編著『統一地方選挙の政治学——二〇一一年東日本大震災と地域政党の挑戦』ミネルヴァ書房、二〇一三年。

(5) さらに、このトレンドは、総務省調査では二〇一四年衆院選でも、二〇代が三二・五八%、三〇代が四二・〇九%となっており、投票率減少には歯止めがかかっていない。若年層にとっては、それほど「政治への幻滅」は深刻なものなのかもしれない。http://www.soumu.go.jp/senkyo/senkyo_s/news/sonota/nendaibetu/

(6) http://www.soumu.go.jp/senkyo/senkyo_s/news/sonota/nendaibetu/

(7) これについては、総務省が「インターネット選挙運動解禁に対する調査報告書」を二〇一四年三月にまとめている。http://www.soumu.go.jp/main_content/000293496.pdf

(8) http://www.soumu.go.jp/senkyo/senkyo_s/news/sonota/nendaibetu/

(9) 小松由季「参議院選挙制度の見直しによる『合区』設置——公職選挙法の一部を改正する法律」『立法と調査』三六八号、二〇一五年。http://www.sangiin.go.jp/japanese/annai/chousa/rippou_chousa/backnumber/2015pdf/20150904003s.pdf

(10) 白鳥浩「『一票の格差』を考える——民主主義のデザインと都市対地方」『世界』第八四一号、二〇一三年。

(11) http://www.soumu.go.jp/senkyo/senkyo_s/news/senkyo/senkyo_nenrei/

(12) http://www.soumu.go.jp/senkyo/kokumin_touhyou/hourei.html

≪編著者紹介≫
白鳥　浩（しらとり・ひろし）

1968年　東京都生まれ。
早稲田大学大学院政治学研究科修了。

現　在　法政大学大学院政策科学研究所所長。英国オックスフォード大学ペンブローグ・カレッジ客員フェロー。同ニッサン日本研究所客員研究員。日本地方政治学会・日本地域政治学会理事長。日本法政学会理事。法政大学大学院公共政策研究科教授。元静岡大学人文学部助教授。博士（政治学）。

著　作　"Le mouvement referendaire au Japon aprè la Guerre froide. Une analyse comparative inspiré de Rokkan," *Revue francaise de science politique,* Vol. 51, Numero. 4, 2001.

『市民・選挙・政党・国家』東海大学出版会，2002年。

『都市対地方の日本政治――現代政治の構造変動』芦書房，2009年。

『政権交代選挙の政治学――地方から変わる日本政治』編著，ミネルヴァ書房，2010年。

『衆参ねじれ選挙の政治学――政権交代下の2010年参院選』編著，ミネルヴァ書房，2011年。

『統一地方選挙の政治学――2011年東日本大震災と地域政党の挑戦』編著，ミネルヴァ書房，2013年。

『二〇一二年衆院選 政権奪還選挙――民主党はなぜ敗れたのか』編著，ミネルヴァ書房，2016年。

シリーズ・現代日本の選挙②
二〇一三年参院選 アベノミクス選挙
――「衆参ねじれ」はいかに解消されたか――

2016年12月20日　初版第1刷発行　〈検印省略〉

定価はカバーに
表示しています

編著者　白　鳥　　浩
発行者　杉　田　啓　三
印刷者　藤　森　英　夫

発行所　株式会社　ミネルヴァ書房
607-8494　京都市山科区日ノ岡堤谷町1
電話代表　(075)581-5191
振替口座　01020-0-8076


亜細亜印刷・新生製本

ISBN978-4-623-07829-5
Printed in Japan

## 執筆者紹介（執筆順，＊は編者）

＊白鳥　浩（しらとり・ひろし）**はじめに，序章，第6章，終章，おわりに**

編著者紹介欄参照。

岡田　浩（おかだ・ひろし）**第1章**

1968年　兵庫県生まれ。
1994年　早稲田大学大学院政治学研究科博士後期課程退学。
現　在　金沢大学人間社会学域法学類教授。
著　作　『現代日本の政治――政治過程の理論と実際』共編著，ミネルヴァ書房，2009年。
「現代政治の変容と政党論の再構築」賀来健輔・丸山仁編著『政治変容のパースペクティブ』共著，ミネルヴァ書房，2005年。
「社会的クリーヴィッジと政党システム」日本比較政治学会編『比較政治学の将来』共著，早稲田大学出版部，2006年。

堤　英敬（つつみ・ひでのり）**第2章**

1972年　大阪府生まれ。
1999年　慶應義塾大学大学院法学研究科博士課程退学。
現　在　香川大学法学部教授。
著　作　『民主党の組織と政策――結党から政権交代まで』共編著，東洋経済新報社，2011年。
『統治の条件――民主党に見る政権運営と党内統治』共編著，千倉書房，2015年。
「候補者選定過程の開放と政党組織」『選挙研究』28巻1号，2012年。

森　道哉（もり・みちや）**第2章**

1974年　香川県生まれ。
2003年　立命館大学大学院政策科学研究科博士課程後期課程修了。
現　在　立命館大学大学院公務研究科教授。博士（政策科学）。
著　作　『統治の条件――民主党にみる政権運営と党内統治』共著，千倉書房，2015年。
「公害国会の見取り図」『立命館大学人文科学研究所紀要』101号，2013年。
「東日本大震災に伴う洋上漂流物のアメリカへの漂着とその処理のための日本政府の資金供与」『立命館法学』352号，2014年。

丹羽　功（にわ・いさお）**第3章**

1966年　愛知県生まれ。
1997年　京都大学大学院法学研究科博士後期課程修了。
現　在　近畿大学法学部教授。
著　作　「利益団体」岡田浩・松田憲忠編著『現代日本の政治』共著，ミネルヴァ書房，2009年。
「自民党地方組織の現在――富山二区・三区」白鳥浩編著『政権交代選挙の政治学――地方から変わる日本政治』ミネルヴァ書房，2010年。
「都道府県知事選挙の構図」新川敏光編著『現代日本政治の争点』法律文化社，2013年。

久保谷政義（くぼや・まさよし）**第4章**

1975年　神奈川県生まれ。
2007年　東海大学大学院政治学研究科博士課程後期修了。
現　在　東海大学教養学部非常勤講師。博士（政治学）。
著　作　「大学生の政治意識と生活満足度――政治について学ぶ1万人の学生アンケート調査から」『地方政治研究・地域政治研究』2巻1号，2015年。
『「一強多弱」政党制の分析――得票の動きからみる過去・現在』三和書籍，2016年。
「国会における立法・政策立案機能の強化の試み――政策担当秘書制度の実態」共著，『東海大学教養学部紀要』46輯，2016年。

伊藤裕顕（いとう・ひろあき）**第5章**

1960年　岩手県生まれ。
2012年　東北大学大学院情報科学研究科博士課程前期修了。
現　在　富士大学経済学部非常勤講師。
著　作　『放送ってなんだ？テレビってなんだ？――現在・過去・未来 ローカルからの視点』新風舎，2003年。
『放送ってなんだ？テレビってなんだ？Ⅱ――デジタル時代にけたぐりっ！』新風舎，2005年。
『二〇一二年衆院選 政権奪還選挙――民主党はなぜ敗れたのか』共著，ミネルヴァ書房，2016年。

河村和徳（かわむら・かずのり）**第5章**

1971年　静岡県生まれ。
1998年　慶應義塾大学大学院法学研究科博士課程単位取得退学。
現　在　東北大学大学院情報科学研究科准教授。
著　作　『現代日本の地方選挙と住民意識』慶應義塾大学出版会，2008年。
『市町村合併をめぐる政治意識と地方選挙』木鐸社，2010年。
『東日本大震災と地方自治』ぎょうせい，2014年。

**照屋寛之**（てるや・ひろゆき）**第7章**

1952年　沖縄県生まれ。
1983年　日本大学大学院法学研究科博士後期課程単位取得退学。
現　在　沖縄国際大学法学部教授。
著　作　『現代政治過程』共著，三和書籍，2011年。
「国策のあり方を問う沖縄県知事選――辺野古新基地建設の選挙への影響を中心にして」『政経研究』52巻２号，日本大学法学会，2015年。
「沖縄県のオンブズマン制度」日本オンブズマン学会編『日本と世界のオンブズマン――行政相談と行政苦情救済』第一法規，2015年。

**湯淺墾道**（ゆあさ・はるみち）**第8章**

1970年　札幌市生まれ。
2001年　慶應義塾大学大学院法学研究科博士課程退学。
現　在　情報セキュリティ大学院大学学長補佐・情報セキュリティ研究科教授。
著　作　『電子化社会の政治と制度』オブアワーズ，2006年。
『被災地から考える日本の選挙――情報技術活用の可能性を中心に』共著，東北大学出版会，2013年。
「公職選挙法改正の内容」情報ネットワーク法学会編『知っておきたいネット選挙運動のすべて』商事法務，2013年。

**岡本哲和**（おかもと・てつかず）**第9章**

1960年　大阪市生まれ。
1990年　関西大学大学院法学研究科博士後期課程単位取得退学。
現　在　関西大学政策創造学部教授。
著　作　『アメリカ連邦政府における情報資源管理政策――その様態と変容』関西大学出版部，2003年。
「二つの終了をめぐる過程――国会議員年金と地方議員年金のケース」『公共政策研究』第12号，2012年。
「国会議員による国会審議映像の利用――その規程要因についての分析」共著，『レヴァイアサン』56号，2015年。

# 人名索引

## あ　行



## か　行

## さ　行



## た　行

## な　行



## は　行

## ま　行



## や　行



## ら　行



## わ　行

## 資料1　2013年参議院議員通常選挙選挙結果（選挙区）

自：自由民主党，民：民主党，維：日本維新の会，公：公明党，み：みんなの党，共：日本共産党，生：生活の党，社：社会民主党，ど：みどりの風，諸：諸派，無：無所属，推・支：推薦・支持，当回：当選回数

**北海道選挙区**　改選：2

| | 得票数 | 氏名 | 年齢 | 党派 | 推・支 | 新旧 | 当回 | 肩書・経歴 |
|---|---|---|---|---|---|---|---|---|
| 当 | 903,693 | 伊達　忠一 | 74 | 自 | 公 | 現 | 3 | 内閣府副大臣 |
| 当 | 583,995 | 小川　勝也 | 50 | 民 | | 現 | 4 | （元）防衛副大臣 |
| | 352,434 | 浅野　貴博 | 35 | 諸 | | 新 | | 大地幹事長代行 |
| | 272,102 | 森　英士 | 35 | 共 | | 新 | | （元）赤旗記者 |
| | 261,802 | 安住　太伸 | 43 | み | | 新 | | （元）旭川市議 |
| | 23,194 | 森山　佳則 | 46 | 諸 | | 新 | | 幸福実現党員 |

**青森県選挙区**　改選：1

| | 得票数 | 氏名 | 年齢 | 党派 | 推・支 | 新旧 | 当回 | 肩書・経歴 |
|---|---|---|---|---|---|---|---|---|
| 当 | 261,575 | 滝沢　求 | 54 | 自 | 公 | 新 | 1 | （元）県議 |
| | 76,432 | 平山　幸司 | 43 | 生 | 社・ど | 現 | | 党県代表 |
| | 63,528 | 波多野　里奈 | 40 | み | | 新 | | 司会講師業 |
| | 53,062 | 工藤　信 | 59 | 無 | 民 | 新 | | （元）県農協会長 |
| | 48,290 | 吉俣　洋 | 39 | 共 | | 新 | | 党県書記長 |
| | 6,659 | 石田　昭弘 | 54 | 諸 | | 新 | | 幸福実現党員 |

**岩手県選挙区**　改選：1

| | 得票数 | 氏名 | 年齢 | 党派 | 推・支 | 新旧 | 当回 | 肩書・経歴 |
|---|---|---|---|---|---|---|---|---|
| 当 | 243,368 | 平野　達男 | 59 | 無 | | 現 | 3 | （元）復興相 |
| | 161,499 | 田中　真一 | 46 | 自 | 公 | 新 | | （元）参院議員秘書 |
| | 91,048 | 関根　敏伸 | 57 | 生 | ど | 新 | | （元）県議 |
| | 62,047 | 吉田　晴美 | 41 | 民 | | 新 | | （元）法相秘書官 |
| | 46,529 | 菊池　幸夫 | 54 | 共 | | 新 | | 党県常任委員 |
| | 8,322 | 高橋　敬子 | 51 | 諸 | | 新 | | 幸福実現党員 |

**宮城県選挙区**　改選：2

| | 得票数 | 氏名 | 年齢 | 党派 | 推・支 | 新旧 | 当回 | 肩書・経歴 |
|---|---|---|---|---|---|---|---|---|
| 当 | 421,634 | 愛知　治郎 | 44 | 自 | 公 | 現 | 3 | （元）防衛政務官 |
| 当 | 220,207 | 和田　政宗 | 38 | み | | 新 | 1 | （元）アナウンサー |
| | 215,105 | 岡崎　トミ子 | 69 | 民 | | 現 | | （元）国家公安委員長 |
| | 76,515 | 岩渕　彩子 | 30 | 共 | | 新 | | 党准県委員 |
| | 9,662 | 皀　智子 | 41 | 諸 | | 新 | | 幸福実現党員 |

**秋田県選挙区**　改選：1

| | 得票数 | 氏名 | 年齢 | 党派 | 推・支 | 新旧 | 当回 | 肩書・経歴 |
|---|---|---|---|---|---|---|---|---|
| 当 | 260,846 | 中泉　松司 | 34 | 自 | 公 | 新 | 1 | （元）県議 |
| | 194,497 | 松浦　大悟 | 43 | 民 | | 現 | | 参院予算委理事 |
| | 36,371 | 佐竹　良夫 | 62 | 共 | | 新 | | （元）医労連副委長 |
| | 6,736 | 西野　晃 | 36 | 諸 | | 新 | | 幸福実現党員 |

**山形県選挙区**　改選：1

| | 得票数 | 氏名 | 年齢 | 党派 | 推・支 | 新旧 | 当回 | 肩書・経歴 |
|---|---|---|---|---|---|---|---|---|
| 当 | 272,779 | 大沼　瑞穂 | 34 | 自 | 公 | 新 | 1 | （元）ＮＨＫ記者 |
| | 252,040 | 舟山　康江 | 47 | ど | 社 | 現 | | （元）農水政務官 |
| | 33,718 | 太田　俊男 | 59 | 共 | | 新 | | 党県副委員長 |
| | 7,193 | 城取　良太 | 36 | 諸 | | 新 | | 幸福実現党員 |

| 福島県選挙区 | 改選：1 | | | | | | | |
|---|---|---|---|---|---|---|---|---|
| | 得票数 | 氏名 | 年齢 | 党派 | 推・支 | 新旧 | 当回 | 肩書・経歴 |
| 当 | 484,089 | 森　雅子 | 48 | 自 | 公 | 現 | 2 | 消費者相 |
| | 240,842 | 金子　恵美 | 48 | 民 | | 現 | | （元）内閣府政務官 |
| | 77,401 | 岩渕　友 | 36 | 共 | | 新 | | 党県常任委員 |
| | 35,801 | 遠藤　陽子 | 63 | 社 | 生 | 新 | | 党県常任幹事 |
| | 9,860 | 酒井　秀光 | 45 | 諸 | | 新 | | 幸福実現党員 |
| | 7,425 | 杉内　一成 | 80 | 諸 | | 新 | | 財政再建党代表 |

| 茨城県選挙区 | 改選：2 | | | | | | | |
|---|---|---|---|---|---|---|---|---|
| | 得票数 | 氏名 | 年齢 | 党派 | 推・支 | 新旧 | 当回 | 肩書・経歴 |
| 当 | 560,642 | 上月　良祐 | 50 | 自 | 公 | 新 | 1 | （元）副知事 |
| 当 | 204,021 | 藤田　幸久 | 63 | 民 | | 現 | 2 | （元）財務副大臣 |
| | 153,403 | 石原　順子 | 52 | み | | 新 | | ワイン醸造家 |
| | 127,823 | 石井　章 | 56 | 維 | | 新 | | （元）衆院議員 |
| | 97,197 | 小林　恭子 | 62 | 共 | | 新 | | 党県常任委員 |
| | 14,586 | 中村　幸樹 | 49 | 諸 | | 新 | | 幸福実現党員 |

| 栃木県選挙区 | 改選：1 | | | | | | | |
|---|---|---|---|---|---|---|---|---|
| | 得票数 | 氏名 | 年齢 | 党派 | 推・支 | 新旧 | 当回 | 肩書・経歴 |
| 当 | 376,553 | 高橋　克法 | 55 | 自 | 公 | 新 | 1 | （元）高根沢町長 |
| | 201,895 | 沖　智美 | 32 | み | | 新 | | （元）新宿区議 |
| | 158,577 | 谷　博之 | 70 | 民 | | 現 | | （元）法務副大臣 |
| | 41,351 | 小池　一徳 | 52 | 共 | | 新 | | 党県書記長 |
| | 4,371 | 杉浦　満春 | 45 | 諸 | | 新 | | 幸福実現党役員 |

| 群馬県選挙区 | 改選：1 | | | | | | | |
|---|---|---|---|---|---|---|---|---|
| | 得票数 | 氏名 | 年齢 | 党派 | 推・支 | 新旧 | 当回 | 肩書・経歴 |
| 当 | 580,144 | 山本　一太 | 55 | 自 | 公 | 現 | 4 | 沖縄・北方相 |
| | 123,725 | 加賀谷　富士子 | 35 | 民 | | 新 | | 党県副会長 |
| | 91,905 | 店橋　世津子 | 51 | 共 | | 新 | | （元）前橋市議 |
| | 11,200 | 安永　陽 | 65 | 諸 | | 新 | | 幸福実現党員 |

| 埼玉県選挙区 | 改選：3 | | | | | | | |
|---|---|---|---|---|---|---|---|---|
| | 得票数 | 氏名 | 年齢 | 党派 | 推・支 | 新旧 | 当回 | 肩書・経歴 |
| 当 | 1,000,725 | 古川　俊治 | 50 | 自 | 自 | 現 | 2 | 外科医師 |
| 当 | 599,755 | 矢倉　克夫 | 38 | 公 | | 新 | 1 | 弁護士 |
| 当 | 485,559 | 行田　邦子 | 47 | み | | 現 | 2 | （元）広告会社社員 |
| | 389,625 | 山根　隆治 | 65 | 民 | | 現 | | （元）外務副大臣 |
| | 353,594 | 伊藤　岳 | 53 | 共 | | 新 | | 党県常任委員 |
| | 65,749 | 川上　康正 | 48 | 社 | | 新 | | （元）参院議員秘書 |
| | 22,345 | 谷井　美穂 | 50 | 諸 | | 新 | | 幸福実現党員 |
| | 21,358 | 宮永　照彦 | 56 | 諸 | | 新 | | （元）ＩＴ会社社員 |

| 千葉県選挙区 | 改選：3 | | | | | | | |
|---|---|---|---|---|---|---|---|---|
| | 得票数 | 氏名 | 年齢 | 党派 | 推・支 | 新旧 | 当回 | 肩書・経歴 |
| 当 | 680,706 | 石井　準一 | 55 | 自 | 公 | 現 | 2 | 参国土交通委長 |
| 当 | 418,806 | 豊田　俊郎 | 60 | 自 | 公 | 新 | 1 | （元）八千代市長 |
| 当 | 388,529 | 長浜　博行 | 54 | 民 | | 現 | 2 | （元）環境相 |
| | 285,007 | 寺田　昌弘 | 45 | み | | 新 | | 弁護士 |
| | 232,477 | 寺尾　賢 | 37 | 共 | | 新 | | 党県委員 |
| | 186,259 | 花崎　広毅 | 36 | 維 | | 新 | | （元）県議 |
| | 148,240 | 太田　和美 | 33 | 生 | | 新 | | （元）衆院議員 |
| | 39,147 | 渡辺　裕一 | 58 | 諸 | | 新 | | 新風党員 |
| | 9,227 | 松島　弘典 | 56 | 諸 | | 新 | | 幸福実現党役員 |

資料１　2013年参議院議員通常選挙選挙結果（選挙区）

| **東京都選挙区**　改選：５ | | | | | | | | | |
|---|---|---|---|---|---|---|---|---|---|
| | 得票数 | 氏名 | 年齢 | 党派 | 推・支 | 新旧 | 当回 | 肩書・経歴 | |
| 当 | 1,064,660 | 丸川　珠代 | 42 | 自 | | 現 | 2 | 厚生労働政務官 | |
| 当 | 797,811 | 山口　那津男 | 61 | 公 | | 現 | 3 | 党代表 | |
| 当 | 703,901 | 吉良　佳子 | 30 | 共 | | 新 | 1 | 党都委員 | |
| 当 | 666,684 | 山本　太郎 | 38 | 無 | | 新 | 1 | 俳優 | |
| 当 | 612,388 | 武見　敬三 | 61 | 自 | | 現 | 4 | (元) 厚労副大臣 | |
| | 552,714 | 鈴木　寛 | 49 | 民 | | 現 | | (元) 文科副大臣 | |
| | 413,637 | 小倉　淳 | 55 | 維 | | 新 | | (元) アナウンサー | |
| | 320,287 | 桐島　ローランド | 45 | み | | 新 | | 写真家 | |
| | 236,953 | 大河原　雅子 | 60 | 無 | | 現 | | (元) 都議 | |
| | 77,465 | 鈴木　信行 | 47 | 諸 | | 新 | | 新風代表 | |
| | 70,571 | 丸子　安子 | 45 | ど | | 新 | | 服飾デザイナー | |
| | 48,362 | 中松　義郎 | 85 | 無 | | 新 | | 発明家 | |
| | 20,137 | 釈　量子 | 43 | 諸 | | 新 | | 幸福実現党役員 | |
| | 12,683 | 犬丸　勝子 | 58 | 無 | | 新 | | 介護会社社長 | |
| | 12,228 | マック　赤坂 | 64 | 諸 | | 新 | | スマイル党総裁 | |
| | 6,432 | 森　純 | 65 | 無 | | 新 | | (元) 会社員 | |
| | 6,123 | 松本　実 | 66 | 無 | | 新 | | 保険代理会社社長 | |
| | 6,033 | 中村　高志 | 53 | 無 | | 新 | | ビル管理会社員 | |
| | 5,633 | 又吉　光雄 | 69 | 諸 | | 新 | | 政治団体代表 | |
| | 3,103 | 西野　貞吉 | 77 | 無 | | 新 | | (元) 運転手 | |
| **神奈川県選挙区**　改選：４ | | | | | | | | | |
| | 得票数 | 氏名 | 年齢 | 党派 | 推・支 | 新旧 | 当回 | 肩書・経歴 | |
| 当 | 1,130,652 | 島村　大 | 52 | 自 | | 新 | 1 | (元) 日歯連理事長 | |
| 当 | 740,207 | 松沢　成文 | 55 | み | | 新 | 1 | (元) 知事 | |
| 当 | 629,662 | 佐々木　さやか | 32 | 公 | | 新 | 1 | 弁護士 | |
| 当 | 461,006 | 牧山　弘恵 | 48 | 民 | | 現 | 2 | 党県副代表 | |
| | 444,955 | 畑野　君枝 | 56 | 共 | | 元 | | 党中央委員 | |
| | 242,462 | 水戸　将史 | 50 | 維 | | 現 | | (元) 県議 | |
| | 119,633 | 露木　順一 | 57 | ど | | 新 | | (元) 開成町長 | |
| | 76,792 | 木村　栄子 | 65 | 社 | | 新 | | (元) 藤沢市議 | |
| | 41,359 | 溝口　敏盛 | 66 | 諸 | | 新 | | 新風党員 | |
| | 30,403 | 森下　正勝 | 69 | 無 | | 新 | | 建築内装業 | |
| | 10,006 | 及川　幸久 | 53 | 諸 | | 新 | | 幸福実現党役員 | |
| **新潟県選挙区**　改選：２ | | | | | | | | | |
| | 得票数 | 氏名 | 年齢 | 党派 | 推・支 | 新旧 | 当回 | 肩書・経歴 | |
| 当 | 456,542 | 塚田　一郎 | 49 | 自 | 公 | 現 | 2 | (元) 衆院議員秘書 | |
| 当 | 204,834 | 風間　直樹 | 46 | 民 | | 現 | 2 | (元) 外務政務官 | |
| | 165,308 | 森　裕子 | 57 | 生 | | 現 | | (元) 文科副大臣 | |
| | 107,591 | 米山　隆一 | 45 | 維 | | 新 | | 内科医師 | |
| | 60,317 | 西沢　博 | 33 | 共 | | 新 | | 党県政策委員長 | |
| | 46,101 | 渡辺　英明 | 63 | 社 | | 新 | | (元) 高校教諭 | |
| | 15,612 | 安久　美与子 | 78 | 無 | | 新 | | (元) 目黒区議 | |
| | 5,188 | 生越　寛明 | 48 | 諸 | | 新 | | 幸福実現党員 | |
| **富山県選挙区**　改選：１ | | | | | | | | | |
| | 得票数 | 氏名 | 年齢 | 党派 | 推・支 | 新旧 | 当回 | 肩書・経歴 | |
| 当 | 328,638 | 堂故　茂 | 60 | 自 | 公 | 新 | 1 | (元) 氷見市長 | |
| | 51,569 | 高橋　渡 | 50 | 共 | | 新 | | 党県常任委員 | |
| | 27,509 | 西江　嘉晃 | 58 | 無 | | 新 | | 旅館業 | |
| | 18,797 | 吉田　かをる | 58 | 諸 | | 新 | | 幸福実現党員 | |

**石川県選挙区**　改選：1

| | 得票数 | 氏名 | 年齢 | 党派 | 推・支 | 新旧 | 当回 | 肩書・経歴 |
|---|---|---|---|---|---|---|---|---|
| 当 | 321,286 | 山田　修路 | 59 | 自 | 公 | 新 | 1 | （元）農水審議官 |
| | 113,817 | 一川　保夫 | 71 | 民 | | 現 | | （元）防衛相 |
| | 40,295 | 亀田　良典 | 64 | 共 | | 新 | | 党県委員 |
| | 10,114 | 浜崎　茂 | 45 | 無 | | 新 | | 飲食店経営 |
| | 9,935 | 宮元　智 | 53 | 諸 | | 新 | | 幸福実現党員 |

**福井県選挙区**　改選：1

| | 得票数 | 氏名 | 年齢 | 党派 | 推・支 | 新旧 | 当回 | 肩書・経歴 |
|---|---|---|---|---|---|---|---|---|
| 当 | 237,732 | 滝波　宏文 | 41 | 自 | 公 | 新 | 1 | （元）財務省職員 |
| | 56,409 | 藤野　利和 | 61 | 民 | | 新 | | （元）県議 |
| | 35,600 | 山田　和雄 | 46 | 共 | | 新 | | （元）三国町議 |
| | 7,020 | 白川　康之 | 56 | 諸 | | 新 | | 幸福実現党員 |

**山梨県選挙区**　改選：1

| | 得票数 | 氏名 | 年齢 | 党派 | 推・支 | 新旧 | 当回 | 肩書・経歴 |
|---|---|---|---|---|---|---|---|---|
| 当 | 142,529 | 森屋　宏 | 56 | 自 | 公 | 新 | 1 | （元）県議 |
| | 75,686 | 坂口　岳洋 | 42 | 無 | 民・社 | 新 | | （元）衆院議員 |
| | 61,834 | 青木　茂樹 | 44 | 無 | | 新 | | 駒大教授 |
| | 58,750 | 米長　晴信 | 47 | み | | 現 | | （元）民放記者 |
| | 36,082 | 遠藤　昭子 | 61 | 共 | | 新 | | 党県常任委員 |
| | 3,969 | 林　祥三 | 65 | 無 | | 新 | | （元）小学校教諭 |
| | 3,220 | 田辺　丈太郎 | 32 | 諸 | | 新 | | 幸福実現党員 |

**長野県選挙区**　改選：2

| | 得票数 | 氏名 | 年齢 | 党派 | 推・支 | 新旧 | 当回 | 肩書・経歴 |
|---|---|---|---|---|---|---|---|---|
| 当 | 365,115 | 吉田　博美 | 64 | 自 | 公 | 現 | 3 | 党幹事長代理 |
| 当 | 294,588 | 羽田　雄一郎 | 45 | 民 | | 現 | 4 | （元）国土交通相 |
| | 154,630 | 唐沢　千晶 | 43 | 共 | | 新 | | 党県委員 |
| | 106,915 | 角　恵子 | 33 | み | | 新 | | （元）損保会社社員 |
| | 51,621 | 神津　ゆかり | 46 | 無 | | 新 | | 平和団体代表 |
| | 7,537 | 味岡　淳二 | 54 | 諸 | | 新 | | 幸福実現党員 |

**岐阜県選挙区**　改選：1

| | 得票数 | 氏名 | 年齢 | 党派 | 推・支 | 新旧 | 当回 | 肩書・経歴 |
|---|---|---|---|---|---|---|---|---|
| 当 | 500,580 | 大野　泰正 | 54 | 自 | 公 | 新 | 1 | （元）県議 |
| | 218,074 | 吉田　里江 | 47 | 民 | | 新 | | （元）参院議員秘書 |
| | 115,503 | 鈴木　正典 | 49 | 共 | | 新 | | 党県常任委員 |
| | 17,893 | 加納　有輝彦 | 52 | 諸 | | 新 | | 幸福実現党員 |

**静岡県選挙区**　改選：2

| | 得票数 | 氏名 | 年齢 | 党派 | 推・支 | 新旧 | 当回 | 肩書・経歴 |
|---|---|---|---|---|---|---|---|---|
| 当 | 634,789 | 牧野　京夫 | 54 | 自 | 公 | 現 | 2 | （元）参災対特委長 |
| 当 | 458,095 | 榛葉　賀津也 | 46 | 民 | | 現 | 3 | （元）防衛副大臣 |
| | 187,055 | 鈴木　唯記子 | 38 | み | | 新 | | 歯科技工士 |
| | 119,109 | 望月　飛竜 | 43 | 維 | | 新 | | 金属加工会社社長 |
| | 115,411 | 森　大介 | 44 | 共 | | 新 | | 党県常任委員 |
| | 13,692 | 中野　雄太 | 39 | 諸 | | 新 | | 幸福実現党員 |

**愛知県選挙区**　改選：3

| | 得票数 | 氏名 | 年齢 | 党派 | 推・支 | 新旧 | 当回 | 肩書・経歴 |
|---|---|---|---|---|---|---|---|---|
| 当 | 1,056,145 | 酒井　庸行 | 61 | 自 | 公 | 新 | 1 | （元）県議 |
| 当 | 741,598 | 大塚　耕平 | 53 | 民 | | 現 | 3 | （元）厚労副大臣 |
| 当 | 347,411 | 薬師寺　道代 | 49 | み | | 新 | 1 | 緩和医療医師 |
| | 271,278 | 本村　伸子 | 40 | 共 | | 新 | | 党県常任委員 |
| | 263,918 | 近藤　浩 | 52 | 維 | | 新 | | （元）衆院議員 |

| | | | | | | | | |
|---|---|---|---|---|---|---|---|---|
| | 152,038 | 宇田　幸生 | 40 | 諸 | | 新 | | 減税日本副代表 |
| | 62,985 | 平山　誠 | 61 | ど | 生 | 現 | | 党国対委員長 |
| | 47,104 | 伊藤　善規 | 64 | 社 | | 新 | | 党県幹事長 |
| | 30,199 | 中根　裕美 | 39 | 諸 | | 新 | | 幸福実現党員 |
| | 11,277 | 身玉山　宗三郎 | 40 | 諸 | | 新 | | 政治団体代表 |
| **三重県選挙区**　改選：1 | | | | | | | | |
| | 得票数 | 氏名 | 年齢 | 党派 | 推・支 | 新旧 | 当回 | 肩書・経歴 |
| 当 | 373,035 | 吉川　有美 | 39 | 自 | 公 | 新 | 1 | （元）銀行員 |
| | 317,261 | 高橋　千秋 | 56 | 民 | | 現 | | （元）外務副大臣 |
| | 70,779 | 深尾　浩紹 | 50 | 維 | | 新 | | 専門大学院教授 |
| | 59,231 | 中川　民英 | 45 | 共 | | 新 | | 党県委員 |
| | 14,858 | 大津　伸太郎 | 48 | 無 | | 新 | | （元）警備会社社員 |
| | 8,233 | 小川　俊介 | 41 | 諸 | | 新 | | 幸福実現党員 |
| **滋賀県選挙区**　改選：1 | | | | | | | | |
| | 得票数 | 氏名 | 年齢 | 党派 | 推・支 | 新旧 | 当回 | 肩書・経歴 |
| 当 | 305,872 | 二之湯　武史 | 36 | 自 | 公 | 新 | 1 | 教育関連会社社長 |
| | 167,399 | 徳永　久志 | 50 | 民 | | 現 | | （元）外務政務官 |
| | 86,587 | 坪田　五久男 | 54 | 共 | | 新 | | 党県常任委員 |
| | 12,731 | 荒川　雅司 | 38 | 諸 | | 新 | | 幸福実現党員 |
| **京都府選挙区**　改選：2 | | | | | | | | |
| | 得票数 | 氏名 | 年齢 | 党派 | 推・支 | 新旧 | 当回 | 肩書・経歴 |
| 当 | 390,577 | 西田　昌司 | 54 | 自 | 公 | 現 | 2 | 党府副会長 |
| 当 | 219,273 | 倉林　明子 | 52 | 共 | | 新 | 1 | （元）京都市議 |
| | 201,297 | 北神　圭朗 | 46 | 民 | | 新 | | （元）首相補佐官 |
| | 164,825 | 山内　成介 | 47 | 維 | | 新 | | （元）不動産会社社長 |
| | 71,983 | 木下　陽子 | 33 | み | | 新 | | 飲食会社役員 |
| | 6,119 | 曽我　周作 | 34 | 諸 | | 新 | | 幸福実現党員 |
| | 2,906 | 新藤　伸夫 | 64 | 諸 | | 新 | | 政治団体代表 |
| **大阪府選挙区**　改選：4 | | | | | | | | |
| | 得票数 | 氏名 | 年齢 | 党派 | 推・支 | 新旧 | 当回 | 肩書・経歴 |
| 当 | 1,056,815 | 東　徹 | 46 | 維 | | 新 | 1 | 党総務会長 |
| 当 | 817,943 | 柳本　卓治 | 68 | 自 | | 新 | 1 | （元）衆院議員 |
| 当 | 697,219 | 杉　久武 | 37 | 公 | | 新 | 1 | 党国際局次長 |
| 当 | 468,904 | 辰巳　孝太郎 | 36 | 共 | | 新 | 1 | 党府委員 |
| | 337,378 | 梅村　聡 | 38 | 民 | | 現 | | （元）厚労政務官 |
| | 157,969 | 安座間　肇 | 35 | み | | 新 | | ホテル会社社員 |
| | 56,573 | 吉羽　美華 | 32 | 諸 | | 新 | | 新党大地党員 |
| | 20,928 | 藤島　利久 | 51 | 無 | | 新 | | （元）衆院議員秘書 |
| | 20,155 | 中村　勝 | 62 | 諸 | | 新 | | 政治団体代表 |
| | 17,671 | 長嶺　忠 | 52 | 無 | | 新 | | （元）電機会社社員 |
| | 14,178 | 森　悦宏 | 46 | 諸 | | 新 | | 幸福実現党員 |
| **兵庫県選挙区**　改選：2 | | | | | | | | |
| | 得票数 | 氏名 | 年齢 | 党派 | 推・支 | 新旧 | 当回 | 肩書・経歴 |
| 当 | 868,069 | 鴻池　祥肇 | 72 | 自 | 公 | 現 | 4 | （元）防災相 |
| 当 | 598,630 | 清水　貴之 | 39 | 維 | | 新 | 1 | （元）アナウンサー |
| | 343,551 | 辻　泰弘 | 57 | 民 | | 現 | | （元）厚労副大臣 |
| | 220,577 | 金田　峰生 | 47 | 共 | | 新 | | （元）県議 |
| | 174,132 | 下村　英里子 | 30 | み | | 新 | | 介護会社社長 |
| | 58,032 | 松本　なみほ | 39 | 諸 | | 新 | | 緑の党運営委員 |
| | 34,827 | 湊　侑子 | 30 | 諸 | | 新 | | 幸福実現党員 |

**奈良県選挙区**　改選：1

| | 得票数 | 氏名 | 年齢 | 党派 | 推・支 | 新旧 | 当回 | 肩書・経歴 |
|---|---|---|---|---|---|---|---|---|
| 当 | 354,658 | 堀井　巌 | 47 | 自 | 公 | 新 | 1 | （元）総務省職員 |
| | 139,680 | 大西　孝典 | 57 | 民 | | 新 | | （元）衆院議員 |
| | 91,704 | 谷川　和広 | 34 | 共 | | 新 | | 党県常任委員 |
| | 18,907 | 田中　孝子 | 58 | 諸 | | 新 | | 幸福実現党員 |

**和歌山県選挙区**　改選：1

| | 得票数 | 氏名 | 年齢 | 党派 | 推・支 | 新旧 | 当回 | 肩書・経歴 |
|---|---|---|---|---|---|---|---|---|
| 当 | 337,477 | 世耕　弘成 | 50 | 自 | 公 | 現 | 4 | 官房副長官 |
| | 83,172 | 原　矢寸久 | 61 | 共 | | 新 | | 党県副委員長 |
| | 16,187 | 久保　美也子 | 52 | 諸 | | 新 | | 幸福実現党員 |

**鳥取県選挙区**　改選：1

| | 得票数 | 氏名 | 年齢 | 党派 | 推・支 | 新旧 | 当回 | 肩書・経歴 |
|---|---|---|---|---|---|---|---|---|
| 当 | 160,783 | 舞立　昇治 | 37 | 自 | 公 | 新 | 1 | （元）総務省職員 |
| | 82,717 | 川上　義博 | 62 | 民 | | 現 | | （元）首相補佐官 |
| | 19,600 | 岩永　尚之 | 56 | 共 | | 新 | | 党県書記長 |
| | 6,782 | 吉岡　由里子 | 46 | 諸 | | 新 | | 幸福実現党員 |
| | 6,158 | 井上　洋 | 64 | 無 | | 新 | | 貿易事務所代表 |

**島根県選挙区**　改選：1

| | 得票数 | 氏名 | 年齢 | 党派 | 推・支 | 新旧 | 当回 | 肩書・経歴 |
|---|---|---|---|---|---|---|---|---|
| 当 | 202,181 | 島田　三郎 | 57 | 自 | 公 | 新 | 1 | （元）県議 |
| | 115,043 | 亀井　亜紀子 | 48 | ど | 社 | 現 | | 党幹事長 |
| | 26,255 | 向瀬　慎一 | 42 | 共 | | 新 | | 党県委員 |
| | 6,054 | 池田　節子 | 57 | 諸 | | 新 | | 幸福実現党員 |

**岡山県選挙区**　改選：1

| | 得票数 | 氏名 | 年齢 | 党派 | 推・支 | 新旧 | 当回 | 肩書・経歴 |
|---|---|---|---|---|---|---|---|---|
| 当 | 490,727 | 石井　正弘 | 67 | 自 | 公 | 新 | 1 | （元）知事 |
| | 180,864 | 高井　崇志 | 43 | 無 | 民・社・ど | 新 | | （元）衆院議員 |
| | 65,455 | 垣内　京美 | 46 | 共 | | 新 | | 党県女性部長 |
| | 12,517 | 安原　園枝 | 51 | 諸 | | 新 | | 幸福実現党員 |

**広島県選挙区**　改選：2

| | 得票数 | 氏名 | 年齢 | 党派 | 推・支 | 新旧 | 当回 | 肩書・経歴 |
|---|---|---|---|---|---|---|---|---|
| 当 | 521,794 | 溝手　顕正 | 70 | 自 | 公 | 現 | 5 | 党参院幹事長 |
| 当 | 194,358 | 森本　真治 | 40 | 民 | | 新 | 1 | （元）広島市議 |
| | 173,266 | 灰岡　香奈 | 30 | 維 | | 新 | | （元）和木町議 |
| | 137,327 | 佐藤　公治 | 53 | 生 | ど | 現 | | 党参院幹事長 |
| | 86,145 | 皆川　恵史 | 69 | 共 | | 新 | | （元）広島市議 |
| | 14,621 | 日高　順子 | 50 | 諸 | | 新 | | 幸福実現党員 |

**山口県選挙区**　改選：1

| | 得票数 | 氏名 | 年齢 | 党派 | 推・支 | 新旧 | 当回 | 肩書・経歴 |
|---|---|---|---|---|---|---|---|---|
| 当 | 455,546 | 林　芳正 | 52 | 自 | 公 | 現 | 4 | 農相 |
| | 95,480 | 藤井　直子 | 61 | 共 | | 新 | | （元）周南市議 |
| | 22,986 | 河井　美和子 | 50 | 諸 | | 新 | | 幸福実現党員 |

**徳島県選挙区**　改選：1

| | 得票数 | 氏名 | 年齢 | 党派 | 推・支 | 新旧 | 当回 | 肩書・経歴 |
|---|---|---|---|---|---|---|---|---|
| 当 | 179,127 | 三木　亨 | 46 | 自 | 公 | 新 | 1 | （元）県議 |
| | 90,498 | 中谷　智司 | 44 | 民 | | 現 | | 参院農水委員長 |
| | 29,733 | 上村　恭子 | 55 | 共 | | 新 | | 党県常任委員 |
| | 12,037 | 小松　由佳 | 31 | 諸 | | 新 | | 幸福実現党員 |

資料１　2013年参議院議員通常選挙選挙結果（選挙区）

| 香川県選挙区　改選：1 | | | | | | | | |
|---|---|---|---|---|---|---|---|---|
| | 得票数 | 氏名 | 年齢 | 党派 | 推・支 | 新旧 | 当回 | 肩書・経歴 |
| 当 | 233,270 | 三宅　伸吾 | 51 | 自 | 公 | 新 | 1 | （元）日経新聞記者 |
| | 142,407 | 植松　恵美子 | 45 | 無 | | 現 | | （元）参予算委理事 |
| | 34,602 | 田辺　健一 | 32 | 共 | | 新 | | 党県常任委員 |
| | 5,932 | 中西　利恵 | 50 | 諸 | | 新 | | 幸福実現党員 |
| **愛媛県選挙区**　改選：1 | | | | | | | | |
| | 得票数 | 氏名 | 年齢 | 党派 | 推・支 | 新旧 | 当回 | 肩書・経歴 |
| 当 | 373,047 | 井原　巧 | 49 | 自 | 公 | 新 | 1 | （元）四国中央市長 |
| | 102,913 | 藤岡　佳代子 | 47 | み | | 新 | | （元）リポーター |
| | 61,385 | 植木　正勝 | 60 | 共 | | 新 | | 党県常任委員 |
| | 14,147 | 森田　浩二 | 53 | 諸 | | 新 | | 幸福実現党員 |
| | 8,612 | 郡　昭浩 | 52 | 無 | | 新 | | （元）塾講師 |
| **高知県選挙区**　改選：1 | | | | | | | | |
| | 得票数 | 氏名 | 年齢 | 党派 | 推・支 | 新旧 | 当回 | 肩書・経歴 |
| 当 | 159,709 | 高野　光二郎 | 38 | 自 | 公 | 新 | 1 | （元）県議 |
| | 72,939 | 浜川　百合子 | 33 | 共 | | 新 | | 党県常任委員 |
| | 65,236 | 武内　則男 | 54 | 民 | | 現 | | 党県代表 |
| | 4,268 | 橋詰　毅 | 50 | 諸 | | 新 | | 幸福実現党員 |
| **福岡県選挙区**　改選：2 | | | | | | | | |
| | 得票数 | 氏名 | 年齢 | 党派 | 推・支 | 新旧 | 当回 | 肩書・経歴 |
| 当 | 958,042 | 松山　政司 | 54 | 自 | 公 | 現 | 3 | 外務副大臣 |
| 当 | 348,250 | 野田　国義 | 55 | 民 | 生 | 新 | 1 | （元）衆院議員 |
| | 222,180 | 吉田　俊之 | 57 | 維 | | 新 | | （元）民放記者 |
| | 207,101 | 真島　省三 | 50 | 共 | | 新 | | （元）県議 |
| | 176,396 | 古賀　輝生 | 49 | み | | 新 | | （元）参院議員秘書 |
| | 34,090 | 吉冨　和枝 | 54 | 諸 | | 新 | | 幸福実現党員 |
| **佐賀県選挙区**　改選：1 | | | | | | | | |
| | 得票数 | 氏名 | 年齢 | 党派 | 推・支 | 新旧 | 当回 | 肩書・経歴 |
| 当 | 223,810 | 山下　雄平 | 33 | 自 | 公 | 新 | 1 | （元）日経新聞記者 |
| | 83,447 | 青木　一功 | 37 | 民 | | 新 | | （元）衆院議員秘書 |
| | 30,920 | 上村　泰稔 | 48 | 共 | | 新 | | 党県常任委員 |
| | 8,067 | 中島　徹 | 39 | 諸 | | 新 | | 幸福実現党員 |
| **長崎県選挙区**　改選：1 | | | | | | | | |
| | 得票数 | 氏名 | 年齢 | 党派 | 推・支 | 新旧 | 当回 | 肩書・経歴 |
| 当 | 359,805 | 古賀　友一郎 | 45 | 自 | 公 | 新 | 1 | （元）長崎市副市長 |
| | 186,402 | 大久保　潔重 | 47 | 民 | ど | 現 | | 党県代表代行 |
| | 45,638 | 原口　敏彦 | 51 | 共 | | 新 | | 党県書記長 |
| | 15,586 | 山田　聖人 | 47 | 諸 | | 新 | | 幸福実現党員 |
| **熊本県選挙区**　改選：1 | | | | | | | | |
| | 得票数 | 氏名 | 年齢 | 党派 | 推・支 | 新旧 | 当回 | 肩書・経歴 |
| 当 | 450,617 | 馬場　成志 | 48 | 自 | 公 | 新 | 1 | （元）県会議長 |
| | 221,553 | 松野　信夫 | 62 | 民 | ど | 現 | | （元）法務政務官 |
| | 58,982 | 山本　伸裕 | 50 | 共 | | 新 | | 党県委員 |
| | 12,944 | 守田　隆志 | 63 | 諸 | | 新 | | 幸福実現党員 |
| **大分県選挙区**　改選：1 | | | | | | | | |
| | 得票数 | 氏名 | 年齢 | 党派 | 推・支 | 新旧 | 当回 | 肩書・経歴 |
| 当 | 250,915 | 礒崎　陽輔 | 55 | 自 | 公 | 現 | 2 | 首相補佐官 |
| | 137,049 | 後藤　慎太郎 | 38 | 無 | 生・社・ど | 新 | | 農生産法人社長 |
| | 55,249 | 山下　魁 | 36 | 共 | | 新 | | 党県委員 |
| | 44,542 | 浦野　英樹 | 44 | み | | 新 | | 社会保険労務士 |

| | | | | | | | | |
|---|---|---|---|---|---|---|---|---|
| | 14,265 | 上田　敦子 | 46 | 諸 | | 新 | | 幸福実現党員 |

**宮崎県選挙区**　改選：1

| | 得票数 | 氏名 | 年齢 | 党派 | 推・支 | 新旧 | 当回 | 肩書・経歴 |
|---|---|---|---|---|---|---|---|---|
| 当 | 314,599 | 長峯　誠 | 43 | 自 | 公 | 新 | 1 | (元) 都城市長 |
| | 84,443 | 道休　誠一郎 | 60 | 民 | | 新 | | (元) 衆院議員 |
| | 39,673 | 来住　一人 | 68 | 共 | | 新 | | (元) 都城市議 |
| | 15,144 | 河野　一郎 | 53 | 諸 | | 新 | | 幸福実現党員 |

**鹿児島県選挙区**　改選：1

| | 得票数 | 氏名 | 年齢 | 党派 | 推・支 | 新旧 | 当回 | 肩書・経歴 |
|---|---|---|---|---|---|---|---|---|
| 当 | 403,450 | 尾辻　秀久 | 72 | 自 | 公 | 現 | 5 | (元) 参院副議長 |
| | 120,803 | 皆吉　稲生 | 63 | 民 | | 新 | | (元) 衆院議員 |
| | 99,355 | 岩重　仁子 | 39 | 維 | | 新 | | (元) 海外協力隊員 |
| | 50,341 | 野口　寛 | 67 | 共 | | 新 | | (元) 西之表市議 |
| | 9,629 | 松沢　力 | 31 | 諸 | | 新 | | 幸福実現党員 |

**沖縄県選挙区**　改選：1

| | 得票数 | 氏名 | 年齢 | 党派 | 推・支 | 新旧 | 当回 | 肩書・経歴 |
|---|---|---|---|---|---|---|---|---|
| 当 | 294,420 | 糸数　慶子 | 65 | 諸 | 生･共･社･ど | 現 | 3 | 沖縄社大党委員長 |
| | 261,392 | 安里　政晃 | 45 | 自 | 公 | 新 | | 社福法人理事長 |
| | 10,505 | 新島　メリー | 67 | 無 | | 新 | | 任意団体代表 |
| | 9,462 | 金城　竜郎 | 49 | 諸 | | 新 | | 幸福実現党県本部副代表 |

## 資料2　2013年参議院議員通常選挙選挙結果（比例区）

| 自由民主党　候補：29　獲得議席：18　得票数：18,460,404票（得票率：34.68%） | | | | | | |
|---|---|---|---|---|---|---|
| | 得票数 | 氏名 | 年齢 | 新旧 | 当回 | 肩書・経歴 |
| 当 | 429,002 | 柘植　芳文 | 67 | 新 | 1 | （元）全特会長 |
| 当 | 338,485 | 山田　俊男 | 66 | 現 | 2 | （元）党農林部会長 |
| 当 | 326,541 | 佐藤　正久 | 52 | 現 | 2 | 防衛政務官 |
| 当 | 294,148 | 石井　みどり | 64 | 現 | 2 | （元）党女性局長 |
| 当 | 279,952 | 橋本　聖子 | 48 | 現 | 4 | 党参院政審会長 |
| 当 | 249,818 | 羽生田　俊 | 65 | 新 | 1 | 日本医師会役員 |
| 当 | 215,506 | 佐藤　信秋 | 65 | 現 | 2 | （元）党政調副会長 |
| 当 | 208,319 | 赤池　誠章 | 52 | 新 | 1 | （元）衆院議員 |
| 当 | 205,779 | 山東　昭子 | 71 | 現 | 7 | （元）参院副議長 |
| 当 | 204,404 | 衛藤　晟一 | 65 | 現 | 2 | 首相補佐官 |
| 当 | 201,109 | 石田　昌宏 | 46 | 新 | 1 | （元）日看連幹事長 |
| 当 | 191,343 | 有村　治子 | 42 | 現 | 3 | （元）文科政務官 |
| 当 | 178,480 | 宮本　周司 | 42 | 新 | 1 | 酒造会社社長 |
| 当 | 153,303 | 丸山　和也 | 67 | 現 | 2 | 参文教科学委長 |
| 当 | 142,613 | 北村　経夫 | 58 | 新 | 1 | （元）産経新聞記者 |
| 当 | 104,176 | 渡辺　美樹 | 53 | 新 | 1 | （元）飲食会社会長 |
| 当 | 98,979 | 木村　義雄 | 65 | 新 | 1 | （元）厚労副大臣 |
| 当 | 77,173 | 太田　房江 | 62 | 新 | 1 | （元）大阪府知事 |
| | 76,829 | 若狭　勝 | 56 | 新 | | 弁護士 |
| | 65,840 | 園田　修光 | 56 | 新 | | （元）衆院議員 |
| | 59,376 | 大江　康弘 | 59 | 元 | | （元）参国交委員長 |
| | 56,082 | 佐々木　洋平 | 71 | 新 | | 大日本猟友会長 |
| | 47,627 | 木村　隆次 | 55 | 新 | | （元）介護団体会長 |
| | 37,423 | 伊藤　洋介 | 49 | 新 | | タレント |
| | 34,866 | 金子　善次郎 | 69 | 新 | | （元）厚労政務官 |
| | 28,902 | 塚原　光男 | 65 | 新 | | （元）五輪体操選手 |
| | 28,519 | 畦元　将吾 | 55 | 新 | | 放射線技師 |
| | 27,582 | 佐竹　雅昭 | 47 | 新 | | （元）格闘家 |
| | 18,078 | 米坂　知昭 | 54 | 新 | | 桐蔭横浜大教授 |
| **民主党**　候補：20　獲得議席：7　得票数：7,134,215票（得票率：13.40%） | | | | | | |
| | 得票数 | 氏名 | 年齢 | 新旧 | 当回 | 肩書・経歴 |
| 当 | 271,553 | 礒崎　哲史 | 44 | 新 | 1 | 自動車総連役員 |
| 当 | 235,917 | 浜野　喜史 | 52 | 新 | 1 | 電力総連役員 |
| 当 | 235,636 | 相原　久美子 | 66 | 現 | 2 | 参院内閣委員長 |
| 当 | 191,167 | 大島　九州男 | 52 | 現 | 2 | （元）党副幹事長 |
| 当 | 176,248 | 神本　美恵子 | 65 | 現 | 3 | （元）文科政務官 |
| 当 | 167,437 | 吉川　沙織 | 36 | 現 | 2 | （元）参総務委理事 |
| 当 | 152,121 | 石上　俊雄 | 51 | 新 | 1 | 電機労組役員 |
| | 138,830 | 川合　孝典 | 49 | 現 | | 党参院副幹事長 |
| | 123,355 | 石井　一 | 78 | 現 | | 参院予算委員長 |
| | 120,782 | 定光　克之 | 53 | 新 | | ＪＰ労組役員 |
| | 103,996 | 轟木　利治 | 53 | 現 | | （元）参倫選特委長 |
| | 82,858 | ツルネン・マルテイ | 73 | 現 | | （元）党国際局長 |
| | 82,404 | 鹿野　道彦 | 71 | 新 | | （元）農相 |
| | 53,940 | 簗瀬　進 | 63 | 元 | | （元）参予算委員長 |
| | 49,008 | 円　より子 | 66 | 元 | | （元）党副代表 |
| | 29,077 | 五十嵐　文彦 | 64 | 新 | | （元）財務副大臣 |

| | 27,890 | 吉田　公一 | 72 | 新 | | （元）農水副大臣 |
|---|---|---|---|---|---|---|
| | 27,326 | 奥村　展三 | 68 | 元 | | （元）文科副大臣 |
| | 24,329 | 佐々木　隆博 | 64 | 新 | | （元）農水副大臣 |
| | 13,178 | 轄井　良和 | 45 | 現 | | 参院総務委員 |

**日本維新の会**　候補：30　獲得議席：6　得票数：6,355,299票（得票率：11.94％）

| | 得票数 | 氏名 | 年齢 | 新旧 | 当回 | 肩書・経歴 |
|---|---|---|---|---|---|---|
| 当 | 356,605 | アントニオ　猪木 | 70 | 元 | 2 | （元）プロレスラー |
| 当 | 306,341 | 中山　恭子 | 73 | 現 | 2 | （元）拉致問題相 |
| 当 | 40,484 | 儀間　光男 | 69 | 新 | 1 | （元）浦添市長 |
| 当 | 33,237 | 藤巻　健史 | 63 | 新 | 1 | 経済評論家 |
| 当 | 32,926 | 中野　正志 | 65 | 新 | 1 | （元）経産副大臣 |
| 当 | 32,107 | 室井　邦彦 | 66 | 元 | 2 | （元）国交政務官 |
| | 28,616 | 土田　博和 | 63 | 元 | | 医療法人理事長 |
| | 27,954 | 奥村　慎太郎 | 58 | 新 | | （元）雲仙市長 |
| | 27,757 | 桜井　よう子 | 71 | 新 | | （元）茨城県議 |
| | 25,986 | 石井　義哲 | 56 | 新 | | （元）航空自衛官 |
| | 22,406 | 浅田　真澄美 | 46 | 新 | | （元）長崎県議 |
| | 21,457 | 上野　公成 | 73 | 元 | | （元）官房副長官 |
| | 19,097 | 石原　結實 | 64 | 新 | | 内科医師 |
| | 18,888 | 松村　譲裕 | 46 | 新 | | 健康ランド社長 |
| | 18,130 | 山崎　泰 | 51 | 新 | | （元）都議 |
| | 16,329 | 片岡　伸子 | 43 | 新 | | （元）生保会社社員 |
| | 16,079 | 川口　浩 | 58 | 新 | | （元）衆院議員 |
| | 15,464 | 宮崎　健治 | 46 | 新 | | （元）企画会社社長 |
| | 14,274 | 栗原　博久 | 66 | 新 | | （元）農水副大臣 |
| | 12,768 | 瀬戸　健一郎 | 51 | 新 | | （元）草加市会議長 |
| | 11,327 | 矢口　健一 | 41 | 新 | | （元）日本ＪＣ顧問 |
| | 10,186 | 富山　泰庸 | 42 | 新 | | 介護会社役員 |
| | 10,147 | 石川　輝久 | 63 | 新 | | （元）神奈川県議 |
| | 9,269 | 伊賀　保夫 | 36 | 新 | | （元）目黒区議 |
| | 7,637 | 二瓶　文隆 | 54 | 新 | | （元）中央区議 |
| | 7,167 | 岩本　壮一郎 | 32 | 新 | | 投資顧問会社社長 |
| | 7,061 | 遠藤　宣彦 | 50 | 新 | | （元）衆院議員 |
| | 6,122 | 松本　孝一 | 53 | 新 | | （元）総務省職員 |
| | 4,991 | 竹内　栄一 | 59 | 新 | | （元）神奈川県議 |
| | 2,921 | 高田　貴代子 | 75 | 新 | | 酒造会社社長 |

**公明党**　候補：17　獲得議席：7　得票数：7,568,080票（得票率：14.22％）

| | 得票数 | 氏名 | 年齢 | 新旧 | 当回 | 肩書・経歴 |
|---|---|---|---|---|---|---|
| 当 | 996,959 | 山本　香苗 | 42 | 現 | 3 | 党女性局長 |
| 当 | 770,682 | 平木　大作 | 38 | 新 | 1 | 党青年局次長 |
| 当 | 703,637 | 河野　義博 | 35 | 新 | 1 | 党青年局次長 |
| 当 | 592,814 | 山本　博司 | 58 | 現 | 2 | 党参院副幹事長 |
| 当 | 577,951 | 若松　謙維 | 57 | 新 | 1 | （元）総務副大臣 |
| 当 | 540,817 | 魚住　裕一郎 | 60 | 現 | 4 | 党参院副会長 |
| 当 | 26,044 | 新妻　秀規 | 42 | 新 | 1 | 党青年局次長 |
| | 7,737 | 川島　信雄 | 54 | 新 | | 党職員 |
| | 4,695 | 鈴木　充 | 58 | 新 | | 党職員 |
| | 2,626 | 清水　定幸 | 42 | 新 | | 党職員 |
| | 2,332 | 松葉　玲 | 45 | 新 | | 公明新聞記者 |
| | 2,327 | 宮地　広助 | 38 | 新 | | 公明新聞記者 |
| | 1,831 | 雨宮　秀樹 | 41 | 新 | | 党職員 |

| | | | | | | |
|---|---|---|---|---|---|---|
| | 1,682 | 鷲岡　秀明 | 48 | 新 | | 公明新聞記者 |
| | 1,119 | 深沢　淳 | 34 | 新 | | 公明新聞記者 |
| | 1,051 | 窪田　哲也 | 47 | 新 | | 公明新聞記者 |
| | 631 | 四重田　雅俊 | 50 | 新 | | 党職員 |
| **みんなの党**　候補：15　獲得議席：4　得票数：4,755,160票（得票率：8.93%） | | | | | | |
| | 得票数 | 氏名 | 年齢 | 新旧 | 当回 | 肩書・経歴 |
| 当 | 117,389 | 川田　龍平 | 37 | 現 | 2 | 党副幹事長 |
| 当 | 75,000 | 山口　和之 | 57 | 新 | 1 | （元）衆院議員 |
| 当 | 50,253 | 渡辺　美知太郎 | 30 | 新 | 1 | 衆院議員秘書 |
| 当 | 47,756 | 井上　義行 | 50 | 新 | 1 | （元）首相秘書官 |
| | 39,425 | 河合　純一 | 38 | 新 | | （元）中学校教諭 |
| | 37,717 | 山本　幸治 | 41 | 新 | | プロボウラー |
| | 35,364 | 石井　竜馬 | 44 | 新 | | 大学院客員教授 |
| | 32,330 | 本田　顕子 | 41 | 新 | | 薬剤師 |
| | 23,035 | 梅沢　重雄 | 60 | 新 | | 学校法人理事長 |
| | 21,135 | 菅原　直敏 | 35 | 新 | | （元）神奈川県議 |
| | 12,676 | 菊地　文博 | 53 | 新 | | （元）宮城県議 |
| | 11,927 | 平　智之 | 54 | 新 | | （元）衆院議員 |
| | 11,305 | 富岡　由紀夫 | 49 | 元 | | （元）参院財金委員 |
| | 10,527 | 小斉　太郎 | 43 | 新 | | （元）港区議 |
| | 7,896 | 船曳　鴻紅 | 65 | 新 | | （元）大学客員教授 |
| **日本共産党**　候補：17　獲得議席：5　得票数：5,154,055票（得票率：9.68%） | | | | | | |
| | 得票数 | 氏名 | 年齢 | 新旧 | 当回 | 肩書・経歴 |
| 当 | 134,325 | 小池　晃 | 53 | 元 | 3 | 党副委員長 |
| 当 | 129,149 | 山下　芳生 | 53 | 現 | 3 | 党書記局長代行 |
| 当 | 68,729 | 紙　智子 | 58 | 現 | 3 | 党農林漁民局長 |
| 当 | 50,874 | 井上　哲士 | 55 | 現 | 3 | 党参院幹事長 |
| 当 | 39,768 | 仁比　聡平 | 49 | 元 | 2 | 弁護士 |
| | 36,580 | 山本　陽子 | 59 | 新 | | （元）大阪府議 |
| | 8,429 | 浅賀　由香 | 33 | 新 | | 党神奈川県役員 |
| | 6,595 | 木村　賢治 | 62 | 新 | | （元）高校教頭 |
| | 6,387 | 池内　沙織 | 30 | 新 | | 党都委員 |
| | 4,545 | 村上　信夫 | 49 | 新 | | 党高知県役員 |
| | 4,231 | 辻　源巳 | 41 | 新 | | 党地区常任委員 |
| | 4,087 | 大西　理 | 47 | 新 | | 党広島県役員 |
| | 3,359 | 小高　洋 | 32 | 新 | | （元）労組副委員長 |
| | 2,875 | 西平　守伸 | 62 | 新 | | 党沖縄県委員 |
| | 2,395 | 武田　良介 | 33 | 新 | | 党長野県役員 |
| | 2,144 | 江上　博之 | 58 | 新 | | （元）名古屋市議 |
| | 1,814 | 井沢　孝典 | 62 | 新 | | （元）支援学校教諭 |
| **生活の党**　候補：6　獲得議席：0　得票数：943,836票（得票率：1.77%） | | | | | | |
| | 得票数 | 氏名 | 年齢 | 新旧 | 当回 | 肩書・経歴 |
| | 56,372 | 山岡　賢次 | 70 | 元 | | （元）国家公安委長 |
| | 38,766 | 三宅　雪子 | 48 | 新 | | （元）衆院議員 |
| | 35,554 | 広野　允士 | 70 | 現 | | 党副代表 |
| | 34,568 | 藤原　良信 | 61 | 現 | | （元）参議運委理事 |
| | 33,146 | 東　祥三 | 62 | 新 | | （元）内閣府副大臣 |
| | 21,441 | はた　ともこ | 46 | 現 | | 党参院副幹事長 |
| **社会民主党**　候補：4　獲得議席：1　得票数：1,255,235票（得票率：2.36%） | | | | | | |
| | 得票数 | 氏名 | 年齢 | 新旧 | 当回 | 肩書・経歴 |
| 当 | 156,155 | 又市　征治 | 69 | 現 | 3 | 党幹事長 |

| | 得票数 | 氏名 | 年齢 | 新旧 | 当回 | 肩書・経歴 |
|---|---|---|---|---|---|---|
| | 112,641 | 山城　博治 | 60 | 新 | | 平和団体事務長 |
| | 26,278 | 矢野　敦子 | 45 | 新 | | 党職員 |
| | 21,934 | 鴨　桃代 | 64 | 新 | | （元）労働団体会長 |
| **みどりの風**　候補：3　獲得議席：0　得票数：430,673票（得票率：0.81%） | | | | | | |
| | 得票数 | 氏名 | 年齢 | 新旧 | 当回 | 肩書・経歴 |
| | 51,367 | 谷岡　郁子 | 59 | 現 | | 党代表 |
| | 44,231 | 山田　正彦 | 71 | 新 | | （元）農相 |
| | 15,444 | 井戸川　克隆 | 67 | 新 | | （元）双葉町長 |
| **新党大地**　候補：9　獲得議席：0　得票数：523,146票（得票率：0.98%） | | | | | | |
| | 得票数 | 氏名 | 年齢 | 新旧 | 当回 | 肩書・経歴 |
| | 62,902 | 鈴木　宗男 | 73 | 新 | | 木工品製造業 |
| | 38,721 | 松木　謙公 | 54 | 新 | | （元）農水政務官 |
| | 6,828 | 内山　晃 | 59 | 新 | | （元）総務政務官 |
| | 3,643 | 橋本　勉 | 59 | 新 | | （元）衆院議員 |
| | 3,313 | 町川　順子 | 54 | 新 | | 党女性局長 |
| | 2,934 | 萩原　仁 | 45 | 新 | | （元）衆院議員 |
| | 2,647 | 笹　節子 | 61 | 新 | | （元）出版社役員 |
| | 1,834 | 前川　光 | 64 | 新 | | （元）外務省職員 |
| | 1,475 | 田宮　嘉一 | 44 | 新 | | 経営指導会社社長 |
| **緑の党**　候補：9　獲得議席：0　得票数：457,862票（得票率：0.86%） | | | | | | |
| | 得票数 | 氏名 | 年齢 | 新旧 | 当回 | 肩書・経歴 |
| | 176,970 | 三宅　洋平 | 34 | 新 | | ミュージシャン |
| | 9,109 | 須黒　奈緒 | 34 | 新 | | （元）杉並区議 |
| | 7,431 | 長谷川　羽衣子 | 32 | 新 | | 党共同代表 |
| | 5,219 | 木田　節子 | 59 | 新 | | （元）バスガイド |
| | 4,577 | 大野　拓夫 | 44 | 新 | | （元）参院議員秘書 |
| | 4,549 | 木村　雄一 | 53 | 新 | | 市民団体代表 |
| | 3,308 | 田口　まゆ | 39 | 新 | | ＮＰＯ代表 |
| | 2,223 | 島崎　直美 | 54 | 新 | | （元）アイヌ党局長 |
| | 2,014 | 尾形　慶子 | 56 | 新 | | （元）通訳 |
| **幸福実現党**　候補：3　獲得議席：0　得票数：191,643票（得票率：0.36%） | | | | | | |
| | 得票数 | 氏名 | 年齢 | 新旧 | 当回 | 肩書・経歴 |
| | 17,010 | 矢内　筆勝 | 51 | 新 | | 党首 |
| | 16,797 | トクマ | 46 | 新 | | 党青年局長 |
| | 4,540 | 井沢　一明 | 55 | 新 | | 財団法人代表 |